COLLECTION MICHEL LÉVY

ŒUVRES

DE

GEORGE SAND

VERSAILLES — IMPRIMERIE CERF, RUE DU PLESSIS, 59.

CONSUELO

PAR

GEORGE SAND

TOME TROISIÈME

NOUVELLE ÉDITION

PARIS

MICHEL LÉVY FRÈRES, LIBRAIRES-ÉDITEURS
RUE VIVIENNE 2 BIS
—
1861
Tous droits réservés

CONSUELO

LXXIII.

Dès que le comte Hoditz se trouva seul avec ses musiciens, il se sentit plus à l'aise et devint tout à fait communicatif. Sa manie favorite était de trancher du maître de chapelle, et de jouer le rôle d'*impressario*. Il voulut donc sur-le-champ commencer l'éducation de Consuelo.

« Viens ici, lui dit-il, et assieds-toi. Nous sommes entre nous, et l'on n'écoute pas avec attention quand on est à une lieue les uns des autres. Asseyez-vous aussi, dit-il à Joseph, et faites votre profit de la leçon. Tu ne sais pas faire le moindre trille, reprit-il en s'adressant de nouveau à la grande cantatrice. Écoutez bien ; voici comment cela se fait. »

Et il chanta une phrase banale où il introduisit d'une manière fort vulgaire plusieurs de ces ornements. Consuelo s'amusa à redire la phrase en faisant le trille en sens inverse.

« Ce n'est pas cela ! cria le comte d'une voix de Stentor en frappant sur la table. Vous n'avez pas écouté. »

Il recommença, et Consuelo tronqua l'ornement d'une façon plus baroque et plus désespérante que la première fois, en gardant son sérieux et affectant un grand effort d'attention et de volonté. Joseph étouffait, et feignait de tousser pour cacher un rire convulsif.

« La, la, la, trala, tra la ! chanta le comte en contrefaisant son écolier maladroit et en bondissant sur sa chaise, avec tous les symptômes d'une indignation terrible qu'il n'éprouvait pas le moins du monde, mais qu'il croyait nécessaire à la puissance et à l'entrain magistral de son caractère. »

Consuelo se moqua de lui pendant un bon quart d'heure, et, quand elle en eut assez, elle chanta le trille avec toute la netteté dont elle était capable.

« Bravo ! bravissimo ! s'écria le comte en se renversant sur sa chaise. Enfin ! c'est parfait ! Je savais bien que je vous le ferais faire ! qu'on me donne le premier paysan venu, je suis sûr de le former et de lui apprendre en un jour ce que d'autres ne lui apprendraient pas dans un an ! Encore cette phrase, et marque bien toutes les notes avec légèreté, sans avoir l'air d'y toucher... C'est encore mieux, on ne peut mieux ! Nous ferons quelque chose de toi ! »

Et le comte s'essuya le front quoiqu'il n'y eût pas une goutte de sueur.

« Maintenant, reprit-il, la cadence avec *chute et tour de gosier !* Il lui donna l'exemple avec cette facilité routinière que prennent les moindres choristes à force d'entendre les premiers sujets, n'admirant dans leur manière que les jeux du gosier, et se croyant aussi habiles qu'eux parce qu'ils parviennent à les contrefaire. Consuelo se divertit encore à mettre le comte dans une de ces grandes colères de sang-froid qu'il aimait à faire éclater lorsqu'il galopait sur son dada, et finit par lui faire entendre une cadence si parfaite et si prolongée qu'il fut forcé de lui crier :

« Assez, assez ! C'est fait ; vous y êtes maintenant. J'étais bien sûr que je vous en donnerais la clef ! Passons donc à la roulade, vous apprenez avec une facilité admirable, et je voudrais avoir toujours des élèves comme vous. »

Consuelo, qui commençait à sentir le sommeil et la fatigue la gagner, abrégea de beaucoup la leçon de roulade. Elle fit toutes celles que lui prescrivit l'opulent pédagogue, avec docilité, de quelque mauvais goût qu'elles fussent, et laissa même résonner naturellement sa belle voix, ne craignant plus de se trahir, puisque le comte était résolu à s'attribuer jusqu'à l'éclat subit et à la pureté céleste que prenait son organe de moment en moment.

« Comme cela s'éclaircit, à mesure que je lui montre comment il faut ouvrir la bouche et porter la voix! disait-il à Joseph en se retournant vers lui d'un air de triomphe. La clarté de l'enseignement, la persévérance, l'exemple, voilà les trois choses avec lesquelles on forme des chanteurs et des déclamateurs en peu de temps. Nous reprendrons demain une leçon; car nous avons dix leçons à prendre, au bout desquelles vous saurez chanter. Nous avons le *coulé*, le *flatté*, le *port de voix tenu* et le *port de voix achevé*, la *chute*, l'*inflexion tendre*, le *martellement gai*, la *cadence feinte*, etc., etc. Allez prendre du repos; je vous ai fait préparer des chambres dans ce palais. Je m'arrête ici pour mes affaires jusqu'à midi. Vous déjeunerez, et vous me suivrez jusqu'à Vienne. Considérez-vous dès à présent comme étant à mon service. Pour commencer, Joseph, allez dire à mon valet de chambre de venir m'éclairer jusqu'à mon appartement. Toi, dit-il à Consuelo, reste, et recommence-moi la dernière roulade que je t'ai enseignée. Je n'en suis pas parfaitement content. »

A peine Joseph fut-il sorti, que le comte, prenant les deux mains de Consuelo avec des regards fort expressifs, essaya de l'attirer près de lui. Interrompue dans sa roulade, Consuelo le regardait aussi avec beaucoup d'étonnement, croyant qu'il voulait lui faire battre la mesure;

mais elle lui retira brusquement ses mains et se recula au bout de la table, en voyant ses yeux enflammés et son sourire libertin.

« Allons ! vous voulez faire la prude? dit le comte en reprenant son air indolent et superbe. Eh bien, ma mignonne, nous avons un petit amant? Il est fort laid, le pauvre hère, et j'espère qu'à partir d'aujourd'hui vous y renoncerez. Votre fortune est faite, si vous n'hésitez pas ; car je n'aime pas les lenteurs. Vous êtes une charmante fille, pleine d'intelligence et de douceur; vous me plaisez beaucoup, et, dès le premier coup d'œil que j'ai jeté sur vous, j'ai vu que vous n'étiez pas faite pour courir la pretantaine avec ce petit drôle. J'aurai soin de lui pourtant ; je l'enverrai à Roswald, et je me charge de son sort. Quant à vous, vous resterez à Vienne. Je vous y logerai convenablement, et même, si vous êtes prudente et modeste, je vous produirai dans le monde. Quand vous saurez la musique, vous serez la primadonna de mon théâtre, et vous reverrez votre petit ami de rencontre, quand je vous mènerai à ma résidence. Est-ce entendu?

— Oui, monsieur le comte, répondit Consuelo avec beaucoup de gravité et en faisant un grand salut; c'est parfaitement entendu. »

Joseph rentra en cet instant avec le valet de chambre, qui portait deux flambeaux, et le comte sortit en donnant un petit coup sur la joue de Joseph et en adressant à Consuelo un sourire d'intelligence.

« Il est d'un ridicule achevé, dit Joseph à sa compagne dès qu'il fut seul avec elle.

— Plus achevé encore que tu ne penses, lui répondit-elle d'un air pensif.

— C'est égal, c'est le meilleur homme du monde, et il me sera fort utile à Vienne.

— Oui, à Vienne, tant que tu voudras, Beppo; mais à Passaw, il ne le sera pas le moins du monde, je t'en avertis. Où sont nos effets, Joseph?

— Dans la cuisine. Je vais les prendre pour les monter dans nos chambres, qui sont charmantes, à ce qu'on m'a dit. Vous allez donc enfin vous reposer!

— Bon Joseph, dit Consuelo en haussant les épaules. Allons, reprit-elle, va vite chercher ton paquet, et renonce à ta jolie chambre et au bon lit où tu prétendais si bien dormir. Nous quittons cette maison à l'instant même; m'entends-tu? Dépêche-toi, car on va sûrement fermer les portes. »

Haydn crut rêver.

« Par exemple! s'écria-t-il: ces grands seigneurs seraient-ils aussi des racoleurs?

— Je crains encore plus le Hoditz que le Mayer, répondit Consuelo avec impatience. Allons, cours, n'hésite pas, ou je te laisse, et je pars seule. »

Il y avait tant de résolution et d'énergie dans le ton et la physionomie de Consuelo, que Haydn, éperdu et bouleversé, lui obéit à la hâte. Il revint au bout de trois minutes avec le sac qui contenait les cahiers et les hardes; et, trois minutes après, sans avoir été remarqués de personne, ils étaient sortis du palais, et gagnaient le faubourg à l'extrémité de la ville.

Ils entrèrent dans une chétive auberge, et louèrent deux petites chambres qu'ils payèrent d'avance, afin de pouvoir partir d'aussi bonne heure qu'ils voudraient sans éprouver de retard.

« Ne me direz-vous pas au moins le motif de cette nouvelle alerte? demanda Haydn à Consuelo en lui souhaitant le bonsoir sur le seuil de sa chambre.

— Dors tranquille, lui répondit-elle, et apprends en deux mots que nous n'avons pas grand'chose à craindre maintenant. M. le comte a deviné avec son coup d'œil d'aigle que je ne suis point de son sexe, et il m'a fait l'honneur d'une déclaration qui a singulièrement flatté mon amour-propre. Bonsoir, ami Beppo; nous décampons avant le jour. Je secouerai ta porte pour te réveiller. »

Le lendemain, le soleil levant éclaira nos jeunes voyageurs voguant sur le Danube et descendant son cours rapide avec une satisfaction aussi pure et des cœurs aussi légers que les ondes de ce beau fleuve. Ils avaient payé leur passage sur la barque d'un vieux batelier qui portait des marchandises à Lintz. C'était un brave homme, dont ils furent contents, et qui ne gêna pas leur entretien. Il n'entendait pas un mot d'italien, et, son bateau étant suffisamment chargé, il ne prit pas d'autres voyageurs, ce qui leur donna enfin la sécurité et le repos de corps et d'esprit dont ils avaient besoin pour jouir complétement du beau spectacle que présentait leur navigation à chaque instant. Le temps était magnifique. Il y avait dans le bateau une petite cale fort propre, où Consuelo pouvait descendre pour reposer ses yeux de l'éclat des eaux; mais elle s'était si bien habituée les jours précédents au grand air et au grand soleil, qu'elle préféra passer presque tout le temps couchée sur les ballots, occupée délicieusement à voir courir les rochers et les arbres du rivage, qui semblaient fuir derrière elle. Elle put faire de la musique à loisir avec Haydn, et le souvenir comique du mélomane Hoditz, que Joseph appelait le *maestromane*, mêla beaucoup de gaieté à leurs ramages. Joseph le contrefaisait à merveille, et ressentait une joie maligne à l'idée de son désappointement. Leurs rires et leurs chansons égayaient et charmaient le vieux nautonier, qui était passionné pour la musique comme tout prolétaire allemand. Il leur chanta aussi des airs auxquels ils trouvèrent une physionomie aquatique, et que Consuelo apprit de lui, ainsi que les paroles. Ils achevèrent de gagner son cœur en le régalant de leur mieux au premier abordage où ils firent leurs provisions de bouche pour la journée, et cette journée fut la plus paisible et la plus agréable qu'ils eussent encore passée depuis le commencement de leur voyage.

— « Excellent baron de Trenk! disait Joseph en échangeant contre de la monnaie une des brillantes pièces d'or que ce seigneur lui avait données : c'est à lui que je dois de pouvoir soustraire enfin la divine Porporina à la fatigue, à la famine, aux dangers, à tous les maux que la misère traîne à sa suite. Je ne l'aimais pourtant pas d'abord, ce noble et bienveillant baron!

— Oui, dit Consuelo, vous lui préfériez le comte. Je suis heureuse maintenant que celui-ci se soit borné à des promesses, et qu'il n'ait pas souillé nos mains de ses bienfaits.

— Après tout, nous ne lui devons rien, reprenait Joseph. Qui a eu le premier la pensée et la résolution de combattre les recruteurs? c'est le baron; le comte ne s'en souciait pas, et n'y allait que par complaisance et par ton. Qui a couru des risques et reçu une balle dans son chapeau, bien près du crâne? encore le baron! Qui a blessé, et peut-être tué l'infâme Pistola? le baron! Qui a sauvé le déserteur, à ses dépens peut-être, et en s'exposant à la colère d'un maître terrible? Enfin, qui vous a respectée, et n'a pas fait semblant de reconnaître votre sexe? qui a compris la beauté de vos airs italiens, et le goût de votre manière?

— Et le génie de maître Joseph Haydn? ajouta Consuelo en souriant; le baron, toujours le baron!

— Sans doute, reprit Haydn pour lui rendre sa maligne insinuation; et il est bien heureux peut-être, pour un noble et cher absent dont j'ai entendu parler, que la déclaration d'amour à la divine Porporina soit venue du comte ridicule, au lieu d'être faite par le brave et séduisant baron.

— Beppo ! répondit Consuelo avec un sourire mélancolique, les absents n'ont tort que dans les cœurs ingrats et lâches. Voilà pourquoi le baron, qui est généreux et sincère, et qui est amoureux d'une mystérieuse beauté, ne pouvait pas songer à me faire la cour. Je vous le demande à vous-même : sacrifieriez-vous aussi facilement l'amour de votre fiancée et la fidélité de votre cœur au premier caprice venu ? »

Beppo soupira profondément.

« Vous ne pouvez être pour personne le *premier caprice venu*, dit-il, et... le baron pourrait être fort excusable d'avoir oublié toutes ses amours passées et présentes en vous voyant.

— Vous devenez galant et doucereux, Beppo ! je vois que vous avez profité dans la société de M. le comte ; mais puissiez-vous ne jamais épouser une margrave, et ne pas apprendre comment on traite l'amour quand on a fait un mariage d'argent ! »

Arrivés le soir à Lintz, ils y dormirent enfin sans terreur et sans souci du lendemain. Dès que Joseph fut éveillé, il courut acheter des chaussures, du linge, plusieurs petites recherches de toilette masculine pour lui, et surtout pour Consuelo, qui put se faire brave et *beau*, comme elle le disait en plaisantant, pour courir la ville et les environs. Le vieux batelier leur avait dit que s'il pouvait trouver une commission pour Mœlk, il les reprendrait à *son bord* le jour suivant, et leur ferait faire encore une vingtaine de lieues sur le Danube. Ils passèrent donc cette journée à Lintz, s'amusèrent à gravir la colline, à examiner le château fort d'en bas et celui d'en haut, d'où ils purent contempler les majestueux méandres du fleuve au sein des plaines fertiles de l'Autriche. De là aussi ils virent un spectacle qui les réjouit fort : ce fut la berline du comte Hoditz, qui entrait triomphalement dans la ville. Ils reconnurent la voiture et la livrée, et s'amusèrent à lui faire, de trop loin pour être aperçus de lui, de grands saluts jusqu'à terre. Enfin, le soir, s'étant rendus au rivage, ils y retrouvèrent leur bateau chargé de marchandises de transport pour Mœlk, et ils firent avec joie un nouveau marché avec leur vieux pilote. Ils s'embarquèrent avant l'aube, et virent briller les étoiles sereines sur leurs têtes, tandis que le reflet de ces astres courait en longs filets d'argent sur la surface mouvante du fleuve. Cette journée ne fut pas moins agréable que la précédente. Joseph n'eut qu'un chagrin, ce fut de penser qu'il se rapprochait de Vienne, et que ce voyage, dont il oubliait les souffrances et les périls pour ne se rappeler que ses délicieux instants, allait bientôt toucher à son terme.

A Mœlk, il fallut se séparer du brave pilote, et ce ne fut pas sans regret. Ils ne trouvaient pas dans les embarcations qui s'offrirent pour les mener plus loin les mêmes conditions d'isolement et de sécurité. Consuelo se sentait reposée, rafraîchie, aguerrie contre tous les accidents. Elle proposa à Joseph de reprendre leur route à pied jusqu'à nouvelle occurrence. Ils avaient encore vingt lieues à faire, et cette manière d'aller n'était pas fort abréviative. C'est que Consuelo, tout en se persuadant qu'elle était impatiente de reprendre les habits de son sexe et les convenances de sa position, était au fond du cœur, il faut bien l'avouer, aussi peu désireuse que Joseph de voir la fin de son expédition. Elle était trop artiste par toutes les fibres de son organisation, pour ne pas aimer la liberté, les hasards, les actes de courage et d'adresse, le spectacle continuel et varié de cette nature que le piéton seul possède entièrement, enfin toute l'activité romanesque de la vie errante et isolée.

Je l'appelle isolée, lecteur, pour exprimer une impression secrète et mystérieuse qu'il est plus facile à vous de comprendre qu'à moi de définir. C'est, je crois, un état de l'âme qui n'a pas été nommé dans notre langue, mais que vous devez vous rappeler, si vous avez voyagé à pied, au loin, et tout seul, ou avec un autre vous-même, ou enfin, comme Consuelo, avec un compagnon facile, enjoué, complaisant, et monté à l'unisson de votre cerveau. Dans ces moments-là, si vous étiez dégagé de toute sollicitude immédiate, de tout motif inquiétant, vous avez, je n'en doute pas, ressenti une sorte de joie étrange, peut-être égoïste tant soit peu, en vous disant : A l'heure qu'il est, personne ne s'embarrasse de moi, et personne ne m'embarrasse. Nul ne sait où je suis. Ceux qui dominent ma vie me chercheraient en vain ; ils ne peuvent me découvrir dans ce milieu inconnu de tous, nouveau pour moi-même, où je me suis réfugié. Ceux que ma vie impressionne et agite se reposent de moi, comme moi de mon action sur eux. Je m'appartiens entièrement, et comme maître et comme esclave. Car il n'est pas un seul de nous, ô lecteur ! qui ne soit à la fois, à l'égard d'un certain groupe d'individus, tour à tour et simultanément, un peu esclave, un peu maître, bon gré, mal gré, sans se l'avouer et sans y prétendre.

Nul ne sait où je suis ! Certes c'est une pensée d'isolement qui a son charme, un charme inexprimable, féroce en apparence, légitime et doux dans le fond. Nous sommes faits pour vivre de la vie de réciprocité. La route du devoir est longue, rigide, et n'a d'horizon que la mort, qui est peut-être à peine le repos d'une nuit. Marchons donc, et sans ménager nos pieds ! Mais si, dans des circonstances rares et bienfaisantes, où le repos peut être inoffensif, et l'isolement sans remords, un vert sentier s'offre sous nos pas, mettons à profit quelques heures de solitude et de contemplation. Ces heures nonchalantes sont bien nécessaires à l'homme actif et courageux pour retremper ses forces; et je dis que, plus votre cœur est dévoré du zèle de la maison de Dieu (qui n'est autre que l'humanité), plus vous êtes propre à apprécier quelques instants d'isolement pour rentrer en possession de vous-même. L'égoïste est seul toujours et partout. Son âme n'est jamais fatiguée d'aimer, de souffrir et de persévérer; elle est inerte et froide, et n'a pas plus besoin de sommeil et de silence qu'un cadavre. Celui qui aime est rarement seul, et, quand il l'est, il s'en trouve bien. Son âme peut goûter une suspension d'activité qui est comme le profond sommeil d'un corps vigoureux. Ce sommeil est le bon témoignage des fatigues passées, et le précurseur des épreuves nouvelles auxquelles il se prépare. Je ne crois guère à la véritable douleur de ceux qui ne cherchent pas à se distraire, ni à l'absolu dévouement de ceux qui n'ont jamais besoin de se reposer. Ou leur douleur est un accablement qui révèle qu'ils sont brisés, éteints, et qu'ils n'auraient plus la force d'aimer ce qu'ils ont perdu; ou leur dévouement sans relâche et sans défaillance d'activité cache quelque honteuse convoitise, quelque dédommagement égoïste et coupable dont je me méfie.

Ces réflexions, un peu trop longues, ne sont pas hors de place dans le récit de la vie de Consuelo, âme active et dévouée s'il en fut, qu'eussent pu cependant accuser parfois d'égoïsme et de légèreté ceux qui ne savaient pas la comprendre.

LXXIV.

Le premier jour de ce nouveau trajet, comme nos voyageurs traversaient une petite rivière sur un pont de bois, ils virent une pauvre mendiante qui tenait une petite fille dans ses bras, et qui était accroupie le long du parapet pour tendre la main aux passants. L'enfant était pâle et souffrant, la femme hâve et grelottant de la fièvre. Consuelo fut saisie d'un profond sentiment de sympathie et de pitié pour ces malheureux, qui lui rappelaient sa mère et sa propre enfance.

« Voilà comme nous étions quelquefois, dit-elle à Joseph, qui la comprit à demi-mot, et qui s'arrêta avec elle à considérer et à questionner la mendiante.

— Hélas! leur dit celle-ci, j'étais fort heureuse encore il y a peu de jours. Je suis une paysanne des environs de Harmanitz en Bohême. J'avais épousé, il y a cinq ans, un beau et grand cousin à moi, qui était le plus laborieux des ouvriers et le meilleur des maris. Au bout d'un an de mariage, mon pauvre Karl, étant allé faire du bois dans les montagnes, disparut tout à coup et sans que personne pût savoir ce qu'il était devenu. Je tombai dans la misère et dans le chagrin. Je croyais que mon mari avait péri dans quelque précipice, ou que les loups l'avaient dévoré. Quoique je trouvasse à me remarier, l'incertitude de son sort et l'amitié que je lui conservais ne me permirent pas d'y songer. Oh! que j'en fus bien récompensée, mes enfants! L'année dernière, on frappe un soir à ma porte; j'ouvre, et je tombe à genoux en voyant mon mari devant moi. Mais dans quel état, bon Dieu! Il avait l'air d'un fantôme. Il était desséché, jaune, l'œil hagard, les cheveux hérissés par les glaçons, les pieds en sang, ses pauvres pieds tout nus qui venaient de faire je ne sais combien de cinquantaines de milles par les chemins les plus affreux et l'hiver le plus cruel ! Mais il était si heureux de retrouver sa femme et sa pauvre petite fille, que bientôt il reprit le courage, la santé, son travail et sa bonne mine. Il me raconta qu'il avait été enlevé par des brigands qui l'avaient mené bien loin, jusque auprès de la mer, et qui l'avaient vendu au roi de Prusse pour en faire un soldat. Il avait vécu trois ans dans le plus triste de tous les pays, faisant un métier bien rude, et recevant des coups du matin au soir. Enfin, il avait réussi à s'échapper, à déserter, mes bons enfants ! En se battant comme un désespéré contre ceux qui le poursuivaient, il en avait tué un; il avait crevé un œil à l'autre d'un coup de pierre ; enfin, il avait marché jour et nuit, se cachant dans les marais, dans les bois, comme une bête sauvage ; il avait traversé la Saxe et la Bohême, et il était sauvé, il m'était rendu ! Ah ! que nous fûmes heureux pendant tout l'hiver, malgré notre pauvreté et la rigueur de la saison ! Nous n'avions qu'une inquiétude ; c'était de voir reparaître dans nos environs ces oiseaux de proie qui avaient été la cause de tous nos maux. Nous faisions le projet d'aller à Vienne, de nous présenter à l'impératrice, de lui raconter nos malheurs, afin d'obtenir sa protection, du service militaire pour mon mari, et quelque subsistance pour moi et mon enfant ; mais je tombai malade par suite de la révolution que j'avais éprouvée en revoyant mon pauvre Karl, et nous fûmes forcés de passer tout l'hiver et tout l'été dans nos montagnes, attendant toujours le moment où je pourrais entreprendre le voyage, nous tenant toujours sur nos gardes, et ne dormant jamais que d'un œil. Enfin, ce bienheureux moment était venu ; je me sentais assez forte pour marcher, et ma petite fille, qui était souffrante aussi, devait faire le voyage dans les bras de son père. Mais notre mauvais destin nous attendait à la sortie des montagnes. Nous marchions tranquillement et lentement au bord d'un chemin peu fréquenté, sans faire attention à une voiture qui, depuis un quart d'heure, montait lentement le même chemin que nous. Tout à coup la voiture s'arrête, et trois hommes en descendent. « Est-ce bien lui? s'écrie l'un. — Oui! répond l'autre qui était borgne; c'est bien lui! sus! sus! » Mon mari se retourne à ces paroles, et me dit : « Ah! ce sont les Prussiens! voilà le borgne que j'ai fait! Je le reconnais! — Cours! cours! lui dis-je, sauve-toi. » Il commençait à s'enfuir, lorsqu'un de ces hommes abominables s'élance sur moi, me renverse, place un pistolet sur ma tête et sur celle de mon enfant. Sans cette idée diabolique, mon mari était sauvé ; car il courait mieux que ces bandits, et il avait de l'avance sur eux. Mais au cri qui m'échappa en voyant ma fille sous la gueule du pistolet, Karl se retourne, fait de grands cris pour arrêter le coup, et revient sur ses pas. Quand le scélérat qui tenait son pied sur mon corps vit Karl à portée : « Rends-toi! lui cria-t-il, ou je les tue! Fais un pas de plus pour te sauver, et c'est fait! — Je me rends, je me rends; me voilà! » répond mon pauvre homme; et il se mit à courir vers eux plus vite qu'il ne s'était enfui, malgré les prières et les signes que je lui faisais pour qu'il nous laissât mourir. Quand ces tigres le tinrent entre leurs mains, ils l'accablèrent de coups et le mirent tout en sang. Je voulais le défendre ; ils me maltraitèrent aussi. En le voyant garrotter sous mes yeux, je sanglotais, je remplissais l'air de mes gémissements. Ils me dirent qu'ils allaient tuer ma petite si je ne gardais le silence, et ils l'avaient déjà arrachée de mes bras, lorsque Karl me dit : « Tais-toi, femme, je te l'ordonne; songe à notre enfant! » J'obéis; mais la violence que je me fis en voyant frapper, lier et

bâillonner mon mari, tandis que ces monstres me disaient :
« Oui, oui, pleure ! Tu ne le reverras plus, nous le menons pendre, » fut si violente, que je tombai comme morte sur le chemin. J'y restai je ne sais combien d'heures, étendue dans la poussière. Quand j'ouvris les yeux, il faisait nuit ; ma pauvre enfant, couchée sur moi, se tordait en sanglotant d'une façon à fendre le cœur, il n'y avait plus sur le chemin que le sang de mon mari, et la trace des roues de la voiture qui l'avait emporté. Je restai encore là une heure ou deux, essayant de consoler et de réchauffer Maria, qui était transie et moitié morte de peur. Enfin, quand les idées me revinrent, je songeai que ce que j'avais de mieux à faire ce n'était pas de courir après les ravisseurs, que je ne pourrais atteindre, mais d'aller faire ma déclaration aux officiers de Wiesenbach, qui était la ville la plus prochaine. C'est ce que je fis, et ensuite je résolus de continuer mon voyage jusqu'à Vienne, et d'aller me jeter aux pieds de l'impératrice, afin qu'elle empêchât du moins que le roi de Prusse ne fît exécuter la sentence de mort contre mon mari. Sa majesté pouvait le réclamer comme son sujet, dans le cas où l'on ne pourrait atteindre les recruteurs. J'ai donc usé de quelques aumônes qu'on m'avait faites sur les terres de l'évêque de Passaw, où j'avais raconté mon désastre, pour gagner le Danube dans une charrette, et de là j'ai descendu en bateau jusqu'à la ville de Mœlk. Mais à présent mes ressources sont épuisées. Les personnes auxquelles je dis mon aventure ne veulent guère me croire, et, dans le doute si je ne suis pas une intrigante, me donnent si peu, qu'il faut que je continue ma route à pied. Heureuse si j'arrive dans cinq ou six jours sans mourir de lassitude ! car la maladie et le désespoir m'ont épuisée. Maintenant, mes chers enfants, si vous avez le moyen de me faire quelque petite aumône, don-

nez-la-moi tout de suite, car je ne puis me reposer davantage ; il faut que je marche encore, et encore, comme le Juif-errant, jusqu'à ce que j'aie obtenu justice.

— Oh ! ma bonne femme, ma pauvre femme ! s'écria Consuelo en serrant la pauvresse dans ses bras, et en pleurant de joie et de compassion ; courage, courage ! Espérez, tranquillisez-vous, votre mari est délivré. Il galope vers Vienne sur un bon cheval, avec une bourse bien garnie dans sa poche.

— Qu'est-ce que vous dites ? s'écria la femme du déserteur dont les yeux devinrent rouges comme du sang, et les lèvres tremblantes d'un mouvement convulsif. Vous le savez, vous l'avez vu ! O mon Dieu ! grand Dieu ! Dieu de bonté !

— Hélas ! que faites-vous ? dit Joseph à Consuelo. Si vous alliez lui donner une fausse joie ; si le déserteur que nous avons contribué à sauver était un autre que son mari !

— C'est lui-même, Joseph ! Je te dis que c'est lui : rappelle-toi le borgne, rappelle-toi la manière de procéder du *Pistola*. Souviens-toi que le déserteur a dit qu'il était père de famille, et sujet autrichien. D'ailleurs il est bien facile de s'en convaincre. Comment est-il, votre mari ?

— Roux, les yeux verts, la figure large, cinq pieds huit pouces de haut ; le nez un peu écrasé, le front bas ; un homme superbe.

— C'est bien cela, dit Consuelo en souriant : et quel habit ?

— Une méchante casaque verte, un haut-de-chausses brun, des bas gris.

— C'est encore cela ; et les recruteurs, avez-vous fait attention à eux ?

— Oh ! si j'y ai fait attention, sainte Vierge ! Leurs

horribles figures ne s'effaceront jamais de devant mes yeux. »

La pauvre femme fit alors avec beaucoup de fidélité le signalement de Pistola, du borgne et du silencieux.

« Il y en avait, dit-elle, un quatrième qui restait auprès du cheval et qui ne se mêlait de rien. Il avait une grosse figure indifférente qui me paraissait encore plus cruelle que les autres ; car, pendant que je pleurais et qu'on battait mon mari, en l'attachant avec des cordes comme un assassin, ce gros-là chantait, et faisait la trompette avec sa bouche comme s'il eût sonné une fanfare : broum, broum, broum, broum. Ah ! quel cœur de fer !

— Eh bien, c'est Mayer, dit Consuelo à Joseph. En doutes-tu encore ? n'a-t-il pas ce tic de chanter et de faire la trompette à tout moment ?

— C'est vrai, dit Joseph. C'est donc Karl que nous avons vu délivrer ? Grâces soient rendues à Dieu !

— Ah ! oui, grâces au bon Dieu avant tout ! dit la pauvre femme en se jetant à genoux. Et toi, Maria, dit-elle à sa petite fille, baise la terre avec moi pour remercier les anges gardiens et la sainte Vierge. Ton papa est retrouvé, et nous allons bientôt le revoir.

— Dites-moi, chère femme, observa Consuelo, Karl a-t-il aussi l'habitude de baiser la terre quand il est bien content ?

— Oui, mon enfant ; il n'y manque pas. Quand il est revenu après avoir déserté, il n'a pas voulu passer la porte de notre maison sans en avoir baisé le seuil.

— Est-ce une coutume de votre pays ?

— Non ; c'est une manière à lui, qu'il nous a enseignée, et qui nous a toujours réussi.

— C'est donc bien lui que nous avons vu, reprit Consuelo ; car nous lui avons vu baiser la terre pour remercier ceux qui l'avaient délivré. Tu l'as remarqué, Beppo?

— Parfaitement! C'est lui; il n'y a plus de doute possible.

— Venez donc que je vous presse contre mon cœur, s'écria la femme de Karl, ô vous deux, anges du paradis, qui m'apportez une pareille nouvelle. Mais contez-moi donc cela! »

Joseph raconta tout ce qui était arrivé; et quand la pauvre femme eut exhalé tous ses transports de joie et de reconnaissance envers le ciel et envers Joseph et Consuelo qu'elle considérait avec raison comme les premiers libérateurs de son mari, elle leur demanda ce qu'il fallait faire pour le retrouver.

« Je crois, lui dit Consuelo, que vous ferez bien de continuer votre voyage. C'est à Vienne que vous le trouverez, si vous ne le rencontrez pas en chemin. Son premier soin sera d'aller faire sa déclaration à sa souveraine, et de demander dans les bureaux de l'administration qu'on vous signale en quelque lieu que vous soyez. Il n'aura pas manqué de faire les mêmes déclarations dans chaque ville importante où il aura passé, et de prendre des renseignements sur la route que vous avez tenue. Si vous arrivez à Vienne avant lui, ne manquez pas de faire savoir à l'administration où vous demeurez, afin que Karl en soit informé aussitôt qu'il s'y présentera.

— Mais quels bureaux, quelle administration? Je ne connais rien à tous ces usages-là. Une si grande ville! je m'y perdrai, moi, pauvre paysanne!

— Tenez, dit Joseph, nous n'avons jamais eu d'affaire qui nous ait mis au courant de tout cela non plus; mais demandez au premier venu de vous conduire à l'ambassade de Prusse. Demandez-y M. le baron de...

— Prends garde à ce que tu vas dire, Beppo! dit Consuelo tout bas à Joseph pour lui rappeler qu'il ne fallait pas compromettre le baron dans cette aventure.

— Eh bien, le comte de Hoditz ? reprit Joseph.

— Oui, le comte ! il fera par vanité ce que l'autre eût fait par dévouement. Demandez la demeure de la margrave, princesse de Bareith, et présentez à son mari le billet que je vais vous remettre. »

Consuelo arrracha un feuillet blanc du calepin de Joseph, et traça ces mots au crayon :

« Consuelo Porporina, prima donna du théâtre de San Samuel, à Venise, ex-signor Bertoni, chanteur ambulant à Passaw, recommande au noble cœur du comte Hoditz-Roswald la femme de Karl, le déserteur que sa seigneurie a tiré des mains des recruteurs et comblé de ses bienfaits. La Porporina se promet de remercier monsieur le comte de sa protection, en présence de madame la margrave, si monsieur le comte veut bien l'admettre à l'honneur de chanter dans les petits appartements de son altesse. »

Consuelo mit la suscription avec soin, et regarda Joseph : il la comprit, et tira sa bourse. Sans se consulter autrement, et d'un mouvement spontané, ils donnèrent à la pauvre femme les deux pièces d'or qui leur restaient du présent de Trenk, afin qu'elle pût faire la route en voiture, et ils la conduisirent jusqu'au village voisin où ils l'aidèrent à faire son marché pour un modeste voiturin. Après qu'ils l'eurent fait manger et qu'ils lui eurent procuré quelques effets, dépense prise sur le reste de leur petite fortune, ils embarquèrent l'heureuse créature qu'ils venaient de rendre à la vie. Alors Consuelo demanda en riant ce qui restait au fond de la bourse. Joseph prit son violon, le secoua auprès de son oreille, et répondit :

« Rien que du son ! »

Consuelo essaya sa voix en pleine campagne, par une brillante roulade, et s'écria :

« Il reste beaucoup de son! »

Puis elle ellè tendit joyeusement la main à son confrère, et la serra avec effusion, en lui disant :

« Tu es un brave garçon, Beppo !

— Et toi aussi ! » répondit Joseph en essuyant une larme et en faisant un grand éclat de rire.

LXXV.

Il n'est pas fort inquiétant de se trouver sans argent quand on touche au terme d'un voyage ; mais eussent-ils été encore bien loin de leur but, nos jeunes artistes ne se seraient pas sentis moins gais qu'ils ne le furent lorsqu'ils se virent tout à fait à sec. Il faut s'être trouvé ainsi sans ressources en pays inconnu (Joseph était presque aussi étranger que Consuelo à cette distance de Vienne) pour savoir quelle sécurité merveilleuse, quel génie inventif et entreprenant se révèlent comme par magie à l'artiste qui vient de dépenser son dernier sou. Jusque-là, c'est une sorte d'agonie, une crainte continuelle de manquer, une noire appréhension de souffrances, d'embarras et d'humiliations qui s'évanouissent dès que la dernière pièce de monnaie a sonné. Alors, pour les âmes poétiques, il y a un monde nouveau qui commence, une sainte confiance en la charité d'autrui, beaucoup d'illusions charmantes; mais aussi une aptitude au travail et une disposition à l'aménité qui font aisément triompher des premiers obstacles. Consuelo, qui portait dans ce retour à l'indigence de ses premiers ans un sentiment de plaisir romanesque, et qui se sentait heureuse d'avoir fait le bien en se dépouillant, trouva tout de suite un expédient pour assurer le repas et le gîte du soir.

« C'est aujourd'hui dimanche, dit-elle à Joseph ; tu vas jouer des airs de danse en traversant la première ville que nous rencontrerons. Nous ne ferons pas deux rues sans trouver des gens qui auront envie de danser, et nous ferons les ménétriers. Est-ce que tu ne sais pas faire un pipeau? J'aurais bientôt appris à m'en servir, et pourvu que j'en tire quelques sons, ce sera assez pour t'accompagner.

— Si je sais faire un pipeau! s'écria Joseph ; vous allez voir ! »

On eut bientôt trouvé au bord de la rivière une belle tige de roseau, qui fut percée industrieusement, et qui résonna à merveille. L'accord parfait fut obtenu, la répétition suivit, et nos gens s'en allèrent bien tranquilles jusqu'à un petit hameau à trois milles de distance où ils firent leur entrée au son de leurs instruments, et en criant devant chaque porte : « Qui veut danser? qui veut sauter? Voilà la musique, voilà le bal qui commence ! »

Ils arrivèrent sur une petite place plantée de beaux arbres : ils étaient escortés d'une quarantaine d'enfants qui les suivaient au pas de marche, en criant et en battant des mains. Bientôt de joyeux couples vinrent enlever la première poussière en ouvrant la danse; et avant que le sol fût battu, toute la population se rassembla, et fit cercle autour d'un bal champêtre improvisé sans hésitation et sans conditions. Après les premières valses, Joseph mit son violon sous son bras, et Consuelo, montant sur sa chaise, fit un discours aux assistants pour leur prouver que des artistes à jeun avaient les doigts mous et l'haleine courte. Cinq minutes après, ils avaient à discrétion pain, laitage, bière et gâteaux. Quant au salaire, on fut bientôt d'accord : on devait faire une collecte où chacun donnerait ce qu'il voudrait.

Après avoir mangé, ils remontèrent donc sur un tonneau qu'on roula triomphalement au milieu de la place, et les danses recommencèrent; mais au bout de deux heures, elles furent interrompues par une nouvelle qui mit tout le monde en émoi, et arriva, de bouche en bouche, jusqu'aux ménétriers; le cordonnier de l'endroit, en achevant à la hâte une paire de souliers pour une pratique exigeante, venait de se planter son alène dans le pouce.

« C'est un événement grave, un grand malheur! leur dit un vieillard appuyé contre le tonneau qui leur servait de piédestal. C'est Gottlieb, le cordonnier, qui est l'organiste de notre village; et c'est justement demain notre fête patronale. Oh! la grande fête, la belle fête! Il ne s'en fait pas de pareille à dix lieues à la ronde. Notre messe surtout est une merveille, et l'on vient de bien loin pour l'entendre. Gottlieb est un vrai maître de chapelle : il tient l'orgue, il fait chanter les enfants, il chante lui-même; que ne fait-il pas, surtout ce jour-là? Il se met en quatre; sans lui, tout est perdu. Et que dira M. le chanoine, M. le chanoine de Saint-Étienne! qui vient lui-même officier à la grand'messe, et qui est toujours si content de notre musique? Car il est fou de musique, ce bon chanoine, et c'est un grand honneur pour nous que de le voir à notre autel, lui qui ne sort guère de son bénéfice et qui ne se dérange pas pour peu.

— Eh bien, dit Consuelo, il y a moyen d'arranger tout cela : mon camarade ou moi, nous nous chargeons de l'orgue, de la maîtrise, de la messe en un mot; et si M. le chanoine n'est pas content, on ne nous donnera rien pour notre peine.

— Eh! eh! dit le vieillard, vous en parlez bien à votre

aise, jeune homme : notre messe ne se dit pas avec un violon et une flûte. Oui-da! c'est une affaire grave, et vous n'êtes pas au courant de nos partitions.

— Nous nous y mettrons dès ce soir, dit Joseph en affectant un air de supériorité dédaigneuse qui imposa aux auditeurs groupés autour de lui.

— Voyons, dit Consuelo, conduisez-nous à l'église, que quelqu'un souffle l'orgue, et si vous n'êtes pas contents de notre manière d'en jouer, vous serez libres de refuser notre assistance.

— Mais la partition, le chef-d'œuvre d'arrangement de Gottlieb!

— Nous irons trouver Gottlieb, et s'il ne se déclare pas content de nous, nous renonçons à nos prétentions. D'ailleurs, une blessure au doigt n'empêchera pas Gottlied de faire marcher ses chœurs et de chanter sa partie. »

Les anciens du village, qui s'étaient rassemblés autour d'eux, tinrent conseil, et résolurent de tenter l'épreuve. Le bal fut abandonné : la messe du chanoine était un bien autre amusement, une bien autre affaire que la danse!

Haydn et Consuelo, après s'être essayés alternativement sur l'orgue, et après avoir chanté ensemble et séparément, furent jugés des musiciens fort passables, à défaut de mieux. Quelques artisans osèrent même avancer que leur jeu était préférable à celui de Gottlieb, et que les fragments de Scarlatti, de Pergolèse et de Bach, qu'on venait de leur faire entendre, étaient pour le moins aussi beaux que la musique de Holzbaüer, dont Gottlieb ne voulait pas sortir. Le curé, qui était accouru pour écouter, alla jusqu'à déclarer que le chanoine préférerait beaucoup ces chants à ceux dont on le régalait ordinairement. Le sacristain, qui ne goûtait pas cet avis, hocha tristement la tête; et pour ne pas mécontenter ses paroissiens, le curé consentit à ce que les deux virtuoses envoyés par la Providence s'entendissent, s'il était possible, avec Gottlieb, pour accompagner la messe.

On se rendit en foule à la maison du cordonnier : il fallut qu'il montrât sa main enflée à tout le monde pour qu'on le tînt quitte de remplir ses fonctions d'organiste. L'impossibilité n'était que trop réelle à son gré. Gottlieb était doué d'une certaine intelligence musicale, et jouait de l'orgue passablement; mais gâté par les louanges de ses concitoyens et l'approbation un peu railleuse du chanoine, il mettait un amour-propre épouvantable à sa direction et à son exécution. Il prit de l'humeur quand on lui proposa de le faire remplacer par deux artistes de passage : il aimait mieux que la fête fût manquée, et la messe patronale privée de musique, que de partager les honneurs du triomphe. Cependant, il fallut céder : il feignit longtemps de chercher la partition, et ne consentit à la retrouver que lorsque le curé le menaça d'abandonner aux deux jeunes artistes le choix et le soin de toute la musique. Il fallut que Consuelo et Joseph fissent preuve de savoir, en lisant à livre ouvert les passages réputés les plus difficiles de celle des vingt-six messes de Holzbaüer qu'on devait exécuter le lendemain. Cette musique, sans génie et sans originalité, était du moins bien écrite, et facile à saisir, surtout pour Consuelo, qui avait surmonté tant d'autres épreuves plus importantes. Les auditeurs furent émerveillés, et Gottlieb, qui devenait de plus en plus soucieux et morose, déclara qu'il avait la fièvre, et qu'il allait se mettre au lit, enchanté que tout le monde fût content.

Aussitôt les voix et les instruments se rassemblèrent dans l'église, et nos deux petits maîtres de chapelle improvisés dirigèrent la répétition. Tout alla au mieux. C'était le brasseur, le tisserand, le maître d'école et le boulanger du village qui tenaient les quatre violons. Les enfants faisaient les chœurs avec leurs parents, tous bons paysans ou artisans, pleins de flegme, d'attention et de bonne volonté. Joseph avait entendu déjà de la musique de Holzbaüer à Vienne, où elle était en faveur à cette époque. Il n'eut pas de peine à s'y mettre, et Consuelo, faisant alternativement sa partie dans toutes les reprises du chant, mena les chœurs si bien qu'ils se surpassèrent eux-mêmes. Il y avait deux solos que devaient dire le fils et la nièce de Gottlieb, ses élèves favoris, et les premiers chanteurs de la paroisse ; mais ces deux coryphées ne parurent point, sous prétexte qu'ils étaient sûrs de leur affaire.

Joseph et Consuelo allèrent souper au presbytère, où un appartement leur avait été préparé. Le bon curé était dans la joie de son âme, et l'on voyait qu'il tenait extrêmement à la beauté de sa messe, pour plaire à M. le chanoine.

Le lendemain, tout était en rumeur dans le village dès avant le jour. Les cloches sonnaient à grande volée ; les chemins se couvraient de fidèles arrivés du fond des campagnes environnantes, pour assister à la solennité. Le carrosse du chanoine approchait avec une majestueuse lenteur. L'église était revêtue de ses plus beaux ornements. Consuelo s'amusait beaucoup de l'importance que chacun s'attribuait. Il y avait là presque autant d'amour propre et de rivalités en jeu que dans les coulisses d'un théâtre. Seulement les choses se passaient plus naïvement, et il y avait plus à rire qu'à s'indigner.

Une demi-heure avant la messe, le sacristain tout effaré vint leur révéler un grand complot tramé par le jaloux et perfide Gottlieb. Ayant appris que la répétition avait été excellente, et que tout le personnel musical de la paroisse était engoué des nouveaux venus, il se faisait très-malade et défendait à sa nièce et à son fils, les deux coryphées principaux, de quitter le chevet de son lit, si bien qu'on n'aurait ni la présence de Gottlieb, que tout le monde jugeait indispensable pour se mettre en train, ni les solos, qui étaient le plus bel endroit de la messe. Les concertants étaient découragés, et c'était avec bien de la peine que lui, sacristain précieux et affairé, les avait réunis dans l'église pour tenir conseil.

Consuelo et Joseph coururent les trouver, firent répéter les endroits périlleux, soutinrent les parties défaillantes, et rendirent à tous confiance et courage. Quant au remplacement des solos, ils s'entendirent bien vite ensemble pour s'en charger. Consuelo chercha et trouva dans sa mémoire un chant religieux du Porpora qui s'adaptait au ton et aux paroles du solo exigé. Elle l'écrivit sur son genou, et le répéta à la hâte avec Haydn, qui se mit ainsi en mesure de l'accompagner. Elle lui trouva aussi un fragment de Sébastien Bach qu'il connaissait, et qu'ils arrangèrent tant bien que mal, à eux deux, pour la circonstance.

La messe sonna, qu'ils répétaient encore et s'entendaient en dépit du vacarme de la grosse cloche. Quand M. le chanoine, revêtu de ses ornements, parut à l'autel, les chœurs étaient déjà partis et galopaient le style fugué du germanique compositeur, avec un aplomb de bon augure. Consuelo prenait plaisir à voir et à entendre ces bons prolétaires allemands avec leurs figures sérieuses, leurs voix justes, leur ensemble méthodique et leur verve toujours soutenue, parce qu'elle est toujours contenue dans de certaines limites.

« Voilà, dit-elle à Joseph dans un intervalle, les exécutants qui conviennent à cette musique-là : s'ils avaient le feu qui a manqué au maître, tout irait de travers ; mais ils ne l'ont pas, et les pensées forgées à la mécanique sont rendues par des pièces de mécanique. Pourquoi l'illustre maestro Hoditz-Roswald n'est-il pas ici pour faire fonctionner ces machines? Il se donnerait beaucoup de mal, ne servirait à rien, et serait le plus content du monde.

Le solo de voix d'homme inquiétait bien des gens, Joseph s'en tira à merveille: mais quand vint celui de Consuelo, cette manière italienne les étonna d'abord, les scandalisa un peu, et finit par les enthousiasmer. La cantatrice se donna la peine de chanter de son mieux, et l'expression de son chant large et sublime transporta Joseph jusqu'aux cieux.

« Je ne peux croire, lui dit-il, que vous ayez jamais pu mieux chanter que vous venez de le faire pour cette pauvre messe de village.

— Jamais, du moins, je n'ai chanté avec plus d'entrain et de plaisir, lui répondit-elle. Ce public m'est plus sympathique que celui d'un théâtre. Maintenant laisse-moi regarder de la tribune si M. le chanoine est content. Oui, il a tout à fait l'air béat, ce respectable chanoine; et à la manière dont tout le monde cherche sur sa physionomie la récompense de ses efforts, je vois bien que le bon Dieu est le seul ici dont personne ne songe à s'occuper.

— Excepté vous, Consuelo! la foi et l'amour divin peuvent seuls inspirer des accents comme les vôtres. »

Quand les deux virtuoses sortirent de l'église après la messe, il s'en fallut de peu que la population ne les portât en triomphe jusqu'au presbytère, où un bon déjeuner les attendait. Le curé les présenta à M. le chanoine, qui les combla d'éloges et voulut entendre encore *après-boire* le solo du Porpora. Mais Consuelo, qui s'étonnait avec raison que personne n'eût reconnu sa voix de femme; et qui craignait l'œil du chanoine, s'en défendit, sous prétexte que les répétitions et sa coopération active à toutes les parties du chœur l'avaient beaucoup fatiguée.

L'excusé ne fut pas admise, et il fallut comparaître au déjeuner du chanoine.

M. le chanoine était un homme de cinquante ans, d'une belle et bonne figure, fort bien fait de sa personne, quoique un peu chargé d'embonpoint. Ses manières étaient distinguées, nobles même ; il disait à tout le monde en confidence qu'il avait du sang royal dans les veines, étant un des quatre cents bâtards d'Auguste II, électeur de Saxe et roi de Pologne.

Il se montra gracieux et affable autant qu'homme du monde et personnage ecclésiastique doit l'être. Joseph remarqua à ses côtés un séculier, qu'il paraissait traiter à la fois avec distinction et familiarité. Il sembla à Joseph avoir vu ce dernier à Vienne ; mais il ne put mettre, comme on dit, son nom sur sa figure.

« Hé bien ! mes chers enfants, dit le chanoine, vous me refusez une seconde audition du thème de Porpora ? Voici pourtant un de mes amis, encore plus musicien, et cent fois meilleur juge que moi, qui a été bien frappé de votre manière de dire ce morceau. Puisque vous êtes fatigué, ajouta-t-il en s'adressant à Joseph, je ne vous tourmenterai pas davantage ; mais il faut que vous ayez l'obligeance de nous dire comment on vous appelle et où vous avez appris la musique. »

Joseph vit qu'on lui attribuait l'exécution du solo que Consuelo avait chanté, et un regard expressif de celle-ci lui fit comprendre qu'il devait confirmer le chanoine dans cette méprise.

« Je m'appelle Joseph, répondit-il brièvement, et j'ai étudié à la maîtrise de Saint-Étienne.

— Et moi aussi, reprit le personnage inconnu, j'ai étudié à la maîtrise, sous Reuter le père. Vous, sans doute, sous Reuter le fils ?

— Oui, Monsieur.

— Mais vous avez eu ensuite d'autres leçons? Vous avez étudié en Italie?

— Non, Monsieur.

— C'est vous qui avez tenu l'orgue?

— Tantôt moi, tantôt mon camarade.

— Et qui a chanté?

— Nous deux.

— Fort bien! Mais le thème du Porpora, ce n'est pas vous, dit l'inconnu, tout en regardant Consuelo de côté.

— Bah! ce n'est pas cet enfant-là! dit le chanoine en regardant aussi Consuelo, il est trop jeune pour savoir aussi bien chanter.

— Aussi ce n'est pas moi, c'est lui, répondit-elle brusquement en désignant Joseph. »

Elle était pressée de se délivrer de ces questions, et regardait la porte avec impatience.

« Pourquoi dites-vous un mensonge, mon enfant? dit naïvement le curé. Je vous ai déjà entendu et vu chanter hier, et j'ai bien reconnu l'organe de votre camarade Joseph dans le solo de Bach.

— Allons! vous vous serez trompé, monsieur le curé, reprit l'inconnu avec un sourire fin, ou bien ce jeune homme est d'une excessive modestie. Quoi qu'il en soit, nous donnons des éloges à l'un et à l'autre. »

Puis, tirant le curé à l'écart :

« Vous avez l'oreille juste, lui dit-il, mais vous n'avez pas l'œil clairvoyant; cela fait honneur à la pureté de vos pensées. Cependant, il faut vous détromper : ce petit paysan hongrois est une cantatrice italienne fort habile.

— Une femme déguisée! » s'écria le curé stupéfait.

Il regarda Consuelo attentivement tandis qu'elle était occupée à répondre aux questions bienveillantes du

3.

chanoine; et soit plaisir soit indignation, le bon curé rougit depuis son rabat jusqu'à sa calotte.

« C'est comme je vous le dis, reprit l'inconnu. Je cherche en vain qui elle peut être, je ne la connais pas, et quant à son travestissement et à la condition précaire où elle se trouve, je ne puis les attribuer qu'à un coup de tête... Affaire d'amour, monsieur le curé! ceci ne nous regarde pas.

— Affaire d'amour! comme vous dites fort bien, reprit le curé fort animé : un enlèvement, une intrigue criminelle avec ce petit jeune homme! Mais tout cela est fort vilain! Et moi qui ai donné dans le panneau! moi qui les ai logés dans mon presbytère! Heureusement, je leur avais donné des chambres séparées, et j'espère qu'il n'y aura point eu de scandale dans ma maison. Ah! quelle aventure! et comme les esprits forts de ma paroisse (car il y en a, Monsieur, j'en connais plusieurs) riraient à mes dépens s'ils savaient cela!

— Si vos paroissiens n'ont pas reconnu la voix d'une femme, il est probable qu'ils n'en ont reconnu ni les traits ni la démarche. Voyez pourtant quelles jolies mains, quelle chevelure soyeuse, quel petit pied, malgré les grosses chaussures!

— Je ne veux rien voir de tout cela! s'écria le curé hors de lui; c'est une abomination que de s'habiller en homme. Il y a dans les saintes Écritures un verset qui condamne à mort tout homme ou femme coupable d'avoir quitté les vêtements de son sexe. *A mort!* entendez-vous, Monsieur? C'est indiquer assez l'énormité du péché! Avec cela elle a osé pénétrer dans l'église, et chanter effrontément les louanges du Seigneur, le corps et l'âme souillés d'un crime pareil!

— Et elle les a chantées divinement! les larmes m'en

sont venues aux yeux, je n'ai jamais entendu rien de pareil. Étrange mystère! quelle peut être cette femme? Toutes celles que je pourrais supposer sont plus âgées de beaucoup que celle-ci.

— C'est une enfant, une toute jeune fille! reprit le curé, qui ne pouvait s'empêcher de regarder Consuelo avec un intérêt combattu dans son cœur par l'austérité de ses principes. Oh! le petit serpent! Voyez donc de quel air doux et modeste elle répond à monsieur le chanoine! Ah! je suis un homme perdu, si quelqu'un ici a découvert la fraude. Il me faudra quitter le pays!

— Comment, ni vous, ni aucun de vos paroissiens n'avez-vous pas reconnu le timbre d'une voix de femme? Vous êtes des auditeurs bien simples.

— Que voulez-vous? nous trouvions bien quelque chose d'extraordinaire dans cette voix; mais Gottlieb disait que c'était une voix italienne, qu'il en avait entendu déjà d'autres comme cela, que c'était une voix de la chapelle Sixtine! Je ne sais ce qu'il entendait par là, je ne m'entends pas à la musique qui sort de mon rituel, et j'étais à cent lieues de me douter... Que faire, Monsieur, que faire?

— Si personne n'a de soupçons, je vous conseille de ne vous vanter de rien. Éconduisez ces enfants au plus vite; je me charge, si vous voulez, de vous en débarrasser.

— Oh! oui, vous me rendrez service! Tenez, tenez; je vais vous donner l'argent... combien faut-il leur donner?

— Ceci ne me regarde pas; nous autres, nous payons largement les artistes... Mais votre paroisse n'est pas riche, et l'église n'est pas forcée d'agir comme le théâtre.

— Je ferai largement les choses, je leur donnerai six florins! je vais tout de suite... Mais que va dire monsieur le chanoine? il semble ne s'apercevoir de rien. Le voilà qui parle avec *elle* tout paternellement... le saint homme !

— Franchement, croyez-vous qu'il serait bien scandalisé ?

— Comment ne le serait-il pas ? D'ailleurs, ce que je crains, ce ne sont pas tant ses réprimandes que ses railleries. Vous savez comme il aime à plaisanter; il a tant d'esprit ! Oh ! comme il va se moquer de ma simplicité !...

— Mais s'il partage votre erreur, comme jusqu'ici il en a l'air... il n'aura pas le droit de vous persifler. Allons, ne faites semblant de rien; approchons-nous, et saisissez un moment favorable pour faire éclipser vos musiciens. »

Ils quittèrent l'embrasure de croisée où ils s'étaient entretenus de la sorte, et le curé, se glissant près de Joseph, qui paraissait occuper le chanoine beaucoup moins que le signor Bertoni, lui mit dans la main les six florins. Dès qu'il tint cette modeste somme, Joseph fit signe à Consuelo de se dégager du chanoine et de le suivre dehors; mais le chanoine rappelant Joseph, et persistant à croire, d'après ses réponses affirmatives, que c'était lui qui avait la voix de femme :

« Dites-moi donc, lui demanda-t-il, pourquoi vous avez choisi ce morceau de Porpora, au lieu de chanter le solo de M. Holzbaüer ?

— Nous ne l'avions pas, nous ne le connaissions pas, répondit Joseph. J'ai chanté la seule chose de mes études qui fût complète dans ma mémoire. »

Le curé s'empressa de raconter la petite malice de Gottlieb, et cette jalousie d'artiste fit beaucoup rire le chanoine.

« Eh bien, dit l'inconnu, votre bon cordonnier nous a rendu un très-grand service. Au lieu d'un mauvais solo, nous avons eu un chef-d'œuvre d'un très-grand maître. Vous avez fait preuve de goût, ajouta-t-il en s'adressant à Consuelo.

— Je ne pense pas, répondit Joseph, que le solo de Holzbaüer pût être mauvais; ce que nous avons chanté de lui n'était pas sans mérite.

— Le mérite n'est pas le génie, répliqua l'inconnu en soupirant; » et s'acharnant à Consuelo, il ajouta : « Qu'en pensez-vous, mon petit ami? Croyez-vous que ce soit la même chose?

— Non, Monsieur; je ne le crois pas, répondit-elle laconiquement et froidement; car le regard de cet homme l'embarrassait et l'importunait de plus en plus.

— Mais vous avez eu pourtant du plaisir à chanter cette messe de Holzbaüer? reprit le chanoine; c'est beau, n'est-ce pas?

— Je n'en ai eu plaisir ni déplaisir, repartit Consuelo, à qui l'impatience donnait des mouvements de franchise irrésistibles.

— C'est dire qu'elle n'est ni bonne, ni mauvaise, s'écria l'inconnu en riant. Eh bien, mon enfant, vous avez fort bien répondu, et mon avis est conforme au vôtre. »

Le chanoine se mit à rire aux éclats, le curé parut fort embarrassé, et Consuelo, suivant Joseph, s'éclipsa sans s'inquiéter de ce différend musical.

« Eh bien, monsieur le chanoine, dit malignement l'inconnu dès que les musiciens furent sortis, comment trouvez-vous ces enfants?

— Charmants! admirables! Je vous demande bien pardon de dire cela après le paquet que le petit vient de vous donner.

— Moi? je le trouve adorable, cet enfant-là! Quel talent pour un âge si tendre! c'est merveilleux! Quelles puissantes et précoces natures que ces natures italiennes !

— Je ne puis rien vous dire du talent de celui-là ! reprit le chanoine d'un air fort naturel, je ne l'ai pas trop distingué ; c'est son compagnon qui est un merveilleux sujet, et celui-là est de notre nation, n'en déplaise à votre *italianomanie.*

— Ah çà, dit l'inconnu en clignotant de l'œil pour avertir le curé, c'est donc décidément l'aîné qui nous a chanté du Porpora ?

— Je le présume, répondit le curé, tout troublé du mensonge auquel on le provoquait.

— J'en suis sûr, moi, reprit le chanoine, il me l'a dit lui-même.

— Et l'autre solo, reprit l'inconnu, c'est donc quelqu'un de votre paroisse qui l'a dit?

— Probablement, » répondit le curé en faisant un effort pour soutenir l'imposture.

Tous deux regardèrent le chanoine pour voir s'il était leur dupe ou s'il se moquait d'eux. Il ne paraissait pas y songer. Sa tranquillité rassura le curé. On parla d'autre chose ; mais au bout d'un quart d'heure le chanoine revint sur le chapitre de la musique, et voulut revoir Joseph et Consuelo, afin, disait-il, de les emmener à sa campagne et de les entendre à loisir. Le curé, épouvanté, balbutia des objections inintelligibles. Le chanoine lui demanda en riant s'il avait fait mettre ses petits musiciens dans la marmite pour compléter le déjeuner, qui lui semblait bien assez splendide sans cela. Le curé était au supplice ; l'inconnu vint à son secours :

« Je vais vous les chercher, » dit-il au chanoine.

Et il sortit en faisant signe au bon curé de compter sur quelque expédient de sa part. Mais il n'eut pas la peine d'en imaginer un. Il apprit de la servante que les jeunes artistes étaient déjà partis à travers champs, après lui avoir généreusement donné un des six florins, qu'ils venaient de recevoir.

« Comment, partis! s'écria le chanoine avec beaucoup de chagrin ; il faut courir après eux ; je veux les revoir, je veux les entendre, je le veux absolument! »

On fit semblant d'obéir ; mais on n'eut garde de courir sur leurs traces. Ils avaient d'ailleurs pris leur route à vol d'oiseau, pressés de se soustraire à la curiosité qui les menaçait. Le chanoine en éprouva beaucoup de regret, et même un peu d'humeur.

« Dieu merci! il ne se doute de rien, dit le curé à l'inconnu.

— Curé, répondit celui-ci, rappelez-vous l'histoire de l'évêque qui, faisant gras, par inadvertance, un vendredi, en fut averti par son grand vicaire. — Le malheureux! s'écria l'évêque, ne pouvait-il se taire jusqu'à la fin du dîner! — Nous aurions peut-être dû laisser monsieur le chanoine se tromper à son aise. »

LXXVI.

Le temps était calme et serein, la pleine lune brillait dans l'éther céleste, et neuf heures du soir sonnaient d'un timbre clair et grave à l'horloge d'un antique prieuré, lorsque Joseph et Consuelo, ayant cherché en vain une sonnette à la grille de l'enclos, firent le tour de cette habitation silencieuse dans l'espoir de s'y faire entendre de quelque hôte hospitalier. Mais ce fut en vain : toutes les portes étaient fermées, pas un chien n'aboyait, on n'apercevait pas la moindre lumière aux fenêtres du morne édifice.

« C'est ici le palais du Silence, dit Haydn en riant, et si cette horloge n'eût répété deux fois avec sa voix lente et solennelle les quatre quarts en *ut* et en *si* et les neuf coups de l'heure en *sol* au-dessous, je croirais ce lieu abandonné aux chouettes ou aux revenants. »

Le pays aux environs était fort désert, Consuelo se sentait fatiguée, et d'ailleurs ce prieuré mystérieux avait un attrait pour son imagination poétique.

« Quand nous devrions dormir dans quelque chapelle, dit-elle à Beppo, je veux passer la nuit ici. Essayons à tout prix d'y pénétrer, fût-ce par-dessus-le mur, qui n'est pas bien difficile à escalader.

— Allons! dit Joseph, je vais vous faire la courte échelle, et quand vous serez en haut, je passerai vite de l'autre côté pour vous servir de marchepied en descendant. »

Aussitôt fait que dit. Le mur était très-bas. Deux minutes après, nos jeunes profanes se promenaient avec une tranquillité audacieuse dans l'enceinte sacrée. C'était un beau jardin potager entretenu avec un soin minutieux. Les arbres fruitiers, disposés en éventails, ouvraient à tout venant leurs longs bras chargés de pommes vermeilles et de poires dorées. Les berceaux de vigne arrondis coquettement en arceaux, portaient, comme autant de girandoles, d'énormes grappes de raisin succulent. Les vastes carrés de légumes avaient aussi leur beauté. Des asperges à la tige élégante et à la chevelure soyeuse, toute brillante de la rosée du soir, ressemblaient à des forêts de sapins lilliputiens, couverts d'une gaze d'argent; les pois s'élançaient en guirlandes légères sur leurs rames et formaient de longs berceaux, étroites et mystérieuses ruelles où babillaient à voix basse de petites fauvettes encore mal endormies. Les giraumons, orgueilleux léviathans de cette mer verdoyante, étalaient pesamment leurs gros ventres orangés sur leurs larges et sombres feuillages. Les jeunes artichauts, comme autant de petites têtes couronnées, se dressaient autour du principal individu, centre de la tige royale; les melons se tenaient sous leurs cloches, comme de lourds mandarins chinois sous leurs palanquins, et de chacun de ces dômes de cristal le reflet de la lune faisait jaillir un gros diamant bleu, contre lequel les phalènes étourdies allaient se frapper la tête en bourdonnant.

Une haie de rosiers formait la ligne de démarcation entre ce potager et le parterre, qui touchait aux bâtiments et les entourait d'une ceinture de fleurs. Ce jardin réservé était comme une sorte d'élysée. De magnifiques arbustes d'agrément y ombrageaient les plantes rares à la senteur exquise. Le sable y était aussi doux aux pieds qu'un tapis; on eût dit que les gazons étaient peignés brin à brin, tant ils étaient lisses et unis. Les fleurs étaient si serrées qu'on ne voyait pas la terre, et que chaque plate-bande arrondie ressemblait à une immense corbeille.

Singulière influence des objets extérieurs sur la disposition de l'esprit et du corps! Consuelo n'eut pas plus tôt respiré cet air suave et regardé ce sanctuaire d'un bien-être nonchalant, qu'elle se sentit reposée comme si elle eût déjà dormi du sommeil des moines.

« Voilà qui est merveilleux! dit-elle à Beppo; je vois ce jardin, et il ne me souvient déjà plus des pierres du chemin et de mes pieds malades. Il me semble que je me délasse par les yeux. J'ai toujours eu horreur des jardins bien tenus, bien gardés, et de tous les endroits clos de murailles; et pourtant celui-ci, après tant de journées de poussière, après tant de pas sur la terre sèche et meurtrie, m'apparaît comme un paradis. Je mourais de soif tout à l'heure, et maintenant, rien que de voir ces plantes heureuses qui s'ouvrent à la rosée du soir, il me semble que je bois avec elles, et que je suis désaltérée déjà. Regarde, Joseph ; y a-t-il quelque chose de plus charmant que des fleurs épanouies au clair de la lune? Regarde, te dis-je, et ne ris pas, ce paquet de grosses étoiles blanches, là, au beau milieu du gazon. Je ne sais comment on les appelle ; des belles de nuit, je crois? Oh! elles sont bien nommées! Elles sont belles et pures comme les étoiles du ciel. Elles se penchent et se relèvent toutes ensemble au souffle de la brise légère, et elles ont l'air de rire et de folâtrer comme une troupe de petites filles vêtues de blanc. Elles me rappellent mes compagnes de la *scuola*, lorsque le dimanche, elles couraient toutes habillées en novices le long des grands murs de l'église. Et puis les voilà qui s'arrêtent dans l'air immobile, et qui regardent toutes du côté de la lune. On dirait maintenant qu'elles la contemplent et qu'elles l'admirent. La lune aussi semble les regarder, les couver et planer sur elles comme un grand oiseau de nuit. Crois-tu donc, Beppo, que ces êtres-là soient insensibles? Moi, je m'imagine qu'une belle fleur ne végète pas stupidement, sans éprouver des sensations délicieuses. Passe pour ces pauvres petits chardons que nous voyons le long des fossés, et qui se traînent là poudreux, malades, broutés par tous les troupeaux qui passent! Ils ont l'air de pauvres mendiants soupirant après une goutte d'eau qui ne leur arrive pas; la terre gercée et altérée la boit avidement sans en faire part à leurs racines. Mais ces fleurs de jardin dont on prend si grand soin, elles sont heureuses et fières comme des reines. Elles passent leur temps à se balancer coquettement sur leurs tiges, et quand vient la lune, leur bonne amie ; elles sont là toutes béantes, plongées dans un demi-sommeil, et visitées par de doux rêves. Elles se demandent peut-être s'il y a des fleurs dans la lune, comme nous autres nous nous demandons s'il s'y trouve des êtres humains. Allons,

Joseph, tu te moques de moi, et pourtant le bien-être que j'éprouve en regardant ces étoiles blanches n'est point une illusion. Il y a dans l'air épuré et rafraîchi par elles quelque chose de souverain, et je sens une espèce de rapport entre ma vie et celle de tout ce qui vit autour de moi.

— Comment pourrais-je me moquer! répondit Joseph en soupirant. Je sens à l'instant même vos impressions passer en moi, et vos moindres paroles résonner dans mon âme comme le son sur les cordes d'un instrument. Mais voyez cette habitation, Consuelo, et expliquez-moi la tristesse douce, mais profonde, qu'elle m'inspire. »

Consuelo regarda le prieuré : c'était un petit édifice du douzième siècle, jadis fortifié de créneaux que remplaçaient désormais des toits aigus en ardoise grisâtre. Les tourelles, couronnées de leurs machicoulis serrés, qu'on avait laissés subsister comme ornement, ressemblaient à de grosses corbeilles. De grandes masses de lierres coupaient gracieusement la monotonie des murailles, et sur les parties nues de la façade éclairée par la lune, le souffle de la nuit faisait trembler l'ombre grêle et incertaine des jeunes peupliers. De grands festons de vignes et de jasmin encadraient les portes, et allaient s'accrocher à toutes les fenêtres.

« Cette demeure est calme et mélancolique, répondit Consuelo; mais elle ne m'inspire pas autant de sympathie que le jardin. Les plantes sont faites pour végéter sur place, et les hommes pour se mouvoir et se fréquenter. Si j'étais fleur, je voudrais pousser dans ce parterre, on y est bien; mais étant femme, je ne voudrais pas vivre dans une cellule, et m'enfermer dans une masse de pierres. Voudrais-tu donc être moine, Beppo?

— Non pas, Dieu m'en garde! mais j'aimerais à travailler sans souci de mon logis et de ma table. Je voudrais mener une vie paisible, retirée, un peu aisée, n'avoir pas les préoccupations de la misère ; enfin j'aimerais à végéter dans un état de régularité passive, dans une sorte de dépendance même, pourvu que mon intelligence fût libre, et que je n'eusse d'autre soin, d'autre devoir, d'autre souci que de faire de la musique.

— Eh bien, mon camarade, tu ferais de la musique tranquille, à force de la faire tranquillement.

— Eh! pourquoi serait-elle mauvaise? Quoi de plus beau que le calme! Les cieux sont calmes, la lune est calme, ces fleurs, dont vous chérissez l'attitude paisible…

— Leur immobilité ne me touche que parce qu'elle succède aux ondulations que la brise vient de leur imprimer. La pureté du ciel ne nous frappe que parce que nous l'avons vu maintes fois sillonné par l'orage. Enfin, la lune n'est jamais plus sublime que lorsqu'elle brille au milieu des sombres nuées qui se pressent autour d'elle. Est-ce que le repos sans la fatigue peut avoir de véritables douceurs? Ce n'est même plus le repos qu'un état d'immobilité permanente. C'est le néant, c'est la mort. Ah! si tu avais habité comme moi le château des Géants durant des mois entiers, tu saurais que la tranquillité n'est pas la vie!

— Mais qu'appelez-vous de la musique tranquille?

— De la musique trop correcte et trop froide. Prends garde d'en faire, si tu fuis la fatigue et les peines de ce monde. »

En parlant ainsi, ils s'étaient avancés jusqu'au pied des murs du prieuré. Une eau cristalline jaillissait d'un globe de marbre surmonté d'une croix dorée, et retombait, de cuvette en cuvette, jusque dans une grande conque de granit où frétillait une quantité de ces jolis petits poissons rouges dont s'amusent les enfants. Consuelo et Beppo, fort enfants eux-mêmes, se plaisaient sérieusement à leur jeter des grains de sable pour tromper leur gloutonnerie, et à suivre de l'œil leurs mouvements rapides, lorsqu'ils virent venir droit à eux une grande figure blanche qui portait une cruche, et qui, en s'approchant de la fontaine, ne ressemblait pas mal à une de ces *laveuses de nuit*, personnages fantastiques dont la tradition est répandue dans presque tous les pays superstitieux. La préoccupation où l'indifférence qu'elle mit à remplir sa cruche, sans leur témoigner ni surprise ni frayeur, eut vraiment d'abord quelque chose de solennel et d'étrange. Mais bientôt, un grand cri qu'elle fit en laissant tomber son amphore au fond du bassin, leur prouva qu'il n'y avait rien de surnaturel dans sa personne. La bonne dame avait tout simplement la vue un peu troublée par les années, et, dès qu'elle les eut aperçus, elle fut prise d'une peur effroyable, et s'enfuit vers la maison en invoquant la vierge Marie et tous les saints.

« Qu'y a-t-il donc, dame Brigide? cria de l'intérieur une voix d'homme ; auriez-vous rencontré quelque malin esprit?

— Deux diables, ou plutôt deux voleurs sont là debout tout auprès de la fontaine, répondit dame Brigide en rejoignant son interlocuteur, qui parut au seuil de la porte, et y resta incertain et incrédule pendant quelques instants.

— Ce sera encore une de vos paniques! Est-ce que des voleurs viendraient nous attaquer à cette heure-ci?

— Je vous jure par mon salut éternel qu'il y a là deux figures noires, immobiles comme des statues; ne les voyez-vous pas d'ici? Tenez! elles y sont encore, et ne bougent pas. Sainte Vierge! je vais me cacher dans la cave.

— Je vois en effet quelque chose, reprit l'homme en affectant de grossir sa voix. Je vais sonner le jardinier, et, avec ses deux garçons, nous aurons facilement raison de ces coquins-là, qui n'ont pu pénétrer que par-dessus les murs; car j'ai fermé moi-même toutes les portes.

— En attendant, tirons celle-ci sur nous, repartit la vieille dame, et nous sonnerons après la cloche d'alarme. »

La porte se referma, et nos deux enfants restèrent peu fixés sur le parti qu'ils avaient à prendre. Fuir, c'était confirmer l'opinion qu'on avait d'eux; rester, c'était s'exposer à une attaque un peu brusque. Comme ils se consultaient, ils virent un rayon de lumière percer le volet d'une fenêtre au premier étage. Le rayon s'agrandit, et un rideau de damas cramoisi, derrière lequel brillait doucement la clarté d'une lampe, fut soulevé lentement; une main, que la pleine lumière de la lune fit paraître blanche et potelée, se montra au bord du rideau, dont elle soutenait avec précaution les franges, tandis qu'un œil invisible interrogeait probablement les objets extérieurs.

« Chanter, dit Consuelo à son compagnon, voilà ce que nous avons à faire. Suis-moi, laisse-moi dire. Mais non, prends ton violon, et fais-moi une ritournelle quelconque, dans le premier ton venu. »

Joseph ayant obéi, Consuelo se mit à chanter à pleine voix, en improvisant musique et prose, une espèce de discours en allemand, rhythmé et coupé en récitatif :

« Nous sommes deux pauvres enfants de quinze ans, tout petits, et pas plus forts, pas plus méchants que les rossignols dont nous imitons les doux refrains. »

— Allons, Joseph, dit-elle tout bas, un accord pour soutenir le récitatif. » Puis elle reprit :

« Accablés de fatigue, et contristés par la morne solitude de la nuit, nous avons vu cette maison, qui de loin semblait déserte, et nous avons passé une jambe, et puis l'autre, par-dessus le mur. »

— Un accord en *la* mineur, Joseph.

« Nous nous sommes trouvés dans un jardin enchanté, au milieu de fruits dignes de la terre promise : nous mourions de soif; nous mourions de faim. Cependant s'il manque une pomme d'api aux espaliers, si nous avons détaché un grain de raisin de la treille, qu'on nous chasse et qu'on nous humilie comme des malfaiteurs. »

— Une modulation pour revenir en *ut* majeur, Joseph. »

« Et cependant, on nous soupçonne, on nous menace; et nous ne voulons pas nous sauver; nous ne cherchons pas à nous cacher, parce que nous n'avons fait aucun mal... si ce n'est d'entrer dans la maison du bon Dieu par-dessus les murs; mais quand il s'agit d'escalader le paradis, tous les chemins sont bons, et les plus courts sont les meilleurs. »

Consuelo termina son récitatif par un de ces jolis cantiques en latin vulgaire, que l'on nomme à Venise *latino di frate*, et que le peuple chante le soir devant les madones. Quand elle eut fini, les deux mains blanches, s'étant peu à peu montrées, l'applaudirent avec transport, et une voix qui ne lui semblait pas tout à fait étrangère à son oreille, cria de la fenêtre :

« Disciples des muses, soyez les bien venus! Entrez, entrez : l'hospitalité vous invite et vous attend. »

Les deux enfants s'approchèrent, et, un instant après, un domestique en livrée rouge et violet vint leur ouvrir courtoisement la porte.

« Je vous avais pris pour des filous, je vous en demande bien pardon, mes petits amis; leur dit-il en riant : c'est votre faute; que ne chantiez-vous plus tôt? Avec un passeport comme votre voix et votre violon, vous ne pouviez manquer d'être bien accueillis par mon maître. Venez donc; il paraît qu'il vous connaît déjà. »

En parlant ainsi, l'affable serviteur avait monté devant

eux les douze marches d'un escalier fort doux, couvert d'un beau tapis de Turquie. Avant que Joseph eût eu le temps de lui demander le nom de son maître, il avait ouvert une porte battante qui retomba derrière eux sans faire aucun bruit; et après avoir traversé une antichambre confortable, il les introduisit dans la salle à manger, où le patron gracieux de cette heureuse demeure, assis en face d'un faisan rôti, entre deux flacons de vieux vin doré, commençait à digérer son premier service, tout en attaquant le second d'un air paterne et majestueux. Au retour de sa promenade du matin, il s'était fait accommoder par son valet de chambre pour se reposer le teint. Il était poudré et rasé de frais. Les boucles grisonnantes de son chef respectable s'arrondissaient moelleusement sous *un œil* de poudre d'iris d'une odeur exquise; ses belles mains étaient posées sur ses genoux couverts d'une culotte de satin noir à boucles d'argent. Sa jambe bien faite et dont il était un peu vain, chaussée d'un bas violet bien tiré et bien transparent, reposait sur un coussin de velours, et sa noble corpulence enveloppée d'une excellente douillette de soie puce, ouatée et piquée, s'affaissait délicieusement dans un grand fauteuil de tapisserie où nulle part le coude ne risquait de rencontrer un angle, tant il était bien rembourré et arrondi de tous côtés. Assise auprès de la cheminée qui flambait et pétillait derrière le fauteuil du maître, dame Brigide, la gouvernante, préparait le café avec un recueillement religieux; et un second valet, non moins propre dans sa tenue, et non moins bénin dans ses allures que le premier, debout auprès de la table, détachait délicatement l'aile de volaille que le saint homme attendait sans impatience comme sans inquiétude. Joseph et Consuelo firent de grandes révérences en reconnaissant dans leur hôte bienveillant M. le chanoine majeur et jubilaire du chapitre cathédrant de Saint-Étienne, celui devant lequel ils avaient chanté la messe le matin même.

LXXVII.

M. le chanoine était l'homme le plus commodément établi qu'il y eût au monde. Dès l'âge de sept ans, grâce aux protections royales qui ne lui avaient pas manqué, il avait été déclaré en âge de raison, conformément aux canons de l'Église, lesquels admettaient que si l'on n'a pas beaucoup de raison à cet âge, on est du moins capable d'en avoir virtuellement assez pour recueillir et consommer les fruits d'un bénéfice. En conséquence de cette décision le jeune tonsuré avait été investi du canonicat, bien qu'il fût bâtard d'un roi ; toujours en vertu des canons de l'Église, qui acceptaient par présomption la légitimité d'un enfant présenté aux bénéfices et patronné par des souverains, bien que d'autre part les mêmes arrêts canoniques exigeassent que tout prétendant aux biens ecclésiastiques fût issu de bon et légitime mariage, à défaut de quoi on pouvait le déclarer *incapable*, voire *indigne* et *infâme* au besoin. Mais il est avec le ciel tant d'accommodements, que, dans de certaines circonstances, le droit canonique établissait qu'un enfant trouvé peut être regardé comme légitime, par la raison, d'ailleurs fort chrétienne, que dans les cas de parenté mystérieuse on doit supposer le bien plutôt que le mal. Le petit chanoine était donc entré en possession d'une superbe prébende, à titre de chanoine majeur ; et arrivé vers sa cinquantième année, à une quarantaine d'années de services prétendus effectifs dans le chapitre, il était désormais reconnu chanoine jubilaire, c'est-à-dire chanoine en retraite, libre de résider où bon lui semblait, et de ne plus remplir aucune fonction capitulaire, tout en jouissant pleinement des avantages, revenus et priviléges de son canonicat. Il est vrai que le digne chanoine avait rendu de bien grands services au chapitre dès ses jeunes années. Il s'était fait déclarer *absent*, ce qui, aux termes du droit canonique, signifie une permission de résider loin du chapitre, en vertu de divers prétextes plus ou moins spécieux, sans perdre les fruits du bénéfice attaché à l'exercice effectif. Le cas de peste dans une résidence est un cas d'*absence* admissible. Il y a aussi des raisons de santé délicate ou délabrée qui motivent l'*absence*. Mais le plus honorable et le plus assuré des droits d'absence était celui qui avait pour motif le cas d'études. On entreprenait et on annonçait un gros ouvrage sur les cas de conscience, sur les Pères de l'Église, sur les sacrements, ou, mieux encore, sur la constitution du chapitre auquel on appartenait, sur les principes de sa fondation, sur les avantages honorifiques et manuels qui s'y rattachaient, sur les prétentions qu'on pouvait faire valoir à l'encontre d'autres chapitres, sur un procès qu'on avait ou qu'on voulait avoir contre une communauté rivale à propos d'une terre, d'un droit de patronage, ou d'une maison bénéficiale ; et ces sortes de subtilités chicanière et financières, étant beaucoup plus intéressantes pour les corps ecclésiastiques que les commentaires sur la doctrine et les éclaircissements sur le dogme, pour peu qu'un membre distingué du chapitre proposât de faire des recherches, de compulser des parchemins, de griffonner des mémoires de procédure, des réclamations, voire des libelles contre de riches adversaires, on lui accordait le lucratif et agréable droit de rentrer dans la vie privée et de manger son revenu soit en voyages, soit dans sa maison bénéficiale, au coin de son feu. Ainsi faisait notre chanoine.

Homme d'esprit, beau diseur, écrivain élégant, il avait promis, il se promettait, et il devait promettre toute sa vie de faire un livre sur les droits, immunités et priviléges de son chapitre. Entouré d'*in-quarto* poudreux qu'il n'avait jamais ouverts, il n'avait pas fait le sien, il ne le faisait pas, il ne devait jamais le faire. Les deux secrétaires qu'il avait engagés aux frais du chapitre, étaient occupés à parfumer sa personne et à préparer son repas. On parlait beaucoup du fameux livre ; on l'attendait, on bâtissait sur la puissance de ses arguments mille rêves de gloire, de vengeance et d'argent. Ce livre, qui n'existait pas, avait déjà fait à son auteur une réputation de persévérance, d'érudition et d'éloquence, dont il n'était pas pressé de fournir la preuve ; non qu'il fût incapable de justifier l'opinion favorable de ses confrères, mais parce que la vie est courte, les repas longs, la toilette indispensable, et le *far niente* délicieux. Et puis notre chanoine avait deux passions innocentes mais insatiables : il aimait l'horticulture et la musique. Avec tant d'affaires et d'occupations, où eût-il trouvé le temps de faire son livre ? Enfin, il est si doux de parler d'un livre qu'on ne fait pas, et si désagréable au contraire d'entendre parler de celui qu'on a fait !

Le bénéfice de ce saint personnage consistait en une terre d'un bon rapport, annexée au prieuré sécularisé où il vivait huit à neuf mois de l'année, adonné à la culture de ses fleurs et à celle de son estomac. L'habitation était spacieuse et romantique. Il l'avait rendue confortable et même luxueuse. Abandonnant à une lente destruction le corps de logis qu'avaient habité les anciens moines, il entretenait avec soin et ornait avec goût la partie la plus favorable à ses habitudes de bien-être. De nouvelles distributions avaient fait de l'antique monastère un vrai petit château où il menait une vie de gentilhomme. C'était un excellent naturel d'homme d'église : tolérant, bel esprit au besoin, orthodoxe et disert avec ceux de son état, enjoué, anecdotique et facile avec ceux du monde, affable, cordial et généreux avec les artistes. Ses domestiques, participant à la bonne vie qu'il savait se faire, l'aidaient de tout leur pouvoir. Sa gouvernante était un peu tracassière, mais elle lui faisait de si bonnes confitures, et s'entendait si bien à conserver ses fruits, qu'il supportait sa méchante humeur, et soutenait l'orage avec calme, se disant qu'un homme doit savoir supporter les défauts d'autrui, mais qu'il ne peut se passer de beau dessert et de bon café.

Nos jeunes artistes furent accueillis par lui avec la plus gracieuse bonhomie.

« Vous êtes des enfants pleins d'esprit et d'invention, leur dit-il, et je vous aime de tout mon cœur. De plus, vous avez infiniment de talent ; et il y a un de vous deux, je ne sais plus lequel, qui possède la voix la plus douce, la plus sympathique, la plus émouvante que j'aie entendue de ma vie. Cette voix-là est un prodige, un trésor ; et j'étais tout triste, ce soir, de vous avoir vus partir si brusquement de chez le curé, en songeant que je ne vous retrouverais peut-être jamais, que je ne vous entendrais plus. Vrai! je ne n'avais pas d'appétit, j'étais sombre, préoccupé... Cette belle voix et cette belle musique ne me sortaient pas de l'âme et de l'oreille. Mais la Providence, qui me veut bien du bien, vous ramène vers moi, et peut-être aussi votre bon cœur, mes enfants ; car vous aurez deviné que j'avais su vous comprendre et vous apprécier...

— Nous sommes forcés d'avouer, monsieur le chanoine, répondit Joseph, que le hasard seul nous a conduits ici, et que nous étions loin de compter sur cette bonne fortune.

—La bonne fortune est pour moi, reprit l'aimable chanoine; et vous allez me chanter... Mais non, ce serait trop d'égoïsme de ma part; vous êtes fatigués, à jeun peut-être... Vous allez souper d'abord, puis passer une bonne nuit dans ma maison, et demain nous ferons de la musique; oh! de la musique toute la journée! André, vous allez mener ces jeunes gens à l'office, et vous en aurez le plus grand soin... Mais non, qu'ils restent; mettez-leur deux couverts au bout de ma table, et qu'ils soupent avec moi. »

André obéit avec empressement, et même avec une sorte de satisfaction bienveillante. Mais dame Brigide montra des dispositions tout opposées; elle hocha la tête, haussa les épaules, et grommela entre ses dents:

« Voilà des gens bien propres pour manger sur votre nappe, et une singulière société pour un homme de votre rang! »

« Taisez-vous, Brigide, répondit le chanoine avec calme. Vous n'êtes jamais contente de rien ni de personne; et dès que voyez les autres prendre un petit plaisir, vous entrez en fureur.

— Vous ne savez quoi imaginer pour passer le temps, reprit-elle sans tenir compte des reproches qui lui étaient adressés. Avec des flatteries, des sornettes, des flon-flons, on vous mènerait comme un petit enfant!

— Taisez-vous donc, dit le chanoine en élevant un peu le ton, mais sans perdre son sourire enjoué; vous avez la voix aigre comme une crécelle, et si vous continuez à gronder, vous allez perdre la tête et manquer mon café.

— Beau plaisir! et grand honneur, en vérité, dit la vieille, que de préparer le café à de pareils hôtes!

— Oh! il vous faut de hauts personnages à vous! vous aimez la grandeur; vous voudriez ne traiter que des évêques, des princes et des chanoinesses à seize quartiers !- Tout cela ne vaut pas pour moi un couplet de chanson bien dit. »

Consuelo écoutait avec étonnement ce personnage d'une apparence si noble se disputer avec sa bonne avec une sorte de plaisir enfantin ; et, pendant tout le souper, elle s'émerveilla de la puérilité de ses préoccupations. A propos de tout, il disait une foule de riens pour passer le temps et pour se tenir en belle humeur. Il interpellait ses domestiques à chaque instant, tantôt discutant sérieusement la sauce d'un poisson, tantôt s'inquiétant de la confection d'un meuble, donnant des ordres contradictoires, interrogeant son monde sur les détails les plus oiseux de son ménage, réfléchissant sur ces misères avec une solennité digne de sujets sérieux, écoutant l'un, reprenant l'autre, tenant tête à dame Brigide qui le contredisait sur toutes choses, et ne manquant jamais de mettre quelque mot plaisant dans ses questions et dans ses réponses. On eût dit que, réduit par l'isolement et la nonchalance de sa vie à la société de ses domestiques, il cherchait à tenir son esprit en haleine, et à faciliter l'œuvre de sa digestion par un exercice hygiénique de la pensée point trop grave et point trop léger.

Le souper fut exquis et d'une abondance inouïe. A l'entremets, le cuisinier fut appelé devant M. le chanoine, et affectueusement loué par lui pour la confection de certains plats, doucement réprimandé et doctement enseigné à propos de certains autres qui n'avaient pas atteint le dernier degré de perfection. Les deux voyageurs tombaient des nues, et se regardaient l'un l'autre, croyant faire un rêve facétieux, tant ces raffinements leur semblaient incompréhensibles.

« Allons ! allons ! ce n'est pas mal, dit le bon chanoine en congédiant l'artiste culinaire ; je ferai quelque chose de toi, si tu as de la bonne volonté, et si tu continues à aimer ton devoir. »

Ne semblerait-il pas, pensa Consuelo, qu'il s'agit d'un enseignement paternel, ou d'une exhortation religieuse?

Au dessert, après que le chanoine eut donné aussi à la gouvernante sa part d'éloges et d'avertissements, il oublia enfin ces graves questions pour parler musique, et il se montra sous un meilleur jour à ses jeunes hôtes. Il avait une bonne instruction musicale, un fonds d'études solides, des idées justes et un goût éclairé. Il était assez bon organiste; et, s'étant mis au clavecin après le dîner, il leur fit entendre des fragments de plusieurs vieux maîtres allemands, qu'il jouait avec beaucoup de pureté et selon les bonnes traditions du temps passé. Cette audition ne fut pas sans intérêt pour Consuelo; et bientôt, ayant trouvé sur le clavecin un gros livre de cette ancienne musique, elle se mit à le feuilleter et à oublier la fatigue et l'heure qui s'avançait, pour demander au chanoine de lui jouer, avec sa bonne manière nette et large, plusieurs morceaux qui avaient frappé son esprit et ses yeux. Le chanoine trouva un plaisir extrême à être ainsi écouté. La musique qu'il connaissait n'étant plus guère de mode, il ne trouvait pas souvent d'amateurs selon son cœur. Il se prit donc d'une affection extraordinaire pour Consuelo particulièrement, Joseph, accablé de lassitude, s'étant assoupi sur un grand fauteuil perfidement délicieux.

« Vraiment! s'écria le chanoine dans un moment d'enthousiasme, tu es un enfant heureusement doué, et ton jugement précoce annonce un avenir extraordinaire. Voici la première fois de ma vie que je regrette le célibat que **m'impose ma profession.** »

Ce compliment fit rougir et trembler Consuelo, qui se crut reconnue pour une femme; mais elle se remit bien vite, lorsque le chanoine ajouta naïvement :

« Oui, je regrette de n'avoir pas d'enfants, car le ciel m'eût peut-être donné un fils tel que toi, et c'eût été le bonheur de ma vie... quand même Brigide eût été la mère. Mais dis-moi, mon ami, que penses-tu de ce Sébastien Bach dont les compositions fanatisent les savants d'aujourd'hui? Crois-tu aussi que ce soit un génie prodigieux? J'ai là un gros livre de ses œuvres que j'ai rassemblé et fait relier, parce qu'il faut avoir de tout... Et puis, c'est peut-être beau en effet... Mais c'est d'une difficulté extrême à lire, et je t'avoue que le premier essai m'ayant rebuté, j'ai eu la paresse de ne pas m'y remettre... D'ailleurs, j'ai si peu de temps à moi! Je ne fais de musique que dans de rares instants, dérobés à des soins plus sérieux... De ce que tu m'as vu très-occupé de la gouverne de mon petit ménage, il ne faut pas conclure que je sois un homme libre et heureux. Je suis esclave, au contraire, d'un travail énorme, effrayant, que je me suis imposé. Je fais un livre auquel je travaille depuis trente ans, et qu'un autre n'eût pas fait en soixante; un livre qui demande des études incroyables, des veilles, une patience à toute épreuve et les plus profondes réflexions. Aussi je pense que ce livre-là fera quelque bruit!

— Mais il est bientôt fini? demanda Consuelo.

— Pas encore, pas encore! répondit le chanoine désireux de se dissimuler à lui-même qu'il ne l'avait pas commencé. Nous disions donc que la musique de ce Bach est terriblement difficile, et que, quant à moi, elle me semble bizarre.

— Je pense cependant que si vous surmontiez votre

répugnance, vous en viendriez à penser que c'est un génie qui embrasse, résume et vivifie toute la science du passé et du présent.

— Eh bien, reprit le chanoine, s'il en est ainsi, nous essaierons demain à nous trois d'en déchiffrer quelque chose. Voici l'heure pour vous de prendre du repos, et pour moi de me livrer à l'étude. Mais demain vous passerez la journée chez moi, c'est entendu, n'est-ce pas?

— La journée, c'est beaucoup dire, Monsieur; nous devons nous presser d'arriver à Vienne; mais dans la matinée nous serons à vos ordres. »

Le chanoine se récria, insista, et Consuelo feignit de céder, se promettant de presser un peu les adagios du grand Bach, et de quitter le prieuré vers onze heures ou midi. Quand il fut question d'aller dormir, une vive discussion s'engagea sur l'escalier entre dame Brigide et le premier valet de chambre. Le zélé Joseph, empressé de complaire à son maître, avait préparé pour les jeunes musiciens deux jolies cellules situées dans le bâtiment fraîchement restauré qu'occupaient le chanoine et sa suite. Brigide, au contraire, s'obstinait à les envoyer coucher dans les cellules abandonnées du vieux prieuré, parce que ce corps de logis était séparé du nouveau par de bonnes portes et de solides verrous.

« Quoi! disait-elle en élevant sa voix aigre dans l'escalier sonore, vous prétendez loger ces vagabonds porte à porte avec nous! Et ne voyez-vous pas à leur mine, à leur tenue et à leur profession, que ce sont des bohémiens, des coureurs d'aventures, de méchants petits bandits qui se sauveront d'ici avant le jour en nous emportant notre vaisselle plate! Qui sait s'ils ne nous assassineront pas!

— Nous assassiner! ces enfants-là! reprenait Joseph

en riant : vous êtes folle, Brigide ; toute vieille et cassée que vous voilà, vous les mettriez encore en fuite, rien qu'en leur montrant les dents.

— Vieux et cassé vous-même, entendez-vous ! criait la vieille avec fureur. Je vous dis qu'ils ne coucheront pas ici, je ne le veux pas. Oui-da ! je ne fermerais pas l'œil de toute la nuit !

— Vous auriez grand tort ; je suis bien sûr que ces enfants n'ont pas plus envie que moi de troubler votre respectable sommeil. Allons, finissons ! monsieur le chanoine m'a ordonné de bien traiter ses hôtes, et je n'irai pas les fourrer dans cette masure pleine de rats et ouverte à tous les vents. Voudriez-vous les faire coucher sur le carreau ?

— Je leur y ai fait dresser par le jardinier deux bons lits de sangle ; croyez-vous que ces va-nu-pieds soient habitués à des lits de duvet ?

— Ils en auront pourtant cette nuit, parce que monsieur le veut ainsi ; je ne connais que les ordres de monsieur, dame Brigide ! Laissez-moi faire mon devoir, et songez que le vôtre comme le mien est d'obéir et non de commander.

— Bien parlé, Joseph ! dit le chanoine, qui, de la porte entr'ouverte de l'antichambre, avait écouté en riant toute la dispute. Allez me préparer mes pantoufles, Brigide, et ne nous rompez plus la tête. Au revoir, mes petits amis ! Suivez Joseph, et dormez bien. Vive la musique, vive la belle journée de demain. »

Après que nos voyageurs eurent pris possession de leurs jolies cellules, ils entendirent encore longtemps gronder au loin la gouvernante, comme la bise d'hiver sifflant dans les corridors. Quand le mouvement qui annonçait le coucher solennel du chanoine eut cessé entièrement, dame Brigide vint sur la pointe du pied à la porte de ses jeunes hôtes, et donna lestement un tour de clef à chaque serrure pour les enfermer. Joseph, plongé dans le meilleur lit qu'il eût rencontré de sa vie, dormait déjà profondément, et Consuelo en fit autant de son côté, après avoir ri de bon cœur en elle-même des terreurs de Brigide. Elle qui avait tremblé presque toutes les nuits durant son voyage, elle faisait trembler à son tour. Elle eût pu s'appliquer la fable du lièvre et des grenouilles; mais il me serait impossible de vous affirmer que Consuelo connût les fables de La Fontaine. Leur mérite était contesté à cette époque par les plus beaux esprits de l'univers : Voltaire s'en moquait, et le grand Frédéric, pour singer son philosophe, les méprisait profondément.

LXXVIII.

Au jour naissant, Consuelo, voyant le soleil briller, et se sentant invitée à la promenade par les joyeux gazouillements de mille oiseaux qui faisaient déjà chère lie dans le jardin essaya de sortir de sa chambre; mais la consigne n'était pas encore levée, et dame Brigide tenait toujours ses prisonniers sous clef. Consuelo pensa que c'était peut-être une idée ingénieuse du chanoine, qui, voulant assurer les jouissances musicales de sa journée, avait jugé bon de s'assurer avant tout de la personne des musiciens. La jeune fille, rendue hardie et agile par ses habits d'homme, examina la fenêtre, vit l'escalade facilitée par une grande vigne soutenue d'un solide treillis qui garnissait tout le mur; et, descendant avec lenteur et précaution, pour ne point endommager les beaux raisins du prieuré, elle atteignit le sol, et s'enfonça dans le jardin, riant en elle-même de la surprise et du désappointement de Brigide, lorsqu'elle verrait ses précautions déjouées.

Consuelo revit sous un autre aspect les superbes fleurs et les fruits somptueux qu'elle avait admirés au clair de la lune. L'haleine du matin et la coloration oblique du soleil rose et riant donnaient une poésie nouvelle à ces belles productions de la terre. Une robe de satin velouté enveloppait les fruits, la rosée se suspendait en perles de cristal à toutes les branches, et les gazons glacés d'argent exhalaient cette légère vapeur qui semble le souffle aspirateur de la terre s'efforçant de rejoindre le ciel et de s'unir à lui dans une subtile effusion d'amour. Mais rien n'égalait la fraîcheur et la beauté des fleurs encore toutes chargées de l'humidité de la nuit, à cette heure mystérieuse de l'aube où elles s'entr'ouvrent comme pour découvrir des trésors de pureté et répandre des recherches de parfums que le plus matinal et le plus pur des rayons du soleil est seul digne d'entrevoir et de posséder un instant. Le parterre du chanoine était un lieu de délices pour un amateur d'horticulture. Aux yeux de Consuelo il était trop symétrique et trop soigné. Mais les cinquante espèces de roses, les rares et charmants hibiscus, les sauges purpurines, les géraniums variés à l'infini, les daturas embaumés, profondes coupes d'opales imprégnées de l'ambroisie des dieux; les élégantes asclépiades, poisons subtils où l'insecte trouve la mort dans la volupté; les splendides cactées, étalant leurs éclatantes rosaces sur des tiges rugueuses bizarrement agencées; mille plantes curieuses et superbes que Consuelo n'avait jamais vues, et dont elle ne savait ni les noms ni la patrie, occupèrent son attention pendant longtemps.

En examinant leurs diverses attitudes et l'expression du sentiment que chacune de leurs physionomies semblait traduire, elle cherchait dans son esprit le rapport de la musique avec les fleurs, et voulait se rendre compte de l'association de ces deux instincts dans l'organisation de son hôte. Il y avait longtemps que l'harmonie des sons lui avait semblé répondre d'une certaine manière à l'harmonie des couleurs ; mais l'harmonie de ces harmonies, il lui sembla que c'était le parfum. En cet instant, plongée dans une vague et douce rêverie, elle s'imaginait entendre une voix sortir de chacune de ces corolles charmantes, et lui raconter les mystères de la poésie dans une langue jusqu'alors inconnue pour elle. La rose lui disait ses ardentes amours, le lis sa chasteté céleste ; le magnolia superbe l'entretenait des pures jouissances d'une sainte fierté ; et la mignonne hépathique lui racontait tout bas les délices de la vie simple et cachée. Certaines fleurs avaient de fortes voix qui disaient d'un accent large et puissant : « Je suis belle et je règne. » D'autres qui murmuraient avec des sons à peine saisissables, mais d'une douceur infinie et d'un charme pénétrant : « Je suis petite et je suis aimée, » disaient-elles ; et toutes ensemble se balançaient en mesure au vent du matin, unissant leurs voix dans un chœur aérien qui se perdait peu à peu dans les herbes émues, et sous les feuillages avides d'en recueillir le sens mystérieux.

Tout à coup, au milieu de ces harmonies idéales et de cette contemplation délicieuse, Consuelo entendit des cris aigus, horribles et bien douloureusement humains, partir de derrière les massifs d'arbres qui lui cachaient le mur d'enceinte. A ces cris, qui se perdirent dans le silence de la campagne, succéda le roulement d'une voiture, puis la voiture parut s'arrêter, et l'on frappa à grands coups sur la grille de fer qui fermait le jardin de ce côté-là. Mais, soit que tout le monde fût encore endormi dans la maison, soit que personne ne voulût répondre, on frappa vainement à plusieurs reprises, et les cris perçants d'une voix de femme, entrecoupés par les jurements énergiques d'une voix d'homme qui appelait au secours, frappèrent les murs du prieuré et n'éveillèrent pas plus d'échos sur ces pierres insensibles que dans le cœur de ceux qui les habitaient. Toutes les fenêtres de cette façade étaient si bien calfeutrées pour protéger le sommeil du chanoine, qu'aucun bruit extérieur ne pouvait percer les volets de plein chêne garnis de cuir et rembourrés de crin. Les valets, occupés dans le préau situé derrière ce bâtiment, n'entendaient pas les cris; il n'y avait pas de chiens dans le prieuré. Le chanoine n'aimait pas ces gardiens importuns qui, sous prétexte d'écarter les voleurs, troublent le repos de leurs maîtres. Consuelo essaya de pénétrer dans l'habitation pour signaler l'approche de voyageurs en détresse; mais tout était si bien fermé qu'elle y renonça, et, suivant son impulsion, elle courut à la grille d'où partait le bruit.

Une voiture de voyage, tout encombrée de paquets et toute blanchie par la poussière d'une longue route, était arrêtée devant l'allée principale du jardin. Les postillons étaient descendus de cheval et tâchaient d'ébranler cette porte inhospitalière tandis que des gémissements et des plaintes sortaient de la voiture.

« Ouvrez, cria-t-on à Consuelo, si vous êtes des chrétiens! Il y a là une dame qui se meurt.

— Ouvrez! s'écria en se penchant à la portière une femme dont les traits étaient inconnus à Consuelo, mais dont l'accent vénitien la frappa vivement. Madame va mourir, si on ne lui donne l'hospitalité au plus vite. Ouvrez donc, si vous êtes des hommes! »

Consuelo, sans songer aux résultats de son premier mouvement, s'efforça d'ouvrir la grille; mais elle était fermée d'un énorme cadenas dont la clef était vraisemblablement dans la poche de dame Brigide. La sonnette était également arrêtée par un ressort à secret. Dans ce pays tranquille et honnête, de telles précautions n'avaient pas été prises contre les malfaiteurs, mais bien contre le bruit et le dérangement des visites trop tardives ou trop matinales. Il fut impossible à Consuelo de satisfaire au vœu de son cœur, et elle supporta douloureusement les injures de la femme de chambre qui, en parlant vénitien à sa maîtresse, s'écriait avec impatience :

« L'imbécile ! le petit maladroit, qui ne sait pas ouvrir une porte ! »

Les postillons allemands, plus patients et plus calmes, s'efforçaient d'aider Consuelo, mais sans plus de succès, lorsque la dame malade, s'avançant à son tour à la portière, cria d'une voix forte en mauvais allemand :

Hé, par le sang du diable ! allez donc chercher quelqu'un pour ouvrir, misérable petit animal que vous êtes !

Cette apostrophe énergique rassura Consuelo sur le trépas imminent de la dame. « Si elle est près de mourir, pensa-t-elle, c'est au moins de mort violente, » et, adressant la parole en vénitien à cette voyageuse dont l'accent n'était pas plus problématique que celui de sa suivante :

« Je n'appartiens pas à cette maison, lui dit-elle, j'y ai reçu l'hospitalité cette nuit ; je vais tâcher d'éveiller les maîtres, ce qui ne sera ni prompt ni facile. Êtes-vous dans un tel danger, Madame, que vous ne puissiez attendre un peu ici sans vous désespérer ?

— J'accouche, imbécile ! cria la voyageuse ; je n'ai pas le temps d'attendre : cours, crie, casse tout, amène du monde, et fais-moi entrer ici, tu seras bien payé de ta peine... »

Elle se remit à jeter les hauts cris, et Consuelo sentit trembler ses genoux ; cette figure, cette voix ne lui étaient pas inconnues...

« Le nom de votre maîtresse ! cria-t-elle à la femme de chambre.

— Eh! qu'est-ce que cela te fait? Cours donc, malheureux! dit la soubrette toute bouleversée. Ah! si tu perds du temps, tu n'auras rien de nous!

— Eh! je ne veux rien de vous non plus, répondit Consuelo avec feu; mais je veux savoir qui vous êtes. Si votre maîtresse est musicienne, vous serez reçus ici d'emblée, et, si je ne me trompe pas, elle est une chanteuse célèbre.

— Va, mon petit, dit la dame en mal d'enfant, qui, dans l'intervalle entre chaque douleur aiguë, retrouvait beaucoup de sang-froid et d'énergie, tu ne te trompes pas; va dire aux habitants de cette maison que la fameuse Corilla est près de mourir, si quelque âme de chrétien ou d'artiste ne prend pitié de sa position. Je paierai... dis que je paierai largement. Hélas! Sofia, dit-elle à sa suivante, fais-moi mettre par terre, je souffrirai moins étendue sur le chemin que dans cette infernale voiture! »

Consuelo courait déjà vers le prieuré, résolue de faire un bruit épouvantable et de parvenir à tout prix jusqu'au chanoine. Elle ne songeait déjà plus à s'étonner et à s'émouvoir de l'étrange hasard qui amenait en ce lieu sa rivale, la cause de tous ses malheurs; elle n'était occupée que du désir de lui porter secours. Elle n'eut pas la peine de frapper, elle trouva Brigide qui, attirée enfin par les cris, sortait de la maison, escortée du jardinier et du valet de chambre.

« Belle histoire! répondit-elle avec dureté, lorsque Consuelo lui eut exposé le fait. N'y allez pas, André, ne bougez d'ici, maître jardinier! Ne voyez-vous pas que c'est un coup monté par ces bandits pour nous dévaliser et nous assassiner? Je m'attendais à cela! une alerte, une feinte! une bande de scélérats rôdant autour de la maison, tandis que ceux à qui nous avons donné asile tâcheraient de les faire entrer sous un honnête prétexte.

Aller chercher vos fusils, Messieurs, et soyez prêts à assommer cette prétendue dame en mal d'enfant qui porte des moustaches et des pantalons. Ah bien, oui! une femme en couche! Quand cela serait, prend-elle notre maison pour un hôpital? Nous n'avons pas de sage-femme ici, je n'entends rien à un pareil office, et monsieur le chanoine n'aime pas les vagissements. Comment une dame se serait-elle mise en route étant sur son terme? Et si elle l'a fait, à qui la faute? pouvons-nous l'empêcher de souffrir? qu'elle accouche dans sa voiture, elle y sera tout aussi bien que chez nous, où nous n'avons rien de disposé pour une pareille aubaine. »

Ce discours, commencé pour Consuelo, et grommelé tout le long de l'allée, fut achevé à la grille pour la femme de chambre de Corilla. Tandis que les voyageuses, après avoir parlementé en vain, échangeaient des reproches, des invectives, et même des injures avec l'intraitable gouvernante, Consuelo, espérant dans la bonté et dans le dilettantisme du chanoine, avait pénétré dans la maison. Elle chercha en vain la chambre du maître; elle ne fit que s'égarer dans cette vaste habitation dont elle ne connaissait pas les détours. Enfin elle rencontra Haydn qui la cherchait, et qui lui dit avoir vu le chanoine entrer dans son orangerie. Ils s'y rendirent ensemble, et virent le digne personnage venir à leur rencontre, sous un berceau de jasmin, avec un visage frais et riant comme la belle matinée d'automne qu'il faisait ce jour-là. En regardant cet homme affable marcher dans sa bonne douillette ouatée, sur des sentiers où son pied délicat ne risquait pas de trouver un caillou dans le sable fin et fraîchement passé au râteau, Consuelo ne douta pas qu'un être si heureux, si serein dans sa conscience et si satisfait dans tous ses vœux, ne fût charmé de faire une bonne action. Elle commençait à lui exposer la requête de la pauvre Corilla, lorsque Brigide, apparaissant tout à coup lui coupa la parole et parla en ces termes :

« Il y a là-bas à votre porte une vagabonde, une chanteuse de théâtre, qui se dit fameuse, et qui a l'air et le ton d'une dévergondée. Elle se dit en mal d'enfant, crie et jure comme trente démons ; elle prétend accoucher chez vous ; voyez si cela vous convient ! »

Le chanoine fit un geste de dégoût et de refus.

« Monsieur le chanoine, dit Consuelo, quelle que soit cette femme, elle souffre, sa vie est peut-être en danger ainsi que celle d'une innocente créature que Dieu appelle en ce monde, et que la religion vous commande peut-être d'y recevoir chrétiennement et paternellement. Vous n'abandonnerez pas cette malheureuse, vous ne la laisserez pas gémir et agoniser à votre porte.

— Est-elle mariée ? demanda froidement le chanoine après un instant de réflexion.

— Je l'ignore ; il est possible qu'elle le soit. Mais qu'importe ? Dieu lui accorde le bonheur d'être mère : lui seul a le droit de la juger...

— Elle a dit son nom, monsieur le chanoine, reprit la Brigide avec force ; et vous la connaissez, vous qui fréquentez tous les histrions de Vienne. Elle s'appelle Corilla.

— Corilla ! s'écria le chanoine. Elle est déjà venue à Vienne, j'en ai beaucoup entendu parler. C'était une belle voix, dit-on.

— En faveur de sa belle voix, faites-lui ouvrir la porte ; elle est par terre sur le sable du chemin, dit Consuelo.

— Mais c'est une femme de mauvaise vie, reprit le chanoine. Elle a fait du scandale à Vienne, il y a deux ans.

— Et il y a beaucoup de gens jaloux de votre bénéfice, monsieur le chanoine ! vous m'entendez ? Une femme perdue qui accoucherait dans votre maison... cela ne serait point présenté comme un hasard, encore moins comme une œuvre de miséricorde. Vous savez que le chanoine Herbert a des prétentions au jubilariat, et qu'il a déjà fait déposséder une jeune confrère, sous prétexte qu'il négligeait les offices pour une dame qui se confessait toujours à lui à ces heures-là. Monsieur le chanoine, un bénéfice comme le vôtre est plus facile à perdre qu'à gagner ! »

Ces paroles firent sur le chanoine une impression soudaine et décisive. Il les recueillit dans le sanctuaire de sa prudence, quoiqu'il feignît de les avoir à peine écoutées.

« Il y a, dit-il, une auberge à deux cents pas d'ici : que cette dame s'y fasse conduire. Elle y trouvera tout ce qu'il lui faut, et y sera plus commodément et plus convenablement que chez un garçon. Allez lui dire cela, Brigide, avec politesse, avec beaucoup de politesse, je vous en prie. Indiquez l'auberge aux postillons. Vous, mes enfants, dit-il à Consuelo et à Joseph, venez essayer avec moi une fugue de Bach pendant qu'on nous servira le déjeuner.

— Monsieur le chanoine, dit Consuelo émue, abandonnerez-vous...

— Ah ! dit le chanoine en s'arrêtant d'un air consterné, voilà mon plus beau volkameria desséché. J'avais bien dit au jardinier qu'il ne l'arrosait pas assez souvent ! la plus rare et la plus admirable plante de mon jardin ! c'est une fatalité, Brigide ! voyez donc ! Appelez-moi le jardinier, que je le gronde.

— Je vais d'abord chasser la fameuse Corilla de votre porte, répondit Brigide en s'éloignant.

— Et vous y consentez, vous l'ordonnez monsieur le chanoine ? s'écria Consuelo indignée.

— Il m'est impossible de faire autrement, répondit-il d'une voix douce, mais avec un ton dont le calme annonçait une résolution inébranlable. Je désire qu'on ne m'en parle pas davantage. Venez donc, je vous attends pour faire de la musique.

— Il n'est plus de musique pour nous ici, reprit Consuelo avec énergie. Vous ne seriez pas capable de comprendre Bach, vous qui n'avez pas d'entrailles humaines. Ah! périssent vos fleurs et vos fruits! puisse la gelée dessécher vos jasmins et fendre vos plus beaux arbres! Cette terre féconde, qui vous donne tout à profusion, devrait ne produire pour vous que des ronces; car vous n'avez pas de cœur, et vous volez les dons du ciel, que vous ne savez pas faire servir à l'hospitalité! »

En parlant ainsi, Consuelo laissa le chanoine ébahi regarder autour de lui, comme s'il eût craint de voir la malédiction céleste invoquée par cette âme brûlante tomber sur ses volkamérias précieux et sur ses anémones chéries. Elle courut à la grille qui était restée fermée, et elle l'escalada pour sortir, afin de suivre la voiture de Corilla qui se dirigeait au pas vers le misérable cabaret, gratuitement décoré du titre d'auberge par le chanoine.

LXXIX.

Joseph Haydn, habitué désormais à se laisser emporter par les subites résolutions de son amie, mais doué d'un caractère plus prévoyant et plus calme, la rejoignit après avoir été reprendre le sac de voyage, la musique et le violon surtout, le gagne-pain, le consolateur et le joyeux compagnon du voyage. Corilla fut déposée sur un de ces mauvais lits des auberges allemandes, où il faut choisir, tant ils sont exigus, de faire dépasser la tête ou les pieds. Par malheur, il n'y avait pas de femme dans cette bicoque ; la maîtresse était allée en pèlerinage à six lieues de là, et la servante avait été conduire la vache au pâturage. Un vieillard et un enfant gardaient la maison ; et, plus effrayés que satisfaits d'héberger une si riche voyageuse, ils laissaient mettre leurs pénates au pillage, sans songer au dédommagement qu'ils pourraient en retirer. Le vieux était sourd, et l'enfant se mit en campagne pour aller chercher la sage-femme du village voisin, qui n'était pas à moins d'une lieue de distance. Les postillons s'inquiétaient beaucoup plus de leurs chevaux, qui n'avaient rien à manger, que de leur voyageuse ; et celle-ci, abandonnée aux soins de sa femme de chambre, qui avait perdu la tête et criait presque aussi haut qu'elle, remplissait l'air de ses gémissements, qui ressemblaient à ceux d'une lionne plus qu'à ceux d'une femme.

Consuelo, saisie d'effroi et de pitié, résolut de ne pas abandonner cette malheureuse créature.

« Joseph, dit-elle à son camarade, retourne au prieuré, quand même tu devrais y être mal reçu ; il ne faut pas être orgueilleux quand on demande pour les autres. Dis au chanoine qu'il faut envoyer ici du linge, du bouillon, du vin vieux, des matelas, des couvertures, enfin tout ce qui est nécessaire à une personne malade. Parle-lui avec douceur, avec force, et promets-lui, s'il le faut, que nous irons lui faire de la musique, pourvu qu'il envoie des secours à cette femme. »

Joseph partit, et la pauvre Consuelo assista à cette scène repoussante d'une femme sans foi et sans entrailles, subissant, avec des imprécations et des blasphèmes, l'auguste martyre de la maternité. La chaste et pieuse enfant frissonnait à la vue de ces tortures que rien ne pouvait adoucir, puisqu'au lieu d'une sainte joie et d'une religieuse espérance, le déplaisir et la colère remplissaient le cœur de Corilla. Elle ne cessait de maudire sa destinée, son voyage, le chanoine et sa gouvernante, et jusqu'à l'enfant qu'elle allait mettre au monde. Elle brutalisait sa suivante, et achevait de la rendre incapable de tout service intelligent. Enfin elle s'emporta contre cette pauvre fille, au point de lui dire :

« Va, je te soignerai de même, quand tu passeras par la même épreuve; car toi aussi tu es grosse, je le sais fort bien, et je t'enverrai accoucher à l'hôpital. Ote-toi de devant mes yeux : tu me gênes et tu m'irrites. »

La Sofia, furieuse et désolée, s'en alla pleurer dehors; et Consuelo, restée seule avec la maîtresse d'Anzoleto et de Zustiniani, essaya de la calmer et de la secourir. Au milieu de ses tourments et de ses fureurs, la Corilla conservait une sorte de courage brutal et de force sauvage qui dévoilaient toute l'impiété de sa nature fougueuse et robuste. Lorsqu'elle éprouvait un instant de répit, elle redevenait stoïque et même enjouée.

« Parbleu ! dit-elle tout d'un coup à Consuelo, qu'elle ne reconnaissait pas du tout, ne l'ayant jamais vue que de loin ou sur la scène dans des costumes bien différents de celui qu'elle portait en cet instant, voilà une belle aventure, et bien des gens ne voudront pas me croire quand je leur dirai que je suis accouchée dans un cabaret avec un médecin de ton espèce ; car tu m'as l'air d'un petit zingaro, toi, avec ta mine brune et ton grand œil noir. Qui es-tu ? d'où sors-tu ? comment te trouves-tu ici, et pourquoi me sers-tu ? Ah ! tiens, ne me le dis pas, je ne pourrais pas t'entendre, je souffre trop. Ah ! *misera, me!* Pourvu que je ne meure pas ! Oh non ! je ne mourrai pas ! je ne veux pas mourir ! Zingaro, tu ne m'abandonnes pas ? reste là, reste là, ne me laisse pas mourir, entends-tu bien ? »

Et les cris recommençaient, entrecoupés de nouveaux blasphèmes.

« Maudit enfant! disait-elle, je voudrais t'arracher de mon flanc, et te jeter loin de moi!

— Oh! ne dites pas cela! s'écria Consuelo glacée d'épouvante; vous allez être mère, vous allez être heureuse de voir votre enfant, vous ne regretterez pas d'avoir souffert!

— Moi? dit la Corilla avec un sang-froid cynique, tu crois que j'aimerai cet enfant-là! Ah! que tu te trompes! Le beau plaisir que d'être mère, comme si je ne savais pas ce qui en est! Souffrir pour accoucher, travailler pour nourrir ces malheureux que leurs pères renient, les voir souffrir eux-mêmes, ne savoir qu'en faire, souffrir pour les abandonner... car, après tout, on les aime... mais je n'aimerai pas celui-là. Oh! je jure Dieu que je ne l'aimerai pas! que je le haïrai comme je hais son père!... »

Et Corilla, dont l'air froid et amer cachait un délire croissant, s'écria dans un de ces mouvements exaspérés qu'une souffrance atroce inspire aux femmes :

« Ah! maudit! trois fois maudit soit le père de cet enfant-là! »

Des cris inarticulés la suffoquèrent, elle mit en pièces le fichu qui cachait son robuste sein pantelant de douleur et de rage; et, saisissant le bras de Consuelo sur lequel elle imprima ses ongles crispés par la torture, elle s'écria en rugissant :

« Maudit! maudit! maudit soit le vil, l'infâme Anzoleto! »

La Sofia rentra en cet instant, et un quart d'heure après, ayant réussi à délivrer sa maîtresse, elle jeta sur les genoux de Consuelo le premier oripeau qu'elle arracha au hasard d'une malle ouverte à la hâte. C'était un manteau de théâtre, en satin fané, bordé de franges de clinquant. Ce fut dans ce lange improvisé que la noble et pure fiancée d'Albert reçut et enveloppa l'enfant d'Anzoleto et de Corilla.

« Allons, Madame, consolez-vous, dit la pauvre soubrette avec un accent de bonté simple et sincère : vous êtes heureusement accouchée, et vous avez une belle petite fille..

— Fille ou garçon, je ne souffre plus, répondit la Corilla en se relevant sur son coude, sans regarder son enfant; donné-moi un grand verre de vin. »

Joseph venait d'en apporter du prieuré, et du meilleur. Le chanoine s'était exécuté généreusement, et bientôt la malade eut à discrétion tout ce que son état réclamait. Corilla souleva d'une main ferme le gobelet d'argent qu'on lui présentait, et le vida avec l'aplomb d'une vivandière; puis, se jetant sur les bons coussins du chanoine, elle s'y endormit aussitôt avec la profonde insouciance que donnent un corps de fer et une âme de glace. Pendant son sommeil, l'enfant fut convenablement emmaillotté, et Consuelo alla chercher dans la prairie voisine une brebis qui lui servit de première nourrice. Lorsque la mère s'éveilla, elle se fit soulever par la Sofia; et, ayant encore avalé un verre de vin, elle se recueillit un instant; Consuelo, tenant l'enfant dans ses bras, attendait le réveil de la tendresse maternelle : Corilla avait bien autre chose en tête. Elle posa sa voix en *ut* majeur, et fit gravement une gamme de deux octaves. Alors elle frappa ses mains l'une dans l'autre, en s'écriant :

« *Brava*, Corilla! tu n'as rien perdu de ta voix, et tu peux faire des enfants tant qu'il te plaira! »

Puis elle éclata de rire, embrassa la Sofia, et lui mit au doigt un diamant qu'elle avait au sien, en lui disant :

« C'est pour te consoler des injures que je t'ai dites. Où est mon petit singe? Ah! mon Dieu, s'écria-t-elle en regardant son enfant, il est blond, il lui ressemble! Tant pis pour lui! malheur à lui ; ne défaites pas tant de malles, Sofia! à quoi songez-vous! croyez-vous que je veuille rester ici? Allons donc! vous êtes sotte, et vous ne savez pas encore ce que c'est que la vie. Demain, je compte bien me remettre en route. Ah! zingaro, tu portes les enfants comme une vraie femme: Combien veux-tu pour tes soins et pour ta peine? Sais-tu, Sofia, que jamais je n'ai été mieux soignée et mieux servie? Tu es donc de Venise, mon petit ami? m'as-tu entendue chanter? »

Consuelo ne répondit rien à ces questions, dont on n'eût pas écouté la réponse. La Corilla lui faisait horreur. Elle remit l'enfant à la servante du cabaret, qui venait de rentrer et qui paraissait une bonne créature ; puis elle appela Joseph et retourna avec lui au prieuré.

« Je ne m'étais pas engagé, lui dit, chemin faisant, son compagnon, à vous ramener au chanoine. Il paraissait honteux de sa conduite, quoiqu'il affectât beaucoup de grâce et d'enjouement ; malgré son égoïsme, ce n'est pas un méchant homme. Il s'est montré vraiment heureux d'envoyer à la Corilla tout ce qui pouvait lui être utile.

— Il y a des âmes si dures et si affreuses, répondit Consuelo, que les âmes faibles doivent faire plus de pitié que d'horreur. Je veux réparer mon emportement envers ce pauvre chanoine ; et puisque la Corilla n'est pas morte, puisque, comme on dit, la mère et l'enfant se portent bien, puisque notre chanoine y a contribué autant qu'il l'a pu, sans compromettre la possession de son cher bénéfice, je veux le remercier. D'ailleurs, j'ai mes raisons pour rester au prieuré jusqu'au départ de la Corilla. Je te les dirai demain. »

La Brigide était allée visiter une ferme voisine, et Consuelo, qui s'attendait à affronter ce cerbère, eut le plaisir d'être reçue par le doucereux et prévenant André.

« Eh! arrivez donc, mes petits amis, s'écria-t-il en leur ouvrant la marche vers les appartements du maître; M. le chanoine est d'une mélancolie affreuse. Il n'a presque rien mangé à son déjeuner, et il a interrompu trois fois sa sieste. Il a eu deux grands chagrins aujourd'hui; il a perdu son plus beau volkameria et l'espérance d'entendre de la musique. Heureusement vous voilà de retour, et une de ses peines sera adoucie.

— Se moque-t-il de son maître ou de nous? dit Consuelo à Joseph.

— L'un et l'autre, répondit Haydn. Pourvu que le chanoine ne nous boude pas, nous allons nous amuser. »

Loin de bouder, le chanoine les reçut à bras ouverts, les força de déjeuner, et ensuite se mit au piano avec eux. Consuelo lui fit comprendre et admirer les préludes admirables du grand Bach, et, pour achever de le mettre de bonne humeur, elle lui chanta les plus beaux airs de son répertoire, sans chercher à déguiser sa voix, et sans trop s'inquiéter de lui laisser deviner son sexe et son âge. Le chanoine était déterminé à ne rien deviner et à jouir avec délices de ce qu'il entendait. Il était véritablement amateur passionné de musique, et ses transports eurent une sincérité et une effusion dont Consuelo ne put se défendre d'être touchée.

« Ah! cher enfant, noble enfant, heureux enfant, s'écriait le bonhomme les larmes aux yeux, tu fais de ce jour le plus beau de ma vie. Mais que deviendrai-je désormais? Non, je ne pourrai supporter la perte d'une telle jouissance, et l'ennui me consumera; je ne pourrai plus faire de musique; j'aurai l'âme remplie d'un idéal que tout me fera regretter! Je n'aimerai plus rien, pas même mes fleurs...

— Et vous aurez grand tort, monsieur le chanoine, répondit Consuelo ; car vos fleurs chantent mieux que moi.

— Que dis-tu? mes fleurs chantent? Je ne les ai jamais entendues.

— C'est que vous ne les avez jamais écoutées. Moi, je les ai entendues ce matin, j'ai surpris leurs mystères, et j'ai compris leur mélodie.

— Tu es un étrange enfant, un enfant de génie! s'écria le chanoine en caressant la tête brune de Consuelo avec une chasteté paternelle ; tu portes la livrée de la misère, et tu devrais être porté en triomphe. Mais qui es-tu, dis-moi, où as-tu appris ce que tu sais?

— Le hasard, la nature, monsieur le chanoine!

— Ah! tu me trompes, dit malignement le chanoine, qui avait toujours le mot pour rire ; tu es quelque fils de Caffarelli ou de Farinello! Mais, écoutez, mes enfants, ajouta-t-il d'un air sérieux et animé : je ne veux plus que vous me quittiez. Je me charge de vous ; restez avec moi. J'ai de la fortune, je vous en donnerai. Je serai pour vous ce que Gravina a été pour Metastasio. Ce sera mon bonheur, ma gloire. Attachez-vous à moi ; il ne s'agira que d'entrer dans les ordres mineurs. Je vous ferai avoir quelques jolis bénéfices, et après ma mort vous trouverez quelques bonnes petites économies que je ne prétends pas laisser à cette harpie de Brigide. »

Comme le chanoine disait cela, Brigide entra brusquement et entendit ses dernières paroles.

« Et moi, s'écria-t-elle d'une voix glapissante et avec des larmes de rage, je ne prétends pas vous servir davantage. C'est assez longtemps sacrifier ma jeunesse et ma réputation à un maître ingrat.

— Ta réputation? ta jeunesse? interrompit moqueusement le chanoine sans se déconcerter. Eh! tu te flattes, ma pauvre vieille ; ce qu'il te plaît d'appeler l'une protége l'autre.

— Ou , oui, raillez, répliqua-t-elle ; mais préparez-vous à ne plus me revoir. Je quitte de ce pas une maison où je ne puis établir aucun ordre et aucune décence. Je voulais vous empêcher de faire des folies, de gaspiller votre bien, de dégrader votre rang ; mais je vois que c'était en vain. Votre caractère faible et votre mauvaise étoile vous poussent à votre perte, et les premiers saltimbanques qui vous tombent sous la main vous tournent si bien la tête, que vous êtes tout prêt à vous laisser dévaliser par eux. Allons, allons, il y a longtemps que le chanoine Herbert me demande à son service et m'offre de plus beaux avantages que ceux que vous me faites. Je suis lasse de tout ce que je vois ici. Faites-moi mon compte. Je ne passerai pas la nuit sous votre toit.

— En sommes-nous là ? dit le chanoine avec calme. Eh bien, Brigide, tu me fais grand plaisir, et puisses-tu ne pas te raviser. Je n'ai jamais chassé personne, et je crois que j'aurais le diable à mon service que je ne le mettrais pas dehors, tant je suis débonnaire ; mais si le diable me quittait, je lui souhaiterais un bon voyage et chanterais un *Magnificat* à son départ. Va faire ton paquet, Brigide ; et quant à tes comptes, fais-les toi-même, mon enfant. Tout ce que tu voudras, tout ce que je possède, si tu veux, pourvu que tu t'en ailles bien vite.

— Eh ! monsieur le chanoine, dit Haydn tout ému de cette scène domestique, vous regretterez une vieille servante qui vous paraît fort attachée...

— Elle est attachée à mon bénéfice, répondit le chanoine, et moi, je ne regretterai que son café.

— Vous vous habituerez à vous passer de bon café, monsieur le chanoine, dit l'austère Consuelo avec fermeté, et vous ferez bien. Tais-toi, Joseph, et ne parle pas pour elle. Je veux le dire devant elle, moi, parce que c'est la vérité. Elle est méchante et elle est nuisible à son maître.

Il est bon, lui ; la nature l'a fait noble et généreux. Mais cette fille le rend égoïste. Elle refoule les bons mouvements de son âme ; et s'il la garde, il deviendra dur et inhumain comme elle. Pardonnez-moi, monsieur le chanoine, si je vous parle ainsi. Vous m'avez fait tant chanter, et vous m'avez tant poussé à l'exaltation en manifestant la vôtre, que je suis peut-être un peu hors de moi. Si j'éprouve une sorte d'ivresse, c'est votre faute ; mais soyez sûr que la vérité parle dans ces ivresses-là, parce qu'elles sont nobles et développent en nous ce que nous avons de meilleur. Elles nous mettent le cœur sur les lèvres, et c'est mon cœur qui vous parle en ce moment. Quand je serai calme, je serai plus respectueux et non plus sincère. Croyez-moi, je ne veux pas de votre fortune, je n'en ai aucune envie, aucun besoin. Quand je voudrai, j'en aurai plus que vous, et la vie d'artiste est vouée à tant de hasards, que vous me survivrez peut-être. Ce sera peut-être à moi de vous inscrire sur mon testament, en reconnaissance de ce que vous avez voulu faire le vôtre en ma faveur. Demain nous partons pour ne vous revoir peut-être jamais ; mais nous partirons le cœur plein de joie, de respect, d'estime et de reconnaissance pour vous si vous renvoyez madame Brigide, à qui je demande bien pardon de ma façon de penser. »

Consuelo parlait avec tant de feu, et la franchise de son caractère se peignait si vivement dans tous ses traits, que le chanoine en fut frappé comme d'un éclair.

« Va-t'en, Brigide, dit-il à sa gouvernante d'un air digne et ferme. La vérité parle par la bouche des enfants, et cet enfant-là a quelque chose de grand dans l'esprit. Va-t'en, car tu m'as fait faire ce matin une mauvaise action, et tu m'en ferais faire d'autres, parce que je suis faible et parfois craintif. Va-t'en, parce que tu me rends malheureux, et que cela ne peut pas te faire faire ton salut ; va-t'en, ajouta-t-il en souriant, parce que tu commences à brûler trop ton café et à tourner toutes les crèmes où tu mets le nez. »

Ce dernier reproche fut plus sensible à Brigide que tous les autres, et son orgueil, blessé à l'endroit le plus irritable, lui ferma la bouche complétement. Elle se redressa, jeta sur le chanoine un regard de pitié, presque de mépris, et sortit d'un air théâtral. Deux heures après, cette reine dépossédée quittait le prieuré, après l'avoir un peu mis au pillage. Le chanoine ne voulut pas s'en apercevoir, et à l'air de béatitude qui se répandit sur son visage, Haydn reconnut que Consuelo lui avait rendu un véritable service. A dîner, cette dernière, pour l'empêcher d'éprouver le moindre regret, lui fit du café à la manière de Venise, qui est bien la première manière du monde. André se mit aussitôt à l'étude sous sa direction, et le chanoine déclara qu'il n'avait dégusté meilleur café de sa vie. On fit encore de la musique le soir, après avoir envoyé demander des nouvelles de la Corilla, qui était déjà assise, leur dit-on, sur le fauteuil que le chanoine lui avait envoyé. On se promena au clair de la lune dans le jardin, par une soirée magnifique. Le chanoine, appuyé sur le bras de Consuelo, ne cessait de la supplier d'entrer dans les ordres mineurs et de s'attacher à lui comme fils adoptif.

« Prenez garde, lui dit Joseph lorsqu'ils rentrèrent dans leurs chambres ; ce bon chanoine s'éprend de vous un peu trop sérieusement.

— Rien ne doit inquiéter en voyage, lui répondit-elle. Je ne serai pas plus abbé que je n'ai été trompette. M. Mayer, le comte Hoditz et le chanoine ont tous compté sans le lendemain. »

LXXX.

Cependant Consuelo souhaita le bonsoir à Joseph, et se retira dans sa chambre sans lui avoir donné, comme il s'y attendait, le signal du départ pour le retour de l'aube. Elle avait ses raisons pour ne pas se hâter, et Joseph attendit qu'elle les lui confiât, enchanté de passer quelques heures de plus avec elle dans cette jolie maison, tout en menant cette bonne vie de chanoine qui ne lui déplaisait pas. Consuelo se permit de dormir la grasse matinée, et de ne paraître qu'au second déjeuner du chanoine. Celui-ci avait l'habitude de se lever de bonne heure, de prendre un repas léger et friand, de se promener dans ses jardins et dans ses serres pour examiner ses plantes, un bréviaire à la main, et d'aller faire un second somme en attendant le déjeuner à la fourchette.

« Notre voisine la voyageuse se porte bien, dit-il à ses jeunes hôtes dès qu'il les vit paraître. J'ai envoyé André lui faire son déjeuner. Elle a exprimé beaucoup de reconnaissance pour nos attentions, et, comme elle se dispose à partir aujourd'hui pour Vienne, contre toute prudence, je l'avoue, elle vous fait prier d'aller la voir, afin de vous récompenser du zèle charitable que vous lui avez montré. Ainsi, mes enfants, déjeunez vite, et rendez-vous auprès d'elle ; sans doute elle vous destine quelque joli présent.

— Nous déjeunerons aussi lentement qu'il vous plaira, monsieur le chanoine, répondit Consuelo, et nous n'irons pas voir la malade ; elle n'a plus besoin de nous, et nous n'aurons jamais besoin de ses présents.

— Singulier enfant ! dit le chanoine émerveillé. Ton désintéressement romanesque, ta générosité enthousiaste, me gagnent le cœur à tel point, que jamais, je le sens, je ne pourrai consentir à me séparer de toi... »

Consuelo sourit, et l'on se mit à table. Le repas fut exquis et dura bien deux heures; mais le dessert fut autre que le chanoine ne s'y attendait.

« Monsieur le révérend, dit André en paraissant à la porte, voici la mère Berthe, la femme du cabaret voisin, qui vous apporte une grande corbeille de la part de l'accouchée.

— C'est l'argenterie que je lui ai prêtée, répondit le chanoine. André, recevez-la, c'est votre affaire. Elle part donc décidément cette dame?

— Monsieur le révérend, elle est partie.

— Déjà! c'est une folle! Elle veut se tuer cette diablesse-là!

— Non, monsieur le chanoine, dit Consuelo, elle ne veut pas se tuer, et elle ne se tuera pas.

— Eh bien, André, que faites-vous là d'un air cérémonieux? dit le chanoine à son valet.

— Monsieur le révérend, c'est que la mère Berthe refuse de me remettre la corbeille; elle dit qu'elle ne la remettra qu'à vous, et qu'elle a quelque chose à vous dire.

— Allons, c'est un scrupule ou une affectation de dépositaire. Fais-la entrer, finissons-en. »

La vieille femme fut introduite, et, après avoir fait de grandes révérences, elle déposa sur la table une grande corbeille couverte d'un voile. Consuelo y porta une main empressée, tandis que le chanoine tournait la tête vers Berthe; et ayant un peu écarté le voile, elle le referma en disant tout bas à Joseph :

« Voilà ce que j'attendais, voilà pourquoi je suis restée. Oh! oui, j'en étais sûre : Corilla devait agir ainsi. »

Joseph, qui n'avait pas eu le temps d'apercevoir le

contenu de la corbeille, regardait sa compagne d'un air étonné.

« Eh bien, mère Berthe, dit le chanoine, vous me rapportez les objets que j'ai prêtés à votre hôtesse? C'est bon, c'est bon. Je n'en étais pas en peine, et je n'ai pas besoin d'y regarder pour être sûr qu'il n'y manque rien.

— Monsieur le révérend, répondit la vieille, ma servante a tout apporté; j'ai tout remis à *vos officiers*. Il n'y manque rien en effet, et je suis bien tranquille là-dessus. Mais cette corbeille, on m'a fait jurer de ne la remettre qu'à vous, et ce qu'elle contient, vous le savez aussi bien que moi.

— Je veux être pendu si je le sais, dit le chanoine en avançant la main négligemment vers la corbeille. »

Mais sa main resta comme frappée de catalepsie, et sa bouche demeura entr'ouverte de surprise, lorsque, le voile s'étant agité et entr'ouvert comme de lui-même, une petite main d'enfant, rose et mignonne, apparut en faisant le mouvement vague de chercher à saisir le doigt du chanoine.

« Oui, monsieur le révérend, reprit la vieille femme avec un sourire de satisfaction confiante; le voilà sain et sauf, bien gentil, bien éveillé, et ayant bonne envie de vivre. »

Le chanoine stupéfait avait perdu la parole; la vieille continua :

« Dame! Votre Révérence l'avait demandé à sa mère pour l'élever et l'adopter! La pauvre dame a eu un peu de peine à s'y décider; mais enfin nous lui avons dit que son enfant ne pouvait pas être en de meilleures mains, et elle l'a recommandé à la Providence en nous le remettant pour vous l'apporter : « Dites bien à ce digne chanoine, à ce saint homme, s'est-elle exclamée en montant dans sa voiture, que je n'abuserai pas longtemps de son zèle charitable. Bientôt je reviendrai chercher ma fille et payer les dépenses qu'il aura faites pour elle. Puisqu'il veut absolument se charger de lui trouver une bonne nourrice, remettez-lui pour moi cette bourse, que je le prie de partager entre cette nourrice et le petit musicien qui m'a si bien soignée hier, s'il est encore chez lui. » Quant à moi, elle m'a bien payée, monsieur le révérend, et je ne demande rien, je suis fort contente.

— Ah! vous êtes contente! s'écria le chanoine d'un ton tragi-comique. Eh bien, j'en suis fort aise! mais veuillez remporter cette bourse et ce marmot. Dépensez l'argent, élevez l'enfant, ceci ne me regarde en aucune façon.

— Élever l'enfant, moi? Oh! que nenni, monsieur le révérend! je suis trop vieille pour me charger d'un nouveau-né. Cela crie toute la nuit, et mon pauvre homme, bien qu'il soit sourd, ne s'arrangerait pas d'une pareille société.

— Et moi donc! il faut que je m'en arrange? Grand merci! Ah! vous comptiez là-dessus?

— Puisque Votre Révérence l'a demandé à sa mère!

— Moi! je l'ai demandé? où diantre avez-vous pris cela?

— Mais puisque Votre Révérence a écrit ce matin...

— Moi, j'ai écrit? où est ma lettre, s'il vous plaît! qu'on me présente ma lettre!

— Ah! dame, je ne l'ai pas vue, votre lettre, et d'ailleurs personne ne sait lire chez nous; mais M. André est venu saluer l'accouchée de la part de Votre Révérence, et elle nous a dit qu'il lui avait remis une lettre. Nous l'avons cru, nous, bonnes gens! qui est-ce qui ne l'eût pas cru?

— C'est un mensonge abominable! c'est un tour de bohémienne! s'écria le chanoine, et vous êtes les compères de cette sorcière-là. Allons, allons, emportez-moi le marmot, rendez-le à sa mère, gardez-le, arrangez-vous comme il vous plaira, je m'en lave les mains. Si c'est de l'argent que vous voulez me tirer, je consens à vous en donner. Je ne refuse jamais l'aumône, même aux intrigants et aux escrocs, c'est la seule manière de s'en débarrasser; mais prendre un enfant dans ma maison, merci de moi! allez tous au diable!

— Ah! pour ce qui est de cela, repartit la vieille femme d'un ton fort décidé, je ne le ferai point, n'en déplaise à Votre Révérence. Je n'ai pas consenti à me charger de l'enfant pour mon compte. Je sais comment finissent toutes ces histoires-là. On vous donne pour commencer un peu d'or qui brille, on vous promet monts et merveilles; et puis vous n'entendez plus parler de rien; l'enfant vous reste. Ça n'est jamais fort, ces enfants-là; c'est fainéant et orgueilleux de nature. On ne sait qu'en faire. Si ce sont des garçons, ça tourne au brigandage; si ce sont des filles, ça tourne encore plus mal! Ah, par ma foi, non! ni moi, ni mon vieux, ne voulons de l'enfant. On nous a dit que Votre Révérence le demandait; nous l'avons cru, le voilà. Voilà l'argent, et nous sommes quittes. Quant à être compères, nous ne connaissons pas ces tours-là, et, j'en demande pardon à Votre Révérence; elle veut rire quand elle nous accuse de lui en imposer. Je suis bien la servante de Votre Révérence, et je m'en retourne à la maison. Nous avons des pèlerins qui s'en reviennent du *vœu* et qui ont pardieu grand soif!

La vieille salua à plusieurs reprises en s'en allant; puis revenant sur ses pas:

« J'allais oublier, dit-elle; l'enfant doit s'appeler Angèle, en italien. Ah! par ma foi, je ne me souviens plus comment elles m'ont dit cela.

— Angiolina, Anzoleta? dit Consuelo.

— C'est cela, précisément, dit la vieille ; et, saluant encore le chanoine, elle se retira tranquillement.

— Eh bien, comment trouvez-vous le tour ! dit le chanoine stupéfait en se retournant vers ses hôtes.

— Je le trouve digne de celle qui l'a imaginé, répondit Consuelo en ôtant de la corbeille l'enfant qui commençait à s'impatienter, et en lui faisant avaler doucement quelques cuillerées d'un reste de lait du déjeuner qui était encore chaud, dans la tasse japonaise du chanoine.

— Cette Corilla est donc un démon? reprit le chanoine; vous la connaissiez?

— Seulement de réputation; mais maintenant je la connais parfaitement, et vous aussi, monsieur le chanoine.

— Et c'est une connaissance dont je me serais fort bien passé! Mais qu'allons-nous faire de ce pauvre abandonné? ajouta-t-il en jetant un regard de pitié sur l'enfant.

— Je vais le porter, répondit Consuelo, à votre jardinière, à qui j'ai vu allaiter hier un beau garçon de cinq à six mois.

— Allez donc, dit le chanoine; ou plutôt sonnez pour qu'elle vienne ici le recevoir. Elle nous indiquera une nourrice dans quelque ferme voisine... pas trop voisine pourtant; car Dieu sait le tort que peut faire à un homme d'église la moindre marque d'un intérêt marqué pour un enfant tombé ainsi des nues dans sa maison.

— A votre place, monsieur le chanoine, je me mettrais au-dessus de ces misères-là. Je ne voudrais ni prévoir, ni apprendre les suppositions absurdes de la calomnie. Je vivrais au milieu des sots propos comme s'ils n'existaient pas, j'agirais toujours comme s'ils étaient impossibles. A quoi servirait donc une vie de sagesse et de dignité, si elle n'assurait pas le calme de la conscience et la liberté des bonnes actions ? Voyez, cet enfant vous est confié, mon révérend. S'il est mal soigné loin de vos yeux, s'il languit, s'il meurt, vous vous le reprocherez éternellement !

— Que dis-tu là, que cet enfant m'est confié ? en ai-je accepté le dépôt ? et le caprice ou la fourberie d'autrui nous imposent-ils de pareils devoirs ? Tu t'exaltes, mon enfant, et tu déraisonnes.

— Non, mon cher monsieur le chanoine, reprit Consuelo en s'animant de plus en plus ; je ne déraisonne pas. La méchante mère qui abandonne ici son enfant n'a aucun droit et ne peut rien vous imposer. Mais celui qui a droit de vous commander, celui qui dispose des destinées de l'enfant naissant, celui envers qui vous serez éternellement responsable, c'est Dieu. Oui, c'est Dieu qui a eu des vues particulières de miséricorde sur cette innocente petite créature en inspirant à sa mère la pensée hardie de vous le confier. C'est lui qui, par un bizarre concours de circonstances, le fait entrer dans votre maison malgré vous, et le pousse dans vos bras en dépit de toute votre prudence. Ah ! monsieur le chanoine, rappelez-vous l'exemple de saint Vincent de Paul, qui allait ramassant sur les marches des maisons les pauvres orphelins abandonnés, et ne rejetez pas celui que la Providence apporte dans votre sein. Je crois bien que si vous le faisiez, cela vous porterait malheur ; et le monde, qui a une sorte d'instinct de justice dans sa méchanceté même, dirait, avec une apparence de vérité, que vous avez eu des raisons pour l'éloigner de vous. Au lieu que si vous le gardez, on ne vous en supposera pas d'autres que les véritables : votre miséricorde et votre charité.

— Tu ne sais pas, dit le chanoine ébranlé et incertain, ce que c'est que le monde ! Tu es un enfant sauvage de droiture et de vertu. Tu ne sais pas surtout ce que c'est que le clergé, et Brigide, la méchante Brigide, savait bien ce qu'elle disait hier en prétendant que certaines gens étaient jaloux de ma position, et travaillaient à me la faire perdre. Je tiens mes bénéfices de la protection de feu l'empereur Charles, qui a bien voulu me servir de patron pour me les faire obtenir. L'impératrice Marie-Thérèse m'a protégé aussi pour me faire passer jubilaire avant l'âge. Eh bien, ce que nous croyons tenir de l'Église ne nous est jamais assuré absolument. Au-dessus de nous, au-dessus des souverains qui nous favorisent, nous avons toujours un maître, c'est l'Église. Comme elle nous déclare *capables* quand il lui plaît, alors même que nous ne le sommes pas, elle nous déclare *incapables* quand il lui convient, alors même que nous lui avons rendu les plus grands services. *L'ordinaire*, c'est-à-dire l'évêque diocésain, et son conseil, si on les indispose et si on les irrite contre nous, peuvent nous accuser, nous traduire à leur barre, nous juger et nous dépouiller, sous prétexte d'inconduite, d'irrégularité de mœurs ou d'exemples scandaleux, afin de reporter sur de nouvelles créatures les dons qu'ils s'étaient laissé arracher pour nous. Le ciel m'est témoin que ma vie est aussi pure que celle de cet enfant qui est né hier. Eh bien, sans une extrême prudence dans toutes mes relations, ma vertu n'eût pas suffi à me défendre des mauvaises interprétations. Je ne suis pas très-courtisan envers les prélats; mon indolence, et un peu l'orgueil de ma naissance peut-être, m'en ont toujours empêché. J'ai des envieux dans le chapitre...

— Mais vous avez pour vous Marie-Thérèse, qui est une grande âme, une noble femme et une tendre mère, reprit Consuelo. Si elle était là pour vous juger, et que vous vinssiez à lui dire avec l'accent de la vérité, que la vérité seule peut avoir : « Reine, j'ai balancé un instant entre la crainte de donner des armes à mes ennemis et le besoin de pratiquer la première vertu de mon état, la charité; j'ai vu d'un côté des calomnies, des intrigues auxquelles je pouvais succomber, de l'autre un pauvre être abandonné du ciel et des hommes, qui n'avait de refuge que dans ma pitié, et d'avenir que dans ma sollicitude; et j'ai choisi de risquer ma réputation, mon repos et ma fortune, pour faire les œuvres de la foi et de la miséricorde. » Ah! je n'en doute pas, si vous disiez cela à Marie-Thérèse, Marie-Thérèse, qui peut tout, au lieu d'un prieuré, vous donnerait un palais, et au lieu d'un canonicat un évêché. N'a-t-elle pas comblé d'honneurs et de richesses l'abbé Metastasio pour avoir fait des rimes ? que ne ferait-elle pas pour la vertu, si elle récompense ainsi le talent? Allons, mon révérend, vous garderez cette pauvre Angiolina dans votre maison; votre jardinière la nourrira, et plus tard vous l'élèverez dans la religion et dans la vertu. Sa mère en eût fait un démon pour l'enfer, et vous en ferez un ange pour le ciel!

— Tu fais de moi ce que tu veux, dit le chanoine ému et attendri, en laissant son favori déposer l'enfant sur ses genoux; allons, nous baptiserons Angèle demain matin, tu seras son parrain... Si Brigide était encore là, nous la forcerions à être ta commère, et sa fureur nous divertirait. Sonne pour qu'on nous amène la nourrice, et que tout soit fait selon la volonté de Dieu! Quant à la bourse que Corilla nous a laissée... (oui-da! cinquante sequins de Venise!) nous n'en avons que faire ici. Je me charge des dépenses présentes pour l'enfant, et de son sort futur, si on ne le réclame pas. Prends donc cet or, il t'est bien dû pour la vertu singulière et le grand cœur dont tu as fait preuve dans tout ceci.

— De l'or pour payer ma vertu et la bonté de mon cœur! s'écria Consuelo en repoussant la bourse avec dégoût. Et l'or de la Corilla! le prix du mensonge, de la prostitution peut-être ! Ah ! monsieur le chanoine, cela souille même la vue ! Distribuez-le aux pauvres, cela portera bonheur à notre pauvre Angèle. »

LXXXI.

Pour la première fois de sa vie peut-être le chanoine ne dormit guère. Il sentait en lui une émotion et une agitation étranges. Sa tête était pleine d'accords, de mélodies et de modulations qu'un léger sommeil venait briser à chaque instant, et qu'à chaque intervalle de réveil il cherchait malgré lui, et même avec une sorte de dépit, à reprendre et à renouer sans pouvoir y parvenir. Il avait retenu par cœur les phrases les plus saillantes des morceaux que Consuelo lui avait chantés ; il les entendait résonner encore dans sa cervelle, dans son diaphragme ; et puis tout à coup le fil de l'idée musicale se brisait dans sa mémoire au plus bel endroit, et il la recommençait mentalement cent fois de suite, sans pouvoir aller une note plus loin. C'est en vain que, fatigué de cette audition imaginaire, il s'efforçait de la chasser ; elle revenait toujours se placer dans son oreille, et il lui semblait que la clarté de son feu vacillait en mesure sur le satin cramoisi de ses rideaux. Les petits sifflements qui sortent des bûches enflammées avaient l'air de vouloir chanter aussi ces maudites phrases dont la fin restait dans l'imagination fatiguée du chanoine comme un arcane impénétrable. S'il eût pu en retrouver une entière, il lui semblait qu'il eût pu être délivré de cette obsession de réminiscences. Mais la mémoire musicale est ainsi faite, qu'elle nous tourmente et nous persécute jusqu'à ce que nous l'ayons rassasiée de ce dont elle est avide et inquiète.

Jamais la musique n'avait fait tant d'impression sur le

cerveau du chanoine, bien qu'il eût été toute sa vie un dilettante remarquable. Jamais voix humaine n'avait bouleversé ses entrailles comme celle de Consuelo. Jamais physionomie, jamais langage et manières n'avaient exercé sur son âme une fascination comparable à celle que les traits, la contenance et les paroles de Consuelo exerçaient sur lui depuis trente-six heures. Le chanoine devinait-il ou ne devinait-il pas le sexe du prétendu Bertoni? Oui et non. Comment vous expliquer cela? Il faut que vous sachiez qu'à cinquante ans le chanoine avait l'esprit aussi chaste que les mœurs, et les mœurs aussi pures qu'une jeune fille. A cet égard, c'était un saint homme que notre chanoine; il avait toujours été ainsi, et ce qu'il y a de plus remarquable, c'est que, bâtard du roi le plus débauché dont l'histoire fasse mention, il ne lui en avait presque rien coûté pour garder son vœu de chasteté. Né avec un tempérament flegmatique (nous disons aujourd'hui lymphatique), il avait été si bien élevé dans l'idée du canonicat, il avait toujours tant chéri le bien-être et la tranquillité, il était si peu propre aux luttes cachées que les passions brutales livrent à l'ambition ecclésiastique; en un mot, il désirait tant le repos et le bonheur, qu'il avait eu pour premier et pour unique principe dans la vie, de sacrifier tout à la possesion tranquille d'un bénéfice; amour, amitié, vanité, enthousiasme, vertu même, s'il l'eût fallu. Il s'était préparé de bonne heure et habitué de longue main à tout immoler sans effort et presque sans regret. Malgré cette théorie affreuse de l'égoïsme, il était resté bon, humain, affectueux et enthousiaste à beaucoup d'égards, parce que sa nature était bonne, et que la nécessité de réprimer ses meilleurs instincts ne s'était presque jamais présentée. Sa position indépendante lui avait toujours permis de cultiver l'amitié, la tolérance et les arts; mais l'amour lui était interdit, et il avait tué l'amour, comme le plus dangereux ennemi de son repos et de sa fortune. Cependant, comme l'amour est de nature divine, c'est-à-dire immortel, quand nous croyons l'avoir tué, nous n'avons pas fait autre chose que de l'ensevelir vivant dans notre cœur. Il peut y sommeiller sournoisement durant de longues années, jusqu'au jour où il lui plaît de se ranimer. Consuelo apparaissait à l'automne de cette vie de chanoine, et cette longue apathie de l'âme se changeait en une langueur tendre, profonde, et plus tenace qu'on ne pouvait le prévoir. Ce cœur apathique ne savait point bondir et palpiter pour un objet aimé ; mais il pouvait se fondre comme la glace au soleil, se livrer, connaître l'abandon de soi-même, la soumission, et cette sorte d'abnégation patiente qu'on est surpris de rencontrer quelquefois chez les égoïstes quand l'amour s'empare de leur forteresse.

Il aimait donc, ce pauvre chanoine ; à cinquante ans, il aimait pour la première fois, et il aimait celle qui ne pouvait jamais répondre à son amour. Il ne le pressentait que trop, et voilà pourquoi il voulait se persuader à lui-même, en dépit de toute vraisemblance, que ce n'était pas de l'amour qu'il éprouvait, puisque ce n'était pas une femme qui le lui inspirait.

A cet égard il s'abusait complétement, et, dans toute la naïveté de son cœur, il prenait Consuelo pour un garçon. Lorsqu'il remplissait des fonctions canoniques à la cathédrale de Vienne, il avait vu nombre de beaux et jeunes enfants à la maîtrise ; il avait entendu des voix claires, argentines et quasi femelles pour la pureté et la flexibilité ; celle de Bertoni était plus pure et plus flexible mille fois. Mais c'était une voix italienne, pensait-il ; et puis Bertoni était une nature d'exception, un de ces enfants précoces dont les facultés, le génie et l'aptitude sont des prodiges. Et tout fier, tout enthousiasmé d'avoir trouvé ce trésor sur le grand chemin, le chanoine rêvait déjà de le faire connaître au monde, de le lancer, d'aider à sa fortune et à sa gloire. Il s'abandonnait à tous les élans d'une affection paternelle et d'un orgueil bienveillant, et sa conscience ne devait pas s'en effrayer; car l'idée d'un amour vicieux et immonde, comme celui qu'on avait attribué à Gravina pour Métastase, le chanoine ne savait même pas ce que c'était. Il n'y pensait pas, il n'y croyait même pas, et cet ordre d'idées paraissait à son esprit chaste et droit une abominable et bizarre supposition des méchantes langues.

Personne n'eût cru à cette pureté enfantine dans l'imagination du chanoine, homme d'esprit un peu railleur, très-facétieux, plein de finesse et de pénétration en tout ce qui avait rapport à la vie sociale. Il y avait pourtant tout un monde d'idées, d'instincts et de sentiments qui lui était inconnu. Il s'était endormi dans la joie de son cœur, en faisant mille projets pour son jeune protégé, en se promettant pour lui-même de passer sa vie dans les plus saintes délices musicales, et en s'attendrissant à l'idée de cultiver, en les tempérant un peu, les vertus qui brillaient dans cette âme généreuse et ardente; mais réveillé à toutes les heures de la nuit par une émotion singulière, poursuivi par l'image de cet enfant merveilleux, tantôt inquiet et effrayé à l'idée de le voir se soustraire à sa tendresse déjà un peu jalouse, tantôt impatient d'être au lendemain pour lui réitérer sérieusement des offres, des promesses et des prières qu'il avait eu l'air d'écouter en riant, le chanoine, étonné de ce qui se passait en lui, se persuada mille choses autres que la vérité.

« J'étais donc destiné par la nature à avoir beaucoup d'enfants et à les aimer avec passion, se demandait-il avec une honnête simplicité, puisque la seule pensée d'en adopter un aujourd'hui me jette dans une pareille agitation? C'est pourtant là la première fois de ma vie que ce sentiment-là se révèle à mon cœur, et voilà que dans un seul jour l'admiration m'attache à l'un, la sympathie à l'autre, la pitié à un troisième! Bertoni, Beppo, Angiolina! me voilà en famille tout d'un coup, moi qui plaignais les embarras des parents, et qui remerciais Dieu d'être obligé par état au repos de la solitude! Est-ce la quantité et l'excellence de la musique que j'ai entendue aujourd'hui qui me donne une exaltation d'idées si nouvelle?... C'est plutôt ce délicieux café à la vénitienne dont j'ai pris deux tasses au lieu d'une, par pure gourmandise!... J'ai eu la tête si bien montée tout le jour, que je n'ai presque pas pensé à mon volkameria, desséché pourtant par la faute de Pierre!

« Il mio cor si divide... »

Allons, voilà encore cette maudite phrase qui me revient! La peste soit de ma mémoire!... Que ferai-je pour dormir?... Quatre heures du matin, c'est inouï!... J'en ferai une maladie! »

Une idée lumineuse vint enfin au secours du bon chanoine; il se leva, prit son écritoire, et résolut de travailler à ce fameux livre entrepris depuis si longtemps, et non encore commencé. Il lui fallait consulter le Dictionnaire du droit canonique pour se remettre dans son sujet; il n'en eut pas lu deux pages que ses idées s'embrouillèrent, ses yeux s'appesantirent, le livre coula doucement de l'édredon sur le tapis, la bougie s'éteignit à un soupir de béatitude somnolente exhalé de la robuste poitrine du saint homme, et il dormit enfin du sommeil du juste jusqu'à dix heures du matin.

Hélas! que son réveil fut amer, lorsque, d'une main engourdie et nonchalante, il ouvrit le billet suivant, déposé par André sur son guéridon, avec sa tasse de chocolat!

« Nous partons, monsieur et révérend chanoine; un
« devoir impérieux nous appelait à Vienne, et nous avons
« craint de ne pouvoir résister à vos généreuses instances.
« Nous nous sauvons comme des ingrats : mais nous ne
« le sommes point, et jamais nous ne perdrons le sou-
« venir de votre hospitalité envers nous, et de votre cha-
« rité sublime pour l'enfant abandonné. Nous viendrons
« vous en remercier. Avant huit jours, vous nous rever-
« rez; veuillez différer jusque là le baptême d'Angèle,
« et compter sur le dévouement respectueux et tendre
« de vos humbles protégés.
                                    « BERTONI, BEPPO. »

Le chanoine pâlit, soupira et agita sa sonnette.
« Ils sont partis? dit-il à André.
— Avant le jour, monsieur le chanoine.
— Et qu'ont-ils dit en partant? ont-ils déjeuné, au moins? ont-ils désigné le jour où ils reviendraient?
— Personne ne les a vus partir, monsieur le chanoine. Ils se sont en allés comme ils sont venus, par-dessus les murs. En m'éveillant j'ai trouvé leurs chambres désertes; le billet que vous tenez était sur leur table, et toutes les portes de la maison et de l'enclos fermées comme je les avais laissées hier soir. Ils n'ont pas emporté une épingle, ils n'ont pas touché à un fruit, les pauvres enfants!...
— Je le crois bien! » s'écria le chanoine, et ses yeux se remplirent de larmes.

Pour chasser sa mélancolie, André essaya de lui faire faire le menu de son dîner.

« Donne-moi ce que tu voudras, André!» répondit le chanoine d'une voix déchirante, et il retomba en gémissant sur son oreiller.

8.

Le soir de ce jour-là, Consuelo et Joseph entrèrent dans Vienne à la faveur des ombres. Le brave perruquier Keller fut mis dans la confidence, les reçut à bras ouverts, et hébergea de son mieux la noble voyageuse. Consuelo fit mille amitiés à la fiancée de Joseph, tout en s'affligeant en secret de ne la trouver ni gracieuse ni belle. Le lendemain matin, Keller tressa les cheveux flottants de Consuelo ; sa fille l'aida à reprendre les vêtements de son sexe, et lui servit de guide jusqu'à la maison qu'habitait le Porpora.

LXXXII.

A la joie que Consuelo éprouva de serrer dans ses bras son maître et son bienfaiteur, succéda un pénible sentiment qu'elle eut peine à renfermer. Un an ne s'était pas écoulé depuis qu'elle avait quitté le Porpora, et cette année d'incertitudes, d'ennuis et de chagrins avait imprimé au front soucieux du maestro les traces profondes de la souffrance et de la vieillesse. Il avait pris cet embonpoint maladif où l'inaction et la langueur de l'âme font tomber les organisations affaissées. Son regard avait le feu qui l'animait encore naguère, et une certaine coloration bouffie de ses traits trahissait de funestes efforts tentés pour chercher dans le vin l'oubli de ses maux ou le retour de l'inspiration refroidie par l'âge et le découragement. L'infortuné compositeur s'était flatté de retrouver à Vienne quelques nouvelles chances de succès et de fortune. Il y avait été reçu avec une froide estime, et il trouvait ses rivaux, plus heureux, en possession de la faveur impériale et de l'engouement du public. Métastase avait écrit des drames et des oratorio pour Caldera, pour Predieri, pour Fuchs, pour Reüter et pour Hasse ; Métastase, le poëte de la cour (*poeta cesareo*), l'écrivain à la mode, le *nouvel Albane*, le favori des muses et des dames, le charmant, le précieux, l'harmonieux, le coulant, le divin Métastase, en un mot, celui de tous les cuisiniers dramatiques dont les mets avaient le goût le plus agréable et la digestion la plus facile, n'avait rien écrit pour Porpora, et n'avait voulu lui rien promettre. Le maestro avait peut-être encore des idées; il avait au moins sa science, son admirable entente des voix, ses bonnes traditions napolitaines, son goût sévère, son large style, et ses fiers et mâles récitatifs dont la beauté grandiose n'a jamais été égalée. Mais il n'avait pas de public, et il demandait en vain un poëme. Il n'était ni flatteur ni intrigant; sa rude franchise lui faisait des ennemis, et sa mauvaise humeur rebutait tout le monde.

Il porta ce sentiment jusque dans l'accueil affectueux et paternel qu'il fit à Consuelo.

« Et pourquoi as-tu quitté si tôt la Bohême? lui dit-il après l'avoir embrassée avec émotion. Que viens-tu faire ici, malheureuse enfant? Il n'y a point ici d'oreilles pour t'écouter, ni de cœurs pour te comprendre; il n'y a point ici de place pour toi, ma fille. Ton vieux maître est tombé dans le mépris public, et, si tu veux réussir, tu feras bien d'imiter les autres en feignant de ne pas le connaître, ou de le mépriser, comme font tous ceux qui lui doivent leur talent, leur fortune et leur gloire. »

— Hélas! vous doutez donc aussi de moi? lui dit Consuelo, dont les yeux se remplirent de larmes. Vous voulez renier mon affection et mon dévouement, et faire tomber sur moi le soupçon et le dédain que les autres ont mis dans votre âme! O mon maître! vous verrez que je ne mérite pas cet outrage. Vous le verrez! voilà tout ce que je puis vous dire. »

Le Porpora fronça le sourcil, tourna le dos, fit quelques pas dans sa chambre, revint vers Consuelo, et voyant qu'elle pleurait, mais ne trouvant rien de doux et de tendre à lui dire, il lui prit son mouchoir des mains et le lui passa sur les yeux avec une rudesse paternelle, en lui disant :

« Allons, allons ! »

Consuelo vit qu'il était pâle et qu'il étouffait de gros soupirs dans sa large poitrine ; mais il contint son émotion, et tirant une chaise à côté d'elle :

« Allons, reprit-il, raconte-moi ton séjour en Bohême, et dis-moi pourquoi tu es revenue si brusquement ? Parle donc, ajouta-t-il avec un peu d'impatience. Est-ce que tu n'as pas mille choses à me dire ? Tu t'ennuyais là-bas ? ou bien les Rudolstadt ont été mal pour toi ? Oui, eux aussi sont capables de t'avoir blessée et tourmentée ! Dieu sait que c'étaient les seules personnes de l'univers en qui j'avais encore foi : mais Dieu sait aussi que tous les hommes sont capables de tout ce qui est mal !

— Ne dites pas cela, mon ami, répondit Consuelo. Les Rudolstadt sont des anges, et je ne devrais parler d'eux qu'à genoux ; mais j'ai dû les quitter, j'ai dû les fuir, et même sans les prévenir, sans leur dire adieu.

— Qu'est-ce à dire ? Est-ce toi qui as quelque chose à te reprocher envers eux ? Me faudrait-il rougir de toi, et me reprocher de t'avoir envoyée chez ces braves gens ?

— Oh, non ! non, Dieu merci, maître ! Je n'ai rien à me reprocher, et vous n'avez point à rougir de moi.

— Alors, qu'est-ce donc ? »

Consuelo, qui savait combien il fallait faire au Porpora les réponses courtes et promptes lorsqu'il donnait son attention à la connaissance d'un fait ou d'une idée, lui annonça, en peu de mots, que le comte Albert voulait l'épouser, et qu'elle n'avait pu se décider à lui rien promettre avant d'avoir consulté son père adoptif.

Le Porpora fit une grimace de colère et d'ironie.

« Le comte Albert ! s'écria-t-il, l'héritier des Rudolstadt, le descendant des rois de Bohême, le seigneur de Riesenburg ! il a voulu t'épouser, toi, petite Égyptienne? toi, la laideron de la Scuola, la fille sans père, la comédienne sans argent et sans engagement? toi, qui as demandé l'aumône, pieds nus, dans les carrefours de Venise?

— Moi ! votre élève ! moi, votre fille adoptive ! oui, moi, la Porporina ! répondit Consuelo avec un orgueil tranquille et doux.

— Belle illustration et brillante condition ! En effet, reprit le maestro avec amertume, j'avais oublié celles-là dans la nomenclature. La dernière et l'unique élève d'un maître sans école, l'héritière future de ses guenilles et de sa honte, la continuatrice d'un nom qui est déjà effacé de la mémoire des hommes ! il y a de quoi se vanter, et voilà de quoi rendre fous les fils des plus illustres familles !

— Apparemment, maître, dit Consuelo avec un sourire mélancolique et caressant, que nous ne sommes pas encore tombés si bas dans l'estime des hommes de bien qu'il vous plaît de le croire ; car il est certain que le comte veut m'épouser, et que je viens ici vous demander votre agrément pour y consentir, ou votre protection pour m'en défendre.

— Consuelo, répondit le Porpora d'un ton froid et sévère, je n'aime point ces sottises-là. Vous devriez savoir que je hais les romans de pensionnaire ou les aventures de coquette. Jamais je ne vous aurais crue capable de vous mettre en tête pareilles billevesées, et je suis vraiment honteux pour vous d'entendre de telles choses. Il est possible que le jeune comte de Rudolstadt ait pris pour vous une fantaisie, et que, dans l'ennui de la solitude, ou dans l'enthousiasme de la musique, il vous ait fait deux doigts de cour ; mais comment avez-vous été assez impertinente pour prendre l'affaire au sérieux, et pour vous donner, par cette feinte ridicule, les airs d'une princesse de roman? Vous me faites pitié; et si le vieux comte, si la chanoinesse, si la baronne Amélie sont informés de vos prétentions, vous me faites honte; je vous le dis encore une fois, je rougis de vous. »

Consuelo savait qu'il ne fallait pas contredire le Porpora lorsqu'il était en train de déclamer, ni l'interrompre au milieu d'un sermon. Elle le laissa exhaler son indignation, et quand il lui eut dit tout ce qu'il put imaginer de plus blessant et de plus injuste, elle lui raconta de point en point, avec l'accent de la vérité et la plus scrupuleuse exactitude, tout ce qui s'était passé au château des Géants, entre elle, le comte Albert, le comte Christian, Amélie, la chanoinesse et Anzeleto. Le Porpora, qui, après avoir donné un libre cours à son besoin d'emportement et d'invectives, savait, lui aussi, écouter et comprendre, prêta la plus sérieuse attention à son récit; et quand elle eut fini, il lui adressa encore plusieurs questions pour s'enquérir de nouveaux détails et pénétrer complètement dans la vie intime et dans les sentiments de toute la famille.

« Alors!... lui dit-il enfin, tu as bien agi, Consuelo. Tu as été sage, tu as été digne, tu as été forte comme je devais l'attendre de toi. C'est bien. Le ciel t'a protégée, et il te récompensera en te délivrant une fois pour toutes de cet infâme Anzeleto. Quant au jeune comte, tu n'y dois pas penser. Je te le défends. Un pareil sort ne te convient pas. Jamais le comte Christian ne te permettra de redevenir artiste, sois assurée de cela. Je connais mieux que toi l'orgueil indomptable des nobles. Or, à moins que tu ne te fasses à cet égard des illusions que je trouverais puériles et insensées, je ne pense pas que tu hésites un instant entre la fortune des grands et celle des enfants de l'art... Qu'en penses-tu ?... Réponds-moi donc ! Par le corps de Bacchus, on dirait que tu ne m'entends pas !

— Je vous entends fort bien, mon maître, et je vois que vous n'avez rien compris à tout ce que je vous ai dit.

— Comment, je n'ai rien compris ! Je ne comprends plus rien, n'est-ce pas ? »

Et les petits yeux noirs du maestro retrouvèrent le feu de la colère. Consuelo, qui connaissait son Porpora sur le bout de son doigt, vit qu'il fallait lui tenir tête, si elle voulait se faire écouter de nouveau.

« Non, vous ne m'avez pas comprise, répliqua-t-elle avec assurance ; car vous me supposez des velléités d'ambition très-différentes de celles que j'ai. Je n'envie pas la fortune des grands, soyez-en persuadé ; et ne me dites jamais, mon maître, que je la fais entrer pour quelque chose dans mes irrésolutions. Je méprise les avantages qu'on n'acquiert pas par son propre mérite ; vous m'avez élevée dans ce principe, et je n'y saurais déroger. Mais il y a bien dans la vie quelque autre chose que l'argent et la vanité, et ce quelque chose est assez précieux pour contre-balancer les enivrements de la gloire et les joies de la vie d'artiste. C'est l'amour d'un homme comme Albert, c'est le bonheur domestique, ce sont les joies de la famille. Le public est un maître capricieux, ingrat et tyrannique. Un noble époux est un ami, un soutien, un autre soi-même. Si j'arrivais à aimer Albert comme il m'aime, je ne penserais plus à la gloire, et probablement je serais plus heureuse.

— Quel sot langage est-ce là ? s'écria le maestro. Êtes-vous devenue folle ? Donnez-vous dans la sentimentalité allemande ? Bon Dieu ! dans quel mépris de l'art vous êtes tombée, madame la comtesse ! Vous venez de me raconter que votre Albert, comme vous vous permettez de l'appeler, vous faisait plus de peur que d'envie ; que vous vous sentiez mourir de froid et de crainte à ses côtés, et mille autres choses que j'ai très-bien entendues et comprises, ne vous en déplaise; et maintenant que vous êtes délivrée de ses poursuites, maintenant que vous êtes rendue à la liberté, le seul bien, la seule condition de développement de l'artiste, vous venez me demander s'il ne faut point vous remettre la pierre au cou pour vous jeter au fond du puits qu'habite votre amant visionnaire? Eh! allez donc! faites, si bon vous semble; je ne me mêle plus de vous, et je n'ai plus rien à vous dire. Je ne perdrai pas mon temps à causer davantage avec une personne qui ne sait ni ce qu'elle dit, ni ce qu'elle veut. Vous n'avez pas le sens commun, et je suis votre serviteur. »

En disant cela, le Porpora se mit à son clavecin et improvisa d'une main ferme et sèche plusieurs modulations savantes pendant lesquelles Consuelo, désespérant de l'amener ce jour-là à examiner le fond de la question, réfléchit au moyen de le remettre au moins de meilleure humeur. Elle y réussit en lui chantant les airs nationaux qu'elle avait appris en Bohême, et dont l'originalité transporta le vieux maître. Puis elle l'amena doucement à lui faire voir les dernières compositions qu'il avait essayées. Elle les lui chanta à livre ouvert avec une si grande perfection, qu'il retrouva tout son enthousiasme, toute sa tendresse pour elle. L'infortuné, n'ayant plus d'élève habile auprès de lui, et se méfiant de tout ce qui l'approchait, ne goûtait plus le plaisir de voir ses pensées rendues par une belle voix et comprises par une belle âme. Il fut si touché de s'entendre exprimé selon son cœur, par sa grande et toujours docile Poporina, qu'il versa des larmes de joie et la pressa sur son sein en s'écriant :

« Ah! tu es la première cantatrice du monde! Ta voix a doublé de volume et d'étendue, et tu as fait autant de progrès que si je t'avais donné des leçons tous les jours depuis un an. Encore, encore, ma fille ; redis-moi ce thème. Tu me donnes le premier instant de bonheur que j'aie goûté depuis bien des mois! »

Ils dînèrent ensemble, bien maigrement, à une petite table, près de la fenêtre. Le Porpora était mal logé; sa chambre, triste, sombre et toujours en désordre, donnait sur un angle de rue étroite et déserte. Consuelo, le voyant bien disposé, se hasarda à lui parler de Joseph Haydn. La seule chose qu'elle lui eût cachée, c'était son long voyage pédestre avec ce jeune homme, et les incidents bizarres qui avaient établi entre eux une si douce et si loyale intimité. Elle savait que son maître prendrait en grippe, selon sa coutume, tout aspirant à ses leçons dont on commencerait par lui faire l'éloge. Elle raconta donc d'un air d'indifférence qu'elle avait rencontré, dans une voiture aux approches de Vienne, un pauvre petit diable qui lui avait parlé de l'école du Porpora avec tant de respect et d'enthousiasme, qu'elle lui avait presque promis d'intercéder en sa faveur auprès du Porpora lui-même.

« Eh! quel est-il, ce jeune homme? demanda le maestro; à quoi se destine-t-il? A être artiste, sans doute, puisqu'il est pauvre diable! Oh! je le remercie de sa clientèle. Je ne veux plus enseigner le chant qu'à des fils de famille. Ceux-là paient, n'apprennent rien, et sont fiers de nos leçons, parce qu'ils se figurent savoir quelque chose en sortant de nos mains. Mais les artistes! tous lâches, tous ingrats, tous traîtres et menteurs. Qu'on ne m'en parle pas. Je ne veux jamais en voir un franchir le seuil de cette chambre. Si cela arrivait, vois-tu, je le jetterais par la fenêtre à l'instant même. »

Consuelo essaya de le dissuader de ces préventions;

mais elle les trouva si obstinées, qu'elle y renonça, et, se penchant un peu à la fenêtre, dans un moment où son maître avait le dos tourné, elle fit avec ses doigts un premier signe, et puis un second. Joseph, qui rôdait dans la rue en attendant ce signal convenu, comprit que le premier mouvement des doigts lui disait de renoncer à tout espoir d'être admis comme élève auprès du Porpora; le second l'avertissait de ne pas paraître avant une demi-heure.

Consuelo parla d'autre chose, pour faire oublier au Porpora ce qu'elle venait de lui dire; et, la demi-heure écoulée, Joseph frappa à la porte. Consuelo alla lui ouvrir, feignit de ne pas le connaître, et revint annoncer au maestro que c'était un domestique qui se présentait pour entrer à son service.

« Voyons ta figure ! cria le Porpora au jeune homme tremblant; approche ! Qui t'a dit que j'eusse besoin d'un domestique ? Je n'en ai aucun besoin.

— Si vous n'avez pas besoin de domestique, répondit Joseph éperdu, mais faisant bonne contenance comme Consuelo le lui avait recommandé, c'est bien malheureux pour moi, Monsieur; car j'ai bien besoin de trouver un maître.

— On dirait qu'il n'y a que moi qui puisse te faire gagner ta vie ! répliqua le Porpora. Tiens, regarde mon appartement et mon mobilier; crois-tu que j'aie besoin d'un laquais pour arranger tout cela?

— Eh ! vraiment oui, Monsieur, vous en auriez besoin, reprit Haydn en affectant une confiante simplicité; car tout cela est fort mal en ordre. »

En parlant ainsi, il se mit tout de suite à la besogne, et commença à ranger la chambre avec une symétrie et un sang-froid apparent qui donnèrent envie de rire au Porpora. Joseph jouait le tout pour le tout; car si son zèle n'eût diverti le maître, il eût fort risqué d'être payé à coups de canne.

— Voilà un drôle de corps, qui veut me servir malgré moi, dit le Porpora en le regardant faire. Je te dis, idiot, que je n'ai pas le moyen de payer un domestique. Continueras-tu à faire l'empressé?

— Qu'à cela ne tienne, Monsieur! Pourvu que vous me donniez vos vieux habits, et un morceau de pain tous les jours, je m'en contenterai. Je suis si misérable, que je me trouverai fort heureux de ne pas mendier mon pain.

— Mais pourquoi n'entres-tu pas dans une maison riche?

— Impossible, Monsieur; on me trouve trop petit et trop laid. D'ailleurs, je n'entends rien à la musique, et vous savez que tous les grands seigneurs d'aujourd'hui veulent que leurs laquais sachent faire une petite partie de viole ou de flûte pour la musique de chambre. Moi, je n'ai jamais pu me fourrer une note de musique dans la tête.

— Ah! ah! tu n'entends rien à la musique. Eh bien, tu es l'homme qu'il me faut. Si tu te contentes de la nourriture et des vieux habits, je te prends; car, aussi bien, voilà ma fille qui aura besoin d'un garçon diligent pour faire ses commissions. Voyons! que sais-tu faire? Brosser les habits, cirer les souliers, balayer, ouvrir et fermer la porte?

— Oui, Monsieur, je sais faire tout cela.

— Eh bien, commence. Prépare-moi l'habit que tu vois étendu sur mon lit, car je vais dans une heure chez l'ambassadeur. Tu m'accompagneras, Consuelo. Je veux te présenter à monsignor Corner, que tu connais déjà, et qui vient d'arriver des eaux avec la signora. Il y a là-bas une petite chambre que je te cède; va faire un peu de toilette aussi pendant que je me préparerai. »

Consuelo obéit, traversa l'antichambre, et, entrant dans le cabinet sombre qui allait devenir son appartement, elle endossa son éternelle robe noire et son fidèle fichu blanc, qui avaient fait le voyage sur l'épaule de Joseph.

« Pour aller à l'ambassade, ce n'est pas un très-bel équipage, pensa-t-elle; mais on m'a vue commencer ainsi à Venise, et cela ne m'a pas empêchée de bien chanter et d'être écoutée avec plaisir. »

Quand elle fut prête, elle repassa dans l'antichambre, et y trouva Haydn, qui crêpait gravement la perruque du Porpora, plantée sur un bâton. En se regardant, ils étouffèrent de part et d'autre un grand éclat de rire.

« Eh! comment fais-tu pour arranger cette belle perruque? lui dit-elle à voix bien basse, pour ne pas être entendue du Porpora, qui s'habillait dans la chambre voisine.

— Bah! répondit Joseph, cela va tout seul. J'ai souvent vu travailler Keller! Et puis, il m'a donné une leçon ce matin, et il m'en donnera encore, afin que j'arrive à la perfection du lissé et du crêpé.

— Ah! prends courage, mon pauvre garçon, dit Consuelo en lui serrant la main; le maître finira par se laisser désarmer. Les routes de l'art sont encombrées d'épines, mais on parvient à y cueillir de belles fleurs.

— Merci de la métaphore, chère sœur Consuelo. Sois sûre que je ne me rebuterai pas, et pourvu qu'en passant auprès de moi sur l'escalier ou dans la cuisine tu me dises de temps en temps un petit mot d'encouragement et d'amitié, je supporterai tout avec plaisir.

— Et je t'aiderai à remplir tes fonctions, reprit Consuelo en souriant. Crois-tu donc que moi aussi je n'aie pas commencé comme toi? Quand j'étais petite, j'étais souvent la servante du Porpora. J'ai plus d'une fois fait ses commissions, battu son chocolat et repassé ses rabats. Tiens, pour commencer, je vais t'enseigner à brosser cet habit, car tu n'y entends rien ; tu casses les boutons et tu fanes les revers. »

Elle lui prit la brosse des mains, et lui donna l'exemple avec adresse et dextérité. Mais, entendant le Porpora qui approchait, elle lui repassa la brosse précipitamment, et prit un air grave pour lui dire en présence du maître :

« Eh bien, petit, dépêchez-vous donc ! »

LXXXIII.

Ce n'était point à l'ambassade de Venise, mais chez l'ambassadeur, c'est-à-dire dans la maison de sa maîtresse, que le Porpora conduisait Consuelo. La Wilhelmine était une belle créature, infatuée de musique, et dont tout le plaisir, dont toute la prétention était de rassembler chez elle, en petit comité, les artistes et les dilettanti qu'elle pouvait y attirer sans compromettre par trop d'apparat la dignité diplomatique de monsignor Corner. A l'apparition de Consuelo, il y eut un moment de surprise, de doute, puis un cri de joie et une effusion de cordialité dès qu'on se fut assuré que c'était bien la Zingarella, la merveille de l'année précédente à San-Samuel. Wilhelmine, qui l'avait vue tout enfant venir chez elle, derrière le Porpora, portant ses cahiers, et le suivant comme un petit chien, s'était beaucoup refroidie à son endroit, en lui voyant ensuite recueillir tant d'applaudissements et d'hommages dans les salons de la noblesse, et tant de couronnes sur la scène. Ce n'est pas que cette belle personne fût méchante, ni qu'elle daignât être jalouse d'une fille si longtemps réputée laide à faire

9.

peur. Mais la Wilhelmine aimait à faire la grande dame, comme toutes celles qui ne le sont pas. Elle avait chanté de grands airs avec le Porpora (qui, la traitant comme un talent d'amateur, lui avait laissé essayer de tout), lorsque la pauvre Consuelo étudiait encore cette fameuse petite feuille de carton où le maître renfermait toute sa méthode de chant, et à laquelle il tenait ses élèves sérieux durant cinq ou six ans. La Wilhelmine ne se figurait donc pas qu'elle pût avoir pour la Zingarella un autre sentiment que celui d'un charitable intérêt. Mais de ce qu'elle lui avait jadis donné quelques bonbons, ou de ce qu'elle lui avait mis entre les mains un livre d'images pour l'empêcher de s'ennuyer dans son antichambre, elle concluait qu'elle avait été une des plus officieuses protectrices de ce jeune talent. Elle avait donc trouvé fort extraordinaire et fort inconvenant que Consuelo, parvenue en un instant au faîte du triomphe, ne se fût pas montrée humble, empressée, et remplie de reconnaissance envers elle. Elle avait compté que lorsqu'elle aurait de petites réunions d'hommes choisis, Consuelo ferait gracieusement et gratuitement les frais de la soirée, en chantant pour elle et avec elle aussi souvent et aussi longtemps qu'elle le désirerait, et qu'elle pourrait la présenter à ses amis, en se donnant les gants de l'avoir aidée dans ses débuts et quasi formée à l'intelligence de la musique. Les choses s'étaient passées autrement : le Porpora, qui avait beaucoup plus à cœur d'élever d'emblée son élève Consuelo au rang qui lui convenait dans la hiérarchie de l'art, que de complaire à sa protectrice Wilhelmine, avait ri, dans sa barbe, des prétentions de cette dernière ; et il avait défendu à Consuelo d'accepter les invitations un peu trop familières d'abord, un peu trop impérieuses ensuite, de madame l'ambassadrice *de la main gauche*. Il avait su trouver mille prétextes pour se dispenser de la lui amener, et la Wilhelmine en avait pris un étrange dépit contre la débutante, jusqu'à dire qu'elle n'était pas assez belle pour avoir jamais des succès incontestés; que sa voix, agréable dans un salon, à la vérité, manquait de sonorité au théâtre, qu'elle ne tenait pas sur la scène tout ce qu'avait promis son enfance, et autres malices de même genre connues de tout temps et en tous pays.

Mais bientôt la clameur enthousiaste du public avait étouffé ces petites insinuations, et la Wilhelmine, qui se piquait d'être un bon juge, une savante élève du Porpora, et une âme généreuse, n'avait osé poursuivre cette guerre sourde contre la plus brillante élève du Maestro, et contre l'idole du public. Elle avait mêlé sa voix à celle des vrais dilettanti pour exalter Consuelo, et si elle l'avait un peu dénigrée encore pour l'orgueil et l'ambition dont elle avait fait preuve en ne mettant pas sa voix à la disposition de *madame l'ambassadrice*, c'était bien bas et tout à fait à l'oreille de quelques-uns que *madame l'ambassadrice* se permettait de l'en blâmer.

Cette fois, lorsqu'elle vit Consuelo venir à elle dans sa petite toilette des anciens jours, et lorsque le Porpora la lui présenta officiellement, ce qu'il n'avait jamais fait auparavant, vaine et légère comme elle était, la Wilhelmine pardonna tout, et s'attribua un rôle de grandeur généreuse. Embrassant la Zigarella sur les deux joues,

« Elle est ruinée, pensa-t-elle; elle a fait quelque folie, ou perdu la voix, peut-être; car on n'a pas entendu parler d'elle depuis longtemps. Elle nous revient à discrétion. Voici le vrai moment de la plaindre, de la protéger, et de mettre ses talents à l'épreuve ou à profit. »

Consuelo avait l'air si doux et si conciliant, que la Wilhelmine, ne retrouvant pas ce ton de hautaine prospérité qu'elle lui avait supposé à Venise, se sentit fort à l'aise avec elle et la combla de prévenances. Quelques Italiens, amis de l'ambassadeur, qui se trouvaient là, se joignirent à elle pour accabler Consuelo d'éloges et de questions, qu'elle sut éluder avec adresse et enjouement. Mais tout à coup sa figure devint sérieuse, et une certaine émotion s'y trahit, lorsqu'au milieu du groupe d'Allemands qui la regardaient curieusement de l'autre extrémité du salon, elle reconnut une figure qui l'avait déjà gênée ailleurs; celle de l'inconnu, ami du chanoine, qui l'avait tant examinée et interrogée, trois jours auparavant, chez le curé du village où elle avait chanté la messe avec Joseph Haydn. Cet inconnu l'examinait encore avec une curiosité extrême, et il était facile de voir qu'il questionnait ses voisins sur son compte. La Wilhelmine s'aperçut de la préoccupation de Consuelo:

« Vous regardez M. Holzbaüer? lui dit-elle. Le connaissez-vous?

— Je ne le connais pas, répondit Consuelo, et j'ignore si c'est celui que je regarde.

— C'est le premier à droite de la console, reprit l'ambassadrice. Il est actuellement directeur du théâtre de la cour, et sa femme est première cantatrice à ce même théâtre. Il abuse de sa position, ajouta-t-elle tout bas, pour régaler la cour et la ville de ses opéras, qui, entre nous, ne valent pas le diable. Voulez-vous que je vous fasse faire connaissance avec lui? C'est un fort galant homme.

— Mille grâces, Signora; répondit Consuelo, je suis trop peu de chose ici pour être présentée à ce personnage, et je suis certaine d'avance qu'il ne m'engagera pas à son théâtre.

— Et pourquoi cela, mon cœur? Cette belle voix, qui n'avait pas sa pareille dans toute l'Italie, aurait-elle souffert du séjour de la Bohême? car vous avez vécu tout ce temps en Bohême, nous dit-on ; dans le pays le plus froid et le plus triste du monde! C'est bien mauvais pour la poitrine, et je ne m'étonne pas que vous en ayez ressenti les effets. Mais ce n'est rien, la voix vous reviendra à notre beau soleil de Venise. »

Consuelo, voyant que la Wilhelmine était fort pressée de décréter l'altération de sa voix, s'abstint de démentir cette opinion., d'autant plus que son interlocutrice avait fait elle-même la question et la réponse. Elle ne se tourmentait pas de cette charitable supposition, mais de l'antipathie qu'elle devait s'attendre à rencontrer chez Holzbaüer à cause d'une réponse un peu brusque et un peu sincère qui lui était échappée sur sa musique au déjeuner du presbytère. Le maestro de la cour ne manquerait pas de se venger en racontant dans quel équipage et en quelle compagnie il l'avait rencontrée sur les chemins, et Consuelo craignait que cette aventure, arrivant aux oreilles du Porpora, ne l'indisposât contre elle, et surtout contre le pauvre Joseph.

Il en fut autrement : Holzbaüer ne dit pas un mot de l'aventure, pour des raisons que l'on saura par la suite; et loin de montrer la moindre animosité à Consuelo, il s'approcha d'elle, et lui adressa des regards dont la malignité enjouée n'avait rien que de bienveillant. Elle feignit de ne pas les comprendre. Elle eût craint de paraître lui demander le secret, et quelles que pussent être les suites de leur rencontre, elle était trop fière pour ne pas les affronter tranquillement.

Elle fut distraite de cet incident par la figure d'un vieillard à l'air dur et hautain, qui montrait cependant beaucoup d'empressement à lier conversation avec le Porpora; mais celui-ci, fidèle à sa mauvaise humeur, lui répondait à peine, et à chaque instant faisait un effort et cherchait un prétexte pour se débarrasser de lui.

« Celui-ci, dit Wilhelmine, qui n'était pas fâchée de faire à Consuelo la liste des célébrités qui ornaient son salon, c'est un maître illustre, c'est le Buononcini. Il arrive de Paris, où il a joué lui-même une partie de violoncelle dans un motet de sa composition en présence du roi; vous savez que c'est lui qui a fait fureur si longtemps à Londres, et qui, après une lutte obstinée de théâtre à théâtre contre Hændel, a fini par vaincre ce dernier dans l'opéra.

— Ne dites pas cela, signora, dit avec vivacité le Porpora qui venait de se débarrasser du Buononcini, et, qui, se rapprochant des deux femmes, avait entendu les dernières paroles de Wilhelmine; oh! ne dites pas un pareil blasphème! Personne n'a vaincu Hændel, personne ne le vaincra. Je connais mon Hændel, et vous ne le connaissez pas encore. C'est le premier d'entre nous, et je le confesse, quoique j'aie eu l'audace de lutter aussi contre lui dans des jours de folle jeunesse; j'ai été écrasé, cela devait être, cela est juste. Buononcini, plus heureux, mais non plus modeste ni plus habile que moi, a triomphé aux yeux des sots et aux oreilles des barbares. Ne croyez donc pas ceux qui vous parlent de ce triomphe-là; ce sera l'éternel ridicule de mon confrère Buononcini, et l'Angleterre rougira un jour d'avoir préféré ses opéras à ceux d'un génie, d'un géant tel que Hændel. La mode, la *fashion*, comme ils disent là-bas, le mauvais goût, l'emplacement favorable du théâtre, une coterie, des intrigues et, plus que tout cela, le talent de prodigieux chanteurs que le Buononcini avait pour interprètes, l'ont emporté en apparence. Mais Hændel prend dans la musique sacrée une revanche formidable... Et, quant à M. Buononcini, je n'en fais pas grand cas. Je n'aime pas les escamoteurs, et je dis qu'il a escamoté son succès dans l'opéra tout aussi légitimement que dans la cantate. »

Le Porpora faisait allusion à un vol scandaleux qui avait mis en émoi tout le monde musical; le Buononcini s'étant attribué en Angleterre la gloire d'une composition que Lotti avait faite trente ans auparavant, et qu'il avait réussi à prouver sienne d'une manière éclatante, après un long débat avec l'effronté maestro. La Wilhelmine essaya de défendre le Buononcini, et cette contradiction ayant enflammé la bile du Porpora :

« Je vous dis, je vous soutiens, s'écria-t-il sans se soucier d'être entendu de Buononcini, que Hændel est supérieur, même dans l'opéra, à tous les hommes du passé et du présent. Je veux vous le prouver sur l'heure. Consuelo, mets-toi au piano, et chante-nous l'air que je te désignerai.

— Je meurs d'envie d'entendre l'admirable Porporina, reprit la Wilhelmine; mais je vous supplie, qu'elle ne débute pas ici, en présence du Buononcini et de M. Holzbaüer, par du Hændel. Ils ne pourraient être flattés d'un pareil choix...

— Je le crois bien, dit Porpora, c'est leur condamnation vivante, leur arrêt de mort!

— Eh bien, en ce cas, reprit-elle, faites chanter quelque chose de vous, maître!

— Vous savez, sans doute, que cela n'exciterait la jalousie de personne! mais moi, je veux qu'elle chante du Hændel! je le veux!

— Maître, n'exigez pas que je chante aujourd'hui, dit Consuelo, j'arrive d'un long voyage...

— Certainement, ce serait abuser de son obligeance, et je ne lui demande rien, moi, reprit Wilhelmine. En présence des juges qui sont ici, et de M. Holzbaüer surtout, qui a la direction du théâtre impérial, il ne faut pas compromettre votre élève ; prenez-y garde !

— La compromettre ! à quoi songez-vous? dit brusquement Porpora en haussant les épaules ; je l'ai entendue ce matin, et je sais si elle risque de se compromettre devant vos Allemands ! »

Ce débat fut heureusemet interrompu par l'arrivée d'un nouveau personnage. Tout le monde s'empressa pour lui faire accueil, et Consuelo, qui avait vu et entendu à Venise, dans son enfance, cet homme grêle, efféminé de visage avec des manières rogues et une tournure bravache, quoiqu'elle le retrouvât vieilli, fané, enlaidi, frisé ridiculement et habillé avec le mauvais goût d'un Céladon suranné, reconnut à l'instant même, tant elle en avait gardé un profond souvenir, l'incomparable, l'inimitable sopraniste Majorano, dit Caffarelli ou plutôt Caffariello, comme on l'appelle partout, excepté en France.

Il était impossible de voir un fat plus impertinent que ce bon Caffariello. Les femmes l'avaient gâté par leurs engouements, les acclamations du public lui avaient fait tourner la tête. Il avait été si beau, ou, pour mieux dire, si joli dans sa jeunesse, qu'il avait débuté en Italie dans les rôles de femme ; maintenant qu'il tirait sur la cinquantaine (il paraissait même beaucoup plus vieux que son âge, comme la plupart des sopranistes), il était difficile de le se représenter en Didon, ou en Galathée, sans avoir grande envie de rire. Pour racheter ce qu'il y avait de bizarre dans sa personne, il se donnait de grands airs de matamore, et à tout propos élevait sa voix claire et douce, sans pouvoir en changer la nature. Il y avait dans toutes ces affectations, et dans cette exubérance de vanité, un bon côté cependant. Caffariello sentait trop la supériorité de son talent pour être aimable ; mais aussi il sentait trop la dignité de son rôle d'artiste pour être courtisan. Il tenait tête follement et crânement aux plus importants personnages, aux souverains même, et pour cela il n'était point aimé des plats adulateurs, dont son impertinence faisait par trop la critique. Les vrais amis de l'art lui pardonnaient tout, à cause de son génie de virtuose; et malgré toutes les lâchetés qu'on lui reprochait comme homme, on était bien forcé de reconnaître qu'il y avait dans sa vie des traits de courage et de générosité comme artiste.

Ce n'était point volontairement, et de props délibéré, qu'il avait montré de la négligence et une sorte d'ingratitude envers le Porpora. Il se souvenait bien d'avoir étudié huit ans avec lui, et d'avoir appris de lui tout ce qu'il savait; mais il se souvenait encore davantage du jour où son maître lui avait dit : « A présent je n'ai plus rien à t'apprendre : *Va, figlio mio, tu sei il primo musico del mondo.* » Et, de ce jour, Caffariello, qui était effectivement (après Farinelli) le premier chanteur du monde, avait cessé de s'intéresser à tout ce qui n'était pas lui-même. « Puisque je suis le premier, s'était-il dit, apparemment je suis le seul. Le monde a été créé pour moi; le ciel n'a donné le génie aux poëtes et aux compositeurs que pour faire chanter Caffariello. Le Porpora n'a été le premier maître de chant de l'univers que parce qu'il était destiné à former Caffariello. Maintenant l'œuvre du Porpora est finie, sa mission est achevée, et pour la gloire, pour le bonheur, pour l'immortalité du Porpora, il suffit que Caffariello vive et chante. » Caffariello avait vécu et chanté, il était riche et triomphant, le Porpora était pauvre et délaissé; mais Caffariello était fort tranquille, et se disait qu'il avait amassé assez d'or et de célébrité pour que son maître fût bien payé d'avoir lancé dans le monde un prodige tel que lui.

LXXXIV.

Caffariello, en entrant, salua fort peu tout le monde, mais alla baiser tendrement et respectueusement la main de Wilhelmine : après quoi, il accosta son directeur Holzbaüer avec un air d'affabilité protectrice, et secoua la main de son maître Porpora avec une familarité insouciante. Partagé entre l'indignation que lui causaient ses manières et la nécessité de le ménager (car en demandant un opéra de lui au théâtre, et en se chargeant du premier rôle, Caffariello pouvait rétablir les affaires du maestro), le Porpora se mit à le complimenter et à le questionner sur les triomphes qu'il venait d'avoir en France, d'un ton de persifflage trop fin pour que sa fatuité ne prît pas le change.

« La France? répondit Caffariello; ne me parlez pas de la France! c'est le pays de la petite musique, des petits musiciens, des petits amateurs, et des petits grands seigneurs. Imaginez un faquin comme Louis XV, qui me fait remettre par un de ses premiers gentilshommes, après m'avoir entendu dans une demi-douzaine de concerts spirituels, devinez quoi? une mauvaise tabatière!

— Mais en or, et garnie de diamants de prix, sans doute? dit le Porpora en tirant avec ostentation la sienne qui n'était qu'en bois de figuier.

— Eh! sans doute, reprit le soprano; mais voyez l'impertinence! point de portrait! A moi, une simple tabatière, comme si j'avais besoin d'une boîte pour priser! Fi! quelle bourgeoisie royale! J'en ai été indigné.

— Et j'espère, dit le Porpora en remplissant de tabac son nez malin, que tu auras donné une bonne leçon à ce petit roi-là?

— Je n'y ai pas manqué, par le corps de Dieu! Monsieur, ai-je dit au premier gentilhomme en ouvrant un tiroir sous ses yeux éblouis; voilà trente tabatières, dont la plus chétive vaut trente fois celle que vous m'offrez; et vous voyez, en outre, que les autres souverains n'ont pas dédaigné de m'honorer de leurs miniaturés. Dites cela au roi votre maître, Caffariello n'est pas à court de tabatières, Dieu merci!

— Par le sang de Bacchus! voilà un roi qui a dû être bien penaud, reprit le Porpora.

— Attendez! ce n'est pas tout! Le gentilhomme a eu l'insolence de me répondre qu'en fait d'étrangers Sa Majesté ne donnait son portrait qu'aux ambassadeurs!

— Oui-da! le paltoquet! Et qu'as-tu répondu?

— Écoutez bien, Monsieur, ai-je dit; apprenez qu'avec tous les ambassadeurs du monde on ne ferait pas un Caffariello!

— Belle et bonne réponse! Ah! que je reconnais bien là mon Caffariello! et tu n'as pas accepté sa tabatière?

— Non, pardieu! répondit Caffariello en tirant de sa poche, par préoccupation, une tabatière d'or enrichie de brillants.

— Ce ne serait pas celle-ci, par hasard? dit le Porpora en regardant la boîte d'un air indifférent. Mais, dis-moi, as-tu vu là notre jeune princesse de Saxe? celle à qui j'ai mis pour la première fois les doigts sur le clavecin, à Dresde, alors que la reine de Pologne, sa mère, m'honorait de sa protection? C'était une aimable petite princesse!

— Marie-Joséphine?

— Oui, la grande dauphine de France.

— Si je l'ai vue? dans l'intimité! C'est une bien bonne personne. Ah! la bonne femme! Sur mon honneur, nous sommes les meilleurs amis du monde. Tiens! c'est elle qui m'a donné cela! »

Et il montra un énorme diamant qu'il avait au doigt.

« Mais on dit aussi qu'elle a ri aux éclats de ta réponse au roi sur son présent.

— Sans doute, elle a trouvé que j'avais fort bien répondu, et que le roi son beau-père avait agi avec moi comme un cuistre.

— Elle t'a dit cela, vraiment?

— Elle me l'a fait entendre, et m'a remis un passeport qu'elle avait fait signer par le roi lui-même. »

Tous ceux qui écoutaient ce dialogue se détournèrent pour rire sous cape. Le Buononcini, en parlant des forfanteries de Caffariello en France, avait raconté, une heure auparavant, que la dauphine, en lui remettant ce passe-port, illustré de la griffe du maître, lui avait fait remarquer qu'il n'était valable que pour dix jours, ce qui équivalait clairement à un ordre de sortir du royaume dans le plus court délai.

Caffariello, craignant peut-être qu'on ne l'interrogeât sur cette circonstance, changea de conversation.

« Eh bien, maestro! dit-il au Porpora, as-tu fait beaucoup d'élèves à Venise, dans ces derniers temps? En as-tu produit quelques-uns qui te donnent de l'espérance?

— Ne m'en parle pas! répondit le Porpora. Depuis toi, le ciel a été avare, et mon école stérile. Quand Dieu eut fait l'homme, il se reposa. Depuis que le Porpora a fait le Caffariello, il se croise les bras et s'ennuie.

— Bon maître! reprit Caffariello charmé du compliment, qu'il prit tout à fait en bonne part, tu as trop d'indulgence pour moi. Mais tu avais pourtant quelques élèves qui promettaient, quand je t'ai vu à la *Scuola dei Mendicanti?* Tu y avais déjà formé la petite Corilla qui était goûtée du public; une belle créature, par ma foi!

— Une belle créature, rien de plus.

— Rien de plus, en vérité? demanda M. Holzbaüer, qui avait l'oreille au guet.

— Rien de plus, vous dis-je, répliqua le Porpora d'un ton d'autorité.

— Cela est bon à savoir, dit Holzbaüer en lui parlant à l'oreille. Elle est arrivée ici hier soir, assez malade à ce qu'on m'a dit : et pourtant, dès ce matin, j'ai reçu des propositions de sa part pour entrer au théâtre de la cour.

— Ce n'est pas ce qu'il vous faut, reprit le Porpora. Votre femme chante... dix fois mieux qu'elle! » Il avait failli dire moins mal, mais il sut se retourner à temps.

« Je vous remercie de votre avis, répondit le directeur.

— Eh quoi! pas d'autre élève que la grosse Corilla? reprit Caffariello. Venise est à sec? J'ai envie d'y aller le printemps prochain avec la Tesi.

— Pourquoi non?

— Mais la Tesi est entichée de Dresde. Ne trouverai-je donc pas un chat pour miauler à Venise? Je ne suis pas bien difficile, moi, et le public ne l'est pas, quand il a un primo-uomo de ma qualité pour *enlever* tout l'opéra. Une jolie voix, docile et intelligente, me suffirait pour les duos. Ah! à propos, maître! qu'as-tu fait d'une petite moricaude que je t'ai vue?

— J'ai enseigné beaucoup de moricaudes.

— Oh! celle-là avait une voix prodigieuse, et je me souviens que je t'ai dit en l'écoutant : Voilà une petite laideron qui ira loin! Je me suis même amusé à lui chanter quelque chose. Pauvre petite! elle en a pleuré d'admiration.

— Ah! ah! dit Porpora en regardant Consuelo, qui devint rouge comme le nez du maestro.

— Comment diable s'appelait-elle? reprit Caffariello.

Un nom bizarre... Allons, tu dois t'en souvenir, maestro; elle était laide comme tous les diables.

—C'était moi, » répondit Consuelo, qui surmonta avec franchise et bonhomie son embarras, pour venir saluer gaiement et respectueusement Caffariello.

Caffariello ne se déconcerta pas pour si peu.

« Vous? lui dit-il lestement en lui prenant la main. Vous mentez; car vous êtes une fort belle fille, et celle dont je parle..:

—Oh! c'était bien moi! reprit Consuelo. Regardez-moi bien! Vous devez me reconnaître. C'est bien la même Consuelo!

—Consuelo! oui, c'était son diable de nom. Mais je ne vous reconnais pas du tout; et j'ai bien peur qu'on ne vous ait changée. Mon enfant, si, en acquérant de la beauté, vous avez perdu la voix et le talent que vous annonciez, vous auriez mieux fait de rester laide.

—Je veux que tu l'entendes! » dit le Porpora qui brûlait du désir de produire son élève devant Holzbaüer.

Et il poussa Consuelo au clavecin, un peu malgré elle; car il y avait longtemps qu'elle n'avait affronté un auditoire savant, et elle ne s'était nullement préparée à chanter ce soir-là.

« Vous me mystifiez, disait Caffariello. Ce n'est pas la même que j'ai vue à Venise.

— Tu vas en juger, répondait le Porpora.

— En vérité, maître, c'est une cruauté de me faire chanter, quand j'ai encore cinquante lieues de poussière dans le gosier, dit Consuelo timidement.

— C'est égal, chante, répondit le maestro.

— N'ayez pas peur de moi, mon enfant, dit Caffariello; je sais l'indulgence qu'il faut avoir, et, pour vous ôter la peur, je vais chanter avec vous, si vous voulez.

— A cette condition-là, j'obéirai, répondit-elle, et le

bonheur que j'aurai de vous entendre m'empêchera de penser à moi-même.

— Que pouvons-nous chanter ensemble? dit Caffariello au Porpora. Choisis un duo, toi.

— Choisis toi-même, répondit-il. Il n'y a rien qu'elle ne puisse chanter avec toi.

— Eh bien donc, quelque chose de ta façon, je veux te faire plaisir aujourd'hui, maestro; et d'ailleurs je sais que la signora Wilhelmine a ici toute ta musique, reliée et dorée avec un luxe oriental.

— Oui, grommela Porpora entre ses dents, mes œuvres sont plus richement habillées que moi. »

Caffariello prit les cahiers, feuilleta, et choisit un duo de l'*Eumène*, opéra que le maestro avait écrit à Rome pour Farinelli. Il chanta le premier solo avec cette grandeur, cette perfection, cette *maestria*, qui faisaient oublier en un instant tous ses ridicules pour ne laisser de place qu'à l'admiration et à l'enthousiasme. Consuelo se sentit ranimée et vivifiée de toute la puissance de cet homme extraodinaire, et chanta, à son tour, le solo de femme, mieux peut-être qu'elle n'avait chanté de sa vie. Caffariello n'attendit pas qu'elle eût fini pour l'interrompre par des explosions d'applaudissements.

« Ah! *cara!* s'écria-t-il à plusieurs reprises : c'est à présent que je te reconnais. C'est bien l'enfant merveilleux que j'avais remarqué à Venise : mais à présent, *figlia mia*, tu es un prodige (*un portento*), c'est Caffariello qui te le déclare. »

La Wilhelmine fut un peu surprise, un peu décontenancée, de retrouver Consuelo plus puissante qu'à Venise. Malgré le plaisir d'avoir les débuts d'un tel talent dans son salon à Vienne, elle ne se vit pas, sans un peu d'effroi et de chagrin, réduite à ne plus oser chanter à ses habitués, après une telle virtuose. Elle fit pourtant grand bruit de son admiration. Holzbaüer, toujours souriant dans sa cravate, mais craignant de ne pas trouver dans sa caisse assez d'argent pour payer un si grand talent, garda, au milieu de ses louanges, une réserve diplomatique; le Buononcini déclara que Consuelo surpassait encore madame Hasse et madame Cuzzoni. L'ambassadeur entra dans de tels transports, que la Wilhelmine en fut effrayée, surtout quand elle le vit ôter de son doigt un gros saphir pour le passer à celui de Consuelo, qui n'osait ni l'accepter ni le refuser. Le duo fut redemandé avec fureur; mais la porte s'ouvrit, et le laquais annonça avec une respectueuse solennité M. le comte de Hoditz : tout le monde se leva par ce mouvement de respect instinctif que l'on porte, non au plus illustre, non au plus digne, mais au plus riche.

« Il faut que j'aie bien du malheur, pensa Consuelo, pour rencontrer ici d'emblée, et sans avoir eu le temps de parlementer, deux personnes qui m'ont vue en voyage avec Joseph, et qui ont pris sans doute une fausse idée de mes mœurs et de mes relations avec lui. N'importe, bon et honnête Joseph, au prix de toutes les calomnies que notre amitié pourra susciter, je ne la désavouerai jamais dans mon cœur ni dans mes paroles. »

Le comte Hoditz, tout chamarré d'or et de broderies, s'avança vers Wilhelmine, et, à la manière dont on baisait la main de cette femme entretenue, Consuelo comprit la différence qu'on faisait entre une telle maîtresse de maison et les fières patriciennes qu'elle avait vues à Venise. On était plus galant, plus aimable et plus gai auprès de Wilhelmine; mais on parlait plus vite, on marchait moins légèrement, on croisait les jambes plus haut, on mettait le dos à la cheminée; enfin on était un autre homme que dans le monde officiel. On paraissait se plaire davantage à ce sans-gêne; mais il y avait au fond quelque chose de blessant et de méprisant que Consuelo sentit tout de suite, quoique ce quelque chose, masqué par l'habitude du grand monde et les égards qu'on devait à l'ambassadeur, fût quasi imperceptible.

Le comte Hoditz était, entre tous, remarquable par cette fine nuance de laisser-aller qui, loin de choquer Wilhelmine, lui semblait un hommage de plus. Consuelo n'en souffrait que pour cette pauvre personne dont la gloriole satisfaite lui paraissait misérable. Quant à elle-même, elle n'en était pas offensée; Zingarella, elle ne prétendait à rien, et, n'exigeant pas seulement un regard, elle ne se souciait guère d'être saluée deux ou trois lignes plus haut ou plus bas. « Je viens ici faire mon métier de chanteuse, se disait-elle, et, pourvu que l'on m'approuve quand j'ai fini, je ne demande qu'à me tenir inaperçue dans un coin; mais cette femme, qui mêle sa vanité à son amour (si tant est qu'elle mêle un peu d'amour à toute cette vanité), combien elle rougirait si elle voyait le dédain et l'ironie cachés sous des manières si galantes et si complimenteuses! »

On la fit chanter encore; on la porta aux nues, et elle partagea littéralement avec Caffariello les honneurs de la soirée. A chaque instant elle s'attendait à se voir abordée par le comte Hoditz, et à soutenir le feu de quelque malicieux éloge. Mais, chose étrange! le comte Hoditz ne s'approcha pas du clavecin, vers lequel elle affectait de se tenir tournée pour qu'il ne vît pas ses traits, et lorsqu'il se fut enquis de son nom et de son âge, il ne parut pas avoir jamais entendu parler d'elle. Le fait est qu'il n'avait pas reçu le billet imprudent que, dans son audace voyageuse, Consuelo lui avait adressé par la femme du déserteur. Il avait, en outre, la vue fort basse; et comme ce n'était pas alors la mode de lorgner en plein salon, il distinguait très-vaguement la pâle figure de la cantatrice. On s'étonnera peut-être que mélomane comme il se piquait d'être, il n'eût pas la curiosité de voir de plus près une virtuose si remarquable. Il faut qu'on se souvienne que le seigneur morave n'aimait que sa propre musique, sa propre méthode et ses propres chanteurs. Les grands talents ne lui inspiraient aucun intérêt et aucune sympathie; il aimait à rabaisser dans son estime leurs exigences et leurs prétentions. Et, lorsqu'on lui disait que la Faustina Bordoni gagnait à Londres cinquante mille francs par an, et Farinelli cent cinquante mille francs, il haussait les épaules et disait qu'il avait pour cinq cents francs de gages, à son théâtre de Roswald, en Moravie, des chanteurs formés par lui qui valaient bien Farinelli, Faustina, et M. Caffariello par-dessus le marché.

Les grands airs de ce dernier lui étaient particulièrement antipathiques et insupportables, par la raison que, dans sa sphère, M. le comte Hoditz avait les mêmes travers et les mêmes ridicules. Si les vantards déplaisent aux gens modestes et sages, c'est aux vantards surtout qu'ils inspirent le plus d'aversion et de dégoût. Tout vaniteux déteste son pareil, et raille en lui le vice qu'il porte en lui-même. Pendant qu'on écoutait le chant de Caffariello, personne ne songeait à la fortune et au dilettantisme du comte Hoditz. Pendant que Caffariello débitait ses hâbleries, le comte Hoditz ne pouvait trouver place pour les siennes; enfin ils se gênaient l'un l'autre. Aucun salon n'était assez vaste, aucun auditoire assez attentif, pour contenir et contenter deux hommes dévorés d'une telle *approbativité* (style phrénologique de nos jours).

Une troisième raison empêcha le comte Hoditz d'aller regarder et reconnaître son Bertoni de Passaw : c'est qu'il ne l'avait presque pas regardé à Passaw, et qu'il eût eu bien de la peine à le reconnaître ainsi transformé. Il avait vu une petite fille *assez bien faite,* comme on disait alors pour exprimer une personne passable; il avait entendu une jolie voix fraîche et facile; il avait pressenti une intelligence assez éducable; il n'avait senti et deviné rien de plus, et il ne lui fallait rien de plus pour son théâtre de Roswald. Riche, il était habitué à acheter sans trop d'examen et sans débat parcimonieux tout ce qui se trouvait à sa convenance. Il avait voulu acheter le talent et la personne de Consuelo comme nous achetons un couteau à Châtellerault et de la verroterie à Venise. Le marché ne s'était pas conclu, et, comme il n'avait pas eu un instant d'amour pour elle, il n'avait pas eu un instant de regret. Le dépit avait bien un peu troublé la sérénité de son réveil à Passaw; mais les gens qui s'estiment beaucoup ne souffrent pas longtemps d'un échec de ce genre. Ils l'oublient vite; le monde n'est-il pas à eux, surtout quand ils sont riches? Une aventure manquée, cent de retrouvées! s'était dit le noble comte. Il chuchota avec la Wilhelmine durant le dernier morceau que chanta Consuelo, et, s'apercevant que le Porpora lui lançait des regards furieux, il sortit bientôt sans avoir trouvé aucun plaisir parmi ces musiciens pédants et mal appris.

LXXXV.

Le premier mouvement de Consuelo, en rentrant dans la chambre, fut d'écrire à Albert; mais elle s'aperçut bientôt que cela n'était pas aussi facile à faire qu'elle se l'était imaginé. Dans un premier brouillon, elle commençait à lui raconter tous les incidents de son voyage, lorsque la crainte lui vint de l'émouvoir trop violemment par la peinture des fatigues et des dangers qu'elle lui mettait sous les yeux. Elle se rappelait l'espèce de fureur délirante qui s'était emparée de lui lorsqu'elle lui avait raconté dans le souterrain les terreurs qu'elle venait d'affronter pour arriver jusqu'à lui. Elle déchira donc cette lettre, et, pensant qu'à une âme aussi profonde et à une organisation aussi impressionnable il fallait la manifestation d'une idée dominante et d'un sentiment unique, elle résolut de lui épargner tout le détail émouvant de la réalité, pour ne lui exprimer, en peu de mots, que l'affection promise et la fidélité jurée. Mais ce peu de mots ne pouvait être vague; s'il n'était pas complétement affirmatif, il ferait naître des angoisses et des craintes affreuses. Comment pouvait-elle affirmer qu'elle avait enfin reconnu en elle-même l'existence de cet amour absolu et de cette résolution inébranlable dont Albert avait besoin pour exister en l'attendant? La sincérité, l'honneur de Consuelo, ne pouvaient se plier à une demi-vérité. En interrogeant sévèrement son cœur et sa conscience, elle y trouvait bien la force et le calme de la victoire remportée sur Anzoleto. Elle y trouvait bien aussi, au point de vue de l'amour et de l'enthousiasme, la plus complète indifférence pour tout autre homme qu'Albert; mais cette sorte d'amour, mais cet enthousiasme sérieux qu'elle avait pour lui seul, c'était toujours le même sentiment qu'elle avait éprouvé auprès de lui. Il ne suffisait pas que le souvenir d'Anzoleto fût vaincu, que sa présence fût écartée, pour que le comte Albert devînt l'objet d'une passion violente dans le cœur de cette jeune fille. Il ne dépendait pas d'elle de se rappeler sans effroi la maladie mentale du pauvre Albert, la triste solennité du château des Géants, les répugnances aristocratiques de la chanoinesse, le meurtre de Zdenko, la grotte lugubre de Schreckenstein, enfin toute cette vie sombre et bizarre qu'elle avait comme rêvée en Bohême; car, après avoir humé le grand air du vagabondage sur les cimes du Bœhmerwald, et en se retrouvant en pleine musique auprès du Porpora, Consuelo ne se représentait déjà plus la Bohême que comme un cauchemar. Quoiqu'elle eût résisté aux sauvages aphorismes artistiques du Porpora, elle se voyait retombée dans une existence si bien appropriée à son éducation, à ses facultés, et à ses habitudes d'esprit, qu'elle ne concevait plus la possibilité de se transformer en châtelaine de Riesenburg.

Que pouvait-elle donc annoncer à Albert? que pouvait-elle lui promettre et lui affirmer de nouveau? N'était-elle pas dans les mêmes irrésolutions, dans le même effroi qu'à son départ du château? Si elle était venue se réfugier à Vienne plutôt qu'ailleurs, c'est qu'elle y était sous la protection de la seule autorité légitime qu'elle eût à reconnaître dans sa vie. Le Porpora était son bienfaiteur, son père, son appui et son maître dans l'acception la plus religieuse du mot. Près de lui, elle ne se sentait plus orpheline; et elle ne se reconnaissait plus le droit de disposer d'elle-même suivant la seule inspiration de son cœur ou de sa raison. Or, le Porpora blâmait, raillait et repoussait avec énergie l'idée d'un mariage qu'il regardait comme le meurtre d'un génie, comme l'immolation d'une grande destinée à la fantaisie d'un dévouement romanesque. A Riesenburg aussi, il y avait un vieillard généreux, noble et tendre, qui s'offrait pour père à Consuelo; mais change-t-on de père suivant les besoins de sa situation? Et quand le Porpora disait *non*, Consuelo pouvait-elle accepter le *oui* du comte Christian?

Cela ne se devait ni ne se pouvait, et il fallait attendre ce que prononcerait le Porpora lorsqu'il aurait mieux examiné les faits et les sentiments. Mais, en attendant cette confirmation ou cette transformation de son jugement, que dire au malheureux Albert pour lui faire prendre patience en lui laissant l'espoir? Avouer la première bourrasque de mécontentement du Porpora, c'était bouleverser toute la sécurité d'Albert; la lui cacher, c'était le tromper, et Consuelo ne voulait pas dissimuler avec lui. La vie de ce noble jeune homme eût-elle dépendu d'un mensonge, Consuelo n'eût pas fait ce mensonge. Il est des êtres qu'on respecte trop pour les tromper, même en les sauvant.

Elle recommença donc, et déchira vingt commencements de lettre, sans pouvoir se décider à en continuer une seule. De quelque façon qu'elle s'y prît, au troisième mot, elle tombait toujours dans une assertion téméraire ou dans une dubitation qui pouvait avoir de funestes effets. Elle se mit au lit, accablée de lassitude, de chagrin et d'anxiétés, et elle y souffrit longtemps du froid et de l'insomnie, sans pouvoir s'arrêter à aucune résolution, à aucune conception nette de son avenir et de sa destinée. Elle finit par s'endormir, et resta assez tard au lit pour que le Porpora, qui était fort matinal, fût déjà sorti pour ses courses. Elle trouva Haydn occupé, comme la veille, à brosser les habits et à ranger les meubles de son nouveau maître.

« Allons donc, belle dormeuse, s'écria-t-il en voyant enfin paraître son amie, je me meurs d'ennui, de tristesse, et de peur surtout, quand je ne vous vois pas, comme un ange gardien, entre ce terrible professeur et moi. Il me semble qu'il va toujours pénétrer mes intentions, déjouer le complot, et m'enfermer dans son vieux clavecin, pour m'y faire périr d'une suffocation harmonique. Il me fait dresser les cheveux sur la tête, ton Porpora; et je ne peux pas me persuader que ce ne soit pas un vieux diable italien, le Satan de ce pays-là étant reconnu beaucoup plus méchant et plus fin que le nôtre.

— Rassure-toi, ami, répondit Consuelo; notre maître n'est que malheureux ; il n'est pas méchant. Commençons par mettre tous nos soins à lui donner un peu de bonheur, et nous le verrons s'adoucir et revenir à son vrai caractère. Dans mon enfance, je l'ai vu cordial et enjoué; on le citait pour la finesse et la gaîté de ses reparties : c'est qu'alors il avait des succès, des amis et de l'espérance. Si tu l'avais connu à l'époque où l'on chantait son *Polifeme* au théâtre de San-Mose, lorsqu'il me faisait entrer avec lui sur le théâtre, et me mettait dans la coulisse d'où je pouvais voir le dos des comparses et la tête du géant ! Comme tout cela me semblait beau et terrible, de mon petit coin ! Accroupie derrière un rocher de carton, ou grimpée sur une échelle à quinquets, je respirais à peine; et, malgré moi, je faisais, avec ma tête et mes petits bras, tous les gestes, tous les mouvements que je voyais faire aux acteurs. Et quand le maître était rappelé sur la scène et forcé, par les cris du parterre, à repasser sept fois devant le rideau, le long de la rampe, je me figurais que c'était un dieu : c'est qu'il était fier, il était beau d'orgueil et d'effusion de cœur, dans ces moments-là ! Hélas ! il n'est pas encore bien vieux, et le voilà si changé, si abattu ! Voyons, Beppo, mettons-nous à l'œuvre, pour qu'en rentrant il retrouve son pauvre logis un peu plus agréable qu'il ne l'a laissé. D'abord je vais faire l'inspection de ses nippes, afin de voir ce qui lui manque.

— Ce qui lui manque sera un peu long à compter, et ce qu'il a très-court à voir, répondit Joseph; car je ne sache que ma garde-robe qui soit plus pauvre et en plus mauvais état.

— Eh bien, je m'occuperai aussi de remonter la tienne, car je suis ton débiteur, Joseph; tu m'as nourrie et vêtue tout le long du voyage. Songeons d'abord au Porpora. Ouvre-moi cette armoire. Quoi ! un seul habit? celui qu'il avait hier soir chez l'ambassadeur?

— Hélas! oui! un habit marron à boutons d'acier taillés, et pas très-frais, encore! L'autre habit, qui est mûr et délabré à faire pitié, il l'a mis pour sortir; et quant à sa robe de chambre, je ne sais si elle a jamais existé; mais je la cherche en vain depuis une heure. »

Consuelo et Joseph s'étant mis à fureter partout, reconnurent que la robe de chambre du Porpora était une chimère de leur imagination, de même que son *pardessus* et son manchon. Compte fait des chemises, il n'y en avait que trois en haillons; les manchettes tombaient en ruines, et ainsi du reste.

« Joseph, dit Consuelo, voilà une belle bague qu'on m'a donnée hier soir en paiement de mes chansons; je ne veux pas la vendre, cela attirerait l'attention sur moi, et indisposerait peut-être contre ma cupidité les gens qui m'en ont gratifiée. Mais je puis la mettre en gage, et me faire prêter dessus l'argent qui nous est nécessaire. Keller est honnête et intelligent : il saura bien évaluer ce bijou, et connaîtra certainement quelque usurier qui, en le prenant en dépôt, m'avancera une bonne somme. Va vite et reviens.

— Ce sera bientôt fait, répondit Joseph. Il y a une espèce de bijoutier israélite dans la maison de Keller, et ce dernier étant pour ces sortes d'affaires secrètes le factotum de plus d'une belle dame, il vous fera compter de l'argent d'ici à une heure; mais je ne veux rien pour moi, entendez-vous, Consuelo! Vous-même, dont l'équipage a fait toute la route sur mon épaule, vous avez grand besoin de toilette, et vous serez forcée de paraître demain, ce soir peut-être, avec une robe un peu moins fripée que celle-ci.

— Nous réglerons nos comptes plus tard, et comme je l'entendrai, Beppo. N'ayant pas refusé tes services, j'ai-

le droit d'exiger que tu ne refuses pas les miens. Allons!
cours chez Keller. »

Au bout d'une heure, en effet, Haydn revint avec
Keller et mille cinq cents florins ; Consuelo lui ayant
expliqué ses intentions, Keller ressortit et ramena bientôt un tailleur de ses amis, habile et expéditif, qui, ayant
pris la mesure de l'habit du Porpora et des autres pièces
de son habillement, s'engagea à rapporter dans peu de
jours deux autres habillements complets, une bonne
robe de chambre ouatée, et même du linge et d'autres
objets nécessaires à la toilette, qu'il se chargea de commander à des ouvrières *recommandables*.

« Maintenant, dit Consuelo à Keller quand le tailleur
fut parti, il me faut le plus grand secret sur tout ceci.
Mon maître est aussi fier qu'il est pauvre, et certainement il jetterait mes pauvres dons par la fenêtre s'il
soupçonnait seulement qu'ils viennent de moi.

— Comment ferez-vous donc, signora, observa Joseph,
pour lui faire endosser ses habits neufs et abandonner
les vieux sans qu'il s'en aperçoive?

— Oh! je le connais, et je vous réponds qu'il ne s'en
apercevra pas. Je sais comment il faut s'y prendre!

— Et maintenant, signora, reprit Joseph, qui, hors
du tête-à-tête, avait le bon goût de parler très-cérémonieusement à son amie, pour ne pas donner une fausse
opinion de la nature de leur amitié, ne penserez-vous pas
aussi à vous-même? Vous n'avez presque rien apporté
avec vous de la Bohême, et vos habits, d'ailleurs, ne
sont pas à la mode de ce pays-ci.

— J'allais oublier cette importante affaire! Il faut que
le bon monsieur Keller soit mon conseil et mon guide.

— Oui-da! reprit Keller, je m'y entends, et si je ne vous
fais pas confectionner une toilette du meilleur goût, dites
que je suis un ignorant et un présomptueux.

— Je m'en remets à vous, bon Keller ; seulement je vous avertis, en général, que j'ai l'humeur simple, et que les choses voyantes, les couleurs tranchées, ne conviennent ni à ma pâleur habituelle ni à mes goûts tranquilles.

— Vous me faites injure, signora, en présumant que j'aie besoin de cet avis. Ne sais-je pas, par état, les couleurs qu'il faut assortir aux physionomies, et ne vois-je pas dans la vôtre l'expression de votre naturel ? Soyez tranquille, vous serez contente de moi, et bientôt vous pourrez paraître à la cour, si bon vous semble, sans cesser d'être modeste et simple comme vous voilà. Orner la personne, et non point la changer, tel est l'art du coiffeur et celui du costumier.

— Encore un mot à l'oreille, cher monsieur Keller, dit Consuelo en éloignant le perruquier de Joseph. Vous allez aussi faire habiller de neuf maître Haydn des pieds à la tête, et, avec le reste de l'argent, vous offrirez de ma part à votre fille une belle robe de soie pour le jour de ses noces avec lui. J'espère qu'elles ne tarderont pas ; car si j'ai du succès ici, je pourrai être utile à notre ami et l'aider à se faire connaître. Il a du talent, beaucoup de talent, soyez-en certain.

— En a-t-il réellement, signora ? Je suis heureux de ce que vous me dites ; je m'en étais toujours douté. Que dis-je ? j'en étais certain dès le premier jour où je l'ai remarqué, tout petit enfant de chœur, à la maîtrise.

— C'est un noble garçon, reprit Consuelo, et vous serez récompensé par sa reconnaissance et sa loyauté de ce que vous avez fait pour lui ; car vous aussi, Keller, je le sais, vous êtes un digne homme et un noble cœur... Maintenant, dites-nous, ajouta-t-elle en se rapprochant de Joseph avec Keller, si vous avez fait déjà ce dont nous étions convenus à l'égard des protecteurs de Joseph. L'idée était venue de vous : l'avez-vous mise à exécution ?

— Si je l'ai fait, signora! répondit Keller. Dire et faire sont tout un pour votre serviteur. En allant accommoder mes pratiques ce matin, j'ai averti d'abord monseigneur l'ambassadeur de Venise (je n'ai pas l'honneur de le coiffer en personne, mais je frise monsieur son secrétaire), ensuite M. l'abbé de Métastase, dont je fais la barbe tous les matins, et mademoiselle Marianne Martinez, sa pupille, dont la tête est également dans mes mains. Elle demeure, ainsi que lui, dans ma maison... c'est-à-dire que je demeure dans leur maison : n'importe! Enfin j'ai pénétré chez deux ou trois autres personnes qui connaissent également la figure de Joseph, et qu'il est exposé à rencontrer chez maître Porpora. Celles dont je n'avais pas la pratique, je les abordais sous un prétexte quelconque : « J'ai ouï dire que madame la baronne faisait chercher chez mes confrères de la véritable graisse d'ours pour les cheveux, et je m'empresse de lui en apporter que je garantis. Je l'offre gratis comme échantillon aux personnes du grand monde, et ne leur demande que leur clientèle pour cette fourniture si elles en sont satisfaites. » Ou bien : « Voici un livre d'église qui a été trouvé à Saint-Étienne, dimanche dernier ; et comme je coiffe la cathédrale (c'est-à-dire la maîtrise de la cathédrale), j'ai été chargé de demander à Votre Excellence si ce livre ne lui appartient pas. » C'était un vieux bouquin de cuir doré et armorié, que j'avais pris dans le banc de quelque chanoine pour le présenter, sachant bien que personne ne le réclamerait. Enfin, quand j'avais réussi à me faire écouter un instant sous un prétexte ou sous un autre, je me mettais à babiller avec l'aisance et l'esprit que l'on tolère chez les gens de ma profession. Je disais, par exemple : « J'ai beaucoup entendu parler de Votre Seigneurie à un habile musicien de mes amis, Joseph Haydn : c'est ce qui m'a donné l'assurance de me présenter dans la respectable maison de Votre Seigneurie. — Comment, me disait-on, le petit Joseph? Un charmant talent, un jeune homme qui promet beaucoup. — Ah! vraiment, répondais-je alors tout content de venir au fait, Votre Seigneurie doit s'amuser de ce qui lui arrive de singulier et d'avantageux dans ce moment-ci. — Que lui arrive-t-il donc? Je l'ignore absolument. — Eh! il n'y a rien de plus comique et de plus intéressant à la fois. Il s'est fait valet de chambre. — Comment, lui, valet? Fi, quelle dégradation! quel malheur pour un pareil talent! Il est donc bien misérable? Je veux le secourir. — Il ne s'agit pas de cela, Seigneurie, répondais-je; c'est l'amour de l'art qui lui a fait prendre cette singulière résolution. Il voulait à toute force avoir des leçons de l'illustre maître Porpora... — Ah! oui, je sais cela, et le Porpora refusait de l'entendre et de l'admettre. C'est un homme de génie bien quinteux et bien morose. — C'est un grand homme, un grand cœur, répondais-je conformément aux intentions de la signora Consuelo, qui ne veut pas que son maître soit raillé et blâmé dans tout ceci. Soyez sûr, ajoutais-je, qu'il reconnaîtra bientôt la grande capacité du petit Haydn, et qu'il lui donnera tous ses soins : mais, pour ne pas irriter sa mélancolie, et pour s'introduire auprès de lui sans l'effaroucher, Joseph n'a rien trouvé de plus ingénieux que d'entrer à son service comme valet, et de feindre la plus complète ignorance en musique. — L'idée est touchante, charmante, me répondait-on tout attendri; c'est l'héroïsme d'un véritable artiste; mais il faut qu'il se dépêche d'obtenir les bonnes grâces du Porpora avant qu'il soit reconnu et signalé à ce dernier comme un artiste déjà remarquable; car le jeune Haydn est déjà aimé et protégé de quelques personnes, lesquelles fréquentent précisément ce Porpora. — Ces personnes, disais-je alors d'un air insinuant, sont trop généreuses, trop grandes, pour ne pas garder à Joseph son petit secret tant qu'il sera nécessaire, et pour ne pas feindre un peu avec le Porpora afin de lui conserver sa confiance. — Oh! s'écriait-on alors, ce ne sera certainement pas moi qui trahirai le bon, l'habile musicien Joseph! vous pouvez lui en donner ma parole, et défense sera faite à mes gens de laisser échapper un mot imprudent aux oreilles du maestro. » Alors on me renvoyait avec un petit présent ou une commande de graisse d'ours; et, quant à monsieur le secrétaire d'ambassade, il s'est vivement intéressé à l'aventure et m'a promis d'en régaler monseigneur Corner à son déjeuner, afin que lui, qui aime Joseph particulièrement, se tienne tout le premier sur ses gardes vis-à-vis du Porpora. Voilà ma mission diplomatique remplie. Êtes-vous contente, signora?

— Si j'étais reine, je vous nommerais ambassadeur sur-le-champ, répondit Consuelo. Mais j'aperçois dans la rue le maître qui revient. Sauvez-vous, cher Keller, qu'il ne vous voie pas!

— Et pourquoi me sauverais-je, Signora! Je vais me mettre à vous coiffer, et vous serez censée avoir envoyé chercher le premier perruquier venu par votre valet Joseph.

— Il a plus d'esprit cent fois que nous, dit Consuelo à Joseph; » et elle abandonna sa noire chevelure aux mains légères de Keller, tandis que Joseph reprenait son plumeau et son tablier, et que le Porpora montait pesamment l'escalier en fredonnant une phrase de son futur opéra.

LXXXVI.

Comme il était naturellement fort distrait, le Porpora, en embrassant au front sa fille adoptive, ne remarqua pas seulement Keller qui la tenait par les cheveux, et se mit à chercher dans sa musique le fragment écrit de la phrase qui lui trottait par la cervelle. Ce fut en voyant ses papiers, ordinairement épars sur le clavecin dans un désordre incomparable, rangés en piles symétriques, qu'il sortit de sa préoccupation en s'écriant :

« Malheureux drôle! il s'est permis de toucher à mes manuscrits. Voilà bien les valets! Ils croient ranger quand ils entassent! J'avais bien besoin, ma foi, de prendre un valet! Voilà le commencement de mon supplice.

— Pardonnez-lui, maître, répondit Consuelo; votre musique était dans le chaos...

— Je me reconnaissais dans ce chaos! je pouvais me lever la nuit et prendre à tâtons dans l'obscurité n'importe quel passage de mon opéra; à présent je ne sais plus rien, je suis perdu; j'en ai pour un mois avant de me reconnaître.

— Non, maître, vous allez vous y retrouver tout de suite. C'est moi qui ai fait la faute d'ailleurs, et quoique les pages ne fussent pas numérotées, je crois avoir mis chaque feuillet à sa place. Regardez! je suis sûre que vous lirez plus aisément dans le cahier que j'en ai fait que dans toutes ces feuilles volantes qu'un coup de vent pouvait emporter par la fenêtre.

— Un coup de vent! prends-tu ma chambre pour les lagunes Fusine?

— Sinon un coup de vent, du moins un coup de plumeau, un coup de balai.

— Eh! qu'y avait-il besoin de balayer et d'épousseter ma chambre? Il y a quinze jours que je l'habite, et je n'ai permis à personne d'y entrer.

— Je m'en suis bien aperçu, pensa Joseph.

— Eh bien, maître, il faut que vous me permettiez de changer cette habitude. Il est malsain de dormir dans une chambre qui n'est pas aérée et nettoyée tous les jours. Je me chargerai de rétablir méthodiquement chaque jour le désordre que vous aimez, après que Beppo aura balayé et rangé.

— Beppo! Beppo! qu'est-ce que cela? Je ne connais pas Beppo.

— Beppo, c'est lui, dit Consuelo en montrant Joseph. Il avait un nom si dur à prononcer, que vous en auriez eu les oreilles déchirées à chaque instant. Je lui ai donné le premier nom vénitien qui m'est venu. Beppo est bien ; c'est court ; cela peut se chanter.

— Comme tu voudras ! répondit le Porpora qui commençait à se radoucir en feuilletant son opéra, et en le retrouvant parfaitement réuni et cousu en un seul livre.

— Convenez, maître, dit Consuelo en le voyant sourire, que c'est plus commode ainsi.

— Ah ! tu veux toujours avoir raison, toi, reprit le maestro ; tu seras opiniâtre toute ta vie.

— Maître, avez-vous déjeuné? reprit Consuelo que Keller venait de rendre à la liberté.

— As-tu déjeuné toi-même, répondit Porpora avec un mélange d'impatience et de sollicitude.

— J'ai déjeuné. Et vous, maître?

— Et ce garçon, ce... Beppo, a-t-il mangé quelque chose?

— Il a déjeuné. Et vous, maître?

— Vous avez donc trouvé quelque chose ici? Je ne me souviens pas si j'avais quelques provisions.

— Nous avons très-bien déjeuné. Et vous, maître?

— Et vous, maître ! et vous, maître ! Va au diable avec tes questions. Qu'est-ce cela te fait?

— Maître, tu n'as pas déjeuné ! reprit Consuelo, qui se permettait quelquefois de tutoyer le Porpora avec la familiarité vénitienne.

— Ah! je vois bien que le diable est entré dans ma maison. Elle ne me laissera pas tranquille! Allons, viens ici, et chante-moi cette phrase. Attention, je te prie. »

Consuelo s'approcha du clavecin et chanta la phrase, tandis que Keller, qui était un dilettante renforcé, restait à l'autre bout de la chambre, le peigne à la main et la bouche entr'ouverte. Le maestro, qui n'était pas content de sa phrase, se la fit répéter trente fois de suite, tantôt faisant appuyer sur certaines notes, tantôt sur certaines autres, cherchant la nuance qu'il rêvait avec une obstination que pouvaient seules égaler la patience et la soumission de Consuelo. Pendant ce temps, Joseph, sur un signe de cette dernière, avait été chercher le chocolat qu'elle avait préparé elle-même pendant les courses de Kéller. Il l'apporta, et, devinant les intentions de son amie, il le posa doucement sur le pupitre sans éveiller l'attention du maître, qui, au bout d'un instant, le prit machinalement, le versa dans la tasse, et l'avala avec grand appétit. Une seconde tasse fut apportée et avalée de même avec renfort de pain et de beurre, et Consuelo, qui était un peu taquine, lui dit en le voyant manger avec plaisir :

« Je le savais bien, maître, que tu n'avais pas déjeuné.

— C'est vrai! répondit-il sans humeur; je crois que je l'avais oublié; cela m'arrive souvent quand je compose, et je ne m'en aperçois que dans la journée, quand j'éprouve des tiraillements d'estomac et des spasmes.

— Et alors, tu bois de l'eau-de-vie, maître?

— Qui t'a dit cela, petite sotte?

— J'ai trouvé la bouteille.

— Eh bien, que t'importe? Ne vas-tu pas m'interdire l'eau-de-vie?

— Oui, je te l'interdirai! Tu étais sobre à Venise, et tu te portais bien.

— Cela, c'est la vérité, dit le Porpora avec tristesse.

Il me semblait que tout allait au plus mal, et qu'ici tout irait mieux. Cependant tout va de mal en pis pour moi. La fortune, la santé, les idées... tout! » Et il pencha sa tête dans ses mains.

« Veux-tu que je te dise pourquoi tu as de la peine à travailler ici? reprit Consuelo qui voulait le distraire, par des choses de détail, de l'idée de découragement qui le dominait. C'est que tu n'as pas ton bon café à la vénitienne, qui donne tant de force et de gaieté. Tu veux t'exciter à la manière des Allemands, avec de la bière et des liqueurs; cela ne te va pas.

— Ah! c'est encore la vérité; mon bon café de Venise! c'était une source intarissable de bons mots et de grandes idées. C'était le génie, c'était l'esprit, qui coulaient dans mes veines avec une douce chaleur. Tout ce qu'on boit ici rend triste ou fou..

— Eh bien, maître, prends ton café!

— Ici? du café? je n'en veux pas. Cela fait trop d'embarras. Il faut du feu, une servante, une vaisselle qu'on lave, qu'on remue, qu'on casse avec un bruit discordant au milieu d'une combinaison harmonique! Non, pas de tout cela! Ma bouteille, par terre, entre mes jambes; c'est plus commode, c'est plus tôt fait.

— Cela se casse aussi. Je l'ai cassée ce matin, en voulant la mettre dans l'armoire.

— Tu m'as cassé ma bouteille! je ne sais à quoi tient, petite laide, que je ne te casse ma canne sur les épaules.

— Bah! il y a quinze ans que vous me dites cela, et vous ne m'avez pas encore donné une chiquenaude! je n'ai pas peur du tout.

— Babillarde! chanteras-tu? me tireras-tu de cette phrase maudite? Je parie que tu ne la sais pas encore, tant tu es distraite ce matin.

— Vous allez voir si je ne la sais pas par cœur, » dit Consuelo en fermant le cahier brusquement.

Et elle la chanta comme elle la concevait, c'est-à-dire autrement que le Porpora. Connaissant son humeur, bien qu'elle eût compris, dès le premier essai, qu'il s'était embrouillé dans son idée, et qu'à force de la travailler il en avait dénaturé le sentiment, elle n'avait pas voulu se permettre de lui donner un conseil. Il l'eût rejeté par esprit de contradiction : mais en lui chantant cette phrase à sa propre manière, tout en feignant de faire une erreur de mémoire, elle était bien sûre qu'il en serait frappé. A peine l'eut-il entendue, qu'il bondit sur sa chaise en frappant dans ses deux mains et en s'écriant :

« La voilà ! la voilà ! voilà ce que je voulais, et ce que je ne pouvais pas trouver ! Comment diable cela t'est-il venu ?

— Est-ce que ce n'est pas ce que vous avez écrit ? ou bien est-ce que le hasard ?... Si fait, c'est votre phrase.

— Non, c'est la tienne, fourbe ! s'écria le Porpora qui était la candeur même, et qui, malgré son amour maladif et immodéré de la gloire, n'eût jamais rien fardé par vanité ; c'est toi qui l'as trouvée ! Répète-la-moi. Elle est bonne, et j'en fais mon profit. »

Consuelo recommença plusieurs fois, et le Porpora écrivit sous sa dictée ; puis il pressa son élève sur son cœur en disant :

« Tu es le diable ! J'ai toujours pensé que tu étais le diable !

— Un bon diable, croyez-moi, maître, répondit Consuelo en souriant. »

Le Porpora, transporté de joie d'avoir sa phrase, après une matinée entière d'agitations stériles et de tortures musicales, chercha par terre machinalement le goulot de sa bouteille, et, ne le trouvant pas, il se remit à tâtonner sur le pupitre, et avala au hasard ce qui s'y trouvait. C'était du café exquis, que Consuelo lui avait savamment et patiemment préparé en même temps que le chocolat, et que Joseph venait d'apporter tout brûlant, à un nouveau signe de son amie.

« O nectar des dieux! ô ami des musiciens! s'écria le Porpora en le savourant : quel est l'ange, quelle est la fée qui t'a apporté de Venise sous son aile?

— C'est le diable, répondit Consuelo.

— Tu es un ange et une fée, ma pauvre enfant, dit le Porpora avec douceur en retombant sur son pupitre. Je vois bien que tu m'aimes, que tu me soignes, que tu veux me rendre heureux! Jusqu'à ce pauvre garçon, qui s'intéresse à mon sort! ajouta-t-il en apercevant Joseph qui, debout au seuil de l'antichambre, le regardait avec des yeux humides et brillants. Ah! mes pauvres enfants, vous voulez adoucir une vie bien déplorable! Imprudents! vous ne savez pas ce que vous faites. Je suis voué à la désolation, et quelques jours de sympathie et de bien-être me feront sentir plus vivement l'horreur de ma destinée, quand ces beaux jours seront envolés!

— Je ne te quitterai jamais, je serai toujours ta fille et ta servante, » dit Consuelo en lui jetant ses bras autour du cou.

Le Porpora enfonça sa tête chauve dans son cahier et fondit en larmes. Consuelo et Joseph pleuraient aussi, et Keller, que la passion de la musique avait retenu jusque-là, et qui, pour motiver sa présence, s'occupait à arranger la perruque du maître dans l'antichambre, voyant, par la porte entr'ouverte, le tableau respectable et déchirant de sa douleur, la piété filiale de Consuelo, et l'enthousiasme qui commençait à faire battre le cœur de Joseph pour l'illustre vieillard, laissa tomber son peigne, et prenant la perruque du Porpora pour un mouchoir, il la porta à ses yeux, plongé qu'il était dans une sainte distraction.

Pendant quelques jours Consuelo fut retenue à la maison par un rhume. Elle avait bravé, pendant ce long et aventureux voyage, toutes les intempéries de l'air, tous les caprices de l'automne, tantôt brûlant, tantôt pluvieux et froid, suivant les régions diverses qu'elle avait traversées. Vêtue à la légère, coiffée d'un chapeau de paille, n'ayant ni manteau ni habits de rechange lorsqu'elle était mouillée, elle n'avait pourtant pas eu le plus léger enrouement. A peine fut-elle claquemurée dans ce logement sombre, humide et mal aéré du Porpora, qu'elle sentit le froid et le malaise paralyser son énergie et sa voix. Le Porpora eut beaucoup d'humeur de ce contre-temps. Il savait que pour obtenir à son élève un engagement au théâtre Italien, il fallait se hâter ; car madame Tesi, qui avait désiré se rendre à Dresde, paraissait hésiter, séduite par les instances de Caffariello et les brillantes propositions de Holzbaüer, jaloux d'attacher au théâtre impérial une cantatrice aussi célèbre. D'un autre côté, la Corilla, encore retenue au lit par les suites de son accouchement, faisait intriguer auprès des directeurs ceux de ses amis qu'elle avait retrouvés à Vienne, et se faisait fort de débuter dans huit jours si on avait besoin d'elle. Le Porpora désirait ardemment que Consuelo fût engagée, et pour elle-même, et pour le succès de l'opéra qu'il espérait faire accepter avec elle.

Consuelo, pour sa part, ne savait à quoi se résoudre. Prendre un engagement, c'était reculer le moment possible de sa réunion avec Albert; c'était porter l'épouvante et la consternation chez les Rudolstadt, qui ne s'attendaient certes pas à ce qu'elle reparût sur la scène; c'était, dans leur opinion, renoncer à l'honneur de leur appartenir, et signifier au jeune comte qu'elle lui préférait la gloire et la liberté. D'un autre côté, refuser cet engagement, c'était détruire les dernières espérances du Porpora ; c'était lui montrer, à son tour, cette ingratitude qui avait fait le désespoir et le malheur de sa vie ; c'était enfin lui porter un coup de poignard. Consuelo, effrayée de se trouver dans cette alternative, et voyant qu'elle allait frapper un coup mortel, quelque parti qu'elle pût prendre, tomba dans un morne chagrin. Sa robuste constitution la préserva d'une indisposition sérieuse ; mais durant ces quelques jours d'angoisse et d'effroi, en proie à des frissons fébriles, à une pénible langueur, accroupie auprès d'un maigre feu, ou se traînant d'une chambre à l'autre pour vaquer aux soins du ménage, elle désira et espéra tristement qu'une maladie grave vînt la soustraire aux devoirs et aux anxiétés de sa sitation.

L'humeur du Porpora, qui s'était épanouie un instant, redevint sombre, querelleuse et injuste dès qu'il vit Consuelo, la source de son espoir et le siége de sa force, tomber tout à coup dans l'abattement et l'irrésolution. Au lieu de la soutenir et de la ranimer par l'enthousiasme et la tendresse, il lui témoigna une impatience maladive qui acheva de la consterner. Tour à tour faible et violent, le tendre et irascible vieillard, dévoré du spleen qui devait bientôt consumer Jean-Jacques Rousseau, voyait partout des ennemis, des persécuteurs et des ingrats, sans s'apercevoir que ses soupçons, ses emportements et ses injustices provoquaient et motivaient un peu chez les autres les mauvaises intentions et les mauvais procédés qu'il leur attribuait. Le premier mouvement de ceux qu'il blessait ainsi était de le considérer comme fou ; le second, de le croire méchant ; le troisième, de se détacher, de se préserver, ou de se venger de lui. Entre une lâche complaisance et une sauvage misanthropie, il y a un milieu que le Porpora ne concevait pas, et auquel il n'arriva jamais.

Consuelo, après avoir tenté d'inutiles efforts, voyant qu'il était moins disposé que jamais à lui permettre l'amour et le mariage, se résigna à ne plus provoquer des explications qui aigrissaient de plus en plus les préventions de son infortuné maître. Elle ne prononça plus le nom d'Albert, et se tint prête à signer l'engagement qui lui serait imposé par le Porpora. Lorsqu'elle se retrouvait seule avec Joseph, elle éprouvait quelque soulagement à lui ouvrir son cœur.

« Quelle destinée bizarre est la mienne ! lui disait-elle souvent. Le ciel m'a donné des facultés et une âme pour l'art, des besoins de liberté, l'amour d'une fière et chaste indépendance ; mais en même temps, au lieu de me donner ce froid et féroce égoïsme qui assure aux artistes la force nécessaire pour se frayer une route à travers les difficultés et les séductions de la vie, cette volonté céleste m'a mis dans la poitrine un cœur tendre et sensible qui ne bat que pour les autres, qui ne vit que d'affection et de dévouement. Ainsi partagée entre deux forces contraires, ma vie s'use, et mon but est toujours manqué. Si je suis née pour pratiquer le dévouement, Dieu veuille donc ôter de ma tête l'amour de l'art, la poésie, et l'instinct de la liberté, qui font de mes dévouements un supplice et une agonie ; si je suis née pour l'art et pour la liberté, qu'il ôte donc de mon cœur la pitié, l'amitié, la sollicitude et la crainte de faire souffrir, qui empoisonneront toujours mes triomphes et entraveront ma carrière !

— Si j'avais un conseil à te donner, pauvre Consuelo, répondait Haydn, ce serait d'écouter la voix de ton génie et d'étouffer le cri de ton cœur. Mais je te connais bien maintenant, et je sais que tu ne le pourras pas.

— Non, je ne le peux pas, Joseph, et il me semble que je ne le pourrai jamais. Mais, vois mon infortune, vois la complication de mon sort étrange et malheureux! Même dans la voie du dévouement je suis si bien entravée et tiraillée en sens contraires, que je ne puis aller où mon cœur me pousse, sans briser ce cœur qui voudrait faire le bien de la main gauche comme de la main droite. Si je me consacre à celui-ci, j'abandonne et laisse périr celui-là. J'ai par le monde un époux adoptif dont je ne puis être la femme sans tuer mon père adoptif; et réciproquement, si je remplis mes devoirs de fille, je tue mon époux. Il a été écrit que la femme quitterait son père et sa mère pour suivre son époux; mais je ne suis, en réalité, ni épouse ni fille. La loi n'a rien prononcé pour moi, la société ne s'est pas occupée de mon sort. Il faut que mon cœur choisisse. La passion d'un homme ne le gouverne pas, et, dans l'alternative où je suis, la passion du devoir et du dévouement ne peut pas éclairer mon choix. Albert et le Porpora sont également malheureux, également menacés de perdre la raison ou la vie. Je suis aussi nécessaire à l'un qu'à l'autre... Il faut que je sacrifie l'un des deux.

— Et pourquoi? Si vous épousiez le comte, le Porpora n'irait-il pas vivre près de vous deux? Vous l'arracheriez ainsi à la misère, vous le ranimeriez par vos soins, vous accompliriez vos deux dévouements à la fois.

— S'il pouvait en être ainsi, je te jure, Joseph, que je renoncerais à l'art et à la liberté, mais tu ne connais pas le Porpora; c'est de gloire et non de bien-être et de sécurité qu'il est avide. Il est dans la misère, et il ne s'en aperçoit pas; il en souffre sans savoir d'où lui vient son mal. D'ailleurs, rêvant toujours des triomphes et l'admiration des hommes, il ne saurait descendre à accepter leur pitié. Sois sûr que sa détresse est, en grande partie, l'ouvrage de son incurie et de son orgueil. S'il disait un mot, il a encore quelques amis, on viendrait à son secours; mais, outre qu'il n'a jamais regardé si sa poche était vide ou pleine (tu as bien vu qu'il n'en sait pas davantage à l'égard de son estomac), il aimerait mieux mourir de faim enfermé dans sa chambre que d'aller chercher l'aumône d'un dîner chez son meilleur ami. Il croirait dégrader la musique s'il laissait soupçonner que le Porpora a besoin d'autre chose que de son génie, de son clavecin et de sa plume. Aussi l'ambassadeur et sa maîtresse, qui le chérissent et le vénèrent, ne se doutent-ils en aucune façon du dénûment où il se trouve. S'ils lui voient habiter une chambre étroite et délabrée, ils pensent que c'est parce qu'il aime l'obscurité et le désordre. Lui-même ne leur dit-il pas qu'il ne saurait composer ailleurs? Moi je sais le contraire; je l'ai vu grimper sur les toits, à Venise, pour s'inspirer des bruits de la mer et de la vue du ciel. Si on le reçoit avec ses habits malpropres, sa perruque râpée et ses souliers percés, on croit faire acte d'obligeance. « Il aime la saleté, se dit-on; c'est le travers des vieillards et des artistes. Ses guenilles lui sont agréables. Il ne saurait marcher dans des chaussures neuves. » Lui-même l'affirme; mais moi, je l'ai vu dans mon enfance, propre, recherché, toujours parfumé, rasé, et secouant avec coquetterie les dentelles de sa manchette sur l'orgue ou le clavecin; c'est que, dans ce temps-là, il pouvait être ainsi sans devoir rien à personne. Jamais le Porpora ne se résignerait à vivre oisif et ignoré au fond de la Bohême, à la charge de ses amis. Il n'y resterait pas trois mois sans maudire et injurier tout le monde, croyant que l'on conspire sa perte et que ses ennemis l'ont fait enfermer pour l'empêcher de publier et de faire représenter ses ouvrages. Il partirait un beau matin en secouant la poussière de ses pieds, et il reviendrait chercher sa mansarde, son clavecin rongé des rats, sa fatale bouteille et les chers manuscrits.

— Et vous ne voyez pas la possibilité d'amener à Vienne, ou à Venise, ou à Dresde, ou à Prague, dans quelque ville musicale enfin, votre comte Albert? Riche, vous pourriez vous établir partout, vous y entourer de musiciens, cultiver l'art d'une certaine façon, et laisser le champ libre à l'ambition du Porpora, sans cesser de veiller sur lui?

— Après ce que je t'ai raconté du caractère et de la santé d'Albert, comment peux-tu me faire une pareille question? Lui, qui ne peut supporter la figure d'un indifférent, comment affronterait-il cette foule de méchants et de sots qu'on appelle le monde? Et quelle ironie, quel éloignement, quel mépris, le monde ne prodiguerait-il pas à cet homme saintement fanatique, qui ne comprend rien à ses lois, à ses mœurs et à ses habitudes! Tout cela est aussi hasardeux à tenter sur Albert que ce que j'essaie maintenant en cherchant à me faire oublier de lui.

— Soyez certaine cependant que tous les maux lui paraîtraient plus légers que votre absence. S'il vous aime véritablement, il supportera tout; et s'il ne vous aime pas assez pour tout supporter et tout accepter, il vous oubliera.

— Aussi j'attends et ne décide rien. Donne-moi du courage, Beppo, et reste près de moi, afin que j'aie du moins un cœur où je puisse répandre ma peine, et à qui je puisse demander de chercher avec moi l'espérance.

— O ma sœur! sois tranquille; s'écriait Joseph; si je suis assez heureux pour te donner cette légère consolation, je supporterai tranquillement les bourrasques du Porpora ; je me laisserai même battre par lui, si cela peut le distraire du besoin de te tourmenter et de t'affliger.

En devisant ainsi avec Joseph, Consuelo travaillait sans cesse, tantôt à préparer avec lui les repas communs, tantôt à raccommoder les nippes du Porpora. Elle introduisit, un à un, dans l'appartement, les meubles qui étaient nécessaires à son maître. Un bon fauteuil bien large et bien bourré de crin, remplaça la chaise de paille où il reposait ses membres affaissés par l'âge ; et quand il y eut goûté les douceurs d'une sieste, il s'étonna, et demanda, en fronçant le sourcil, d'où lui venait ce bon siége.

« C'est la maîtresse de la maison qui l'a fait monter ici, répondit Consuelo ; ce vieux meuble l'embarrassait, et j'ai consenti à le placer dans un coin, jusqu'à ce qu'elle le redemandât. »

Les matelas du Porpora furent changés ; et il ne fit, sur la bonté de son lit, d'autre remarque que de dire qu'il avait retrouvé le sommeil depuis quelques nuits. Consuelo lui répondit qu'il devait attribuer cette amélioration au café et à l'abstinence d'eau-de-vie. Un matin, le Porpora, ayant endossé une excellente robe de chambre, demanda d'un air soucieux à Joseph où il l'avait retrouvée. Joseph, qui avait le mot, répondit qu'en rangeant une vieille malle, il l'avait trouvée au fond.

« Je croyais ne l'avoir pas apportée ici, reprit le Porpora. C'est pourtant bien celle que j'avais à Venise ; c'est la même couleur du moins.

— Et quelle autre pourrait-ce être? répondit Consuelo qui avait eu soin d'assortir la couleur à celle de la défunte robe de chambre de Venise.

— Eh bien, je la croyais plus usée que cela ! dit le maestro en regardant ses coudes.

— Je le crois bien ! reprit-elle ; j'y ai remis des manches neuves.

— Et avec quoi ?

— Avec un morceau de la doublure.

— Ah ! les femmes sont étonnantes pour tirer parti de tout ! »

Quand l'habit neuf fut introduit, et que le Porpora l'eut porté deux jours, quoiqu'il fût de la même couleur que le vieux, il s'étonna de le trouver si frais ; et les boutons surtout, qui étaient fort beaux, lui donnèrent à penser.

« Cet habit-là n'est pas à moi, dit-il d'un ton grondeur.

— J'ai ordonné à Beppo de le porter chez un dégraisseur, répondit Consuelo, tu l'avais taché hier soir. On l'a repassé, et voilà pourquoi tu le trouves plus frais.

— Je te dis qu'il n'est pas à moi, s'écria le maestro hors de lui. On me l'a changé chez le dégraisseur. Ton Beppo est un imbécile.

— On ne l'a pas changé ; j'y avais fait une marque.

— Et ces boutons-là ? Penses-tu me faire avaler ces boutons-là ?

— C'est moi qui ai changé la garniture et qui l'ai cousue moi-même. L'ancienne était gâtée entièrement.

— Cela te fait plaisir à dire ! elle était encore fort présentable. Voilà une belle sottise ! suis-je un Céladon pour m'attifer ainsi, et payer une garniture de douze sequins au moins ?

— Elle ne coûte pas douze florins, repartit Consuelo, je l'ai achetée de hasard.

— C'est encore trop ! murmura le maestro. »

Toutes les pièces de son habillement lui furent glissées de même, à l'aide d'adroits mensonges qui faisaient rire Joseph et Consuelo comme deux enfants. Quelques objets passèrent inaperçus, grâce à la préoccupation du Porpora : les dentelles et le linge entrèrent discrètement par petites portions dans son armoire, et lorsqu'il semblait les regarder sur lui avec quelque attention, Consuelo s'attribuait l'honneur de les avoir reprisés avec soin. Pour donner plus de vraisemblance au fait, elle raccommodait sous ses yeux quelques-unes des anciennes hardes et les entremêlait avec les autres.

« Ah çà, lui dit un jour le Porpora en lui arrachant des mains un jabot qu'elle recousait, voilà assez de futilités ! Une artiste ne doit pas être une femme de ménage, et je ne veux pas te voir ainsi tout le jour courbée en deux, une aiguille à la main. Serre-moi tout cela, ou je le jette au feu ! Je ne veux pas non plus te voir autour des fourneaux faisant la cuisine, et avalant la vapeur du charbon. Veux-tu perdre la voix ? veux-tu te faire laveuse de vaisselle ? veux-tu me faire damner ?

— Ne vous damnez pas, répondit Consuelo ; vos effets sont en bon état maintenant, et ma voix est revenue.

— A la bonne heure ! répondit le maestro ; en ce cas, tu chantes demain chez la comtesse Hoditz, margrave douairière de Bareith. »

LXXXVII

La margrave douairière de Bareith, veuve du margrave George-Guillaume, née princesse de Saxe-Weissenfeld, et en dernier lieu comtesse Hoditz, « avait été
« belle comme un ange, à ce qu'on disait. Mais elle était
« si changée, qu'il fallait étudier son visage pour trouver
« les débris de ses charmes. Elle était grande et parais-
« sait avoir eu la taille belle ; elle avait tué plusieurs de
« ses enfants, en se faisant avorter, pour conserver cette
« belle taille ; son visage était fort long, ainsi que son

« nez, qui la défigurait beaucoup, ayant été gelé, ce
« qui lui donnait une couleur de betterave fort désa-
« gréable; ses yeux, accoutumés à donner la loi, étaient
« grands, bien fendus et bruns; mais si abattus, que
« leur vivacité en était beaucoup diminuée; à défaut de
« sourcils naturels, elle en portait de postiches, fort
« épais, et noirs comme de l'encre; sa bouche, quoique
« grande, était bien façonnée et remplie d'agréments;
« ses dents, blanches comme de l'ivoire, étaient bien
« rangées; son teint, quoique uni, était jaunâtre,
« plombé et flasque; elle avait un bon air, mais un peu
« affecté. C'était la Laïs de son siècle. Elle ne plut jamais
« que par sa figure; car, pour de l'esprit, elle n'en avait
« pas l'ombre. »

Si vous trouvez ce portrait tracé d'une main un peu
cruelle et cynique, ne vous en prenez point à moi, cher
lecteur. Il est mot pour mot de la propre main d'une
princesse célèbre par ses malheurs, ses vertus domestiques, son orgueil et sa méchanceté, la princesse
Wilhelmine de Prusse, sœur du grand Frédéric, mariée
au prince héréditaire du margraviat de Bareith, neveu
de notre comtesse Hoditz. Elle fut bien la plus mauvaise
langue que le sang royal ait jamais produite. Mais ses
portraits sont, en général, tracés de main de maître, et
il est difficile, en les lisant, de ne pas les croire exacts.

Lorsque Consuelo, coiffée par Keller, et parée, grâce à
ses soins et à son zèle, avec une élégante simplicité, fut introduite par le Porpora dans le salon de la margrave, elle
se plaça avec lui derrière le clavecin qu'on avait rangé en
biais dans un angle, afin de ne point embarrasser la
compagnie. Il n'y avait encore personne d'arrivé, tant le
Porpora était ponctuel, et les valets achevaient d'allumer
les bougies. Le maestro se mit à essayer le clavecin, et à
peine en eut-il tiré quelques sons qu'une dame fort belle

entra et vint à lui avec une grâce affable. Comme le Porpora la saluait avec le plus grand respect, et l'appelait Princesse, Consuelo la prit pour la margrave; et, selon l'usage, lui baisa la main. Cette main froide et décolorée pressa celle de la jeune fille avec une cordialité qu'on rencontre rarement chez les grands, et qui gagna tout de suite l'affection de Consuelo. La princesse paraissait âgée d'environ trente ans, sa taille était élégante sans être correcte; on pouvait même y remarquer certaines déviations qui semblaient le résultat de grandes souffrances physiques. Son visage était admirable, mais d'une pâleur effrayante, et l'expression d'une profonde douleur l'avait prématurément flétri et ravagé. La toilette était exquise, mais simple, et décente jusqu'à la sévérité. Un air de bonté, de tristesse et de modestie craintive était répandu dans toute cette belle personne, et le son de sa voix avait quelque chose d'humble et d'attendrissant dont Consuelo se sentit pénétrée. Avant que cette dernière eût le temps de comprendre que ce n'était point là la margrave, la véritable margrave parut. Elle avait alors plus de la cinquantaine, et si le portrait qu'on a lu en tête de ce chapitre, et qui avait été fait dix ans auparavant, était alors un peu chargé, il ne l'était certainement plus au moment où Consuelo la vit. Il fallait même de l'obligeance pour s'apercevoir que la comtesse Hoditz avait été une des beautés de l'Allemagne, quoiqu'elle fût peinte et parée avec une recherche de coquetterie fort savante. L'embonpoint de l'âge mûr avait envahi des formes sur lesquelles la margrave persistait à se faire d'étranges illusions; car ses épaules et sa poitrine nues affrontaient les regards avec un orgueil que la statuaire antique peut seule afficher. Elle était coiffée de fleurs, de diamants et de plumes comme une jeune femme, et sa robe ruisselait de pierreries.

« Maman, dit la princesse qui avait causé l'erreur de Consuelo, voici la jeune personne que maître Porpora nous avait annoncée, et qui va nous procurer le plaisir d'entendre la belle musique de son nouvel opéra.

— Ce n'est pas une raison, répondit la margrave en toisant Consuelo de la tête aux pieds, pour que vous la teniez ainsi par la main. Allez vous asseoir vers le clavecin, Mademoiselle, je suis fort aise de vous voir, vous chanterez quand la société sera rassemblée. Maître Porpora, je vous salue. Je vous demande pardon si je ne m'occupe pas de vous. Je m'aperçois qu'il manque quelque chose à ma toilette. Ma fille, parlez un peu avec maître Porpora. C'est un homme de talent, que j'estime. »

Ayant ainsi parlé d'une voix plus rauque que celle d'un soldat, la grosse margrave tourna pesamment sur ses talons, et rentra dans ses appartements.

A peine eut-elle disparu, que la princesse, sa fille, se rapprocha de Consuelo, et lui reprit la main avec une bienveillance délicate et touchante, comme pour lui dire qu'elle protestait contre l'impertinence de sa mère; puis elle entama la conversation avec elle et le Porpora, et leur montra un intérêt plein de grâce et de simplicité. Consuelo fut encore plus sensible à ces bons procédés, lorsque, plusieurs personnes ayant été introduites, elle remarqua dans les manières habituelles de la princesse une froideur, une réserve à la fois timide et fière, dont elle s'était évidemment départie exceptionnellement pour le maestro et pour elle.

Quand le salon fut à peu près rempli, le comte Hoditz, qui avait dîné dehors, entra en grande toilette, et, comme s'il eût été un étranger dans sa maison, alla baiser respectueusement la main et s'informa de la santé de sa noble épouse. La margrave avait la prétention d'être d'une complexion fort délicate; elle était à demi couchée sur sa causeuse, respirant à tout instant un flacon contre les vapeurs, recevant les hommages d'un air qu'elle croyait languissant, et qui n'était que dédaigneux ; enfin, elle était d'un ridicule si achevé, que Consuelo, d'abord irritée et indignée de son insolence, finit par s'en amuser intérieurement, et se promit d'en rire de bon cœur en faisant son portrait à l'ami Beppo.

La princesse s'était rapprochée du clavecin, et ne manquait pas une occasion d'adresser, soit une parole, soit un sourire, à Consuelo, quand sa mère ne s'occupait point d'elle. Cette situation permit à Consuelo de surprendre une petite scène d'intérieur qui lui donna la clef du ménage. Le comte Hoditz s'approcha de sa belle-fille, prit sa main, la porta à ses lèvres, et l'y tint pendant quelques secondes avec un regard fort expressif. La princesse retira sa main, et lui adressa quelques mots de froide déférence. Le comte ne les écouta pas, et, continuant de la couver du regard :

« Eh quoi ! mon bel ange, toujours triste, toujours austère, toujours cuirassée jusqu'au menton ! On dirait que vous voulez vous faire religieuse.

— Il est bien possible que je finisse par là, répondit la princesse à demi-voix. Le monde ne m'a pas traitée de manière à m'inspirer beaucoup d'attachement pour ses plaisirs.

— Le monde vous adorerait et serait à vos pieds, si vous n'affectiez, par votre sévérité, de le tenir à distance ; et quant au cloître, pourriez-vous en supporter l'horreur à votre âge, et belle comme vous êtes ?

— Dans un âge plus riant, et belle comme je ne le suis plus, répondit-elle, j'ai supporté l'horreur d'une captivité plus rigoureuse : l'avez-vous oublié ? Mais ne me parlez pas davantage, monsieur le comte ; maman vous regarde. »

Aussitôt le comte, comme poussé par un ressort, quitta sa belle-fille, et s'approcha de Consuelo, qu'il salua fort gravement; puis, lui ayant adressé quelques paroles d'amateur, à propos de la musique en général, il ouvrit le cahier que Porpora avait posé sur le clavecin; et, feignant d'y chercher quelque chose qu'il voulait se faire expliquer par elle, il se pencha sur le pupitre, et lui parla ainsi à voix basse :

« J'ai vu, hier matin le déserteur; et sa femme m'a remis un billet. Je demande à la belle Consuelo d'oublier une certaine rencontre; et, en retour de son silence, j'oublierai un certain Joseph, que je viens d'apercevoir dans mes antichambres.

— Ce certain Joseph, répondit Consuelo, que la découverte de la jalousie et de la contrainte conjugale venait de rendre fort tranquille sur les suites de l'aventure de Passaw, est un artiste de talent qui ne restera pas longtemps dans les antichambres. Il est mon frère, mon camarade et mon ami. Je n'ai point à rougir de mes sentiments pour lui, je n'ai rien à cacher à cet égard, et je n'ai rien à implorer de la générosité de Votre Seigneurie, qu'un peu d'indulgence pour ma voix, et un peu de protection pour les futurs débuts de Joseph dans la carrière musicale.

— Mon intérêt est assuré audit Joseph comme mon admiration l'est déjà à votre belle voix ; mais je me flatte que certaine plaisanterie de ma part n'a jamais été prise au sérieux.

— Je n'ai jamais eu cette fatuité, monsieur le comte, et d'ailleurs je sais qu'une femme n'a jamais lieu de se vanter lorsqu'elle a été prise pour le sujet d'une plaisanterie de ce genre.

— C'est assez, Signora, dit le comte que la douairière ne perdait pas de vue, et qui avait hâte de changer d'interlocutrice pour ne pas lui donner d'ombrage : la célèbre Consuelo doit savoir pardonner quelque chose à l'enjouement du voyage, et elle peut compter à l'avenir sur le respect et le dévouement du comte Hoditz. »

Il replaça le cahier sur le clavecin, et alla recevoir obséquieusement un personnage qu'on venait d'annoncer avec pompe. C'était un petit homme qu'on eût pris pour une femme travestie, tant il était rose, frisé, pomponné, délicat, gentil, parfumé ; c'était de lui que Marie-Thérèse disait qu'elle voudrait pouvoir le faire monter en bague ; c'était de lui aussi qu'elle disait avoir fait un diplomate, n'en pouvant rien faire de mieux. C'était le plénipotentiaire de l'Autriche, le premier ministre, le favori, on disait même l'amant de l'impératrice ; ce n'était rien moins enfin que le célèbre Kaunitz, cet homme d'État qui tenait dans sa blanche main ornée de bagues de mille couleurs toutes les savantes ficelles de la diplomatie européenne.

Il parut écouter d'un air grave des personnes soi-disant graves qui passaient pour l'entretenir de choses graves. Mais tout à coup il s'interrompit pour demander au comte Hoditz :

« Qu'est-ce que je vois là au clavecin ? Est-ce la petite dont on m'a parlé, la protégée du Porpora ? Pauvre diable de Porpora ! Je voudrais faire quelque chose pour lui ; mais il est si exigeant et si fantasque, que tous les artistes le craignent ou le haïssent. Quand on leur parle de lui, c'est comme si on leur montrait la tête de Méduse. Il dit à l'un qu'il chante faux, à l'autre que sa musique ne vaut rien, à un troisième qu'il doit son succès à l'intrigue. Et il veut avec ce langage de Huron qu'on l'écoute et qu'on lui rende justice ? Que diable ! nous ne vivons pas dans les bois. La franchise n'est plus de mode, et on ne mène pas les hommes par la vérité.

Elle n'est pas mal, cette petite; j'aime assez cette figure-là. C'est tout jeune, n'est-ce pas? On dit qu'elle a eu du succès à Venise. Il faut que Porpora me l'amène demain.

— Il veut, dit la princesse, que vous la fassiez entendre à l'impératrice, et j'espère que vous ne lui refuserez pas cette grâce. Je vous la demande pour mon compte.

— Il n'y a rien de si facile que de la faire entendre à Sa Majesté, et il suffit que Votre Altesse le désire pour que je m'empresse d'y contribuer. Mais il y a quelqu'un de plus puissant au théâtre que l'impératrice. C'est madame Tesi; et lors même que Sa Majesté prendrait cette fille sous sa protection, je doute que l'engagement fût signé sans l'approbation suprême de la Tesi.

— On dit que c'est vous qui gâtez horriblement ces dames, monsieur le comte, et que sans votre indulgence elles n'auraient pas tant de pouvoir.

— Que voulez-vous, princesse! chacun est maître dans sa maison. Sa Majesté comprend fort bien que si elle intervenait par décret impérial dans les affaires de l'Opéra, l'Opéra irait tout de travers. Or, Sa Majesté veut que l'Opéra aille bien et qu'on s'y amuse. Le moyen, si la prima donna a un rhume le jour où elle doit débuter, ou si le ténor, au lieu de se jeter au beau milieu d'une scène de raccommodement dans les bras de la basse, lui applique un grand coup de poing sur l'oreille? Nous avons bien assez à faire d'apaiser les caprices de M. Caffariello. Nous sommes heureux depuis que madame Tesi et madame Holzbaüer font bon ménage ensemble. Si on nous jette sur les planches une pomme de discorde, voilà nos cartes plus embrouillées que jamais.

— Mais une troisième femme est nécessaire absolument, dit l'ambassadeur de Venise, qui protégeait chaudement le Porpora et son élève; et en voici une admirable qui se présente...

— Si elle est admirable, tant pis pour elle. Elle donnera de la jalousie à madame Tesi, qui est admirable et qui veut l'être seule; elle mettra en fureur madame Holzbaüer, qui veut être admirable aussi...

— Et qui ne l'est pas, repartit l'ambassadeur.

— Elle est fort bien née; c'est une personne de bonne maison, répliqua finement M. de Kaunitz.

— Elle ne chantera pas deux rôles à la fois. Il faut bien qu'elle laisse le mezzo-soprano faire sa partie dans les opéras.

— Nous avons une Corilla qui se présente, et qui est bien la plus belle créature de la terre.

— Votre Excellence l'a déjà vue?

— Dès le premier jour de son arrivée. Mais je ne l'ai pas entendue. Elle était malade.

— Vous allez entendre celle-ci, et vous n'hésiterez pas à lui donner la préférence.

— C'est possible. Je vous avoue même que sa figure, moins belle que celle de l'autre, me paraît plus agréable. Elle a l'air doux et décent: mais ma préférence ne lui servira de rien, la pauvre enfant! Il faut qu'elle plaise à madame Tesi, sans déplaire à madame Holzbaüer; et jusqu'ici, malgré la tendre amitié qui unit ces deux dames, tout ce qui a été approuvé par l'une a toujours eu le sort d'être vivement repoussé par l'autre.

— Voici une rude crise, et une affaire bien grave, dit la princesse avec un peu de malice, en voyant l'importance que ces deux hommes d'État donnaient aux débats de coulisse. Voici notre pauvre petite protégée en balance avec madame Corilla, et c'est M. Caffariello, je le parie, qui mettra son épée dans un des plateaux. »

Lorsque Consuelo eut chanté, il n'y eut qu'une voix pour déclarer que depuis madame Hasse on n'avait rien entendu de pareil; et M. de Kaunitz, s'approchant d'elle, lui dit d'un air solennel :

« Mademoiselle, vous chantez mieux que madame Tesi; mais que ceci vous soit dit ici par nous tous en confidence; car si un pareil jugement passe la porte, vous êtes perdue, et vous ne débuterez pas cette année à Vienne. Ayez donc de la prudence, beaucoup de prudence, ajouta-t-il en baissant la voix et en s'asseyant auprès d'elle. Vous avez à lutter contre de grands obstacles, et vous ne triompherez qu'à force d'habileté. »

Là-dessus, entrant dans les mille détours de l'intrigue théâtrale, et la mettant minutieusement au courant de toutes les petites passions de la troupe, le grand Kaunitz lui fit un traité complet de science diplomatique à l'usage des coulisses.

Consuelo l'écouta avec ses grands yeux tout ouverts d'étonnement, et quand il eut fini, comme il avait dit vingt fois dans son discours : « mon dernier opéra, l'opéra que j'ai fait donner le mois passé, » elle s'imagina qu'elle s'était trompée en l'entendant annoncer, et que ce personnage si versé dans les arcanes de la carrière dramatique ne pouvait être qu'un directeur d'Opéra ou un maestro à la mode. Elle se mit donc à son aise avec lui, et lui parla comme elle eût fait à un homme de sa profession. Ce sans-gêne la rendit plus naïve et plus enjouée que le respect dû au nom tout-puissant du premier ministre ne le lui eût permis; M. de Kaunitz la trouva charmante. Il ne s'occupa guère que d'elle pendant une heure. La margrave fut fort scandalisée d'une pareille infraction aux convenances. Elle haïssait la liberté des grandes cours, habituée qu'elle était aux formalités solennelles des petites. Mais il n'y avait plus moyen de faire la margrave : elle ne l'était plus. Elle était tolérée et assez bien traitée par l'impératrice, parce qu'elle avait abjuré la foi luthérienne pour se faire catholique. Grâce à cet acte d'hypocrisie, on pouvait se faire pardonner toutes les mésalliances, tous les crimes même, à la cour d'Autriche; et Marie-Thérèse suivait en cela l'exemple que son père et sa mère lui avaient donné, d'accueillir quiconque voulait échapper aux rebuts et aux dédains de l'Allemagne protestante, en se réfugiant dans le giron de l'église romaine. Mais, toute princesse et toute catholique qu'elle était, la margrave n'était rien à Vienne, et M. de Kaunitz était tout.

Aussitôt que Consuelo eut chanté son troisième morceau, le Porpora, qui savait les usages, lui fit un signe, roula les cahiers, et sortit avec elle par une petite porte de côté sans déranger par sa retraite les nobles personnes qui avaient bien voulu ouvrir l'oreille à ses accents divins.

« Tout va bien, lui dit-il en se frottant les mains lorsqu'ils furent dans la rue, escortés par Joseph qui leur portait le flambeau. Le Kaunitz est un vieux fou qui s'y connaît, et qui te poussera loin.

— Et qui est le Kaunitz? je ne l'ai pas vu, dit Consuelo.

— Tu ne l'as pas vu, tête ahurie! Il t'a parlé pendant plus d'une heure.

— Mais ce n'est pas ce petit monsieur en gilet rose et argent, qui m'a fait tant de commérages que je croyais entendre une vieille ouvreuse de loges?

— C'est lui-même. Qu'y a-t-il là d'étonnant?

— Moi, je trouve cela fort étonnant, répondit Consuelo, et ce n'était point là l'idée que je me faisais d'un homme d'État.

— C'est que tu ne vois pas comment marchent les

États. Si tu le voyais, tu trouverais fort surprenant que les hommes d'État fussent autre chose que de vieilles commères. Allons, silence là-dessus, et faisons notre métier à travers cette mascarade du monde.

— Hélas! mon maître, dit la jeune fille, devenue pensive en traversant la vaste esplanade du rempart pour se diriger vers le faubourg où était située leur modeste demeure : je me demande justement ce que devient notre métier, au milieu de ces masques si froids ou si menteurs.

— Eh! que veux-tu qu'il devienne? reprit le Porpora avec son ton brusque et saccadé : il n'a point à devenir ceci ou cela. Heureux ou malheureux, triomphant ou dédaigné, il reste ce qu'il est : le plus beau, le plus noble métier de la terre!

— Oh oui! dit Consuelo en ralentissant le pas toujours rapide de son maître et en s'attachant à son bras, je comprends que la grandeur et la dignité de notre art ne peuvent pas être rabaissées ou relevées au gré du caprice frivole ou du mauvais goût qui gouvernent le monde; mais pourquoi laissons-nous ravaler nos personnes? Pourquoi allons-nous les exposer aux dédains, ou aux encouragements parfois plus humiliants encore des profanes? Si l'art est sacré, ne le sommes-nous pas aussi, nous ses prêtres et ses lévites? Que ne vivons-nous au fond de nos mansardes, heureux de comprendre et de sentir la musique, et qu'allons-nous faire dans ces salons où l'on nous écoute en chuchotant, où l'on nous applaudit en pensant à autre chose, et où l'on rougirait de nous regarder une minute comme des êtres humains, après que nous avons fini de parader comme des histrions?

— Eh! eh! gronda le Porpora en s'arrêtant et en frappant sa canne sur le pavé, quelles sottes vanités et quelles fausses idées nous trottent donc par la cervelle aujourd'hui? Que sommes-nous, et qu'avons-nous besoin d'être autre chose que des histrions? Ils nous appellent ainsi par mépris! Eh! qu'importe si nous sommes histrions par goût, par vocation et par l'élection du ciel, comme ils sont grands seigneurs par hasard, par contrainte ou par le suffrage des sots? Oui-da! histrions! ne l'est pas qui veut! Qu'ils essaient donc de l'être, et nous verrons comme ils s'y prendront, ces mirmidons qui se croient si beaux! Que la margrave douairière de Bareith endosse le manteau tragique, qu'elle mette sa grosse vilaine jambe dans le cothurne, et qu'elle fasse trois pas sur les planches; nous verrons une étrange princesse! Et que crois-tu qu'elle fît dans sa petite cour d'Erlangen, au temps où elle croyait régner? Elle essayait de se draper en reine, et elle suait sang et eau pour jouer un rôle au-dessus de ses forces. Elle était née pour faire une vivandière, et, par une étrange méprise, la destinée en avait fait une altesse. Aussi a-t-elle mérité mille sifflets lorsqu'elle faisait l'altesse à contre-sens. Et toi, sotte enfant, Dieu t'a faite reine; il t'a mis au front un diadème de beauté, d'intelligence et de force. Que l'on te mène au milieu d'une nation libre, intelligente et sensible (je suppose qu'il en existe de telles!), et te voilà reine, parce que tu n'as qu'à te montrer et à chanter pour prouver que tu es reine de droit divin. Eh bien, il n'en est point ainsi! Le monde va autrement. Il est comme il est; qu'y veux-tu faire? Le hasard, le caprice, l'erreur et la folie le gouvernent. Qu'y pouvons-nous changer? Il a des maîtres contrefaits, malpropres, sots et ignares pour la plupart. Nous y voilà, il faut se tuer ou s'accommoder de son train. Alors, ne pouvant être monarques, nous sommes artistes, et nous régnons encore. Nous chantons la langue du ciel, qui est interdite aux

vulgaires mortels; nous nous habillons en rois et en
grands hommes, nous montons sur un théâtre, nous
nous asseyons sur un trône postiche, nous jouons une
farce, nous sommes des histrions! Par le corps de Dieu!
le monde voit cela, et n'y comprend goutte! Il ne voit
pas que c'est nous qui sommes les vraies puissances de
la terre, et que notre règne est le seul véritable, tandis
que leur règne à eux, leur puissance, leur activité, leur
majesté, sont une parodie dont les anges rient là-haut,
et que les peuples haïssent et maudissent tout bas. Et
les plus grands princes de la terre viennent nous regarder, prendre des leçons à notre école; et, nous admirant
en eux-mêmes, comme les modèles de la vraie grandeur,
ils tâchent de nous ressembler quand ils posent devant
leurs sujets. Va! le monde est renversé; ils le sentent
bien, eux qui le dominent, et s'ils ne s'en rendent pas
tout à fait compte, s'ils ne l'avouent pas, il est aisé de
voir, au dédain qu'ils affichent pour nos personnes et
notre métier, qu'ils éprouvent une jalousie d'instinct
pour notre supériorité réelle. Oh! quand je suis au
théâtre, je vois clair, moi! L'esprit de la musique me
dessille les yeux, et je vois derrière la rampe une véritable cour, de véritables héros, des inspirations de bon
aloi; tandis que ce sont de véritables histrions et de
misérables cabotins qui se pavanent dans les loges sur
des fauteuils de velours. Le monde est une comédie, voilà
ce qu'il y a de certain, et voilà pourquoi je te disais tout
à l'heure : Traversons gravement, ma noble fille, cette
méchante mascarade qui s'appelle le monde.

« Peste soit de l'imbécile! s'écria le maestro en repoussant Joseph, qui, avide d'entendre ses paroles
exaltées, s'était rapproché insensiblement jusqu'à le cou-
doyer; il me marche sur les pieds, il me couvre de ré-
sine avec son flambeau! Ne dirait-on pas qu'il comprend

ce qui nous occupe, et qu'il veut nous honorer de son approbation?

— Passe à ma droite, Beppo, dit la jeune fille en lui faisant un signe d'intelligence. Tu impatientes le maître avec tes maladresses. Puis s'adressant au Porpora :

« Tout ce que vous dites là est l'effet d'un noble délire, mon ami, reprit-elle; mais cela ne répond point à ma pensée, et les enivrements de l'orgueil n'adoucissent pas la plus petite blessure du cœur. Peu m'importe d'être née reine et de ne pas régner. » Plus je vois les grands, plus leur sort m'inspire de compassion...

— Eh bien, n'est-ce pas là ce que je te disais?

— Oui, mais ce n'est pas là ce que je vous demandais. Ils sont avides de paraître et de dominer. Là est leur folie et leur misère. Mais nous, si nous sommes plus grands, et meilleurs, et plus sages qu'eux, pourquoi luttons-nous d'orgueil à orgueil, de royauté à royauté avec eux? Si nous possédons des avantages plus solides, si nous jouissons de trésors plus désirables et plus précieux, que signifie cette petite lutte que nous leur livrons, et qui, mettant notre valeur et nos forces à la merci de leurs caprices, nous ravale jusqu'à leur niveau?

— La dignité, la sainteté de l'art l'exigent, s'écria le maestro. Ils ont fait de la scène du monde une bataille, et de notre vie un martyre. Il faut que nous nous battions, que nous versions notre sang par tous les pores, pour leur prouver, tout en mourant à la peine, tout en succombant sous leurs sifflets et leurs mépris, que nous sommes des dieux, des rois légitimes tout au moins, et qu'ils sont de vils mortels, des usurpateurs effrontés et lâches!

— O mon maître! comme vous les haïssez! dit Consuelo en frissonnant de surprise et d'effroi : et pourtant vous vous courbez devant eux, vous les flattez, vous les ménagez, et vous sortez par la petite porte du salon après leur avoir servi respectueusement deux ou trois plats de votre génie !

— Oui, oui, répondit le maestro en se frottant les mains avec un rire amer; je me moque d'eux, je salue leurs diamants et leurs cordons, je les écrase avec trois accords de ma façon, et je leur tourne le dos, bien content de m'en aller, bien pressé de me délivrer de leurs sottes figures.

— Ainsi, reprit Consuelo, l'apostolat de l'art est un combat?

— Oui, c'est un combat : honneur au brave !

— C'est une raillerie contre les sots?

— Oui, c'est une raillerie : honneur à l'homme d'esprit qui sait la faire sanglante !

— C'est une colère concentrée, une rage de tous les instants?

— Oui, c'est une colère et une rage : honneur à l'homme énergique qui ne s'en lasse pas et qui ne pardonne jamais !

— Et ce n'est rien de plus?

— Ce n'est rien de plus en cette vie. La gloire du couronnement ne vient guère qu'après la mort pour le véritable génie.

— Ce n'est rien de plus en cette vie? Maître, tu en es bien sûr?

— Je te l'ai dit !

— En ce cas, c'est bien peu de chose, dit Consuelo en soupirant et en levant les yeux vers les étoiles brillantes dans le ciel pur et profond.

— C'est peu de chose? Tu oses dire, misérable cœur, que c'est peu de chose? s'écria le Porpora en s'arrêtant de nouveau et en secouant avec force le bras de son élève, tandis que Joseph, épouvanté, laissait tomber sa torche.

— Oui, je dis que c'est peu de chose, répondit Consuelo avec calme et fermeté ; je vous l'ai dit à Venise dans une circonstance de ma vie qui fut bien cruelle et décisive. Je n'ai pas changé d'avis. Mon cœur n'est pas fait pour la lutte, et il ne saurait porter le poids de la haine et de la colère ; il n'y a pas un coin dans mon âme où la rancune et la vengeance puissent trouver à se loger. Passez, méchantes passions ! brûlantes fièvres, passez loin de moi ! Si c'est à la seule condition de vous livrer mon sein que je dois posséder la gloire et le génie, adieu pour jamais, génie et gloire ! allez couronner d'autres fronts et embraser d'autres poitrines ; vous n'aurez même pas un regret de moi ! »

Joseph s'attendait à voir le Porpora éclater d'une de ces colères à la fois terribles et comiques que la contradiction prolongée soulevait en lui. Déjà il tenait d'une main le bras de Consuelo pour l'éloigner du maître et la soustraire à un de ces gestes furibonds dont il la menaçait souvent, et qui n'amenaient pourtant jamais rien... qu'un sourire ou une larme. Il en fut de cette bourrasque comme des autres : le Porpora frappa du pied, gronda sourdement comme un vieux lion dans sa cage, et serra le poing en l'élevant vers le ciel avec véhémence ; puis tout aussitôt il laissa retomber ses bras, poussa un profond soupir, pencha sa tête sur sa poitrine, et garda un silence obstiné jusqu'à la maison. La sérénité généreuse de Consuelo, sa bonne foi énergique, l'avaient frappé d'un respect involontaire. Il fit peut-être d'amers retours sur lui-même ; mais il ne les avoua point, et il était trop vieux, trop aigri et trop endurci dans son orgueil d'artiste pour s'amender. Seulement, au moment où Consuelo lui donna le baiser du bonsoir, il la regarda d'un air profondément triste et lui dit d'une voix éteinte :

« C'en est donc fait ! tu n'es plus artiste parce que la

margrave de Bareith est une vieille coquine, et le ministre Kaunitz une vieille bavarde!

— Non, mon maître, je n'ai pas dit cela, répondit Consuelo en riant. Je saurai prendre gaiement les impertinences et les ridicules du monde ; il ne me faudra pour cela ni haine ni dépit, mais ma bonne conscience et ma bonne humeur. Je suis encore artiste et je le serai toujours. Je conçois un autre but, une autre destinée à l'art que la rivalité de l'orgueil et la vengeance de l'abaissement. J'ai un autre mobile, et il me soutiendra.

— Et lequel, lequel? s'écria le Porpora en posant sur la table de l'antichambre son bougeoir, que Joseph venait de lui présenter. Je veux savoir lequel.

— J'ai pour mobile de faire comprendre l'art et de le faire aimer sans faire craindre et haïr la personne de l'artiste. »

Le Porpora haussa les épaules.

« Rêves de jeunesse, dit-il, je vous ai faits aussi!

— Eh bien, si c'est un rêve, reprit Consuelo, le triomphe de l'orgueil en est un aussi. Rêve pour rêve, j'aime mieux le mien. Ensuite j'ai un second mobile, maître : le désir de t'obéir et de te complaire.

— Je n'en crois rien, rien, » s'écria le Porpora en prenant son bougeoir avec humeur et en tournant le dos ; mais dès qu'il eut la main sur le bouton de sa porte, il revint sur ses pas et alla embrasser Consuelo, qui attendait en souriant cette réaction de sensibilité.

Il y avait dans la cuisine, qui touchait à la chambre de Consuelo, un petit escalier en échelle qui conduisait à une sorte de terrasse de six pieds carrés au revers du toit. C'était là qu'elle faisait sécher les jabots et les manchettes du Porpora quand elle les avait blanchis. C'était là qu'elle grimpait quelquefois le soir pour babiller avec Beppo, quand le maître s'endormait de trop bonne heure pour qu'elle eût envie de dormir elle-même. Ne pouvant s'occuper dans sa propre chambre, qui était trop étroite et trop basse pour contenir une table, et craignant de réveiller son vieil ami en s'installant dans l'antichambre, elle montait sur la terrasse, tantôt pour y rêver seule en regardant les étoiles, tantôt pour raconter à son camarade de dévouement et de servitude les petits incidents de sa journée. Ce soir-là, ils avaient de part et d'autre mille choses à se dire Consuelo s'enveloppa d'une pelisse dont elle rabattit le capuchon sur sa tête pour ne pas prendre d'enrouement, et alla rejoindre Beppo, qui l'attendait avec impatience. Ces causeries nocturnes sur les toits lui rappelaient les entretiens de son enfance avec Anzoleto; ce n'était pas la lune de Venise, les toits pittoresques de Venise, les nuits embrasées par l'amour et l'espérance; mais c'était la nuit allemande plus rêveuse et plus froide, la lune allemande plus vaporeuse et plus sévère; enfin, c'était l'amitié avec ses douceurs et ses bienfaits, sans les dangers et les frémissements de la passion.

Lorsque Consuelo eut raconté tout ce qui l'avait intéressée, blessée ou divertie chez la margrave, et que ce fut le tour de Joseph à parler :

« Tu as vu de ces secrets de cour, lui dit-il, les enveloppes et les cachets armoriés; mais comme les laquais ont coutume de lire les lettres de leurs maîtres, c'est à l'antichambre que j'ai appris le contenu de la vie des grands. Je ne te raconterai pas la moitié des propos dont la margrave douairière est le sujet. Tu en frémirais d'horreur et de dégoût. Ah! si les gens du monde savaient comme les valets parlent d'eux! si, de ces beaux salons où ils se pavanent avec tant de dignité, ils entendaient ce que l'on dit de leurs mœurs et de leur caractère de l'autre côté de la cloison? Tandis que le Porpora, tout à l'heure, sur les remparts, nous étalait sa théorie de lutte et de haine contre les puissants de la terre, il n'était pas dans la vraie dignité. L'amertume égarait son jugement. Ah! tu avais bien raison de le lui dire, il se ravalait au niveau des grands seigneurs, en prétendant les écraser de son mépris. Eh bien, il n'avait pas entendu les propos des valets dans l'antichambre, et, s'il l'eût fait, il eût compris que l'orgueil personnel et le mépris d'autrui, dissimulés sous les apparences du respect et les formes de la soumission, sont le propre des âmes basses et perverses. Ainsi le Porpora était bien beau, bien original, bien puissant tout à l'heure; quand il frappait le pavé de sa canne en disant : Courage, inimitié, ironie sanglante, vengeance éternelle! Mais ta sagesse était plus belle que son délire, et j'en étais d'autant plus frappé que je venais de voir des valets, des opprimés craintifs, des esclaves dépravés, qui, eux aussi, disaient à mes oreilles avec une rage sourde et profonde : Vengeance, ruse, perfidie, éternel dommage, éternelle inimitié aux maîtres qui se croient nos supérieurs et dont nous trahissons les turpitudes! Je n'avais jamais été laquais, Consuelo, et puisque je le suis, à la manière dont tu as été garçon durant notre voyage, j'ai fait des réflexions sur les devoirs de mon état présent, tu le vois.

— Tu as bien fait, Beppo, répondit la Porporina; la vie est une grande énigme, et il ne faut pas laisser passer le moindre fait sans le commenter et le comprendre. C'est toujours autant de deviné. Mais dis-moi donc si as appris là-bas quelque chose de cette princesse, fille de la margrave, qui, seule au milieu de tous ces personnages guindés, fardés et frivoles, m'a paru naturelle, bonne et sérieuse.

— Si j'en ai entendu parler? oh! certes! non-seulement ce soir, mais déjà bien des fois par Keller, qui coiffe sa gouvernante, et qui connaît bien les faits. Ce que je vais te raconter n'est donc pas une histoire d'antichambre, un propos de laquais ; c'est une histoire véritable et de notoriété publique. Mais c'est une histoire effroyable ; auras-tu le courage de l'entendre ?

— Oui, car je m'intéresse à cette créature qui porte sur son front le sceau du malheur. J'ai recueilli deux ou trois mots de sa bouche qui m'ont fait voir en elle une victime du monde, une proie de l'injustice.

— Dis une victime de la scélératesse ; et la proie d'une atroce perversité. La princesse de Culmbach (c'est le titre qu'elle porte) a été élevée à Dresde, par la reine de Pologne, sa tante, et c'est là que le Porpora l'a connue et lui a même, je crois, donné quelques leçons, ainsi qu'à la grande dauphine de France, sa cousine. La jeune princesse de Culmbach était belle et sage ; élevée par une reine austère, loin d'une mère débauchée, elle semblait devoir être heureuse et honorée toute sa vie. Mais la margrave douairière, aujourd'hui comtesse Hoditz, ne voulait point qu'il en fût ainsi. Elle la fit revenir près d'elle, et feignit de vouloir la marier, tantôt avec un de ses parents, margrave aussi de Bareith, tantôt avec un autre parent, aussi prince de Culmbach ; car cette principauté de Bareith-Culmbach compte plus de princes et de margraves qu'elle n'a de villages et de châteaux pour les apanager. La beauté et la pudeur de la princesse causaient à sa mère une mortelle jalousie ; elle voulait l'avilir, lui ôter la tendresse et l'estime de son père, le margrave George-Guillaume (troisième margrave) ; ce n'est pas ma faute s'il y en a tant dans cette histoire ; mais dans tous ces margraves, il n'y en eut pas un seul pour la princesse de Culmbach. Sa mère promit à un gentilhomme de la chambre de son époux, nommé

Vobser, une récompense de quatre mille ducats pour déshonorer sa fille ; et elle introduisit elle-même ce misérable la nuit dans la chambre de la princesse. Ses domestiques étaient avertis et gagnés, le palais fut sourd aux cris de la jeune fille, la mère tenait la porte... O Consuelo ! tu frémis, et pourtant ce n'est pas tout. La princesse de Culmbach devint mère de deux jumeaux : la margrave les prit dans ses mains, les porta à son époux, les promena dans son palais, les montra à toute sa valetaille, en criant : « Voyez, voyez les enfants que cette dévergondée vient de mettre au monde ! » Et au milieu de cette scène affreuse, les deux jumeaux périrent presque dans les mains de la margrave. Vobser eut l'imprudence d'écrire au margrave pour réclamer les quatre mille ducats que la margrave lui avait promis. Il les avait gagnés, il avait déshonoré la princesse. Le malheureux père, à demi imbécile déjà, le devint tout à fait dans cette catastrophe, et mourut de saisissement et de chagrin quelque temps après. Vobser, menacé par les autres membres de la famille, prit la fuite. La reine de Pologne ordonna que la princesse de Culmbach serait enfermée à la forteresse de Plassenbourg. Elle y entra, à peine relevée de ses couches, y passa plusieurs années dans une rigoureuse captivité, et y serait encore, si des prêtres catholiques, s'étant introduits dans sa prison, ne lui eussent promis la protection de l'impératrice Amélie, à condition qu'elle abjurerait la foi luthérienne. Elle céda à leurs insinuations et au besoin de recouvrer sa liberté ; mais elle ne fut élargie qu'à la mort de la reine de Pologne ; le premier usage qu'elle fit de son indépendance fut de revenir à la religion de ses pères. La jeune margrave de Bareith, Wilhelmine de Prusse, l'accueillit avec aménité dans sa petite cour. Elle s'y est fait aimer et respecter par ses vertus, sa douceur et sa sagesse.

C'est une âme brisée, mais c'est encore une belle âme, et quoiqu'elle ne soit point vue favorablement à la cour de Vienne à cause de son luthéranisme, personne n'ose insulter à son malheur; personne ne peut médire de sa vie, pas même les laquais. Elle est ici en passant pour je ne sais quelle affaire; elle réside ordinairement à Bareith.

— Voilà pourquoi, reprit Consuelo, elle m'a tant parlé de ce pays-là, et tant engagée à y aller. Oh! quelle histoire! Joseph! et quelle femme que la comtesse Hoditz! Jamais, non jamais le Porpora ne me traînera plus chez elle : jamais je ne chanterai plus pour elle!

— Et pourtant vous y pourriez rencontrer les femmes les plus pures et les plus respectables de la cour. Le monde marche ainsi, à ce qu'on assure. Le nom et la richesse couvrent tout, et, pourvu qu'on aille à l'église, on trouve ici une admirable tolérance.

— Cette cour de Vienne est donc bien hypocrite? dit Consuelo.

— Je crains, entre nous soit dit, répondit Joseph en baissant la voix, que notre grande Marie-Thérèse ne le soit un peu. »

LXXXVIII.

Peu de jours après, le Porpora ayant beaucoup remué, beaucoup intrigué à sa manière, c'est-à-dire en menaçant, en grondant ou en raillant à droite et à gauche, Consuelo, conduite à la chapelle impériale par maître Reuter (l'ancien maître et l'ancien ennemi du jeune Haydn), chanta devant Marie-Thérèse la partie de Judith, dans l'oratorio : *Betulia liberata*, poëme de Métastase, musique de ce même Reuter. Consuelo fut magnifique, et Marie-Thérèse daigna être satisfaite. Quand le sacré concert fut terminé, Consuelo fut invitée, avec les autres chanteurs (Caffariello était du nombre), à passer dans une des salles du palais, pour faire une collation présidée par Reuter. Elle était à peine assise entre ce maître et le Porpora, qu'un bruit, à la fois rapide et solennel, partant de la galerie voisine, fit tressaillir tous les convives, excepté Consuelo et Caffariello, qui s'étaient engagés dans une discussion animée sur le mouvement d'un certain chœur que l'un eût voulu plus vif et l'autre plus lent. « Il n'y a que le Maestro lui-même qui puisse trancher la question, » dit Consuelo en se retournant vers le Reuter. Mais elle ne trouva plus ni le Reuter à sa droite, ni le Porpora à sa gauche : tout le monde s'était levé de table, et rangé en ligne, d'un air pénétré. Consuelo se trouva face à face avec une femme d'une trentaine d'années, belle de fraîcheur et d'énergie, vêtue de noir (tenue de chapelle), et accompagnée de sept enfants, dont elle tenait un par la main. Celui-là, c'était l'héritier du trône, le jeune César Joseph II ; et cette belle femme, à la démarche aisée, à l'air affable et pénétrant, c'était Marie-Thérèse.

« *Ecco la Giuditta?* demanda l'impératrice en s'adressant à Reuter. Je suis fort contente de vous, mon enfant, ajouta-t-elle en regardant Consuelo des pieds à la tête ; vous m'avez fait vraiment plaisir, et jamais je n'avais mieux senti la sublimité des vers de notre admirable poëte que dans votre bouche harmonieuse. Vous prononcez parfaitement bien, et c'est à quoi je tiens par-dessus tout. Quel âge avez-vous, Mademoiselle ? Vous êtes Vénitienne ? Élève du célèbre Porpora, que je vois ici avec intérêt ? Vous désirez entrer au théâtre de la cour ? Vous êtes faite pour y briller ; et M. de Kaunitz vous protége. »

Ayant ainsi interrogé Consuelo, sans attendre ses

réponses, et en regardant tour à tour Métastase et Kaunitz, qui l'accompagnaient, Marie-Thérèse fit un signe à un de ses chambellans, qui présenta un bracelet assez riche à Consuelo. Avant que celle-ci eût songé à remercier, l'impératrice avait déjà traversé la salle; elle avait déjà dérobé à ses regards l'éclat du front impérial. Elle s'éloignait avec sa royale couvée de princes et d'archiduchesses, adressant un mot favorable et gracieux à chacun des musiciens qui se trouvaient à sa portée, et laissant derrière elle comme une trace lumineuse dans tous ces yeux éblouis de sa gloire et de sa puissance.

Caffariello fut le seul qui conserva ou qui affecta de conserver son sang-froid : il reprit sa discussion juste où il l'avait laissée; et Consuelo, mettant le bracelet dans sa poche, sans songer à le regarder, recommença à lui tenir tête, au grand étonnement et au grand scandale des autres musiciens, qui, courbés sous la fascination de l'apparition impériale, ne concevaient pas qu'on pût songer à autre chose tout le reste de la journée. Nous n'avons pas besoin de dire que le Porpora faisait seul exception dans son âme, et par instinct et par système, à cette fureur de prosternation. Il savait se tenir convenablement incliné devant les souverains; mais, au fond du cœur, il raillait et méprisait les esclaves. Maître Reuter, interpellé par Caffariello sur le véritable mouvement du chœur en litige, serra les lèvres d'un air hypocrite; et, après s'être laissé interroger plusieurs fois, il répondit enfin d'un air très-froid :

« Je vous avoue, Monsieur, que je ne suis point à votre conversation. Quand Marie-Thérèse est devant mes yeux, j'oublie le monde entier; et longtemps après qu'elle a disparu, je demeure sous le coup d'une émotion qui ne me permet pas de penser à moi-même.

— Mademoiselle ne paraît point étourdie de l'insigne

honneur qu'elle vient de nous attirer, dit M. Holzbaüer, qui se trouvait là, et dont l'aplatissement avait quelque chose de plus contenu que celui de Reuter. C'est affaire à vous, Signora, de parler avec les têtes couronnées. On dirait que vous n'avez fait autre chose toute votre vie.

— Je n'ai jamais parlé avec aucune tête couronnée, répondit tranquillement Consuelo, qui n'entendait point malice aux insinuations de Holzbaüer; et sa majesté ne m'a point procuré un tel avantage; car elle semblait, en m'interrogeant, m'interdire l'honneur ou m'épargner le trouble de lui répondre.

— Tu aurais peut-être souhaité faire la conversation avec l'impératrice? dit le Porpora d'un air goguenard.

— Je ne l'ai jamais souhaité, repartit Consuelo naïvement.

— C'est que mademoiselle a plus d'insouciance que d'ambition, apparemment, reprit le Reuter avec un dédain glacial.

— Maître Reuter, dit Consuelo avec confiance et candeur, êtes-vous mécontent de la manière dont j'ai chanté votre musique ? »

Reuter avoua que personne ne l'avait mieux chantée, même sous le règne de l'*auguste et à jamais regretté* Charles VI.

« En ce cas, dit Consuelo, ne me reprochez pas mon insouciance. J'ai l'ambition de satisfaire mes maîtres, j'ai l'ambition de bien faire mon métier; quelle autre puis-je avoir ? quelle autre ne serait ridicule et déplacée de ma part?

— Vous êtes trop modeste, Mademoiselle, reprit Holzbaüer. Il n'est point d'ambition trop vaste pour un talent comme le vôtre.

— Je prends cela pour un compliment plein de galanterie, répondit Consuelo; mais je ne croirai vous avoir satisfait un peu que le jour où vous m'inviterez à chanter sur le théâtre de la cour. »

Holzbaüer, pris au piége, malgré sa prudence, eut un accès de toux pour se dispenser de répondre, et se tira d'affaire par une inclination de tête courtoise et respectueuse. Puis, ramenant la conversation sur son premier terrain :

« Vous êtes vraiment, dit-il, d'un calme et d'un désintéressement sans exemple : vous n'avez pas seulement regardé le beau bracelet dont sa majesté vous a fait cadeau.

— Ah! c'est la vérité, » dit Consuelo en le tirant de sa poche, et en le passant à ses voisins qui étaient curieux de le voir et d'en estimer la valeur. Ce sera de quoi acheter du bois pour le poêle de mon maître, si je n'ai pas d'engagement cet hiver, pensait-elle ; une toute petite pension nous serait bien plus nécessaire que des parures et des colifichets.

« Quelle beauté céleste que sa majesté ! dit Reuter avec un soupir de componction, en lançant un regard oblique et dur à Consuelo.

— Oui, elle m'a semblé fort belle, répondit la jeune fille, qui ne comprenait rien aux coups de coude du Porpora.

— Elle vous a *semblé?* reprit le Reuter. Vous êtes difficile !

— J'ai à peine eu le temps de l'entrevoir. Elle a passé si vite !

— Mais son esprit éblouissant, ce génie qui se révèle à chaque syllabe sortie de ses lèvres !...

— J'ai à peine eu le temps de l'entendre ; elle a parlé si peu !

— Enfin, Mademoiselle, vous êtes d'airain ou de diamant. Je ne sais ce qu'il faudrait pour vous émouvoir.

— J'ai été fort émue en chantant votre Judith, répondit Consuelo, qui savait être malicieuse dans l'occasion, et qui commençait à comprendre la malveillance des maîtres viennois envers elle.

— Cette fille a de l'esprit, sous son air simple, dit tout bas Holzbaüer à maître Reuter.

— C'est l'école du Porpora, répondit l'autre ; mépris et moquerie.

— Si l'on n'y prend garde, le vieux récitatif et le style *osservato* nous envahiront de plus belle que par le passé, reprit Holzbaüer ; mais soyez tranquille, j'ai les moyens d'empêcher cette *Porporinaillerie* d'élever la voix. »

Quand on se leva de table, Caffariello dit à l'oreille de Consuelo :

« Vois-tu, mon enfant, tous ces gens-là, c'est de la franche canaille. Tu auras de la peine à faire quelque chose ici. Ils sont tous contre toi. Ils seraient tous contre moi s'ils l'osaient.

— Et que leur avons-nous donc fait ? dit Consuelo étonnée.

— Nous sommes élèves du plus grand maître de chant qu'il y ait au monde. Eux et leurs créatures sont nos ennemis naturels, ils indisposeront Marie-Thérèse contre toi, et tout ce que tu dis ici lui sera répété avec de malicieux commentaires. On lui dira que tu ne l'as pas trouvée belle, et que tu as jugé son cadeau mesquin. Je connais toutes ces menées. Prends courage, pourtant ; je te protégerai envers et contre tous, et je crois que l'avis de Caffariello en musique vaut bien celui de Marie-Thérèse. »

« Entre la méchanceté des uns et la folie des autres, me voilà fort compromise, pensa Consuelo en s'en allant. O Porpora ! disait-elle dans son cœur, je ferai mon possible pour remonter sur le théâtre. O Albert! j'espère que je n'y parviendrai pas. »

Le lendemain, maître Porpora, ayant affaire en ville pour toute la journée, et trouvant Consuelo un peu pâle, l'engagea à faire un tour de promenade hors ville à la *Spinnerin am Kreutz*, avec la femme de Keller, qui s'était offerte pour l'accompagner quand elle le voudrait. Dès que le maestro fut sorti :

« Beppo, dit la jeune fille, va vite louer une petite voiture, et allons-nous-en tous deux voir Angèle et remercier le chanoine. Nous avions promis de le faire plus tôt, mais mon rhume me servira d'excuse.

— Et sous quel costume vous présenterez-vous au chanoine? dit Beppo.

— Sous celui-ci, répondit-elle. Il faut bien que le chanoine me connaisse et m'accepte sous ma véritable forme.

— Excellent chanoine! je me fais une joie de le revoir.

— Et moi aussi.

— Pauvre bon chanoine! je me fais une peine de songer...

— Quoi?

— Que la tête va lui tourner tout à fait.

— Et pourquoi donc? Suis-je une déesse? Je ne le pensais pas.

— Consuelo, rappelez-vous qu'il était aux trois quarts fou quand nous l'avons quitté!

— Et moi je te dis qu'il lui suffira de me savoir femme et de me voir telle que je suis, pour qu'il reprenne l'empire de sa volonté et redevienne ce que Dieu l'a fait, un homme raisonnable.

— Il est vrai que l'habit fait quelque chose. Ainsi, quand je vous ai revue ici transformée en demoiselle, après m'être habitué pendant quinze jours à te traiter comme un garçon... j'ai éprouvé je ne sais quel effroi, je ne sais quelle gêne dont je ne peux pas me rendre compte ; et il est certain que durant le voyage... s'il m'eût été permis d'être amoureux de vous... Mais tu diras que je déraisonne...

— Certainement, Joseph, tu déraisonnes ; et, de plus, tu perds le temps à babiller. Nous avons dix lieues à faire pour aller au prieuré et en revenir. Il est huit heures du matin, et il faut que nous soyons rentrés a sept heures du soir, pour le souper du maître. »

Trois heures après, Beppo et sa compagne descendirent à la porte du prieuré. Il faisait une belle journée ; le chanoine contemplait ses fleurs d'un air mélancolique. Quand il vit Joseph, il fit un cri de joie et s'élança à sa rencontre ; mais il resta stupéfait en reconnaissant son cher Bertoni sous des habits de femme.

« Bertoni, mon enfant bien-aimé, s'écria-t-il avec une sainte naïveté, que signifie ce travestissement, et pourquoi viens-tu me voir déguisé de la sorte ? Nous ne sommes point au carnaval...

— Mon respectable ami, répondit Consuelo en lui baisant la main, il faut que Votre Révérence me pardonne de l'avoir trompée. Je n'ai jamais été garçon ; Bertoni n'a jamais existé, et lorsque j'ai eu le bonheur de vous connaître, j'étais véritablement déguisée.

— Nous pensions, dit Joseph qui craignait de voir la consternation du chanoine se changer en mécontentement, que votre révérence n'était point la dupe d'une innocente supercherie. Cette feinte n'avait point été imaginée pour la tromper, c'était une nécessité imposée par les circonstances, et nous avons toujours cru que monsieur le chanoine avait la générosité et la délicatesse de s'y prêter.

— Vous l'avez cru ? reprit le chanoine interdit et

effrayé ; et vous, Bertoni... je veux dire mademoiselle, vous l'avez cru aussi !

— Non, monsieur le chanoine, répondit Consuelo ; je ne l'ai pas cru un instant. J'ai parfaitement vu que votre révérence ne se doutait nullement de la vérité.

— Et vous me rendez justice, dit le chanoine d'un ton un peu sévère, mais profondément triste ; je ne sais point transiger avec la bonne foi, et si j'avais deviné votre sexe, je n'aurais jamais songé à insister comme je l'ai fait, pour vous engager à rester chez moi. Il a bien couru dans le village voisin, et même parmi mes gens, un bruit vague, un soupçon qui me faisait sourire, tant j'étais obstiné à me méprendre sur votre compte. On a dit qu'un des deux petits musiciens qui avaient chanté la messe le jour de la fête patronale, était une femme déguisée. Et puis, on a prétendu que ce propos était une méchanceté du cordonnier Gottlieb, pour effrayer et affliger le curé. Enfin, moi-même, j'ai démenti ce bruit avec assurance. Vous voyez que j'étais votre dupe bien complétement, et qu'on ne saurait l'être davantage.

— Il y a eu une grande méprise, répondit Consuelo avec l'assurance de la dignité ; mais il n'y a point eu de dupe, monsieur le chanoine. Je ne crois pas m'être éloignée un seul instant du respect qui vous est dû, et des convenances que la loyauté impose. J'étais la nuit sans gîte sur le chemin, écrasée de soif et de fatigue, après une longue route à pied. Vous n'eussiez pas refusé l'hospitalité à une mendiante. Vous me l'avez accordée au nom de la musique, et j'ai payé mon écot en musique. Si je ne suis pas partie malgré vous dès le lendemain, c'est grâce à des circonstances imprévues qui me dictaient un devoir au-dessus de tous les autres. Mon ennemie, ma rivale, ma persécutrice tombait des nues à votre porte, et, privée de soins et de secours, avait droit à mes secours et à mes soins. Votre révérence se rappelle bien le reste; elle sait bien que si j'ai profité de sa bienveillance, ce n'est pas pour mon compte. Elle sait bien aussi que je me suis éloignée aussitôt que mon devoir a été accompli; et si je reviens aujourd'hui la remercier en personne des bontés dont elle m'a comblée, c'est que la loyauté me faisait un devoir de la détromper moi-même et de lui donner les explications nécessaires à notre mutuelle dignité.

— Il y a dans tout ceci, dit le chanoine à demi vaincu, quelque chose de mystérieux et de bien extraordinaire. Vous dites que la malheureuse dont j'ai adopté l'enfant était votre ennemie, votre rivale... Qui êtes-vous donc vous-même, Bertoni?... Pardonnez-moi si ce nom revient toujours sur mes lèvres, et dites-moi comment je dois vous appeler désormais.

— Je m'appelle la Porporina, répondit Consuelo; je suis l'élève du Porpora, je suis cantatrice. J'appartiens au théâtre.

— Ah! fort bien! dit le chanoine avec un profond soupir. J'aurais dû le deviner à la manière dont vous avez joué votre rôle, et, quant à votre talent prodigieux pour la musique, je ne dois plus m'en étonner; vous avez été à bonne école. Puis-je vous demander si monsieur Beppo est votre frère... ou votre mari?

— Ni l'un ni l'autre. Il est mon frère par le cœur, rien que mon frère, monsieur le chanoine; et si mon âme ne s'était pas sentie aussi chaste que la vôtre, je n'aurais pas souillé de ma présence la sainteté de votre demeure. »

Consuelo avait, pour dire la vérité, un accent irrésistible, et dont le chanoine subit la puissance, comme les âmes pures et droites subissent toujours celle de la sincérité. Il se sentit comme soulagé d'un poids énorme, et, tout en marchant lentement entre ses deux jeunes protégés ,. il interrogea Consuelo avec une douceur et un retour d'affection sympathique qu'il oublia peu à peu de combattre en lui-même. Elle lui raconta rapidement, et sans lui nommer personne, les principales circonstances de sa vie ; ses fiançailles au lit de mort de sa mère avec Anzoleto, l'infidélité de celui-ci, la haine de Corilla, les outrageants desseins de Zustiniani, les conseils du Porpora, le départ de Venise, l'attachement qu'Albert avait pris pour elle, les offres de la famille de Rudolstadt, ses propres hésitations et ses scrupules, sa fuite du château des Géants, sa rencontre avec Joseph Haydn, son voyage, son effroi et sa compassion au lit de douleur de la Corilla, sa reconnaissance pour la protection accordée par le chanoine à l'enfant d'Anzoleto ; enfin son retour à Vienne, et jusqu'à l'entrevue qu'elle avait eue la veille avec Marie-Thérèse. Joseph n'avait pas su jusque-là toute l'histoire de Consuelo ; elle ne lui avait jamais parlé d'Anzoleto, et le peu de mots qu'elle venait de dire de son affection passée pour ce misérable ne le frappa pas très-vivement; mais sa générosité à l'égard de Corilla, et sa sollicitude pour l'enfant, lui firent une si profonde impression, qu'il se détourna pour cacher ses larmes. Le chanoine ne retint pas les siennes. Le récit de Consuelo, concis, énergique et sincère, lui fit le même effet qu'un beau roman qu'il aurait lu, et justement il n'avait jamais lu un seul roman, et celui-là fut le premier de sa vie qui l'initia aux émotions vives de la vie des autres. Il s'était assis sur un banc pour mieux écouter, et quand la jeune fille eut tout dit, il s'écria :

« Si tout cela est la vérité, comme je le crois, comme il me semble que je le sens dans mon cœur, par la volonté du ciel, vous êtes une sainte fille... Vous êtes sainte Cécile revenue sur la terre ! Je vous avouerai franchement que je n'ai jamais eu de préjugé contre le théâtre, ajouta-t-il après un instant de silence et de réflexion, et vous me prouvez qu'on peut faire son salut là comme ailleurs. Certainement, si vous persistez à être aussi pure et aussi généreuse que vous l'avez été jusqu'à ce jour, vous aurez mérité le ciel, mon cher Bertoni !... Je vous le dis comme je le pense, ma chère Porporina !

— Maintenant, monsieur le chanoine, dit Consuelo en se levant, donnez-moi des nouvelles d'Angèle avant que je prenne congé de Votre Révérence.

— Angèle se porte bien et vient à merveille, répondit le chanoine. Ma jardinière en prend le plus grand soin, et je la vois à tout instant qui la promène dans mon parterre. Elle poussera au milieu des fleurs, comme une fleur de plus sous mes yeux, et quand le temps d'en faire une âme chrétienne sera venu, je ne lui épargnerai pas la culture. Reposez-vous sur moi de ce soin, mes enfants. Ce que j'ai promis à la face du ciel, je l'observerai religieusement. Il paraît que madame sa mère ne me disputera pas ce soin ; car, bien qu'elle soit à Vienne, elle n'a pas envoyé une seule fois demander des nouvelles de sa fille.

— Elle a pu le faire indirectement, et sans que vous l'ayez su, répondit Consuelo ; je ne puis croire qu'une mère soit indifférente à ce point. Mais la Corilla brigue un engagement au théâtre de la cour. Elle sait que Sa Majesté est fort sévère, et n'accorde point sa protection aux personnes tarées. Elle a intérêt à cacher ses fautes, du moins jusqu'à ce que son engagement soit signé. Gardons-lui donc le secret.

— Et elle vous fait concurrence cependant ! s'écria Joseph ; et on dit qu'elle l'emportera par ses intrigues ; qu'elle vous diffame déjà dans la ville ; qu'elle vous a présentée comme la maîtresse du comte Zustiniani. On a parlé de cela à l'ambassade, Keller me l'a dit... On en était indigné ; mais on craignait qu'elle ne persuadât M. de Kaunitz, qui écoute volontiers ces sortes d'histoires, et qui ne tarit pas en éloges sur la beauté de Corilla...

— Elle a dit de pareilles choses! » dit Consuelo en rougissant d'indignation ; puis elle ajouta avec calme : « Cela devait être, j'aurais dû m'y attendre.

— Mais il n'y a qu'un mot à dire pour déjouer toutes ses calomnies, reprit Joseph ; et ce mot je le dirai, moi! Je dirai que...

— Tu ne diras rien, Beppo, ce serait une lâcheté et une barbarie. Vous ne le direz pas non plus, monsieur le chanoine, et si j'avais envie de le dire, vous m'en empêcheriez, n'est-il pas vrai?

— Ame vraiment évangélique ! s'écria le chanoine. Mais songez que ce secret n'en peut pas être un bien longtemps. Il suffit de quelques valets et de quelques paysans qui ont constaté et qui peuvent ébruiter le fait, pour qu'on sache avant quinze jours que la chaste Corilla est accouchée ici d'un enfant sans père, qu'elle a abandonné par-dessus le marché.

— Avant quinze jours, la Corilla ou moi sera engagée. Je ne voudrais pas l'emporter sur elle par un acte de vengeance. Jusque-là, Beppo, silence, ou je te retire mon estime et mon amitié. Et maintenant, adieu, monsieur le chanoine. Dites-moi que vous me pardonnez, tendez-moi encore une main paternelle, et je me retire, avant que vos gens aient vu ma figure sous cet habit.

— Mes gens diront ce qu'ils voudront, et mon bénéfice ira au diable, si le ciel veut qu'il en soit ainsi! Je viens de recueillir un héritage qui me donne le courage de braver les foudres de l'*ordinaire*. Ainsi, mes enfants, ne me prenez pas pour un saint; je suis las d'obéir et de me contraindre; je veux vivre honnêtement et sans terreurs imbéciles. Depuis que je n'ai plus le spectre de Brigide à mes côtés, et depuis surtout que je me vois à la tête d'une fortune indépendante, je me sens brave comme un lion. Or donc, venez déjeuner avec moi ; nous baptiserons Angèle après, et puis nous ferons de la musique jusqu'au dîner. »

Il les entraîna au prieuré.

« Allons, André, Joseph ! cria-t-il à ses valets en entrant ; venez voir le signor Bertoni métamorphosé en dame. Vous ne vous seriez pas attendus à cela ? ni moi non plus ! Eh bien, dépêchez-vous de partager ma surprise, et mettez-nous vite le couvert. »

Le repas fut exquis, et nos jeunes gens virent que si de graves modifications s'étaient faites dans l'esprit du chanoine, ce n'était pas sur l'habitude de la bonne chère qu'elles avaient opéré. On porta ensuite l'enfant dans la chapelle du prieuré. Le chanoine quitta sa douillette, endossa une soutane et un surplis, et fit la cérémonie. Consuelo et Joseph firent l'office de parrain et de marraine, et le nom d'Angèle fut confirmé à la petite fille. Le reste de l'après-midi fut consacré à la musique, et les adieux vinrent ensuite. Le chanoine se lamenta de ne pouvoir retenir ses amis à dîner ; mais il céda à leurs raisons, et se consola à l'idée de les revoir à Vienne, où il devait bientôt se rendre pour passer une partie de l'hiver. Tandis qu'on attelait leur voiture, il les conduisit dans la serre pour leur faire admirer plusieurs plantes nouvelles dont il avait enrichi sa collection. Le jour baissait, mais le chanoine, qui avait l'odorat fort exercé, n'eut pas plus tôt fait quelques pas sous les châssis de son palais transparent qu'il s'écria :

« Je démêle ici un parfum extraordinaire ! Le glaïeul-vanille aurait-il fleuri ? Mais non ; ce n'est pas là l'odeur de mon glaïeul. Le strelitzia est inodore... les cyclamens ont un arome moins pur et moins pénétrant. Qu'est-ce donc qui se passe ici? Si mon volkameria n'était point mort, hélas! je croirais que c'est lui que je respire! Pauvre plante! je n'y veux plus penser. »

Mais tout à coup le chanoine fit un cri de surprise et d'admiration en voyant s'élever devant lui, dans une caisse, le plus magnifique volkameria qu'il eût vu de sa vie, tout couvert de ses grappes de petites roses blanches doublées de rose, dont le suave parfum remplissait la serre et dominait toutes les vulgaires senteurs éparses à l'entour.

« Est-ce un prodige? D'où me vient cet avant-goût du paradis, cette fleur du jardin de Béatrix? s'écria-t-il dans un ravissement poétique.

— Nous l'avons apporté dans notre voiture avec tous les soins imaginables, répondit Consuelo; permettez-nous de vous l'offrir en réparation d'une affreuse imprécation sortie de ma bouche un certain jour, et dont je me repentirai toute ma vie:

— Oh! ma chère fille! quel don, et avec quelle délicatesse il est offert! dit le chanoine attendri. O cher volkameria! tu auras un nom particulier comme j'ai coutume d'en donner aux individus les plus splendides de ma collection; tu t'appelleras Bertoni, afin de consacrer le souvenir d'un être qui n'est plus et que j'ai aimé avec des entrailles de père.

— Mon bon père, dit Consuelo en lui serrant la main, vous devez vous habituer à aimer vos filles autant que vos fils. Angèle n'est point un garçon...

— Et la Porporina est ma fille aussi! dit le chanoine; oui, ma fille, oui, oui, ma fille! » répéta-t-il en regardant alternativement Consuelo et le volkameria-Bertoni avec des yeux remplis de larmes.

A six heures, Joseph et Consuelo étaient rentrés au

logis. La voiture les avait laissés à l'entrée du faubourg, et rien ne trahit leur innocente escapade. Le Porpora s'étonna seulement que Consuelo n'eût pas meilleur appétit après une promenade dans les belles prairies qui entourent la capitale de l'empire. Le déjeuner du chanoine avait peut-être rendu Consuelo un peu friande ce jour-là. Mais le grand air et le mouvement lui procurèrent un excellent sommeil, et le lendemain elle se sentit en voix et en courage plus qu'elle ne l'avait encore été à Vienne.

LXXXIX.

Dans l'incertitude de sa destinée, Consuelo, croyant trouver peut-être une excuse ou un motif à celle de son cœur, se décida enfin à écrire au comte Christian de Rudolstadt, pour lui faire part de sa position vis-à-vis du Porpora, des efforts que ce dernier tentait pour la faire rentrer au théâtre, et de l'espérance qu'elle nourrissait encore de les voir échouer. Elle lui parla sincèrement, lui exposa tout ce qu'elle devait de reconnaissance, de dévouement et de soumission à son vieux maître, et, lui confiant les craintes qu'elle éprouvait à l'égard d'Albert, elle le priait instamment de lui dicter la lettre qu'elle devait écrire à ce dernier pour le maintenir dans un état de confiance et de calme. Elle terminait en disant : « J'ai demandé du temps à Vos Seigneuries pour m'interroger moi-même et me décider. Je suis résolue à tenir ma parole, et je puis jurer devant Dieu que je me sens la force de fermer mon cœur et mon esprit à toute fantaisie contraire, comme à toute nouvelle affection. Et cependant, si je rentre au théâtre, j'adopte un parti qui est, en apparence, une infraction à mes promesses, un renoncement formel à l'espérance de les tenir. Que Votre Seigneurie me juge, ou plutôt qu'elle juge le destin qui me commande et le devoir qui me gouverne. Je ne vois aucun moyen de m'y soustraire sans crime. J'attends d'elle un conseil supérieur à celui de ma propre raison ; mais pourra-t-il être contraire à celui de ma conscience? »

Lorsque cette lettre fut cachetée et confiée à Joseph pour qu'il la fît partir, Consuelo se sentit plus tranquille, ainsi qu'il arrive dans une situation funeste, lorsqu'on a trouvé un moyen de gagner du temps et de reculer le moment de la crise. Elle se disposa donc à rendre avec Porpora une visite, considérée par celui-ci comme importante et décisive, au très-renommé et très-vanté poëte impérial, M. l'abbé Métastase.

Ce personnage illustre avait alors environ cinquante ans ; il était d'une belle figure, d'un abord gracieux, d'une conversation charmante, et Consuelo eût ressenti pour lui une vive sympathie, si elle n'eût eu, en se rendant à la maison qu'habitaient, à différents étages, le poëte impérial et le perruquier Keller, la conversation suivante avec Porpora :

« Consuelo (c'est le Porpora qui parle), tu vas voir un homme de bonne mine, à l'œil vif et noir, au teint vermeil, à la bouche fraîche et souriante, qui veut, à toute force, être en proie à une maladie lente, cruelle et dangereuse; un homme qui mange, dort, travaille et engraisse tout comme un autre, et qui prétend être livré à l'insomnie, à la diète, à l'accablement, au marasme. N'aie pas la maladresse, lorsqu'il va se plaindre devant toi de ses maux, de lui dire qu'il n'y paraît point, qu'il a fort bon visage, ou toute autre platitude semblable ; car il veut qu'on le plaigne, qu'on s'inquiète et qu'on le pleure d'avance. N'aie pas le malheur non plus de lui parler de la mort, ou d'une personne morte ; il a peur de la mort, et ne veut pas mourir. Et cependant ne commets pas la balourdise de lui dire en le quittant : « J'espère que votre précieuse santé sera bientôt meilleure; » car il veut qu'on le croie mourant, et, s'il pouvait persuader aux autres qu'il est mort, il en serait fort content, à condition toutefois qu'il ne le crût pas lui-même.

— Voilà une sotte manie pour un grand homme, répondit Consuelo. Que faudra-t-il donc lui dire, s'il ne faut lui parler ni de guérison, ni de mort?

— Il faut lui parler de sa maladie, lui faire mille questions, écouter tout le détail de ses souffrances et de ses incommodités, et, pour conclure, lui dire qu'il ne se soigne pas assez, qu'il s'oublie lui-même, qu'il ne se ménage point, qu'il travaille trop. De cette façon, nous le disposerons en notre faveur.

— N'allons-nous pas lui demander pourtant de faire un poëme et de vous le faire mettre en musique, afin que je puisse le chanter? Comment pouvons-nous à la fois lui conseiller de ne point écrire et le conjurer d'écrire pour nous au plus vite?

— Tout cela s'arrange dans la conversation; il ne s'agit que de placer les choses à propos. »

Le maëstro voulait que son élève sût se rendre agréable au poëte ; mais, sa causticité naturelle ne lui permettant point de dissimuler les ridicules d'autrui, il commettait lui-même la maladresse de disposer Consuelo à l'examen clairvoyant, et à cette sorte de mépris intérieur qui nous rend peu aimables et peu sympathiques à ceux dont le besoin est d'être flattés et admirés sans réserve. Incapable d'adulation et de tromperie, elle souffrit d'entendre le Porpora caresser les misères du poëte, et le railler cruellement sous les dehors d'une pieuse commisération pour des maux imaginaires. Elle en rougit plusieurs fois, et ne put que garder un silence pénible, en dépit des signes que lui faisait son maître pour qu'elle le secondât.

La réputation de Consuelo commençait à se répandre à Vienne ; elle avait chanté dans plusieurs salons, et son admission au théâtre italien était une hypothèse qui agitait un peu la coterie musicale. Métastase était tout-puissant ; que Consuelo gagnât sa sympathie en caressant à propos son amour-propre, et il pouvait confier au Porpora le soin de mettre en musique son *Attilio Regolo*, qu'il gardait en portefeuille depuis plusieurs années. Il était donc bien nécessaire que l'élève plaidât pour le maître, car le maître ne plaisait nullement au poëte impérial. Métastase n'était pas Italien pour rien, et les Italiens ne se trompent pas aisément les uns les autres. Il avait trop de finesse et de pénétration pour ne point savoir que Porpora avait une médiocre admiration pour son génie dramatique, et qu'il avait censuré plus d'une fois avec rudesse (à tort ou à raison) son caractère craintif, son égoïsme et sa fausse sensibilité. La réserve glaciale de Consuelo, le peu d'intérêt qu'elle semblait prendre à sa maladie, ne lui parurent point ce qu'ils étaient en effet, le malaise d'une respectueuse pitié. Il y vit presque une insulte, et s'il n'eût été esclave de la politesse et du savoir-faire, il eût refusé net de l'entendre chanter ; il y consentit pourtant après quelques minauderies, alléguant l'excitation de ses nerfs et la crainte qu'il avait d'être ému. Il avait entendu Consuelo chanter son oratorio de *Judith ;* mais il fallait qu'il prît une idée d'elle dans le genre scénique, et Porpora insistait beaucoup.

« Mais que faire, et comment chanter, lui dit tout bas Consuelo, s'il faut craindre de l'émouvoir ?

— Il faut l'émouvoir, au contraire, répondit de même le maestro. Il aime beaucoup à être arraché à sa torpeur, parce que, quand il est bien agité, il se sent en veine d'écrire. »

Consuelo chanta un air d'*Achille in Sciro*, la meilleure œuvre dramatique de Métastase, qui avait été mise en musique par Caldara, en 1736, et représentée aux fêtes du mariage de Marie-Thérèse. Métastase fut aussi frappé de sa voix et de sa méthode qu'il l'avait été à la première audition; mais il était résolu à se renfermer dans le même silence froid et gêné qu'elle avait gardé durant le récit de sa maladie. Il n'y réussit point; car il était artiste en dépit de tout, le digne homme, et quand un noble interprète fait vibrer dans l'âme du poëte les accents de sa muse et le souvenir de ses triomphes, il n'est guère de rancune qui tienne.

L'abbé Métastase essaya de se défendre contre ce charme tout-puissant. Il toussa beaucoup, s'agita sur son fauteuil comme un homme distrait par la souffrance, et puis, tout à coup reporté à des souvenirs plus émouvants encore que ceux de sa gloire, il cacha son visage dans son mouchoir et se mit à sangloter. Le Porpora, caché derrière son fauteuil, faisait signe à Consuelo de ne pas le ménager, et se frottait les mains d'un air malicieux.

Ces larmes, qui coulaient abondantes et sincères, réconcilièrent tout à coup la jeune fille avec le pusillanime abbé. Aussitôt qu'elle eut fini son air, elle s'approcha pour lui baiser la main et pour lui dire cette fois avec une effusion convaincante :

« Hélas! Monsieur, que je serais fière et heureuse de vous avoir ému ainsi, s'il ne m'en coûtait un remords! La crainte de vous avoir fait du mal empoisonne ma joie!

— Ah! ma chère enfant, s'écria l'abbé tout à fait gagné, vous ne savez pas, vous ne pouvez pas savoir le bien et le mal que vous m'avez fait. Jamais jusqu'ici je n'avais entendu une voix de femme qui me rappelât celle de ma chère Marianna! et vous me l'avez tellement rappelée, ainsi que sa manière et son expression, que j'ai cru l'entendre elle-même. Ah! vous m'avez brisé le cœur! »

Et il recommença à sangloter.

« Sa Seigneurie parle d'une personne bien illustre, et que tu dois te proposer constamment pour modèle, dit le Porpora à son élève, la célèbre et incomparable Marianna Bulgarini.

— La *Romanina*? s'écria Consuelo; ah ! je l'ai entendue dans mon enfance à Venise ; c'est mon premier grand souvenir, et je ne l'oublierai jamais.

— Je vois bien que vous l'avez entendue, et qu'elle vous a laissé une impression ineffaçable, reprit le Métastase. Ah ! jeune fille, imitez-la en tout, dans son jeu comme dans son chant, dans sa bonté comme dans sa grandeur, dans sa puissance comme dans son dévouement! Ah! qu'elle était belle lorsqu'elle représentait la divine Vénus, dans le premier opéra que je fis à Rome! C'est à elle que je dus mon premier triomphe.

— Et c'est à Votre Seigneurie qu'elle a dû ses plus beaux succès, dit le Porpora.

— Il est vrai que nous avons contribué à la fortune l'un de l'autre. Mais rien n'a pu m'acquitter assez envers elle. Jamais tant d'affection, jamais tant d'héroïque persévérance et de soins délicats n'ont habité l'âme d'une mortelle. Ange de ma vie, je te pleurerai éternellement, et je n'aspire qu'à te rejoindre ! »

Ici l'abbé pleura encore. Consuelo était fort émue, Porpora affecta de l'être ; mais, en dépit de lui-même, sa physionomie restait ironique et dédaigneuse. Consuelo le remarqua et se promit de lui reprocher cette méfiance ou cette dureté. Quant à Métastase, il ne vit que l'effet qu'il souhaitait produire, l'attendrissement et l'admiration de la bonne Consuelo. Il était de la véritable espèce des poètes : c'est-à-dire qu'il pleurait plus volontiers devant les autres que dans le secret de sa chambre, et qu'il ne sentait jamais si bien ses affections et ses douleurs que quand il les racontait avec éloquence. Entraîné par l'occasion, il fit à Consuelo le récit de cette partie de sa jeunesse où la Romanina a joué un si grand rôle; les services que cette généreuse amie lui rendit, le soin filial qu'elle prit de ses vieux parents, le sacrifice maternel qu'elle accomplit en se séparant de lui pour l'envoyer faire fortune à Vienne; et quand il en fut à la scène des adieux, quand il eut dit, dans les termes les plus choisis et les plus tendres, de quelle manière sa chère Marianna, le cœur déchiré et la poitrine gonflée de sanglots, l'avait exhorté à l'abandonner pour ne songer qu'à lui-même, il s'écria :

« Oh! que si elle eût deviné l'avenir qui m'attendait loin d'elle, que si elle eût prévu les douleurs, les combats, les terreurs, les angoisses, les revers et jusqu'à l'affreuse maladie qui devaient être mon partage ici, elle se fût bien épargné ainsi qu'à moi une si affreuse immolation! Hélas! j'étais loin de croire que nous nous faisions d'éternels adieux, et que nous ne devions jamais nous rencontrer sur la terre!

— Comment! vous ne vous êtes point revus? dit Consuelo dont les yeux étaient baignés de larmes, car la parole du Métastase avait un charme extraordinaire : elle n'est point venue à Vienne ?

— Elle n'y est jamais venue ! répondit l'abbé d'un air accablé.

— Après tant de dévouement, elle n'a pas eu le courage de venir ici vous retrouver? reprit Consuelo, à qui le Porpora faisait en vain des yeux terribles. »

Le Métastase ne répondit rien : il paraissait absorbé dans ses pensées.

« Mais elle pourrait y venir encore? poursuivit Consuelo avec candeur, et elle y viendra certainement. Cet heureux événement vous rendra la santé. »

L'abbé pâlit et fit un geste de terreur. Le maestro toussa de toute sa force, et Consuelo, se rappelant tout à coup que la Romanina était morte depuis plus de dix ans, s'aperçut de l'énorme maladresse qu'elle commettait en rappelant l'idée de la mort à cet ami, qui n'aspirait, selon lui, qu'à rejoindre sa bien-aimée dans la tombe. Elle se mordit les lèvres, et se retira bientôt avec son maître, lequel n'emportait de cette visite que de vagues promesses et force civilités, comme à l'ordinaire.

« Qu'as-tu fait, tête de linote? dit-il à Consuelo dès qu'ils furent dehors.

— Une grande sottise, je le vois bien. J'ai oublié que la Romanina ne vivait plus; mais croyez-vous bien, maître, que cet homme si aimant et si désolé soit attaché à la vie autant qu'il vous plaît de le dire? Je m'imagine, au contraire, que le regret d'avoir perdu son amie est la seule cause de son mal, et que si quelque terreur superstitieuse lui fait redouter l'heure suprême, il n'en est pas moins horriblement et sincèrement las de vivre.

— Enfant! dit le Porpora, on n'est jamais las de vivre quand on est riche, honoré, adulé et bien portant; et quand on n'a jamais eu d'autres soucis et d'autres passions que celle-là, on ment et on joue la comédie quand on maudit l'existence.

— Ne dites pas qu'il n'a jamais eu d'autres passions. Il a aimé la Marianna, et je m'explique pourquoi il a donné ce nom chéri à sa filleule et à sa nièce Marianna Martiez... »

Consuelo avait failli dire l'élève de Joseph; mais elle s'arrêta brusquement.

« Achève, dit le Porpora, sa filleule, sa nièce ou sa fille.

— On le dit; mais que m'importe?

— Cela prouverait, du moins, que le cher abbé s'est consolé assez vite de l'absence de sa bien-aimée ; mais lorsque tu lui demandais (que Dieu confonde ta stupidité !) pourquoi sa chère Marianna n'était pas venue le rejoindre ici, il ne t'a pas répondu, et je vais répondre à sa place. La Romanina lui avait bien, en effet, rendu les plus grands services qu'un homme puisse accepter d'une femme. Elle l'avait bien nourri, logé, habillé, secouru, soutenu en toute occasion ; elle l'avait bien aidé à se faire nommer *poeta cesareo*. Elle s'était bien faite la servante, l'amie, la garde-malade, la bienfaitrice de ses vieux parents. Tout cela est exact. La Marianna avait un grand cœur : je l'ai beaucoup connue ; mais ce qu'il y a de vrai aussi, c'est qu'elle désirait ardemment se réunir à lui, en se faisant admettre au théâtre de la cour. Et ce qu'il y a de plus vrai encore, c'est que monsieur l'abbé ne s'en souciait pas du tout et ne le permit jamais. Il y avait bien entre eux un commerce de lettres les plus tendres du monde. Je ne doute pas que celles du poëte ne fussent des chefs-d'œuvre. On les imprimera : il le savait bien. Mais tout en disant à sa *dilettissima amica* qu'il soupirait après le jour de leur réunion, et qu'il travaillait sans cesse à faire luire ce jour heureux sur leur existence, le maître renard arrangeait les choses de manière à ce que la malencontreuse cantatrice ne vînt pas tomber au beau milieu de ses illustres et lucratives amours avec une troisième Marianna (car ce nom-là est une heureuse fatalité dans sa vie), la noble et toute-puissante comtesse d'Althan, favorite du dernier César. On dit qu'il en est résulté un mariage secret ; je le trouve donc fort mal venu à s'arracher les cheveux pour cette pauvre Romanina, qu'il a laissée mourir de chagrin tandis qu'il faisait des madrigaux dans les bras des dames de la cour.

— Vous commentez et vous jugez tout cela avec un cynisme cruel, mon cher maître, reprit Consuelo attristée.

— Je parle comme tout le monde; je n'invente rien; c'est la voix publique qui affirme tout cela. Va, tous les comédiens ne sont pas au théâtre; c'est un vieux proverbe.

— La voix publique n'est pas toujours la plus éclairée, et, en tous cas, ce n'est jamais la plus charitable. Tiens, maître, je ne puis pas croire qu'un homme de ce renom et de ce talent ne soit rien de plus qu'un comédien en scène. Je l'ai vu pleurer des larmes véritables, et quand même il aurait à se reprocher d'avoir trop vite oublié sa première Marianna, ses remords ne feraient qu'ajouter à la sincérité de ses regrets d'aujourd'hui. En tout ceci, j'aime mieux le croire faible que lâche. On l'avait fait abbé, on le comblait de bienfaits; la cour était dévote; ses amours avec une comédienne y eussent fait grand scandale. Il n'a pas voulu précisément trahir et tromper la Bulgarini : il a eu peur, il a hésité, il a gagné du temps,... elle est morte...

— Et il en a remercié la Providence, ajouta l'impitoyable maestro. Et maintenant notre impératrice lui envoie des boîtes et des bagues avec son chiffre en brillants; des plumes de lapis avec des lauriers en brillants; des pots en or massif remplis de tabac d'Espagne, des cachets faits d'un seul gros brillant, et tout cela brille si fort, que les yeux du poëte sont toujours baignés de larmes.

— Et tout cela peut-il le consoler d'avoir brisé le cœur de la Romanina?

— Il se peut bien que non. Mais le désir de ces choses l'a décidé à le faire.

— Triste vanité! Pour moi, j'ai eu bien de la peine à m'empêcher de rire quand il nous a montré son chandelier d'or à chapiteau d'or, avec la devise ingénieuse que l'impératrice y a fait graver :

Perchè possa risparmiare i suoi occhi !

Voilà, en effet, qui est bien délicat et qui le faisait s'écrier avec emphase : *Affettuosa espressione valutabile più assai dell' oro !* Oh ! le pauvre homme !

— O l'homme malheureux ! » dit Consuelo en soupirant.

Et elle rentra fort triste, car elle avait fait involontairement un rapprochement terrible entre la situation de Métastase à l'égard de Marianna et la sienne propre à l'égard d'Albert. « Attendre et mourir ! se disait-elle : est-ce donc là le sort de ceux qui aiment passionnément ? Faire attendre et faire mourir, est-ce donc là la destinée de ceux qui poursuivent la chimère de la gloire ? »

« Qu'as-tu à rêver ainsi ? lui dit le maestro ; il me semble que tout va bien, et que, malgré tes gaucheries, tu as conquis le Métastase.

— C'est une maigre conquête que celle d'une âme faible, répondit-elle, et je ne crois pas que celui qui a manqué de courage pour faire admettre Marianna au théâtre impérial en retrouve un peu pour moi.

— Le Métastase, en fait d'art, gouverne désormais l'impératrice.

— Le Métastase, en fait d'art, ne conseillera jamais à l'impératrice que ce qu'elle paraîtra désirer, et on a beau parler des favoris et des conseillers de Sa Majesté... J'ai vu les traits de Marie-Thérèse, et je vous le dis, mon maître, Marie-Thérèse est trop politique pour avoir des amants, trop absolue pour avoir des amis.

— Eh bien, dit le Porpora soucieux, il faut gagner l'impératrice elle-même, il faut que tu chantes dans ses appartements un matin, et qu'elle te parle, qu'elle cause avec toi. On dit qu'elle n'aime que les personnes vertueuses. Si elle a ce regard d'aigle qu'on lui prête, elle te jugera et te préférera. Je vais tout mettre en œuvre pour qu'elle te voie en tête-à-tête. »

XC.

Un matin, Joseph, étant occupé à frotter l'antichambre du Porpora, oublia que la cloison était mince et le sommeil du maestro léger ; il se laissa aller machinalement à fredonner une phrase musicale qui lui venait à l'esprit, et qu'accompagnait rhythmiquement le mouvement de sa brosse sur le plancher. Le Porpora, mécontent d'être éveillé avant l'heure, s'agite dans son lit, essaie de se rendormir, et, poursuivi par cette voix belle et fraîche qui chante avec justesse et légèreté une phrase fort gracieuse et fort bien faite, il passe sa robe de chambre et va regarder par le trou de la serrure, moitié charmé de ce qu'il entend, moitié courroucé contre l'artiste qui vient sans façon composer chez lui avant son lever. Mais quelle surprise! c'est Beppo qui chante et qui rêve, et qui poursuit son idée tout en vaquant d'un air préoccupé aux soins du ménage.

« Qu'est-ce que tu chantes là? dit le maestro d'une voix tonnante en ouvrant la porte brusquement. »
Joseph, étourdi comme un homme éveillé en sursaut, faillit jeter balai et plumeau, et quitter la maison à toutes jambes ; mais s'il n'avait plus, depuis longtemps, l'espoir de devenir l'élève du Porpora, il s'estimait encore bien heureux d'entendre Consuelo travailler avec le maître et de recevoir les leçons de cette généreuse amie en cachette, quand le maître était absent. Pour rien au monde il n'eût donc voulu être chassé, et il se hâta de mentir pour éloigner les soupçons.

« Ce que je chante, dit-il tout décontenancé; hélas! maître, je l'ignore.

— Chante-t-on ce qu'on ignore? Tu mens!

— Je vous assure, maître, que je ne sais ce que je chantais. Vous m'avez tant effrayé que je l'ai déjà oublié. Je sais bien que j'ai fait une grande faute de chanter auprès de votre chambre. Je suis distrait, je me croyais bien loin d'ici, tout seul; je me disais : A présent tu peux chanter; personne n'est là pour te dire : Tais-toi, ignorant, tu chantes faux. Tais-toi, brute, tu n'as pas pu apprendre la musique.

— Qui t'a dit que tu chantais faux?

— Tout le monde.

— Et moi, je te dis, s'écria le maestro d'un ton sévère, que tu ne chantes pas faux. Et qui a essayé de t'enseigner la musique?

— Mais... par exemple, maître Reuter, dont mon ami Keller fait la barbe, et qui m'a chassé de la leçon, disant que je ne serais jamais qu'un âne. »

Joseph connaissait déjà assez les antipathies du maestro pour savoir qu'il faisait peu de cas du Reuter, et même il avait compté sur ce dernier pour lui gagner les bonnes grâces du Porpora, la première fois qu'il essaierait de le desservir auprès de lui. Mais le Reuter, dans les rares visites qu'il avait rendues au maestro, n'avait pas daigné reconnaître son ancien élève dans l'antichambre.

— Maître Reuter est un âne lui-même, murmura le Porpora entre ses dents; mais il ne s'agit pas de cela, reprit-il tout haut; je veux que tu me dises où tu as pêché cette phrase. »

Et il chanta celle que Joseph lui avait fait entendre dix fois de suite par mégarde.

— Ah! cela? dit Haydn qui commençait à mieux

augurer des dispositions du maître, mais qui ne s'y fiait pas encore; c'est quelque chose que j'ai entendu chanter à la signora.

— A la Consuelo? à ma fille? Je ne connais pas cela. Ah çà, tu écoutes donc aux portes?

— Oh non, Monsieur! mais la musique, cela arrive de chambre en chambre jusqu'à la cuisine, et on l'entend malgré soi.

— Je n'aime pas à être servi par des gens qui ont tant de mémoire, et qui vont chanter nos idées inédites dans la rue. Vous ferez votre paquet aujourd'hui, et vous irez ce soir chercher une autre condition. »

Cet arrêt tomba comme un coup de foudre sur le pauvre Joseph, et il alla pleurer dans la cuisine où bientôt Consuelo vint écouter le récit de sa mésaventure, et le rassurer en lui promettant d'arranger ses affaires.

« Comment, maître, dit-elle au Porpora en lui présentant son café, tu veux chasser ce pauvre garçon, qui est laborieux et fidèle, parce que pour la première fois de sa vie il lui est arrivé de chanter juste!

— Je te dis que ce garçon-là est un intrigant et un menteur effronté; qu'il a été envoyé chez moi par quelque ennemi qui veut surprendre le secret de mes compositions et se les approprier avant qu'elles aient vu le jour. Je gage que le drôle sait déjà par cœur mon nouvel opéra, et qu'il copie mes manuscrits quand j'ai le dos tourné! Combien de fois n'ai-je pas été trahi ainsi! Combien de mes idées n'ai-je pas retrouvées dans ces jolis opéras qui faisaient courir tout Venise, tandis qu'on bâillait aux miens et qu'on disait : Ce vieux radoteur de Porpora nous donne pour du neuf des motifs qui traînent dans les carrefours! Tiens! le sot s'est trahi; il a chanté ce matin une phrase qui n'est certainement pas d'un autre que de *meinherr* Hasse, et que j'ai fort bien retenue ; j'en prendrai note, et, pour me venger, je la mettrai dans mon nouvel opéra, afin de lui rendre le tour qu'il m'a joué si souvent.

— Prenez garde, maître ! cette phrase-là n'est peut-être pas inédite. Vous ne savez pas par cœur toutes les productions contemporaines.

— Mais je les ai entendues, et je te dis que c'est une phrase trop remarquable pour qu'elle ne m'ait pas encore frappé.

— Eh bien, maître, grand merci ! je suis fière du compliment ; car la phase est de moi...»

Consuelo mentait, la phrase en question était bien éclose le matin même dans le cerveau d'Haydn ; mais elle avait le mot, et déjà elle l'avait apprise par cœur, afin de n'être pas prise au dépourvu par les méfiantes investigations du maître. Le Porpora ne manqua pas de la lui demander. Elle la chanta sur-le-champ, et prétendit que la veille elle avait essayé de mettre en musique, pour complaire à l'abbé Métastase, les premières strophes de sa jolie pastorale :

> Già riede la primavera
> Col suo florito aspetto ;
> Già il grato zeffiretto
> Scherza fra l'erbe e i flor.
> Tornan le frondi agli alberi,
> L'herbette al prato tornano ;
> Sol non ritorna a me
> La pace del mio cor.

« J'avais répété ma première phrase bien des fois, ajouta-t-elle, lorsque j'ai entendu dans l'antichambre maître Beppo qui, comme un vrai serin des Canaries, s'égosillait à la répéter tout de travers ; cela m'impatientait, je l'ai prié de se taire. Mais, au bout d'une heure, il la répétait sur l'escalier, tellement défigurée, que cela m'a ôté l'envie de continuer mon air.

— Et d'où vient qu'il la chante si bien aujourd'hui? que s'est-il passé durant son sommeil?

— Je vais t'expliquer cela, mon maître; je remarquais que ce garçon avait la voix belle et même juste, mais qu'il chantait faux, faute d'oreille, de raisonnement et de mémoire. Je me suis amusée à lui faire poser la voix et à chanter la gamme d'après ta méthode, pour voir si cela réussirait, même sur une pauvre organisation musicale.

— Cela doit réussir sur toutes les organisations, s'écria le Porpora. Il n'y a point de voix fausse, et jamais une oreille exercée....

— C'est ce que je me disais, interrompit Consuelo, qui avait hâte d'en venir à ses fins, et c'est ce qui est arrivé. J'ai réussi, avec le système de ta première leçon, à faire comprendre à ce butor ce que, dans toute sa vie, le Reuter et tous les Allemands ne lui eussent pas fait soupçonner. Après cela, je lui ai chanté ma phrase, et, pour la première fois, il l'a entendue exactement. Aussitôt il a pu la dire, et il en était si étonné, si émerveillé, qu'il a bien pu n'en pas dormir de la nuit; c'était pour lui comme une révélation. Oh! Mademoiselle, me disait-il, si j'avais été enseigné ainsi, j'aurais pu apprendre peut-être aussi bien qu'un autre. Mais je vous avoue que je n'ai jamais rien pu comprendre de ce qu'on enseignait à la maîtrise de Saint-Étienne.

— Il a donc été à la maîtrise, réellement?

— Et il en a été chassé honteusement; tu n'as qu'à parler de lui à maître Reuter! il te dira que c'est un mauvais sujet, et un sujet musical impossible à former.

— Viens çà, ici, toi! cria le Porpora à Beppo qui pleurait derrière la porte; et mets-toi près de moi : je

veux voir si tu as compris la leçon que tu as reçue
hier. »

Alors le malicieux maestro commença à enseigner les
éléments de la musique à Joseph, de la manière diffuse,
pédantesque et embrouillée qu'il attribuait ironiquement
aux maîtres allemands.

Si Joseph, qui en savait trop pour ne pas comprendre
ces éléments, en dépit du soin qu'il prenait pour les
lui rendre obscurs, eût laissé voir son intelligence, il
était perdu. Mais il était assez fin pour ne pas tomber
dans le piége, et il montra résolument une stupidité
qui, après une longue épreuve tentée avec obstination
par le maître, rassura complétement ce dernier.

« Je vois bien que tu es fort borné, lui dit-il en se
levant et en continuant une feinte dont les deux autres
n'étaient pas dupes. Retourne à ton balai, et tâche de
ne plus chanter, si tu veux rester à mon service. »

Mais, au bout de deux heures, n'y pouvant plus tenir,
et se sentant aiguillonné par l'amour d'un métier qu'il
négligeait après l'avoir exercé sans rivaux pendant si
longtemps, le Porpora redevint professeur de chant, et
rappela Joseph pour le remettre sur la sellette. Il lui
expliqua les mêmes principes, mais cette fois avec cette
clarté, cette logique puissante et profonde qui motive et
classe toutes choses, en un mot, avec cette incroyable
simplicité de moyens dont les hommes de génie s'avisent seuls.

Cette fois, Haydn comprit qu'il pouvait avoir l'air de
comprendre; et Porpora fut enchanté de son triomphe.
Quoique le maître lui enseignât des choses qu'il avait
longtemps étudiées et qu'il savait aussi bien que possible, cette leçon eut pour lui un puissant intérêt et une
utilité bien certaine : il y apprit à enseigner; et comme
aux heures où le Porpora ne l'employait pas, il allait

encore donner quelques leçons en ville pour ne pas perdre sa mince clientèle, il se promit de mettre à profit, sans tarder, cette excellence démonstration.

« A la bonne heure, monsieur le professeur! dit-il au Porpora en continuant à jouer la niaiserie à la fin de la leçon; j'aime mieux cette musique-là que l'autre, et je crois que je pourrais l'apprendre; mais quant à celle de ce matin, j'aimerais mieux retourner à la maîtrise que d'essayer d'y mordre.

— Et c'est pourtant la même qu'on t'enseignait à la maîtrise. Est-ce qu'il y a deux musiques, benêt! Il n'y a qu'une musique, comme il n'y a qu'un Dieu.

— Oh! je vous demande bien pardon, Monsieur! il y a la musique de maître Reuter, qui m'ennuie, et la vôtre, qui ne m'ennuie pas.

— C'est bien de l'honneur pour moi, seigneur Beppo, » dit en riant le Porpora, à qui le compliment ne déplut point.

A partir de ce jour, Haydn reçut les leçons du Porpora, et bientôt ils arrivèrent aux études du chant italien et aux idées mères de la composition lyrique; c'était ce que le noble jeune homme avait souhaité avec tant d'ardeur et poursuivi avec tant de courage. Il fit de si rapides progrès, que le maître était à la fois charmé, surpris, et parfois effrayé. Lorsque Consuelo voyait ses anciennes méfiances prêtes à renaître, elle dictait à son jeune ami la conduite qu'il fallait tenir pour les dissiper. Un peu de résistance, une préoccupation feinte, étaient parfois nécessaires pour que le génie et la passion de l'enseignement se réveillassent chez le Porpora, ainsi qu'il arrive toujours à l'exercice des hautes facultés, qu'un peu d'obstacle et de lutte rendent plus énergique et plus puissant. Il arriva souvent à Joseph d'être forcé de jouer la langueur et le dépit pour obtenir, en feignant de s'y traîner à regret, ces précieuses leçons, qu'il tremblait de voir négliger. Le plaisir de contrarier et le besoin de dompter émoustillaient alors l'âme taquine et guerroyante du vieux professeur; et jamais Beppo ne reçut de meilleures notions que celles dont la déduction fut arrachée, claire, éloquente et chaude, à l'emportement et à l'ironie du maître.

Pendant que l'intérieur du Porpora était le théâtre de ces événements si frivoles en apparence, et dont les résultats pourtant jouèrent un si grand rôle dans l'histoire de l'art, puisque le génie d'un des plus féconds et des plus célèbres compositeurs du siècle dernier y reçut son développement et sa sanction, des événements d'une influence plus immédiate sur le roman de la vie de Consuelo se passaient au dehors. La Corilla, plus active pour discuter ses propres intérêts, plus habile à les faire prévaloir, gagnait chaque jour du terrain, et déjà, parfaitement remise de ses couches, négociait les conditions de son engagement au théâtre de la cour. Virtuose robuste et médiocre musicienne, elle plaisait beaucoup mieux que Consuelo à monsieur le directeur et à sa femme. On sentait bien que la savante Porporina jugerait de haut, ne fût-ce que dans le secret de ses pensées, les opéras de maître Holzbaüer et le talent de madame son épouse. On savait bien que les grands artistes, mal secondés et réduits à rendre de pauvres idées, ne conservent pas toujours, accablés qu'ils sont de cette violence faite à leur goût et à leur conscience, cet entrain routinier, cette verve confiante que les médiocrités portent cavalièrement dans la représentation des plus mauvais ouvrages; et à travers la douloureuse cacophonie des œuvres mal étudiées et mal comprises par leurs camarades.

Lors même que, grâce à des miracles de volonté et de

puissance, ils parviennent à triompher de leur rôle et de leur entourage, cet entourage envieux ne leur en sait point gré; le compositeur devine leur souffrance intérieure, et tremble sans cesse de voir cette inspiration factice se refroidir tout à coup et compromettre son succès ; le public lui-même, étonné et troublé sans savoir pourquoi, devine cette anomalie monstrueuse d'un génie asservi à une idée vulgaire, se débattant dans les liens étroits dont il s'est laissé charger, et c'est presque en soupirant qu'il applaudit à ses vaillants efforts. M. Holzbaüer se rendait fort bien compte, quant à lui, du peu de goût que Consuelo avait pour sa musique. Elle avait eu le malheur de le lui montrer, un jour que, déguisée en garçon et croyant avoir affaire à une de ces figures qu'on aborde en voyage pour la première et la dernière fois de sa vie, elle avait parlé franchement, sans se douter que bientôt sa destinée d'artiste allait être pour quelque temps à la merci de l'inconnu, ami du chanoine. Holzbaüer ne l'avait point oublié, et, piqué jusqu'au fond de l'âme, sous un air calme, discret et courtois, il s'était juré de lui fermer le chemin. Mais comme il ne voulait point que le Porpora et son élève, et ce qu'il appelait leur coterie, pussent l'accuser d'une vengeance mesquine et d'une lâche susceptibilité, il n'avait raconté qu'à sa femme sa rencontre avec Consuelo et l'aventure du déjeuner au presbytère. Cette rencontre paraissait donc n'avoir nullement frappé monsieur le directeur ; il semblait avoir oublié les traits du petit Bertoni, et ne pas se douter le moins du monde que ce chanteur ambulant et la Porporina fussent un seul et même personnage. Consuelo se perdait en commentaires sur la conduite de Holzbaüer à son égard.

« J'étais donc bien parfaitement déguisée en voyage, disait-elle en confidence à Beppo, et l'arrangement de mes cheveux changeait donc bien ma physionomie, pour que cet homme, qui me regardait là-bas avec des yeux si clairs et si perçants, ne me reconnaisse pas du tout ici?

— Le comte Hoditz ne vous a pas reconnue non plus la première fois qu'il vous a revue chez l'ambassadeur, reprenait Joseph, et peut-être que s'il n'eût pas reçu votre billet, il ne vous eût jamais reconnue.

— Bien! mais le comte Hoditz a une manière vague et nonchalamment superbe de regarder les gens, qui fait qu'il ne voit réellement point. Je suis sûre qu'il n'eût point pressenti mon sexe, à Passaw, si le baron de Trenk ne l'en eût avisé; au lieu que le Holzbaüer, dès qu'il m'a revue ici, et chaque fois qu'il me rencontre, me regarde avec ces mêmes yeux attentifs et curieux que je lui ai trouvés au presbytère. Pour quel motif me garde-t-il généreusement le secret sur une folle aventure qui pourrait avoir pour ma réputation des suites fâcheuses s'il voulait l'interpréter à mal, et qui pourrait même me brouiller avec mon maître, puisqu'il croit que je suis venue à Vienne sans détresse, sans encombre et sans incidents romanesques, tandis que ce même Holzbaüer dénigre sous main ma voix et ma méthode, et me dessert le plus possible pour n'être point forcé à m'engager! Il me hait et me repousse, et, ayant dans la main de plus fortes armes contre moi, il n'en fait point usage! Je m'y perds! »

Le mot de cette énigme fut bientôt révélé à Consuelo; mais avant de lire ce qui lui arriva, il faut qu'on se rappelle qu'une nombreuse et puissante coterie travaillait contre elle; que la Corilla était belle et galante; que le grand ministre Kaunitz la voyait souvent; qu'il aimait à se mêler au tripotage de coulisses, et que Marie-Thérèse, pour se délasser de ses graves travaux, s'amusait à le faire babiller sur ces matières, raillant intérieurement les petitesses de ce grand esprit, et prenant pour son compte un certain plaisir à ces commérages, qui lui montraient en petit, mais avec une franche effronterie, un spectacle analogue à celui que présentaient à cette époque les trois plus importantes cours de l'Europe, gouvernées par des intrigues de femmes : la sienne, celle de la czarine et celle de madame de Pompadour.

XCI.

On sait que Marie-Thérèse donnait audience une fois par semaine à quiconque voulait lui parler ; coutume paternellement hypocrite que son fils Joseph II observa toujours religieusement, et qui est encore en vigueur à la cour d'Autriche. En outre, Marie-Thérèse accordait facilement des audiences particulières à ceux qui voulaient entrer à son service, et jamais souveraine ne fut plus aisée à aborder.

Le Porpora avait enfin obtenu cette audience musicale, où l'impératrice, voyant de près l'honnête figure de Consuelo, pourrait peut-être prendre quelque sympathie marquée pour elle. Du moins le maestro l'espérait. Connaissant les exigences de Sa Majesté à l'endroit des bonnes mœurs et de la tenue décente, il se disait qu'elle serait frappée, à coup sûr, de l'air de candeur et de modestie qui brillait dans toute la personne de son élève. On les introduisit dans un des petits salons du palais, où l'on avait transporté un clavecin, et où l'impératrice arriva au bout d'une demi-heure. Elle venait de recevoir des personnages d'importance, et elle était encore en costume de représentation, telle qu'on la voit sur les sequins d'or frappés à son effigie, en robe de brocart, manteau impérial, la couronne en tête, et un petit sabre hongrois au côté. Elle était vraiment belle ainsi, non imposante et d'une noblesse idéale, comme ses courtisans affectaient de la dépeindre, mais fraîche, enjouée, la physionomie ouverte et heureuse, l'air confiant et entreprenant. C'était bien *le roi* Marie-Thérèse que les magnats de Hongrie avaient proclamé, le sabre au poing, dans un jour d'enthousiasme ; mais c'était, au premier abord, un bon roi plutôt qu'un grand roi. Elle n'avait point de coquetterie, et la familiarité de ses manières annonçait une âme calme et dépourvue d'astuce féminine. Quand on la regardait longtemps, et surtout lorsqu'elle vous interrogeait avec insistance, on voyait de la finesse et même de la ruse froide dans cette physionomie si riante et si affable. Mais c'était de la ruse masculine, de la ruse impériale si l'on veut; jamais de la galanterie.

« Vous me ferez entendre votre élève tout à l'heure, dit-elle au Porpora ; je sais déjà qu'elle a un grand savoir, une voix magnifique, et je n'ai pas oublié le plaisir qu'elle m'a fait dans l'oratorio de *Betulia liberata*. Mais je veux d'abord causer un peu avec elle en particulier. J'ai plusieurs questions à lui faire ; et comme je compte sur sa franchise, j'ai bon espoir de lui pouvoir accorder la protection qu'elle me demande. »

Le Porpora se hâta de sortir, lisant dans les yeux de Sa Majesté qu'elle désirait être tout à fait seule avec Consuelo. Il se retira dans une galerie voisine, où il eut grand froid ; car la cour, ruinée par les dépenses de la guerre, était gouvernée avec beaucoup d'économie, et le caractère de Marie-Thérèse secondait assez à cet égard les nécessités de sa position.

En se voyant tête à tête avec la fille et la mère des Césars, l'héroïne de la Germanie, et la plus grande femme qu'il y eût alors en Europe, Consuelo ne se sentit pourtant ni troublée, ni intimidée. Soit que son insouciance d'artiste la rendît indifférente à cette pompe armée qui brillait autour de Marie-Thérèse et jusque sur son costume, soit que son âme noble et franche se sentît à la hauteur de toutes les grandeurs morales, elle attendit dans une attitude calme et dans une grande sérénité d'esprit qu'il plût à Sa Majesté de l'interroger.

L'impératrice s'assit sur un sofa, tirailla un peu son baudrier couvert de pierreries, qui gênait et blessait son épaule ronde et blanche, et commença ainsi :

« Je te répète, mon enfant, que je fais grand cas de ton talent, et que je ne mets pas en doute tes bonnes études et l'intelligence que tu as de ton métier; mais on doit t'avoir dit qu'à mes yeux le talent n'est rien sans la bonne conduite, et que je fais plus de cas d'un cœur pur et pieux que d'un grand génie. »

Consuelo, debout, écouta respectueusement cet exorde, mais il ne lui sembla pas que ce fût une provocation à faire l'éloge d'elle-même; et comme elle éprouvait d'ailleurs une mortelle répugnance à se vanter des vertus qu'elle pratiquait si simplement, elle attendit en silence que l'impératrice l'interrogeât d'une manière plus directe sur ses principes et ses résolutions. C'était pourtant bien le moment d'adresser à la souveraine un madrigal bien tourné sur sa piété angélique, sur ses vertus sublimes et sur l'impossibilité de se mal conduire quand on avait son exemple sous les yeux. La pauvre Consuelo n'eut pas seulement l'idée de mettre l'occasion à profit. Les âmes délicates craindraient d'insulter à un grand caractère en lui donnant des louanges banales; mais les souverains, s'ils ne sont pas dupes de cet encens grossier, ont du moins une telle habitude de le respirer, qu'ils l'exigent comme un simple acte de soumission et d'étiquette. Marie-Thérèse fut étonnée du silence de la jeune fille, et prenant un ton moins doux et un air moins encourageant, elle continua :

« Or, je sais, ma chère petite, que vous avez une conduite assez légère, et que, n'étant pas mariée, vous vivez ici dans une étrange intimité avec un jeune homme de votre profession dont je ne me rappelle pas le nom en ce moment.

— Je ne puis répondre à Votre Majesté Impériale qu'une seule chose, dit enfin Consuelo animée par l'injustice de cette brusque accusation ; c'est que je n'ai jamais commis une seule faute dont le souvenir m'empêche de soutenir le regard de Votre Majesté avec un doux orgueil et une joie reconnaissante. »

Marie-Thérèse fut frappée de l'expression fière et forte que la physionomie de Consuelo prit en cet instant. Cinq ou six ans plus tôt, elle l'eût sans doute remarquée avec plaisir et sympathie ; mais déjà Marie-Thérèse était reine jusqu'au fond de l'âme, et l'exercice de sa force lui avait donné cette sorte d'enivrement réfléchi qui fait qu'on veut tout plier et tout briser devant soi. Marie-Thérèse voulait être le seul être fort qui respirât dans ses États, et comme souveraine et comme femme. Elle fut donc choquée du sourire fier et du regard franc de cette enfant qui n'était qu'un vermisseau devant elle, et dont elle croyait pouvoir s'amuser un instant comme d'un esclave qu'on fait causer par curiosité.

« Je vous ai demandé, Mademoiselle, le nom de ce jeune homme qui demeure avec vous chez maître Porpora, reprit-elle d'un ton glacial, et vous ne me l'avez point dit.

— Son nom est Joseph Haydn, répondit Consuelo sans s'émouvoir.

— Eh bien, il est entré, par inclination pour vous, au service de maître Porpora en qualité de valet de chambre, et maître Porpora ignore les vrais motifs de la conduite de ce jeune homme, tandis que vous les encouragez, vous qui ne les ignorez point.

— On m'a calomniée auprès de Votre Majesté ; ce jeune homme n'a jamais eu d'inclination pour moi (Consuelo croyait dire la vérité), et je sais même que ses affections sont ailleurs. S'il y a eu une petite tromperie envers mon respectable maître, les motifs en sont innocents et peut-être estimables. L'amour de l'art a pu seul décider Joseph Haydn à se mettre au service du Porpora ; et puisque Votre Majesté daigne peser la conduite de ses moindres sujets, comme je crois impossible que rien échappe à son équité clairvoyante, je suis certaine qu'elle rendra justice à ma sincérité dès qu'elle voudra descendre jusqu'à examiner ma cause. »

Marie-Thérèse était trop pénétrante pour ne pas reconnaître l'accent de la vérité. Elle n'avait pas encore perdu tout l'héroïsme de sa jeunesse, bien qu'elle fût en train de descendre cette pente fatale du pouvoir absolu, qui éteint peu à peu la foi dans les âmes les plus généreuses.

« Jeune fille, je vous crois vraie et je vous trouve l'air chaste ; mais je démêle en vous un grand orgueil, et une méfiance de ma bonté maternelle qui me fait craindre de ne pouvoir rien pour vous.

— Si c'est à la bonté maternelle de Marie-Thérèse que j'ai affaire, répondit Consuelo attendrie par cette expression dont la pauvrette, hélas ! ne connaissait pas l'extension banale, me voici prête à m'agenouiller devant elle et à l'implorer : mais si c'est…

— Achevez, mon enfant, dit Marie-Thérèse, qui, sans trop s'en rendre compte, eût voulu mettre à ses genoux cette personne étrange : dites toute votre pensée.

— Si c'est à la justice impériale de Votre Majesté,

n'ayant rien à confesser, comme une haleine pure ne souille pas l'air que les Dieux même respirent, je me sens tout l'orgueil nécessaire pour être digne de sa protection.

— Porporina, dit l'impératrice, vous êtes une fille d'esprit, et votre originalité, dont une autre s'offenserait, ne vous messied pas auprès de moi. Je vous l'ai dit, je vous crois franche, et cependant je sais que vous avez quelque chose à me confesser. Pourquoi hésitez-vous à le faire? Vous aimez Joseph Haydn, votre liaison est pure, je n'en veux pas douter. Mais vous l'aimez, puisque, pour le seul charme de le voir plus souvent (supposons même que ce soit pour la seule sollicitude de ses progrès en musique avec le Porpora), vous exposez intrépidement votre réputation, qui est la chose la plus sacrée, la plus importante de notre vie de femme. Mais vous craignez peut-être que votre maître, votre père adoptif, ne consente pas à votre union avec un artiste pauvre et obscur. Peut-être aussi, car je veux croire à toutes vos assertions, le jeune homme aime-t-il ailleurs ; et vous fière, comme je vois bien que vous l'êtes, vous cachez votre inclination, et vous sacrifiez généreusement votre bonne renommée, sans retirer de ce dévouement aucune satisfaction personnelle. Eh bien, ma chère petite, à votre place, si j'avais l'occasion qui se présente en cet instant, et qui ne se présentera peut-être plus ; j'ouvrirais mon cœur à ma souveraine, et je lui dirais : « Vous qui pouvez tout, et qui voulez le bien, je vous confie ma destinée, levez tous les obstacles. D'un mot vous pouvez changer les dispositions de mon tuteur et celles de mon amant ; vous pouvez me rendre heureuse, me réhabiliter dans l'estime publique, et me mettre dans une position assez honorable pour que j'ose prétendre à entrer au service de la cour. » Voilà la confiance que vous deviez avoir dans l'intérêt maternel de Marie-Thérèse, et je suis fâchée que vous ne l'ayez pas compris.

— Je comprends fort bien, dit Consuelo en elle-même, que par un caprice bizarre, par un despotisme d'enfant gâté, tu veux, grande reine, que la Zingarella embrasse tes genoux, parce qu'il te semble que ses genoux sont raides devant toi, et que c'est pour toi un phénomène inobservé. Eh bien, tu n'auras pas cet amusement-là, à moins de me bien prouver que tu mérites mon hommage. »

Elle avait fait rapidement ces réflexions et d'autres encore pendant que Marie-Thérèse la sermonnait. Elle s'était dit qu'elle jouait en cet instant la fortune du Porpora sur un coup de dé, sur une fantaisie de l'impératrice, et que l'avenir de son maître valait bien la peine qu'elle s'humiliât un peu. Mais elle ne voulait pas s'humilier en vain. Elle ne voulait pas jouer la comédie avec une tête couronnée qui en savait certainement autant qu'elle sur ce chapitre-là. Elle attendait que Marie-Thérèse se fît véritablement grande à ses yeux, afin qu'elle-même pût se montrer sincère en se prosternant.

Quand l'impératrice eut fini son homélie, Consuelo répondit :

« Je répondrai à tout ce que Votre Majesté a daigné me dire, si elle veut bien me l'ordonner.

— Oui, parlez, parlez! dit l'impératrice dépitée de cette contenance impassible.

— Je dirai donc à Votre Majesté que, pour la première fois de ma vie, j'apprends, de sa bouche impériale, que ma réputation est compromise par la présence de Joseph Haydn dans la maison de mon maître. Je me croyais trop peu de chose pour attirer sur moi les arrêts de l'opinion publique ; et si l'on m'eût dit, lorsque je me rendais au palais impérial, que l'impératrice elle-même jugeait et blâmait ma situation, j'aurais cru faire un rêve. »

Marie-Thérèse l'interrompit; elle crut trouver de l'ironie dans cette réflexion de Consuelo.

« Il ne faut pas vous étonner, dit-elle d'un ton un peu emphatique, que je m'occupe des détails les plus minutieux de la vie des êtres dont j'ai la responsabilité devant Dieu.

— On peut s'étonner de ce qu'on admire, répondit adroitement Consuelo; et si les grandes choses sont les plus simples, elles sont du moins assez rares pour nous surprendre au premier abord.

— Il faut que vous compreniez, en outre, reprit l'impératrice, le soin particulier qui me préoccupe à votre égard, et à l'égard de tous les artistes dont j'aime à orner ma cour. Le théâtre est, en tout pays, une école de scandale, un abîme de turpitudes. J'ai la prétention, louable certainement, sinon réalisable, de réhabiliter devant les hommes et de purifier devant Dieu la classe des comédiens, objet des mépris aveugles et même des proscriptions religieuses de plusieurs nations. Tandis qu'en France l'Église leur ferme ses portes, je veux, moi, que l'Église leur ouvre son sein. Je n'ai jamais admis, soit à mon théâtre italien, soit pour ma comédie française, soit encore à mon théâtre national, que des gens d'une moralité éprouvée, ou bien des personnes résolues de bonne foi à réformer leur conduite. Vous devez savoir que je marie mes comédiens, et que je tiens même leurs enfants sur les fonts de baptême, résolue à encourager par toutes les faveurs possibles la légitimité des naissances, et la fidélité des époux. »

« Si nous avions su cela, pensa Consuelo, nous aurions prié Sa Majesté d'être la marraine d'Angèle à ma place. »

« Votre Majesté sème pour recueillir, reprit-elle tout haut; et si j'avais une faute sur la conscience, je serais

18.

bien heureuse de trouver en elle un confesseur auss miséricordieux que Dieu même. Mais...

— Continuez ce que vous vouliez dire tout à l'heure, répondit Marie-Thérèse avec hauteur.

— Je disais, repartit Consuelo, qu'ignorant le blâme déversé sur moi à propos du séjour de Joseph Haydn dans la maison que j'habite, je n'avais pas fait un grand effort de dévouement envers lui en m'y exposant.

— J'entends, dit l'impératrice, vous niez tout !

— Comment pourrais-je confesser le mensonge ? reprit Consuelo ; je n'ai ni inclination pour l'élève de mon maître, ni désir aucun de l'épouser ; et s'il en était autrement, pensa-t-elle, je ne voudrais pas accepter son cœur par décret impérial.

— Ainsi vous voulez rester fille ? dit l'impératrice en se levant. Eh bien, je vous déclare que c'est une position qui n'offre pas à ma sécurité sur le chapitre de l'honneur, toutes les garanties désirables. Il est inconvenant d'ailleurs qu'une jeune personne paraisse dans certains rôles, et représente certaines passions quand elle n'a pas la sanction du mariage et la protection d'un époux. Il ne tenait qu'à vous de l'emporter dans mon esprit sur votre concurrente, madame Corilla, dont on m'avait dit pourtant beaucoup de bien, mais qui ne prononce pas l'italien à beaucoup près aussi bien que vous. Mais madame Corilla est mariée et mère de famille, ce qui la place dans des conditions plus recommandables à mes yeux que celles où vous vous obstinez à rester.

— Mariée ! ne put s'empêcher de murmurer entre ses dents la pauvre Consuelo, bouleversée de voir quelle personne vertueuse, la très-vertueuse et très-clairvoyante impératrice lui préférait.

— Oui, mariée, répondit l'impératrice d'un ton absolu et courroucée déjà de ce doute émis sur le compte de sa protégée. Elle a donné le jour dernièrement à un enfant qu'elle a mis entre les mains d'un respectable et laborieux ecclésiastique, monsieur le chanoine***, afin qu'il lui donnât une éducation chrétienne; et, sans aucun doute, ce digne personnage ne se serait point chargé d'un tel fardeau, s'il n'eût reconnu que la mère avait droit à toute son estime.

— Je n'en fais aucun doute non plus, » répondit la jeune fille, consolée, au milieu de son indignation, de voir que le chanoine était approuvé, au lieu d'être censuré pour cette adoption qu'elle lui avait elle-même arrachée.

« C'est ainsi qu'on écrit l'histoire, et c'est ainsi qu'on éclaire les rois, se dit-elle lorsque l'impératrice fut sortie de l'appartement d'un grand air, et en lui faisant, pour salut, un léger signe de tête. Allons! au fond des plus mauvaises choses, il se fait toujours quelque bien; et les erreurs des hommes ont parfois un bon résultat. On n'enlèvera pas au chanoine son bon prieuré; on n'enlèvera pas à Angèle son bon chanoine; la Corilla se convertira, si l'impératrice s'en mêle; et moi, je ne me suis pas mise à genoux devant une femme qui ne vaut pas mieux que moi. »

« Eh bien, s'écria d'une voix étouffée le Porpora, qui l'attendait dans la galerie en grelottant et en se tordant les mains d'inquiétude et d'espérance; j'espère que nous l'emportons!

— Nous échouons au contraire, mon bon maître.

— Avec quel calme tu dis cela! Que le diable t'emporte!

— Il ne faut pas dire cela ici, maître! Le diable est fort mal vu à la cour. Quand nous aurons franchi la dernière porte du palais, je vous dirai tout.

— Eh bien, qu'est-ce? reprit le Porpora avec impatience lorsqu'ils furent sur le rempart.

— Rappelez-vous, maître, répondit Consuelo, ce que nous avons dit du grand ministre Kaunitz en sortant de chez la margrave.

— Nous avons dit que c'était une vieille commère. Eh bien, il nous a desservis?

— Sans aucun doute ; et je vous dis maintenant : Sa Majesté l'impératrice, reine de Hongrie, est aussi une commère. »

XCII.

Consuelo ne raconta au Porpora que ce qu'il devait savoir des motifs de Marie-Thérèse dans l'espèce de disgrâce où elle venait de faire tomber notre héroïne. Le reste eût affligé, inquiété et irrité peut-être le maëstro contre Haydn sans remédier à rien. Consuelo ne voulut pas dire non plus à son jeune ami ce qu'elle taisait au Porpora. Elle méprisait avec raison quelques vagues accusations qu'elle savait bien avoir été forgées à l'impératrice par deux ou trois personnes ennemies, et qui n'avaient nullement circulé dans le public. L'ambassadeur Corner, à qui elle jugea utile de tout confier, la confirma dans cette opinion ; et, pour éviter que la méchanceté ne s'emparât de ces semences de calomnie, il arrangea sagement et généreusement les choses. Il décida le Porpora à demeurer dans son hôtel avec Consuelo, et Haydn entra au service de l'ambassade et fut admis à la table des secrétaires particuliers. De cette manière le vieux maestro échappait aux soucis de la misère, Joseph continuait à rendre au Porpora quelques services personnels, qui le mettaient à même de l'approcher souvent et de prendre ses leçons, et Consuelo était à couvert des malignes imputations.

Malgré ces précautions, la Corilla fut engagée à la

place de Consuelo au théâtre impérial. Consuelo n'avait pas su plaire à Marie-Thérèse. Cette grande reine, tout en s'amusant des intrigues de coulisses que Kaunitz et Métastase lui racontaient à moitié et toujours avec un esprit charmant, voulait jouer le rôle d'une Providence incarnée et couronnée au milieu de ces cabotins qui, devant elle, jouaient celui de pécheurs repentants et de démons convertis. On pense bien qu'au nombre de ces hypocrites, qui recevaient de petites pensions et de petits cadeaux pour leur soi-disant piété, ne se trouvaient ni Caffariello, ni Farinelli, ni la Tesi, ni madame Hasse, ni aucun de ces grands virtuoses que Vienne possédait alternativement, et à qui leur talent et leur célébrité faisaient pardonner bien des choses. Mais les emplois vulgaires étaient brigués par des gens décidés à flatter la fantaisie dévote et moralisante de Sa Majesté; et Sa Majesté, qui portait en toute chose son esprit d'intrigue politique, faisait du tripotage diplomatique à propos du mariage ou de la conversion de ses comédiens. On a pu lire dans les Mémoires de Favart (cet intéressant roman réel qui se passa historiquement dans les coulisses) les difficultés qu'il éprouvait pour envoyer à Vienne des actrices et des chanteuses d'opéra dont on lui avait confié la fourniture. On les voulait à bon marché; et, de plus, sages comme des vestales. Je crois que ce spirituel fournisseur breveté de Marie-Thérèse, après avoir bien cherché à Paris, finit par n'en pas trouver une seule, ce qui fait plus d'honneur à la franchise qu'à la vertu de nos *filles d'opéra*, comme on disait alors.

Ainsi Marie-Thérèse voulait donner à l'amusement qu'elle prenait à tout ceci un prétexte édifiant et digne de la majesté bienfaisante de son caractère. Les monarques posent toujours, et les grands monarques plus peut-être que tous les autres; le Porpora le disait sans cesse, et il ne se trompait pas. La grande impératrice, zélée catholique, mère de famille exemplaire, n'avait aucune répugnance à causer avec une prostituée, à la catéchiser, à provoquer ses étranges confidences, afin d'avoir la gloire d'amener une Madeleine repentante aux pieds du Seigneur. Le trésor particulier de Sa Majesté, placé entre le vice et la contrition, rendait nombreux et infaillibles ces miracles de la grâce entre les mains de l'impératrice. Ainsi Corilla pleurante et prosternée, sinon en personne (je doute qu'elle pût rompre son farouche caractère à cette comédie), mais par procuration passée à M. de Kaunitz, qui se portait caution de sa vertu nouvelle, devait l'emporter infailliblement sur une petite fille décidée, fière et forte comme l'immaculée Consuelo. Marie-Thérèse n'aimait, dans ses protégés dramatiques, que les vertus dont elle pouvait se dire l'auteur. Les vertus qui s'étaient faites ou gardées elles-mêmes ne l'intéressaient pas beaucoup; elle n'y croyait pas comme sa propre vertu eût dû la porter à y croire. Enfin, l'attitude de Consuelo l'avait piquée ; elle l'avait trouvée esprit fort et raisonneuse. C'était trop de présomption et d'outrecuidance de la part d'une petite bohémienne, que de vouloir être estimable et sage sans que l'impératrice s'en mêlât. Lorsque M. de Kaunitz, qui feignait d'être très-impartial tout en desservant l'une au profit de l'autre, demanda à Sa Majesté si elle avait agréé la supplique de *cette petite*, Marie-Thérèse répondit : « Je n'ai pas été contente de ses principes ; ne me parlez plus d'elle. » Et tout fut dit. La voix, la figure et jusqu'au nom de la Porporina furent même complètement oubliés.

Un seul mot avait été nécessaire et en même temps péremptoire pour expliquer au Porpora la cause de la disgrâce où il se trouvait enveloppé. Consuelo avait été obligé de lui dire que sa position de demoiselle paraissait inadmissible à l'impératrice. « Et la Corilla? s'était écrié le Porpora en apprenant l'admission de cette dernière, est-ce que Sa Majesté vient de la marier? — Autant que j'ai pu le comprendre, ou le deviner dans les paroles de Sa Majesté, la Corilla passe ici pour veuve. — Oh! trois fois veuve, dix fois, cent fois veuve, en effet! disait le Porpora avec un rire amer. Mais que dira-t-on quand on saura ce qu'il en est, et quand on la verra procéder ici à de nouveaux et innombrables veuvages? Et cet enfant dont on m'a parlé, qu'elle vient de laisser auprès de Vienne, chez un chanoine; cet enfant, qu'elle voulait faire accepter au comte Zustiniani, et que le comte Zustiniani lui a conseillé de recommander à la tendresse paternelle d'Anzoleto? — Elle se moquera de tout cela avec ses camarades; elle le racontera, suivant sa coutume, dans des termes cyniques, et rira, dans le secret de son alcôve, du bon tour qu'elle a joué à l'impératrice. — Mais si l'impératrice apprend la vérité? — L'impératrice ne l'apprendra pas. Les souverains sont entourés, je m'imagine, d'oreilles qui servent de portiques aux leurs propres. Beaucoup de choses restent dehors, et rien n'entre dans le sanctuaire de l'oreille impériale que ce que les gardiens ont bien voulu laisser passer. — D'ailleurs, reprenait le Porpora, la Corilla aura toujours la ressource d'aller à confesse, et ce sera M. de Kaunitz qui sera chargé de faire observer la pénitence. »

Le pauvre maestro exhalait sa bile dans ces âcres plaisanteries; mais il était profondément chagrin. Il perdait l'espoir de faire représenter l'opéra qu'il avait en portefeuille, d'autant plus qu'il l'avait écrit sur un libretto qui n'était pas de Métastase, et que Métastase avait le monopole de la poésie de cour. Il n'était pas sans quelque pressentiment du peu d'habileté que Consuelo avait mis à capter les bonnes grâces de la souveraine, et il ne pouvait s'empêcher de lui en témoigner de l'humeur. Pour surcroît de malheur, l'ambassadeur de Venise avait eu l'imprudence, un jour, qu'il le voyait enflammé de joie et d'orgueil pour le rapide développement que prenait entre ses mains l'intelligence musicale de Joseph Haydn, de lui apprendre toute la vérité sur ce jeune homme, et de lui montrer ses jolis essais de composition instrumentale, qui commençaient à circuler et à être remarqués chez les amateurs. Le maestro s'écria qu'il avait été trompé, et entra dans une fureur épouvantable. Heureusement il ne soupçonna pas que Consuelo fût complice de cette ruse, et M. Corner, voyant l'orage qu'il avait provoqué, se hâta de prévenir ses méfiances à cet égard par un bon mensonge. Mais il ne put empêcher que Joseph fût banni pendant plusieurs jours de la chambre du maître; et il fallut tout l'ascendant que sa protection et ses services lui donnaient sur ce dernier, pour que l'élève rentrât en grâce. Porpora ne lui en garda pas moins rancune pendant longtemps, et l'on dit même qu'il se plut à lui faire acheter ses leçons par l'humiliation d'un service de valet plus minutieux et plus prolongé qu'il n'était nécessaire, puisque les laquais de l'ambassadeur étaient à sa disposition. Haydn ne se rebuta pas, et, à force de douceur, de patience et de dévouement, toujours exhorté et encouragé par la bonne Consuelo, toujours studieux et attentif à ses leçons, il parvint à désarmer le rude professeur et à recevoir de lui tout ce qu'il pouvait et voulait s'assimiler.

Mais le génie de Haydn rêvait une route différente de celle qu'on avait tentée jusque-là, et le père futur de la symphonie confiait à Consuelo ses idées sur la partition instrumentale développée dans des proportions gigantesques. Ces proportions gigantesques, qui nous paraissent si simples et si discrètes aujourd'hui, pouvaient passer, il y a cent ans, pour l'utopie d'un fou aussi bien que pour la révélation d'une nouvelle ère ouverte au génie. Joseph doutait encore de lui-même, et ce n'était pas sans terreur qu'il confessait bien bas à Consuelo l'ambtition qui le tourmentait. Consuelo en fut aussi un peu effrayée d'abord. Jusque-là, l'instrumentation n'avait eu qu'un rôle secondaire, ou, lorsqu'elle s'isolait de la voix humaine, elle agissait sans moyens compliqués. Cependant il y avait tant de calme et de douceur persévérante chez son jeune confrère, il montrait dans toute sa conduite, dans toutes ses opinions une modestie si réelle et une recherche si froidement consciencieuse de la vérité, que Consuelo, ne pouvant se décider à le croire présomptueux, se décida à le croire sage et à l'encourager dans ses projets. Ce fut à cette époque que Haydn composa une sérénade à trois instruments, qu'il alla exécuter avec deux de ses amis sous les fenêtres des *dilettanti* dont il voulait attirer l'attention sur ses œuvres. Il commença par le Porpora, qui, sans savoir le nom de l'auteur ni celui des concertants, se mit à sa fenêtre, écouta avec plaisir et battit des mains sans réserve. Cette fois l'ambassadeur, qui écoutait aussi, et qui était dans le secret, se tint sur ses gardes, et ne trahit pas le jeune compositeur. Porpora ne voulait pas qu'en prenant ses leçons de chant on se laissât distraire par d'autres pensées.

A cette époque, le Porpora reçut une lettre de l'excellent contralto Hubert, son élève, celui qu'on appelait le Porporino, et qui était attaché au service de Frédéric le Grand. Cet artiste éminent n'était pas, comme les autres élèves du professeur, infatué de son propre mérite, au point d'oublier tout ce qu'il lui devait. Le Porporino avait reçu de lui un genre de talent qu'il n'avait jamais cherché à modifier, et qui lui avait toujours réussi : c'était de chanter d'une manière large et pure, sans créer d'ornements, et sans s'écarter des saines traditions de son maître. Il était particulièrement admirable dans *l'adagio*. Aussi le Porpora avait-il pour lui une prédilection qu'il avait bien de la peine à cacher devant les admirateurs fanatiques de Farinelli et Caffariello. Il convenait bien que l'habileté, le brillant, la souplesse de ces grands virtuoses jetaient plus d'éclat, et devaient transporter plus soudainement un auditoire avide de merveilleuses difficultés; mais il disait tout bas que son Porporino ne sacrifiait jamais au mauvais goût, et qu'on ne se lassait jamais de l'entendre, bien qu'il chantât toujours de la même manière. Il paraît que la Prusse ne s'en lassa point en effet, car il y brilla pendant toute sa carrière musicale, et y mourut fort vieux, après un séjour de plus de quarante ans.

La lettre d'Hubert annonçait au Porpora que sa musique était fort goûtée à Berlin, et que s'il voulait venir l'y rejoindre, il se faisait fort de faire admettre et représenter ses compositions nouvelles. Il l'engageait beaucoup à quitter Vienne, où les artistes étaient en butte à de perpétuelles intrigues de coteries et à *recruter* pour la cour de Prusse une cantatrice distinguée qui pût chanter avec lui les opéras du maestro. Il faisait un grand éloge du goût éclairé de son roi, et de la protection honorable qu'il accordait aux musiciens. « Si ce projet vous sourit, disait-il en finissant sa lettre, répondez-moi promptement quelles sont vos prétentions, et d'ici à trois mois, je vous réponds de vous faire obtenir des conditions qui vous procureront enfin une existence paisible. Quant à la gloire, mon cher maître, il suffira que vous écriviez pour que nous chantions de manière à vous faire apprécier, et j'espère que le bruit en ira jusqu'à Dresde. »

Cette dernière phrase fit dresser les oreilles au Porpora comme à un vieux cheval de bataille. C'était une allusion aux triomphes que Hasse et ses chanteurs obtenaient à la cour de Saxe. L'idée de contre-balancer l'éclat de son rival dans le nord de la Germanie sourit tellement au maestro, et il éprouvait en ce moment tant de dépit contre Vienne, les Viennois et leur cour, qu'il répondit sans balancer au Porporino, l'autorisant à faire des démarches pour lui à Berlin. Il lui traça son *ultimatum*, et il le fit le plus modeste possible, afin de ne pas échouer dans son espérance. Il lui parla de la Porporina avec les plus grands éloges, lui disant qu'elle était sa sœur, et par l'éducation, et par le génie, et par le cœur, comme elle l'était par le surnom, et l'engagea à traiter de son engagement dans les meilleures conditions possibles; le tout sans consulter Consuelo, qui fut informée de cette nouvelle résolution après le départ de la lettre.

La pauvre enfant fut fort effrayée au seul nom de la Prusse, et celui du grand Frédéric lui donna le frisson. Depuis l'aventure du déserteur, elle ne se représentait plus ce monarque si vanté que comme un ogre et un vampire. Le Porpora la gronda beaucoup du peu de joie qu'elle montrait à l'idée de ce nouvel engagement; et, comme elle ne pouvait pas lui raconter l'histoire de Karl et les prouesses de M. Mayer, elle baissa la tête et se laissa morigéner.

Lorsqu'elle y réfléchit cependant, elle trouva dans ce projet quelque soulagement à sa position : c'était un ajournement à sa rentrée au théâtre, puisque l'affaire pouvait échouer, et que, dans tous les cas, le Porporino demandait trois mois pour la conclure. Jusque-là elle pouvait rêver à l'amour du comte Albert, et trouver en elle-même la forte résolution d'y répondre. Soit qu'elle en vînt à reconnaître la possibilité de s'unir à lui, soit qu'elle se sentit incapable de s'y déterminer, elle pouvait tenir avec honneur et franchise l'engagement qu'elle avait pris d'y songer sans distraction et sans contrainte.

Elle résolut d'attendre, pour annoncer ces nouvelles aux hôtes de Riesenburg, que le comte Christian répondît à sa première lettre; mais cette réponse n'arrivait pas, et Consuelo commençait à croire que le vieux Rudolstadt avait renoncé à cette mésalliance, et travaillait à y faire renoncer Albert, lorsqu'elle reçut furtivement de la main de Keller une petite lettre ainsi conçue:

« Vous m'aviez promis de m'écrire; vous l'avez fait indirectement en confiant à mon père les embarras de votre situation présente. Je vois que vous subissez un joug auquel je me ferais un crime de vous soustraire; je vois que mon bon père est effrayé pour moi des conséquences de votre soumission au Porpora. Quant à moi, Consuelo, je ne suis effrayé de rien jusqu'à présent, parce que vous témoignez à mon père du regret et de l'effroi pour le parti qu'on vous engage à prendre; ce m'est une preuve suffisante de l'intention où vous êtes de ne pas prononcer légèrement l'arrêt de mon éternel désespoir. Non, vous ne manquerez pas à votre parole, vous tâcherez de m'aimer! Que m'importe où vous soyez, et ce qui vous occupe, et le rang que la gloire ou le préjugé vous feront parmi les hommes, et le temps, et les obstacles qui vous retiendront loin de moi, si j'espère et si vous me dites d'espérer? Je souffre beaucoup, sans doute, mais je puis souffrir encore sans défaillir, tant que vous n'aurez pas éteint en moi l'étincelle de l'espérance.

« J'attends, je sais attendre! Ne craignez pas de m'effrayer en prenant du temps pour me répondre; ne m'écrivez pas sous l'impression d'une crainte ou d'une pitié auxquelles je ne veux devoir aucun ménagement. Pesez mon destin dans votre cœur et mon âme dans la

vôtre, et quand le moment sera venu, quand vous serez
sûre de vous-même, que vous soyez dans une cellule de
religieuse ou sur les planches d'un théâtre, dites-moi de
ne jamais vous importuner ou d'aller vous rejoindre...
Je serai à vos pieds, ou je serai muet pour jamais, au
gré de votre volonté.

« ALBERT. »

« O noble Albert! s'écria Consuelo en portant ce
papier à ses lèvres, je sens que je t'aime! Il serait impossible de ne pas t'aimer, et je ne veux pas hésiter à te
le dire ; je veux récompenser par ma promesse la constance et le dévouement de ton amour. »

Elle se mit sur-le-champ à écrire ; mais la voix du
Porpora lui fit cacher à la hâte dans son sein, et la lettre
d'Albert, et la réponse qu'elle avait commencée. De
toute la journée elle ne retrouva pas un instant de loisir
et de sécurité. Il semblait que le vieux sournois eût deviné le désir qu'elle avait d'être seule, et qu'il prît à
tâche de s'y opposer. La nuit venue, Consuelo se sentit
plus calme, et comprit qu'une détermination aussi grave
demandait une plus longue épreuve de ses propres
émotions. Il ne fallait pas exposer Albert aux funestes
conséquences d'un retour sur elle-même ; elle relut cent
fois la lettre du jeune comte, et vit qu'il craignait également de sa part la douleur d'un refus et la précipitation d'une promesse. Elle résolut de méditer sa réponse
pendant plusieurs jours ; Albert lui-même semblait
l'exiger.

La vie que Consuelo menait alors à l'ambassade était
fort douce et fort réglée. Pour ne pas donner lieu à de
méchantes suppositions, Corner eut la délicatesse de ne
jamais lui rendre de visites dans son appartement et de
ne jamais l'attirer, même en société du Porpora, dans

le sien. Il ne la rencontrait que chez madame Wilhelmine, où il pouvait lui parler sans la compromettre, et où elle chantait obligeamment en petit comité. Joseph aussi fut admis à y faire de la musique. Caffariello y venait souvent, le comte Hoditz quelquefois, et l'abbé Métastase rarement. Tous trois déploraient que Consuelo eût échoué, mais aucun d'eux n'avait eu le courage ou la persévérance de lutter pour elle. Le Porpora s'en indignait et avait bien de la peine à le cacher. Consuelo s'efforçait de l'adoucir et de lui faire accepter les hommes avec leurs travers et leurs faiblesses. Elle l'excitait à travailler, et, grâce à elle, il retrouvait de temps à autre quelques lueurs d'espoir et d'enthousiasme. Elle l'encourageait seulement dans le dépit qui l'empêchait de la mener dans le monde pour y faire entendre sa voix. Heureuse d'être oubliée de ces grands qu'elle avait aperçus avec effroi et répugnance, elle se livrait à de sérieuses études, à de douces rêveries, cultivait l'amitié devenue calme et sainte du bon Haydn, et se disait chaque jour, en soignant son vieux professeur, que la nature, si elle ne l'avait pas faite pour une vie sans émotion et sans mouvement, l'avait faite encore moins pour les émotions de la vanité et l'activité de l'ambition. Elle avait bien rêvé, elle rêvait bien encore malgré elle, une existence plus animée, des joies de cœur plus vives, des plaisirs d'intelligence plus expansifs et plus vastes; mais le monde de l'art qu'elle s'était créé si pur, si sympathique et si noble, ne se manifestant à ses regards que sous des dehors affreux, elle préférait une vie obscure et retirée, des affections douces, et une solitude laborieuse.

Consuelo n'avait point de nouvelles réflexions à faire sur l'offre des Rudolstadt. Elle ne pouvait concevoir aucun doute sur leur générosité, sur la sainteté inaltérable de l'amour du fils, sur la tendresse indulgente du père. Ce n'était plus sa raison et sa conscience qu'elle devait interroger. L'une et l'autre parlaient pour Albert. Elle avait triomphé cette fois sans effort du souvenir d'Anzoleto. Une victoire sur l'amour donne de la force pour toutes les autres. Elle ne craignait donc plus la séduction; elle se sentait désormais à l'abri de toute fascination... Et, avec tout cela, la passion ne parlait pas énergiquement pour Albert dans son âme. Il s'agissait encore et toujours d'interroger ce cœur au fond duquel un calme mystérieux accueillait l'idée d'un amour complet. Assise à sa fenêtre, la naïve enfant regardait souvent passer les jeunes gens de la ville. Étudiants hardis, nobles seigneurs, artistes mélancoliques, fiers cavaliers, tous étaient l'objet d'un examen chastement et sérieusement enfantin de sa part. « Voyons, se disait-elle, mon cœur est-il fantasque et frivole? Suis-je capable d'aimer soudainement, follement et irrésistiblement à la première vue, comme bon nombre de mes compagnes de la *Scuola* s'en vantaient ou s'en confessaient devant moi les unes aux autres? L'amour est-il un magique éclair qui foudroie notre être et qui nous détourne violemment de nos affections jurées, ou de notre paisible ignorance? Y a-t-il chez ces hommes qui lèvent les yeux quelquefois vers ma fenêtre un regard qui me trouble et me fascine? Celui-ci, avec sa grande taille et sa démarche orgueilleuse, me semble-t-il plus noble et plus beau qu'Albert? Cet autre, avec ses beaux cheveux et son costume élégant, efface-t-il en moi l'image de mon fiancé? Enfin voudrais-je être la dame parée que je vois passer là, dans sa calèche, avec un superbe monsieur qui tient son éventail et lui présente ses gants? Quelque chose de tout cela me fait-il trembler, rougir, palpiter ou rêver? Non... non, en vérité! parle, mon cœur, prononce-toi, je te consulte et je te laisse courir. Je te connais à peine, hélas! j'ai eu si peu le temps de m'occuper de toi depuis que je suis née! je ne t'avais pas habitué à être contrarié. Je te livrais l'empire de ma vie, sans examiner la prudence de tes élans. On t'a brisé, mon pauvre cœur, et à présent que la conscience t'a dompté, tu n'oses plus vivre, tu ne sais plus répondre. Parle donc, éveille-toi et choisis! Eh bien! tu restes tranquille! et tu ne veux rien de tout ce qui est là! — Non! — Tu ne veux plus d'Anzoleto? — Encore non! — Alors, c'est donc Albert que tu appelles? — Il me semble que tu dis oui. » Et Consuelo se retirait chaque jour de sa fenêtre, avec un frais sourire sur les lèvres et un feu clair et doux dans les yeux.

Au bout d'un mois, elle répondit à Albert, à tête reposée, bien lentement et presque en se tâtant le pouls à chaque lettre que traçait sa plume :

« Je n'aime rien que vous, et je suis presque sûre que je vous aime. Maintenant laissez-moi rêver à la possibilité de notre union. Rêvez-y vous-même ; trouvons ensemble les moyens de n'affliger ni votre père, ni mon maître, et de ne point devenir égoïstes en devenant heureux. »

Elle joignit à ce billet une courte lettre pour le comte Christian, dans laquelle elle lui disait la vie tranquille qu'elle menait, et lui annonçait le répit que les nouveaux projets du Porpora lui avaient laissé. Elle demandait qu'on cherchât et qu'on trouvât les moyens de désarmer le Porpora, et qu'on lui en fît part dans un mois. Un mois lui resterait encore pour y préparer le maestro, avant le résultat de l'affaire entamée à Berlin.

Consuelo, ayant cacheté ces deux billets, les mit sur sa table, et s'endormit. Un calme délicieux était descendu dans son âme, et jamais, depuis longtemps, elle n'avait goûté un si profond et si agréable sommeil. Elle s'éveilla tard, et se leva à la hâte pour voir Keller, qui avait promis de revenir chercher sa lettre à huit heures. Il en était neuf; et, tout en s'habillant en grande hâte, Consuelo vit avec terreur que cette lettre n'était plus à l'endroit où elle l'avait mise. Elle la chercha partout sans la trouver. Elle sortit pour voir si Keller ne l'attendait pas dans l'antichambre. Ni Keller ni Joseph ne s'y trouvaient; et comme elle rentrait chez elle pour chercher encore, elle vit le Porpora approcher de sa chambre et la regarder d'un air sévère.

« Que cherches-tu ? lui dit-il.

— Une feuille de musique que j'ai égarée.

— Tu mens : tu cherches une lettre.

— Maître...

— Tais-toi, Consuelo; tu ne sais pas encore mentir : ne l'apprends pas.

— Maître, qu'as-tu fait de cette lettre ?

— Je l'ai remise à Keller.

— Et pourquoi... pourquoi la lui as-tu remise, maître ?

— Parce qu'il venait la chercher. Tu le lui avais recommandé hier. Tu ne sais pas feindre, Consuelo, ou bien j'ai encore l'oreille plus fine que tu ne penses.

— Et enfin, dit Consuelo avec résolution, qu'as-tu fait de ma lettre ?

— Je te l'ai dit ; pourquoi me le demandes-tu encore ? J'ai trouvé fort inconvenant qu'une jeune fille, honnête comme tu l'es, et comme je présume que tu veux l'être toujours, remît en secret des lettres à son perruquier. Pour empêcher cet homme de prendre une mauvaise idée de toi, je lui ai remis la lettre d'un air calme, et l'ai chargé de ta part de la faire partir. Il ne croira pas, du moins, que tu caches à ton père adoptif un secret coupable.

— Maître, tu as raison, tu as bien fait... pardonne-moi !

— Je te pardonne, n'en parlons plus.

— Et... tu as lu ma lettre? ajouta Consuelo d'un air craintif et caressant.

— Pour qui me prends-tu ? répondit le Porpora d'un air terrible.

— Pardonne-moi, tout cela, dit Consuelo en pliant le genou devant lui et en essayant de prendre sa main; laisse-moi t'ouvrir mon cœur...

— Pas un mot de plus! répondit le maître en la repoussant. »

Et il entra dans sa chambre, dont il ferma la porte sur lui avec fracas.

Consuelo espéra que, cette première bourrasque passée, elle pourrait l'apaiser et avoir avec lui une explication décisive. Elle se sentait la force de lui dire toute sa pensée, et se flattait de hâter par là l'issue de ses projets; mais il se refusa à toute explication, et sa sévérité fut inébranlable et constante sous ce rapport. Du reste, il lui témoigna autant d'amitié qu'à l'ordinaire, et même, à partir de ce jour, il eut plus d'enjouement dans l'esprit, et de courage dans l'âme. Consuelo en conçut un bon augure, et attendit avec confiance la réponse de Riesenburg.

Le Porpora n'avait pas menti, il avait brûlé les lettres de Consuelo sans les lire; mais il avait conservé l'enveloppe et y avait substitué une lettre de lui-même pour le comte Christian. Il crut par cette démarche courageuse avoir sauvé son élève, et préservé le vieux Rudolstadt d'un sacrifice au-dessus de ses forces. Il crut avoir rempli envers lui le devoir d'un ami fidèle, et envers Consuelo celui d'un père énergique et sage. Il ne prévit pas qu'il pouvait porter le coup de la mort au comte Albert. Il le connaissait à peine, il croyait que Consuelo avait exagéré; que ce jeune homme n'était ni si épris ni si malade qu'elle se l'imaginait; enfin il croyait, comme tous les vieillards, que l'amour a un terme et que le chagrin ne tue personne.

XCIII.

Dans l'attente d'une réponse qu'elle ne devait pas recevoir, puisque le Porpora avait brûlé sa lettre, Consuelo continua le genre de vie studieux et calme qu'elle avait adopté. Sa présence attira chez la Wilhelmine quelques personnes fort distinguées qu'elle eut grand plaisir à y rencontrer souvent, entre autres, le baron Frédéric de Trenck, qui lui inspirait une vraie sympathie. Il eut la délicatesse de ne point l'aborder, la première fois qu'il la revit, comme une ancienne connaissance, mais de se faire présenter à elle, après qu'elle eut chanté, comme un admirateur profondément touché de ce qu'il venait d'entendre. En retrouvant ce beau et généreux jeune homme qui l'avait sauvée si bravement de M. Mayer et de sa bande, le premier mouvement de Consuelo fut de lui tendre la main. Le baron, qui ne voulait pas qu'elle fît d'imprudence par gratitude pour lui, se hâta de prendre sa main respectueusement comme pour la reconduire à sa chaise, et il la lui pressa doucement pour la remercier. Elle sut ensuite par Joseph, dont il prenait des leçons de musique, qu'il ne manquait jamais de demander de ses nouvelles avec intérêt, et de parler d'elle avec admiration ; mais que, par un sentiment d'exquise discrétion, il ne lui avait jamais adressé la moindre question sur le motif de son déguisement, sur la cause de leur aventureux voyage, et sur la nature des sentiments qu'ils pouvaient avoir eus, ou avoir encore l'un pour l'autre.

« Je ne sais ce qu'il en pense, ajouta Joseph : mais je

t'assure qu'il n'est point de femme dont il parle avec plus d'estime et de respect qu'il ne fait de toi.

— En ce cas, ami, dit Consuelo, je t'autorise à lui raconter toute notre histoire, et toute la mienne, si tu veux, sans toutefois nommer la famille de Rudolstadt. J'ai besoin d'être estimée sans réserve de cet homme à qui nous devons la vie, et qui s'est conduit si noblement avec moi sous tous les rapports. »

Quelques semaines après, M. de Trenck, ayant à peine terminé sa mission à Vienne, fut rappelé brusquement par Frédéric, et vint un matin à l'ambassade pour dire adieu, à la hâte, à M. Corner. Consuelo, en descendant l'escalier pour sortir, le rencontra sous le péristyle. Comme ils s'y trouvaient seuls, il vint à elle et prit sa main qu'il baisa tendrement.

« Permettez-moi, lui dit-il, de vous exprimer pour la première, et peut-être pour la dernière fois de ma vie, les sentiments dont mon cœur est rempli pour vous; je n'avais pas besoin que Beppo me racontât votre histoire pour être pénétré de vénération. Il y a des physionomies qui ne trompent pas, et il ne m'avait fallu qu'un coup d'œil pour pressentir et deviner en vous une grande intelligence et un grand cœur. Si j'avais su, à Passaw, que notre cher Joseph était si peu sur ses gardes, je vous aurais protégée contre les légèretés du comte Hoditz, que je ne prévoyais que trop, bien que j'eusse fait mon possible pour lui faire comprendre qu'il s'adressait fort mal, et qu'il allait se rendre ridicule. Au reste, ce bon Hoditz m'a raconté lui-même comment vous vous êtes moquée de lui, et il vous sait le meilleur gré du monde de lui avoir gardé le secret; moi, je n'oublierai jamais la romanesque aventure qui m'a procuré le bonheur de vous connaître, et quand même je devrais la payer de ma fortune et de mon avenir, je la compterais encore parmi les plus beaux jours de ma vie.

— Croyez-vous donc, monsieur le baron, dit Consuelo, qu'elle puisse avoir de pareilles suites?

— J'espère que non; et pourtant tout est possible à la cour de Prusse.

— Vous me faites une grande peur de la Prusse : savez-vous, monsieur le baron, qu'il serait pourtant possible que j'eusse avant peu le plaisir de vous y retrouver? Il est question d'un engagement pour moi à Berlin.

— En vérité! s'écria Trenck, dont le visage s'éclaira d'une joie soudaine; eh bien, Dieu fasse que ce projet se réalise! Je puis vous être utile à Berlin, et vous devez compter sur moi comme sur un frère. Oui, j'ai pour vous l'affection d'un frère, Consuelo... et si j'avais été libre, je n'aurais peut-être pas su me défendre d'un sentiment plus vif encore... mais vous ne l'êtes pas non plus, et des liens sacrés, éternels... ne me permettent pas d'envier l'heureux gentilhomme qui sollicite votre main. Quel qu'il soit, Madame, comptez qu'il trouvera en moi un ami s'il le désire, et, s'il a jamais besoin de moi, un champion contre les préjugés du monde... Hélas! moi aussi, Consuelo, j'ai dans ma vie une barrière terrible qui s'élève entre l'objet de mon amour et moi; mais celui qui vous aime est un homme, et il peut abattre la barrière; tandis que la femme que j'aime, et qui est d'un rang plus élevé que moi, n'a ni le pouvoir, ni le droit, ni la force, ni la liberté de me la faire franchir.

— Je ne pourrai donc rien pour elle, ni pour vous? dit Consuelo. Pour la première fois je regrette l'impuissance de ma pauvre condition.

— Qui sait? s'écria le baron avec feu; vous pourrez peut-être plus que vous ne pensez, sinon pour nous réunir, du moins pour adoucir parfois l'horreur de notre séparation. Vous sentiriez-vous le courage de braver quelques dangers pour nous?

— Avec autant de joie que vous avez exposé votre vie pour me sauver.

— Eh bien, j'y compte. Souvenez-vous de cette promesse, Consuelo. Peut-être sera-ce à l'improviste que je vous la rappellerai...

— A quelque heure de ma vie que ce soit, je ne l'aurai point oubliée, répondit-elle en lui tendant la main.

— Eh bien, dit-il, donnez-moi un signe, un gage de peu de valeur, que je puisse vous représenter dans l'occasion; car j'ai le pressentiment de grandes luttes qui m'attendent, et il peut se trouver des circonstances où ma signature, mon cachet même pourraient compromettre *elle* et vous!

— Voulez-vous le cahier de musique que j'allais porter chez quelqu'un de la part de mon maître? Je m'en procurerai un autre, et je ferai à celui-ci une marque pour le reconnaître dans l'occasion.

— Pourquoi non? Un cahier de musique est, en effet, ce qu'on peut le mieux envoyer sans éveiller les soupçons. Mais pour qu'il puisse me servir plusieurs fois, j'en détacherai les feuillets. Faites un signe à toutes les pages. »

Consuelo, s'appuyant sur la rampe de l'escalier, traça le nom de Bertoni sur chaque feuillet du cahier. Le baron le roula et l'emporta, après avoir juré une éternelle amitié à notre héroïne.

A cette époque, madame Tesi tomba malade, et les représentations du théâtre impérial menacèrent d'être suspendues, car elle y avait les rôles les plus importants. La Corilla pouvait, à la rigueur, la remplacer. Elle avait un grand succès à la cour et à la ville. Sa beauté et sa coquetterie provocante tournaient la tête à tous ces bons seigneurs allemands, et l'on ne songeait pas à être difficile pour sa voix un peu éraillée, pour son jeu un peu épileptique. Tout était beau de la part d'une si belle personne; ses épaules de neige filaient des sons admirables, ses bras ronds et voluptueux chantaient toujours juste, et ses poses superbes enlevaient d'emblée les traits les plus hasardés. Malgré le purisme musical dont on se piquait là, on y subissait, tout comme à Venise, la fascination du regard langoureux; et madame Corilla préparait, dans son boudoir, plusieurs fortes têtes à l'enthousiasme et à l'entraînement de la représentation.

Elle se présenta donc hardiment pour chanter, par intérim, les rôles de madame Tesi; mais l'embarras était de se faire remplacer elle-même dans ceux qu'elle avait chantés jusque-là. La voie flûtée de madame Holzbaüer ne permettait pas qu'on y songeât. Il fallait donc laisser arriver Consuelo, ou se contenter à peu de frais. Le Porpora s'agitait comme un démon; Métastase, horriblement mécontent de la prononciation lombarde de Corilla, et indigné du tapage qu'elle faisait pour effacer les autres rôles (contrairement à l'esprit du poëme, et en dépit de la situation), ne cachait plus son éloignement pour elle et sa sympathie pour la consciencieuse et intelligente Porporina. Caffariello, qui faisait la cour à madame Tesi laquelle madame Tesi détestait déjà cordialement la Corilla pour avoir osé lui disputer *ses effets* et le sceptre de la beauté), déclamait hardiment pour l'admission de Consuelo. Holzbaüer, jaloux de soutenir l'honneur de sa direction, mais effrayé de l'ascendant que Porpora saurait bientôt prendre s'il avait un pied seulement dans la coulisse, ne savait où donner de la tête. La bonne conduite de Consuelo lui avait concilié assez de partisans pour qu'il fût difficile d'en imposer plus longtemps à l'impératrice. Par suite de tous ces motifs, Consuelo reçut des propositions. En les faisant mesquines, on espéra qu'elle les refuserait. Porpora les accepta d'emblée, et, comme de coutume, sans la consulter. Un beau matin, Consuelo se trouva engagée pour six représentations; et, sans pouvoir s'y soustraire, sans comprendre pourquoi après une attente de six semaines elle ne recevait aucune nouvelle des Rudolstadt, elle fut traînée par le Porpora à la répétition de l'*Antigono* de Métastase, musique de Hasse.

Consuelo avait déjà étudié son rôle avec le Porpora. Sans doute c'était une grande souffrance pour ce dernier d'avoir à lui enseigner la musique de son rival, du plus ingrat de ses élèves, de l'ennemi qu'il haïssait désormais le plus; mais, outre qu'il fallait en passer par là pour arriver à faire ouvrir la porte à ses propres compositions, le Porpora était un professeur trop consciencieux, une âme d'artiste trop probe pour ne pas mettre tous ses soins, tout son zèle à cette étude. Consuelo le secondait si généreusement, qu'il en était à la fois ravi et désolé. En dépit d'elle-même, la pauvre enfant trouvait Hasse magnifique, et son âme sentait bien plus de développement dans ces chants si tendres et si passionnés du *Sassone* que dans la grandeur un peu nue et un peu froide parfois de son propre maître. Habituée, en étudiant les autres grands maîtres avec lui, à s'abandonner à son propre enthousiasme, elle était forcée de se contenir, cette fois, en voyant la tristesse de son front et l'abattement de sa rêverie après la leçon. Lorsqu'elle entra en scène pour répéter avec Caffariello et la Corilla, quoiqu'elle sût fort bien sa partie, elle se sentit si émue qu'elle eut peine à ouvrir la scène d'Ismène avec Bérénice, qui commence par ces mots :

« No; tutto, o Berenice,
« Tu non apri il tuo cor, etc. [1] »

[1]. Non, Bérénice, tu n'ouvres pas ici franchement ton cœur.

A quoi Corilla répondit par ceux-ci :

« . . . E ti par poco,
« Quel che sai de' miei casi [1] ? »

En cet endroit, la Corilla fut interrompue par un grand éclat de rire de Caffariello ; et, se tournant vers lui avec des yeux étincelants de colère :

« Que trouvez-vous donc là de si plaisant ? lui demanda-t-elle.

— Tu l'as très-bien dit, ma grosse Bérénice, répondit Caffariello en riant plus fort ; on ne pouvait pas le dire plus sincèrement.

— Ce sont les paroles qui vous amusent ? dit Holzbaüer, qui n'eût pas été fâché de redire à Métastase les plaisanteries du sopraniste sur ses vers.

— Les paroles sont belles, répondit sèchement Caffariello, qui connaissait bien le terrain ; mais leur application en cette circonstance est si parfaite, que je ne puis m'empêcher d'en rire. »

Et il se tint les côtes, en redisant au Porpora :

« E ti par poco,
Quel che sai di *tanti* casi ? »

La Corilla, voyant quelle critique sanglante renfermait cette allusion à ses mœurs, et tremblante de colère, de haine et de crainte, faillit s'élancer sur Consuelo pour la défigurer ; mais la contenance de cette dernière était si douce et si calme, qu'elle ne l'osa pas. D'ailleurs, le faible jour qui pénétrait sur le théâtre venant à tomber sur le visage de sa rivale, elle s'arrêta frappée de vagues réminiscences et de terreurs étranges. Elle ne l'avait jamais vue au jour, ni de près, à Venise. Au milieu des douleurs de l'enfantement, elle avait vu confusément le

1. Ce que tu sais de mes aventures te paraît-il donc peu de chose ?

petit Zingaro Bertoni s'empresser autour d'elle, et elle n'avait rien compris à son dévouement. En ce moment, elle chercha à rassembler ses souvenirs, et, n'y réussissant pas, elle resta sous le coup d'une inquiétude et d'un malaise qui la troublèrent durant toute la répétition. La manière dont la Porporina chanta sa partie ne contribua pas peu à augmenter sa méchante humeur, et la présence du Porpora, son ancien maître, qui, comme un juge sévère, l'écoutait en silence et d'un air presque méprisant, lui devint peu à peu un supplice véritable. M. Holzbaüer ne fut pas moins mortifié lorsque le maestro déclara qu'il donnait les mouvements tout de travers; et il fallut bien l'en croire, car il avait assisté aux répétitions que Hasse lui-même avait dirigées à Dresde, lors de la première mise en scène de l'opéra. Le besoin qu'on avait d'un bon conseil fit céder la mauvaise volonté et imposa silence au dépit. Il conduisit toute la répétition, apprit à chacun son devoir, et reprit même Caffariello, qui affecta d'écouter ses avis avec respect pour leur donner plus de poids vis-à-vis des autres. Caffariello n'était occupé qu'à blesser la rivale impertinente de madame Tesi, et rien ne lui coûtait ce jour-là pour s'en donner le plaisir, pas même un acte de soumission et de modestie. C'est ainsi que, chez les artistes comme chez les diplomates, au théâtre comme dans le cabinet des souverains, les plus belles et les plus laides choses ont leurs causes cachées infiniment petites et frivoles.

En rentrant après la répétition, Consuelo trouva Joseph tout rempli d'une joie mystérieuse; et quand ils purent se parler, elle apprit de lui que le bon chanoine était arrivé à Vienne; que son premier soin avait été de faire demander son cher Beppo, et de lui donner un excellent déjeuner, tout en lui faisant mille tendres questions sur son cher Bertoni. Ils s'étaient déjà entendus sur les moyens de nouer connaissance avec le Porpora, afin qu'on pût se voir en famille, honnêtement et sans cachotteries. Dès le lendemain, le chanoine se fit présenter comme un protecteur de Joseph Haydn, grand admirateur du maestro, et sous le prétexte de venir le remercier des leçons qu'il voulait bien donner à son jeune ami, Consuelo eut l'air de le saluer pour la première fois, et, le soir, le maestro et ses deux élèves dînèrent amicalement chez le chanoine. A moins d'afficher un stoïcisme dont les musiciens de ce temps-là, même les plus grands, ne se piquaient guère, il eût été difficile au Porpora de ne pas se prendre subitement d'affection pour ce brave chanoine qui avait une si bonne table et qui appréciait si bien ses ouvrages. On fit de la musique après dîner, et l'on se vit ensuite presque tous les jours.

Ce fut encore là un adoucissement à l'inquiétude que le silence d'Albert commençait a donner à Consuelo. Le chanoine était d'un esprit enjoué, chaste en même temps que libre, exquis à beaucoup d'égards, juste et éclairé sur beaucoup d'autres points. En somme, c'était un ami excellent et un homme parfaitement aimable. Sa société animait et fortifiait le maestro; l'humeur de celui-ci en devenait plus douce, et, partant, l'intérieur de Consuelo plus agréable.

Un jour qu'il n'y avait pas de répétition (on était à l'avant-veille de la représentation d'*Antigono*), le Porpora étant allé à la campagne avec un confrère, le chanoine proposa à ses jeunes amis d'aller faire une descente au prieuré pour surprendre ceux de ses gens qu'il y avait laissés, et voir par lui-même, en tombant sur eux comme une bombe, si la jardinière soignait bien Angèle, et si le jardinier ne negligeait pas le volkameria. La partie fut acceptée. La voiture du chanoine fut bourrée de pâtés et de bouteilles (car on ne pouvait pas faire un voyage de quatre lieues sans avoir quelque appétit), et l'on arriva au bénéfice après avoir fait un petit détour et laissé la voiture à quelque distance pour mieux ménager la surprise.

Le volkameria se portait à merveille; il avait chaud, et ses racines étaient fraîches. Sa floraison s'était épuisée au retour de la froidure, mais ses jolies feuilles tombaient sans langueur sur son tronc dégagé. La serre était bien tenue, et les chrysanthèmes bleus bravaient l'hiver et semblaient rire derrière le vitrage. Angèle, suspendue au sein de la nourrice, commençait à rire aussi, quand on l'excitait par des minauderies; et le chanoine décréta fort sagement qu'il ne fallait pas abuser de cette bonne disposition, parce que le rire forcé, provoqué trop souvent chez ces petites créatures, développait en elles le tempérament nerveux mal à propos.

On en était là, on causait librement dans la jolie maisonnette du jardinier; le chanoine, enveloppé dans sa douillette fourrée, se chauffait les tibias devant un grand feu de racines sèches et de pommes de pin; Joseph jouait avec les beaux enfants de la belle jardinière, et Consuelo, assise au milieu de la chambre, tenait Angèle dans ses bras et la contemplait avec un mélange de tendresse et de douleur. Il lui semblait que cet enfant lui appartenait plus qu'à tout autre, et qu'une mystérieuse fatalité attachait le sort de ce petit être à son propre sort, lorsque la porte s'ouvrit brusquement, et la Corilla se trouva vis-à-vis d'elle, comme une apparition évoquée par sa rêverie mélancolique.

Pour la première fois depuis le jour de sa délivrance, la Corilla avait senti sinon un élan d'amour, du moins un accès de remords maternel, et elle venait voir son enfant à la dérobée. Elle savait que le chanoine habitait Vienne; arrivée derrière lui, à une demi-heure de distance, et

ne rencontrant pas même les traces de sa voiture aux
abords du prieuré, puisqu'il avait fait un détour avant
que d'y entrer, elle pénétra furtivement par les jardins,
et sans voir personne, jusque dans la maison où elle
savait qu'Angèle était en nourrice ; car elle n'avait pas
laissé de prendre quelques informations à ce sujet. Elle
avait beaucoup ri de l'embarras et de la chrétienne-rési-
gnation du chanoine ; mais elle ignorait la part que Consuelo avait eue à l'aventure. Ce fut donc avec une surprise mêlée d'épouvante et de consternation qu'elle vit
sa rivale en cet endroit ; et, ne sachant point, n'osant
point deviner quel était l'enfant qu'elle berçait ainsi,
elle faillit tourner les talons et s'enfuir. Mais Consuelo,
qui, par un mouvement instinctif, avait serré l'enfant
contre son sein comme la perdrix cache ses poussins sous
son aile à l'approche du vautour ; Consuelo, qui était au
théâtre, et qui, le lendemain, pourrait présenter sous un
autre jour ce secret de la comédie que Corilla avait
raconté jusqu'alors à sa manière ; Consuelo enfin, qui la
regardait avec un mélange d'effroi et d'indignation, la
retint clouée et comme fascinée au milieu de la chambre.

Cependant la Corilla était une comédienne trop con-
sommée pour perdre longtemps l'esprit et la parole. Sa
tactique était de prévenir une humiliation par une insulte ;
et, pour se mettre en voix, elle commença son rôle par
cette apostrophe, dite en dialecte vénitien, d'un ton lesto
et acerbe :

« Eh ! par Dieu ! ma pauvre Zingarella, cette maison
est-elle un dépôt d'enfants trouvés ? Y es-tu venue aussi
pour chercher ou pour déposer le tien ? Je vois que nous
courons mêmes chances et que nous avons même fortune.
Sans doute nos deux enfants ont le même père, car nos
aventures datent de Venise et de la même époque ; et j'ai
vu avec compassion pour toi que ce n'est pas pour te

rejoindre, comme nous le pensions, que le bel Anzoleto nous a si brusquement plantés là au milieu de son engagement, à la saison dernière.

— Madame, répondit Consuelo pâle mais calme, si j'avais eu le malheur d'être aussi intime avec Anzoleto que vous l'avez été, et si j'avais eu, par suite de ce malheur, le bonheur d'être mère (car c'en est toujours un pour qui sait le sentir), mon enfant ne serait point ici.

— Ah ! je comprends, reprit l'autre avec un feu sombre dans les yeux ; il serait élevé à la villa Zustiniani. Tu aurais eu l'esprit qui m'a manqué pour persuader au cher comte que son honneur était engagé à le reconnaître. Mais tu n'as pas eu le malheur, à ce que tu prétends, d'être la maîtresse d'Anzoleto, et Zustiniani a eu le bonheur de ne pas te laisser de preuves de son amour. On dit que Joseph Haydn, l'élève de ton maître, t'a consolée de toutes tes infortunes, et sans doute l'enfant que tu berces...

— Est le vôtre, Mademoiselle, s'écria Joseph, qui comprenait très-bien maintenant le dialecte, et qui s'avança entre Consuelo et la Corilla d'un air à faire reculer cette dernière. C'est Joseph Haydn qui vous le certifie, car il était présent quand vous l'avez mis au monde. »

La figure de Joseph, que Corilla n'avait pas revue depuis ce jour malencontreux, lui remit aussitôt en mémoire toutes les circonstances qu'elle cherchait vainement à se rappeler, et le Zingaro Bertoni lui apparut enfin sous les véritables traits de la Zingarella Consuelo. Un cri de surprise lui échappa, et pendant un instant la honte et le dépit se disputèrent dans son sein. Mais bientôt le cynisme lui revint au cœur et l'outrage à la bouche.

« En vérité, mes enfants, s'écria-t-elle d'un air atrocement bénin, je ne vous remettais pas. Vous étiez bien gentils tous les deux, quand je vous rencontrai courant les aventures, et la Consuelo était vraiment un joli garçon sous son déguisement. C'est donc dans cette sainte maison qu'elle a passé dévotement son temps, entre le gros chanoine et le petit Joseph depuis un an qu'elle s'est sauvée de Venise? Allons, Zingarella, ne t'inquiète pas, mon enfant. Nous avons le secret l'une de l'autre, et l'impératrice; qui veut tout savoir, ne saura rien d'aucune de nous.

— A supposer que j'eusse un secret, répondit froidement Consuelo, il n'est entre vos mains que d'aujourd'hui; et j'étais en possession du vôtre le jour où j'ai parlé pendant une heure avec l'impératrice, trois jours avant la signature de votre engagement, Corilla!

— Et tu lui as dit du mal de moi? s'écria Corilla en devenant rouge de colère.

— Si je lui avais dit ce que je sais de vous, vous ne seriez point engagée. Si vous l'êtes, c'est qu'apparemment je n'ai point voulu profiter de l'occasion.

— Et pourquoi ne l'as-tu pas fait? Il faut que tu sois bien bête! » reprit Corilla avec une candeur de perversité admirable à voir.

Consuelo et Joseph ne purent s'empêcher de sourire en se regardant; le sourire de Joseph était plein de mépris pour la Corilla; celui de Consuelo était angélique et s'élevait vers le ciel.

« Oui, Madame, répondit-elle avec une douceur accablante, je suis telle que vous dites, et je m'en trouve fort bien.

— Pas trop bien, ma pauvre fille, puisque je suis engagée et que tu ne l'as pas été! reprit la Corilla ébranlée et un peu soucieuse; on me l'avait dit, à Venise, que tu manquais d'esprit, et que tu ne saurais jamais faire tes affaires. C'est la seule chose vraie qu'Anzoleto m'ait dite de toi. Mais qu'y faire? ce n'est pas ma faute si tu es ainsi... A ta place j'aurais dit ce que je savais de la Corilla ; je me serais donnée pour une vierge, pour une sainte. L'impératrice l'aurait cru : elle n'est pas difficile à persuader... et j'aurais supplanté toutes mes rivales. Mais tu ne l'as pas fait!... c'est étrange, et je te plains de savoir si peu mener ta barque. »

Pour le coup, le mépris l'emporta sur l'indignation ; Consuelo et Joseph éclatèrent de rire, et la Corilla, qui, en sentant ce qu'elle appelait dans son esprit l'impuissance de sa rivale, perdait cette amertume agressive dont elle s'était armée d'abord ; se mit à l'aise, tira une chaise auprès du feu, et s'apprêta à continuer tranquillement la conversation, afin de mieux sonder le fort et le faible de ses adversaires. En cet instant elle se trouva face à face avec le chanoine, qu'elle n'avait pas encore aperçu, parce que celui-ci, guidé par son instinct de prudence ecclésiastique, avait fait signe à la robuste jardinière et à ses deux enfants de se tenir devant lui jusqu'à ce qu'il eût compris ce qui se passait.

XCIV.

Après l'insinuation qu'elle avait lancée quelques minutes auparavant sur les relations de Consuelo avec le gros chanoine, l'aspect de ce dernier produisit un peu sur Corilla l'effet de la tête de Méduse. Mais elle se rassura en pensant qu'elle avait parlé vénitien, et elle le salua en allemand avec ce mélange d'embarras et d'effronterie qui caractérise le regard et la physiomie particulière de la femme de mauvaise vie. Le chanoine, ordinairement si poli et si gracieux dans son hospitalité, ne se leva pourtant point et ne lui rendit même pas son salut. Corilla, qui s'était bien informée de lui à Vienne, avait ouï dire à tout le monde qu'il était excessivement bien élevé, grand amateur de musique, et incapable de sermonner pédantesquement une femme, une cantatrice surtout. Elle s'était promis de l'aller voir et de le fasciner pour l'empêcher de parler contre elle. Mais si elle avait dans ces sortes d'affaires le genre d'esprit qui manquait à Consuelo, elle avait aussi cette nonchalance et ce décousu d'habitudes qui tiennent au désordre, à la paresse, et, quoique ceci ne paraisse pas venir à propos, à la malpropreté. Toutes ces pauvretés s'enchaînent dans la vie des organisations grossières. La mollesse du corps et de l'âme rendent impuissants les effets de l'intrigue, et Corilla, qui avait l'instinct de toutes les perfidies, avait rarement l'énergie de les mener à bien. Elle avait donc remis d'un jour à l'autre sa visite au chanoine, et quand elle le trouva si froid et si sévère, elle commença à se déconcerter visiblement.

Alors, cherchant par un trait d'audace à se remettre en scène, elle dit à Consuelo, qui tenait toujours Angèle dans ses bras :

« Eh bien, toi, pourquoi ne me laisses-tu pas embrasser ma fille, et la déposer aux pieds de monsieur le chanoine, pour...

— *Dame Corilla*, dit le chanoine du même ton sec et froidement railleur dont il disait autrefois *dame Brigide*, faites-moi le plaisir de laisser cet enfant tranquille. »

Et, s'exprimant en italien avec beaucoup d'élégance, quoique avec une lenteur un peu trop accentuée, il continua ainsi sans ôter son bonnet de dessus ses oreilles :

« Depuis un quart d'heure que je vous écoute; et bien que je ne sois pas très-familiarisé avec votre patois, j'en ai assez entendu pour être autorisé à vous dire que vous êtes bien la plus effrontée coquine que j'ai rencontrée dans ma vie. Cependant, je crois que vous êtes plus stupide que méchante, et plus lâche que dangereuse. Vous ne comprenez rien aux belles choses, et ce serait temps perdu que d'essayer de vous les faire comprendre. Je n'ai qu'une chose à vous dire : cette jeune fille, cette vierge, cette sainte, comme vous l'avez nommée tout à l'heure en croyant railler, vous la souillez en lui parlant : ne lui parlez donc plus. Quant à cet enfant qui est né de vous, vous le flétririez en le touchant : ne le touchez donc pas. C'est un être sacré qu'un enfant ; Consuelo l'a dit, et je l'ai compris. C'est par l'intercession, par la persuasion de cette même Consuelo que j'ai osé me charger de votre fille, sans craindre que les instincts pervers qu'elle peut tenir de vous vinssent à m'en faire repentir un jour. Nous nous sommes dit que la bonté divine donne à toute créature le pouvoir de connaître et de pratiquer le bien, et nous nous sommes promis de lui enseigner le bien, et de le lui rendre aimable et facile. Avec vous, il en serait tout autrement. Veuillez donc, dès aujourd'hui, ne plus considérer cet enfant comme le vôtre. Vous l'avez abandonné, vous l'avez cédé, donné ; il ne vous appartient plus. Vous avez remis une somme d'argent pour nous payer son éducation... »

Il fit un signe à la jardinière, qui prévenue par lui depuis quelques instants avait tiré de l'armoire un sac lié et cacheté ; celui que Corilla avait envoyé au chanoine avec sa fille, et qui n'avait pas été ouvert. Il le prit et le jeta aux pieds de la Corilla, en ajoutant :

« Nous n'en avons que faire et nous n'en voulons pas. Maintenant, je vous prie de sortir de chez moi et de n'y jamais remettre les pieds, sous quelque prétexte que ce soit. A ces conditions, et à celle que vous ne vous permettrez jamais d'ouvrir la bouche sur les circonstances qui nous ont forcé d'être en rapport avec vous, nous vous promettons le silence le plus absolu sur tout ce qui vous concerne. Mais si vous agissez autrement, je vous avertis que j'ai plus de moyens que vous ne pensez de faire entendre la vérité à Sa Majesté Impériale, et que vous pourriez bien voir changer vos couronnes de théâtre et les trépignements de vos admirateurs en un séjour de quelques années dans un couvent de filles repenties. »

Ayant ainsi parlé, le chanoine se leva, fit signe à la nourrice de prendre l'enfant dans ses bras, et à Consuelo de se retirer, avec Joseph, au fond de l'appartement; puis il montra du doigt la porte à Corilla qui, terrifiée, pâle et tremblante, sortit convulsivement et comme égarée, sans savoir où elle allait, et sans comprendre ce qui se passait autour d'elle.

Le chanoine avait eu, durant cette sorte d'imprécation, une indignation d'honnête homme qui, peu à peu, l'avait rendu étrangement puissant. Consuelo et Joseph ne l'avaient jamais vu ainsi. L'habitude d'autorité qui ne s'efface jamais chez le prêtre, et aussi l'attitude du commandement royal qui passe un peu dans le sang, et qui trahissait en cet instant le bâtard d'Auguste II, revêtaient le chanoine, peut-être à son insu, d'une sorte de majesté irrésistible. La Corilla, à qui jamais aucun homme n'avait parlé ainsi dans le calme austère de la vérité, ressentit plus d'effroi et de terreur que jamais ses amants furieux ne lui en avaient inspiré dans les outrages de la vengeance et du mépris. Italienne et superstitieuse, elle fut véritablement peur de cet ecclésiastique et de son anathème, et s'enfuit éperdue à travers les jardins, tandis que le chanoine, épuisé de cet effort si contraire à ses habitudes de bienveillance et d'enjouement, retomba sur sa chaise, pâle et presque en défaillance.

Tout en s'empressant pour le secourir, Consuelo suivait involontairement de l'œil la démarche agitée et vacillante de la pauvre Corilla. Elle la vit trébucher au bout de l'allée et tomber sur l'herbe, soit qu'elle eût fait un faux pas dans son trouble, soit qu'elle n'eût plus la force de se soutenir. Emportée par son bon cœur, et trouvant la leçon plus cruelle qu'elle n'eût eu la force de la donner, elle laissa le chanoine aux soins de Joseph, et courut rejoindre sa rivale qui était en proie à une violente attaque de nerfs. Ne pouvant la calmer et n'osant la ramener au prieuré, elle l'empêcha de se rouler par terre et de se déchirer les mains sur le sable. Corilla fut comme folle pendant quelques instants; mais quand elle eut reconnu la personne qui la secourait, et qui s'efforçait de la consoler, elle se calma et devint d'une pâleur bleuâtre. Ses lèvres contractées gardèrent un morne silence, et ses yeux éteints fixés sur la terre ne se relevèrent pas. Elle se laissa pourtant reconduire jusqu'à sa voiture qui l'attendait à la grille, et y monta soutenue par sa rivale, sans lui dire un seul mot.

« Vous êtes bien mal? lui dit Consuelo, effrayée de l'altération de ses traits. Laissez-moi vous accompagner un bout de chemin, je reviendrai à pied. »

La Corilla, pour toute réponse, la repoussa brusquement, puis la regarda un instant avec une expression impénétrable. Et tout à coup, éclatant en sanglots, elle cacha son visage dans une de ses mains, en faisant, de l'autre, signe à son cocher de partir et en baissant le store de la voiture entre elle et sa généreuse ennemie.

Le lendemain, à l'heure de la dernière répétition de l'*Antigono*, Consuelo était à son poste et attendait la Corilla pour commencer. Cette dernière envoya son domestique dire qu'elle arriverait dans une demi-heure. Caffariello la donna à tous les diables, prétendit qu'il n'était point aux ordres d'une pareille péronnelle, qu'il ne l'attendrait pas, et fit mine de s'en aller. Madame Tesi, pâle et souffrante, avait voulu assister à la répé-

tition pour se divertir aux dépens de la Corilla ; elle
s'était fait apporter un sofa de théâtre, et, allongée
dessus, derrière cette première coulisse, peinte en
rideau replié, qu'en style de coulisse précisément on
appelle *manteau d'arlequin*, elle calmait son ami, et
s'obstinait à attendre Corilla, pensant que c'était pour
éviter son contrôle qu'elle hésitait à paraître. Enfin, la
Corilla arriva plus pâle et plus languissante que madame
Tesi elle-même, qui reprenait ses couleurs et ses forces
en la voyant ainsi. Au lieu de se débarrasser de son
mantelet et de sa coiffe avec les grands mouvements et
l'air dégagé qu'elle se donnait de coutume, elle se laissa
tomber sur un trône de bois doré oublié au fond de la
scène, et parla ainsi à Holzbaüer d'une voix éteinte :

« Monsieur le directeur, je vous déclare que je suis
horriblement malade, que je n'ai pas de voix, que j'ai
passé une nuit affreuse... (Avec qui? demanda languissamment la Tesi à Caffariello.) Et que pour toutes ces
raisons, continua la Corilla, il m'est impossible de
répéter aujourd'hui et de chanter demain, à moins que
je ne reprenne le rôle d'Ismène, et que vous ne donniez
celui de Bérénice à une autre.

— Y songez-vous, Madame? s'écria Holzbaüer frappé
comme d'un coup de foudre. Est-ce à la veille de la
représentation, et lorsque la cour en a fixé l'heure,
que vous pouvez alléguer une défaite? C'est impossible,
je ne saurais en aucune façon y consentir.

— Il faudra bien que vous y consentiez, répliqua-
t-elle en reprenant sa voix naturelle, qui n'était pas
douce. Je suis engagée pour les seconds rôles, et rien
dans mon traité ne me force à faire les premiers. C'est
un acte d'obligeance qui m'a portée à les accepter au
défaut de la signora Tesi, et pour ne pas interrompre les
plaisirs de la cour. Or, je suis trop malade pour tenir ma

promesse, et vous ne me ferez point chanter malgré moi.

— Ma chère amie, on te fera chanter *par ordre*, reprit Caffariello, et tu chanteras mal, nous y étions préparés. C'est un petit malheur à ajouter à tous ceux que tu as voulu affronter dans ta vie; mais il est trop tard pour t'en repentir. Il fallait faire tes réflexions un peu plus tôt. Tu as trop présumé de tes moyens. Tu feras *fiasco*; peu nous importe, à nous autres. Je chanterai de manière à ce qu'on oublie que le rôle de Bérénice existe. La Porporina aussi, dans son petit rôle d'Ismène, dédommagera le public, et tout le monde sera content, excepté toi. Ce sera une leçon dont tu profiteras, ou dont tu ne profiteras pas, une autre fois.

— Vous vous trompez beaucoup sur mes motifs de refus, répondit la Corilla avec assurance. Si je n'étais malade, je chanterais peut-être le rôle aussi bien qu'*une autre;* mais comme je ne peux pas le chanter, il y a quelqu'un ici qui le chantera mieux qu'on ne l'a encore chanté à Vienne, et cela pas plus tard que demain. Ainsi la représentation ne sera pas retardée, et je reprendrai avec plaisir mon rôle d'Ismène, qui ne me fatigue point.

— Vous comptez donc, dit Holzbauer surpris, que madame Tesi se trouvera assez rétablie demain pour chanter le sien?

— Je sais fort bien que madame Tesi ne pourra chanter de longtemps, dit la Corilla à haute voix, de manière à ce que, du trône où elle se prélassait, elle pût être entendue de la Tesi, étalée sur son sofa à dix pas d'elle, voyez comme elle est changée! sa figure est effrayante. Mais je vous ai dit que vous aviez une Bérénice parfaite, incomparable, supérieure à nous toutes, et la voici, ajouta-t-elle en se levant et en prenant Consuelo par la main pour l'attirer au milieu du groupe inquiet et agité qui s'était formé autour d'elle.

— Moi? s'écria Consuelo qui croyait faire un rêve.

— Toi! s'écria Corilla en la poussant sur le trône avec un mouvement convulsif. Te voilà reine, Porporina, te voilà au premier rang ; c'est moi qui t'y place, je te devais cela. Ne l'oublie pas! »

Dans sa détresse, Holzbaüer, à la veille de manquer à son devoir et d'être forcé peut-être de donner sa démission, ne put repousser ce secours inattendu. Il avait bien vu, d'après la manière dont Consuelo avait fait l'Ismène, qu'elle pouvait faire la Bérénice d'une manière supérieure. Malgré l'éloignement qu'il avait pour elle et pour le Porpora, il ne lui fut permis d'avoir en cet instant qu'une seule crainte : c'est qu'elle ne voulût point accepter le rôle.

Elle s'en défendit, en effet, très-sérieusement; et, pressant les mains de la Corilla avec cordialité, elle la supplia, à voix basse, de ne pas lui faire un sacrifice qui l'enorgueillissait si peu, tandis que, dans les idées de sa rivale, c'était la plus terrible des expiations, et la soumission la plus épouvantable qu'elle pût s'imposer. Corilla demeura inébranlable dans cette résolution. Madame Tesi, effrayée de cette concurrence sérieuse qui la menaçait, eut bien envie d'essayer sa voix et de reprendre son rôle, dût-elle expirer après, car elle était sérieusement indisposée ; mais elle ne l'osa pas. Il n'était pas permis, au théâtre de la cour, d'avoir les caprices auxquels le souverain débonnaire de nos jours, le bon public, sait se ranger si patiemment. La cour s'attendait à voir quelque chose de nouveau dans ce rôle de Bérénice : on le lui avait annoncé, et l'impératrice y comptait.

« Allons, décide-toi, dit Caffariello à la Porporina. Voici le premier trait d'esprit que la Corilla ait eu dans sa vie : profitons-en.

— Mais je ne sais point le rôle; je ne l'ai pas étudié, disait Consuelo ; je ne pourrai pas le savoir demain.

— Tu l'as entendu : donc tu le sais, et tu le chanteras

demain, dit enfin le Porpora d'une voix de tonnerre. Allons, point de grimaces, et que ce débat finisse. Voilà plus d'une heure que nous perdons à babiller. Monsieur le directeur, faites commencer les violons. Et toi, Bérénice, en scène! Point de cahier! à bas ce cahier! Quand on a répété trois fois, on doit savoir tous les rôles par cœur. Je te dis que tu le sais! »

No, tutto, ô Berenice, chanta la Corilla, redevenue Ismène,

Tu non apri il tuo cor.

Et à présent, pensa cette fille, qui jugeait de l'orgueil de Consuelo par le sien propre, *tout ce qu'elle sait de mes aventures lui paraîtra peu de chose.*

Consuelo, dont le Porpora connaissait bien la prodigieuse mémoire et la victorieuse facilité, chanta effectivement le rôle, musique et paroles, sans la moindre hésitation. Madame Tesi fut si frappée de son jeu et de son chant, qu'elle se trouva beaucoup plus malade, et se fit remporter chez elle, après la répétition du premier acte. Le lendemain, il fallut que Consuelo eût préparé son costume, arrangé les *traits* de son rôle et repassé toute sa partie attentivement à cinq heures du soir. Elle eut un succès si complet que l'impératrice dit en sortant :

« Voilà une admirable jeune fille : il faut absolument que je la marie : j'y songerai. »

Dès le jour suivant, on commença à répéter la *Zenobia* de Métastase, musique de Predieri. La Corilla s'obstina encore à céder le premier rôle à Consuelo. Madame Holzbaüer fit, cette fois, le second ; et comme elle était meilleure musicienne que la Corilla, cet opéra fut beaucoup mieux étudié que l'autre. Le Métastase était ravi de voir sa muse, négligée et oubliée durant la guerre, reprendre faveur à la cour et faire fureur à Vienne. Il ne pensait presque plus à ses maux; et, pressé par la bienveillance de Marie-Thérèse et par les devoirs de son emploi, d'écrire de nouveaux drames lyriques, il se préparait, par la lecture des tragiques grecs et des classiques latins, à produire quelqu'un de ces chefs-d'œuvre que les Italiens de Vienne et les Allemands de l'Italie mettaient, sans façon, au-dessus des tragédies de Corneille, de Racine, de Shakspeare, de Calderon, au-dessus de tout, pour le dire sans détour et sans mauvaise honte.

Ce n'est pas au beau milieu de cette histoire, déjà si longue et si chargée de détails, que nous abuserons encore de la patience, peut-être depuis longtemps épuisée, du lecteur, pour lui dire ce que nous pensons du génie de Métastase. Peu lui importe. Nous allons donc lui répéter seulement ce que Consuelo en disait tout bas à Joseph :

« Mon pauvre Beppo, tu ne saurais croire quelle peine j'ai à jouer ces rôles qu'on dit si sublimes et si pathétiques. Il est vrai que les mots sont bien arrangés, et qu'ils arrivent facilement sur la langue, quand on les chante; mais quand on pense au personnage qui les dit, on ne sait où prendre, je ne dis pas de l'émotion, mais du sérieux pour les prononcer. Quelle bizarre convention est donc celle qu'on a faite, en arrangeant l'antiquité à la mode de notre temps, pour mettre sur la scène des intrigues, des passions et des moralités qui seraient bien placées peut-être dans des mémoires de la margrave de Bareith, du baron de Trenck, ou de la princesse de Culmbach, mais qui, de la part de Rhadamiste, de Bérénice, ou d'Arsinoé, sont des contre-sens absurdes? Lorsque j'étais convalescente au château des Géants, le comte Albert me faisait souvent la lecture pour m'endormir; mais moi, je ne dormais pas, et j'écoutais de toutes mes oreilles. Il me lisait des tragédies grecques de Sophocle, d'Eschyle ou d'Euripide, et il les lisait en espagnol, lentement, mais nettement et sans hésitation, quoique ce fût un texte grec qu'il avait sous les yeux. Il était si versé dans les langues anciennes et nouvelles, qu'on eût dit qu'il lisait une traduction admirablement écrite. Il s'attachait à la faire assez fidèle, disait-il, pour que je pusse saisir, dans l'exactitude scrupuleuse de son interprétation, le génie des Grecs dans toute sa simplicité. Quelle grandeur, mon Dieu! quelles images! quelle poésie, et quelle sobriété! Quels personnages de dix coudées, quels caractères purs et forts, quelles énergiques situations, quelles douleurs profondes et vraies, quels tableaux déchirants et terribles il faisait passer devant moi! faible encore, et l'imagination toujours frappée des émotions violentes qui avaient causé ma maladie, j'étais si bouleversée de ce que j'entendais, que je m'imaginais, en l'écoutant, être tour à tour Antigone, Clytemnestre, Médée, Électre, et jouer en personne ces drames sanglants et douloureux, non sur un théâtre à la lueur des quinquets, mais dans des solitudes affreuses, au seuil des grottes béantes, ou sous les colonnes des antiques parvis, auprès des pâles foyers où l'on pleurait les morts en conspirant contre les vivants. J'entendais ces chœurs lamentables des Troyennes et des captives de Dardanie. Les Euménides dansaient autour de moi..... sur quels rhythmes bizarres et sur quelles infernales modulations! Je n'y pense pas sans un souvenir de plaisir et de terreur qui me fait encore frissonner. Jamais je n'aurai, sur le théâtre, dans la réalisation de mes rêves, les mêmes émotions et la même puissance que je sentais gronder alors dans mon cœur et dans mon cerveau. C'est là que je me suis sentie tragédienne pour la première fois, et que j'ai conçu des types dont aucun artiste ne m'avait fourni le modèle. C'est là que j'ai compris le drame, l'effet tragique, la poésie du théâtre; et, à mesure qu'Albert lisait, j'improvisais intérieurement un chant sur lequel je m'imaginais suivre et dire moi-même tout ce que j'entendais. Je me surprenais quelquefois dans l'attitude et avec la physionomie des personnages qu'il faisait parler, et il lui arriva souvent de s'arrêter effrayé, croyant voir apparaître Andromaque ou Ariane devant lui. Oh! va, j'en ai plus appris et plus deviné en un mois avec ces lectures-là que je ne le ferai dans toute ma vie, employée à répéter les drames de M. Métastase; et si les compositeurs n'avaient mis dans la musique le sentiment et la vérité qui manquent à l'action, je crois que je succomberais sous le dégoût que j'éprouve à faire parler la grande-duchesse Zénobie avec la landgrave Églé, et à entendre le feld-maréchal Rhadamiste se disputer avec le cornette de pandoures Zopire. Oh! tout cela est faux, archi-faux, mon pauvre Beppo! faux comme nos costumes, faux comme la perruque blonde de Caffariello Tiridate, comme le déshabillé Pompadour de madame Holzbaüer en pastourelle d'Arménie, comme les mollets de tricot rose du prince Démétrius, comme ces décors que nous voyons là de près, et qui ressemblent à l'Asie comme l'abbé Métastase ressemble au vieil Homère.

— Ce que tu me dis là, répondit Haydn, m'explique pourquoi, en sentant la nécessité d'écrire des opéras pour le théâtre, si tant est que je puisse arriver jusque-là, je me sens plus d'inspiration et d'espérance quand je pense à composer des oratorios. Là où les puérils artifices de la scène ne viennent pas donner un continuel démenti à la vérité du sentiment, dans ce cadre symphonique où tout est musique, où l'âme parle à l'âme par l'oreille et non par les yeux, il me semble que le compositeur peut développer toute son inspiration, et entraîner l'imagination d'un auditoire dans des régions vraiment élevées. »

En parlant ainsi, Joseph et Consuelo, en attendant que tout le monde fût rassemblé pour la répétition, marchaient côte à côte le long d'une grande toile de fond qui devait être ce soir-là le fleuve Araxe, et qui n'était, dans le demi-jour du théâtre, qu'une énorme bande d'indigo étendue parmi de grosses taches d'ocre, destinées à représenter les montagnes du Caucase. On sait que ces toiles de fond, préparées pour la représentation, sont placées les unes derrière les autres, de manière à être relevées sur un cylindre au changement à vue. Dans l'intervalle qui les sépare les unes des autres, les acteurs circulent durant la représentation ; les comparses s'endorment ou échangent des prises de tabac, assis ou couchés dans la poussière, sous les gouttes d'huile qui tombent languissamment des quinquets mal assurés. Dans la journée, les acteurs se promènent le long de ces couloirs étroits et obscurs, en répétant leurs rôles, ou en s'entretenant de leurs affaires ; quelquefois en épiant les petites confidences ou surprenant les profondes machinations d'autres promeneurs causant tout près d'eux sans les voir, derrière un bras de mer ou une place publique.

Heureusement, Métastase n'était point sur l'autre rive de l'Araxe, tandis que l'inexpérimentée Consuelo épanchait ainsi son indignation d'artiste avec Haydn. La répétition commença. C'était la seconde de *Zénobie*, et elle alla si bien, que les musiciens de l'orchestre applaudirent, selon l'usage, avec leurs archets sur le ventre de leurs violons. La musique de Predieri était charmante, et le Porpora la dirigeait avec plus d'enthousiasme qu'il n'avait pu le faire pour celle de Hasse. Le rôle de Tiridate était un des triomphes de Caffariello, et il n'avait garde de trouver mauvais qu'en l'équipant en farouche guerrier parthe, on le fît roucouler en Céladon et parler en Clitandre. Consuelo, si elle sentait son rôle faux et guindé dans la bouche d'une héroïne de l'antiquité, trouvait au moins là un caractère de femme agréablement indiqué. Il offrait même une sorte de rapprochement avec la situation d'esprit où elle s'était trouvée entre Albert et Anzoleto; et oubliant tout à fait la *couleur locale*, comme nous disons aujourd'hui, pour ne se représenter que les sentiments humains, elle s'aperçut qu'elle était sublime dans cet air dont le sens avait été si souvent dans son cœur :

> Voi leggete in ogni core ;
> Voi sapete, o giusti Dei,
> Se son puri i voti miei,
> Se innocente è la pietà.

Elle eut donc en cet instant la conscience d'une émotion vraie et d'un triomphe mérité. Elle n'eut pas besoin que le regard de Caffariello, qui n'était pas gêné ce jour-là par la présence de la Tesi, et qui admirait de bonne foi, lui confirmât ce qu'elle sentait déjà, la certitude d'un effet irrésistible à produire sur tous les publics du monde et dans toutes les conditions possibles, avec ce morceau capital. Elle se trouva ainsi toute réconciliée avec sa partie, avec l'opéra, avec ses camarades, avec elle-même, avec le théâtre, en un mot; et malgré toutes les imprécations qu'elle venait de faire contre son état une heure auparavant, elle ne put se défendre d'un de ces tressaillements intérieurs, si profonds, si soudains et si puissants, qu'il est impossible à quiconque n'est pas artiste en quelque chose, de comprendre quels siècles de labeur, de déceptions et de souffrances ils peuvent racheter en un instant.

XCII.

En qualité d'élève, encore à demi serviteur du Porpora, Haydn, avide d'entendre de la musique et d'étudier, même sous un point de vue matériel, la contexture des opéras, obtenait la permission de se glisser dans les coulisses lorsque Consuelo chantait. Depuis deux jours, il remarqua que le Porpora, d'abord assez mal disposé à l'admettre ainsi dans l'intérieur du théâtre, l'y autorisait d'un air de bonne humeur, avant même qu'il osât je lui demander. C'est qu'il s'était passé quelque chose de nouveau dans l'esprit du professeur. Marie-Thérèse, parlant musique avec l'ambassadeur de Venise, était revenue à son idée fixe de matrimoniomanie, comme disait Consuelo. Elle lui avait dit qu'elle verrait avec plaisir cette grande cantatrice se fixer à Vienne en épousant le jeune musicien, élève de son maître ; elle avait pris des informations sur Haydn auprès de l'ambassadeur même, et ce dernier lui en ayant dit beaucoup de bien, l'ayant assurée qu'il annonçait de grandes facultés musicales, et surtout qu'il était très-bon catholique, Sa Majesté l'avait engagé à arranger ce mariage, promettant de faire un sort convenable aux jeunes époux. L'idée avait souri à M. Cormer, qui aimait tendrement Joseph, et déjà lui faisait une pension de soixante-douze francs par mois pour l'aider à continuer librement ses études. Il en avait parlé chaudement au Porpora, et celui-ci, craignant que sa Consuelo ne persistât dans l'idée de se retirer du théâtre pour épouser un gentilhomme, après avoir beaucoup hésité, beaucoup résisté (il eût préféré à tout que son élève vécût sans hymen et sans amour), s'était enfin laissé persuader. Pour frapper un grand coup, l'ambassadeur s'était déterminé à lui faire voir des compositions de Haydn, et à lui avouer que la sérénade en trio dont il s'était montré si satisfait était de la façon de Beppo. Le Porpora avait confessé qu'il y avait là le germe d'un grand talent; qu'il pourrait lui imprimer une bonne direction et l'aider par ses conseils à écrire pour la voix; enfin que le sort d'une cantatrice mariée à un compositeur pouvait être fort avantageux. La grande jeunesse du couple et ses minces ressources lui imposaient la nécessité de s'adonner au travail sans autre espoir d'ambition, et Consuelo se trouverait ainsi enchaînée au théâtre. Le maestro se rendit. Il n'avait pas reçu plus que Consuelo de réponse de Riesenburg. Ce silence lui faisait craindre quelque résistance à ses vues, quelque coup de tête du jeune comte : « Si je pouvais sinon marier, du moins fiancer Consuelo à un autre, pensa-t-il; je n'aurais plus rien à craindre de ce côté-là. »

Le difficile était d'amener Consuelo à cette résolution. L'y exhorter eût été lui inspirer la pensée de résister. Avec sa finesse napolitaine, il se dit que la force des choses devait amener un changement insensible dans l'esprit de cette jeune fille. Elle avait de l'amitié pour Beppo, et Beppo, quoiqu'il eût vaincu l'amour dans son cœur, montrait tant de zèle, d'admiration et de dévouement pour elle, que le Porpora put bien s'imaginer qu'il en était violemment épris. Il pensa qu'en ne le gênant point dans ses rapports avec elle, il lui laisserait les moyens de faire agréer ses vœux; qu'en l'éclairant en temps et lieu sur les desseins de l'impératrice et sur sa propre adhésion, il lui donnerait le courage de l'éloquence et le feu de la persuasion. Enfin il cessa tout à coup de le brutaliser et de le rabaisser, et laissa un libre cours à leurs épanchements fraternels, se flattant que les choses iraient plus vite ainsi que s'il s'en mêlait ostensiblement.

Le Porpora, en ne doutant pas assez du succès, commettait une grande faute. Il livrait la réputation de Consuelo à la médisance ; car il ne fallait que voir Joseph deux fois de suite dans les coulisses auprès d'elle pour que toute la gent dramatique proclamât ses amours avec ce jeune homme, et la pauvre Consuelo, confiante et imprévoyante comme toutes les âmes droites et chastes, ne songeait nullement à prévoir le danger et à s'en garantir. Aussi, dès le jour de cette répétition de *Zénobie*, les yeux prirent l'éveil et les langues la volée. Dans chaque coulisse, derrière chaque décor, il y eut entre les acteurs, entre les choristes, entre les employés de toutes sortes qui circulaient, une remarque maligne ou enjouée, accusatrice ou bienveillante, sur le scandale de cette intrigue naissante ou sur la candeur de ces heureuses accordailles.

Consuelo, toute à son rôle, toute à son émotion d'artiste, ne voyait, n'entendait et ne pressentait rien. Joseph, tout rêveur, tout absorbé par l'opéra qu'on chantait et par celui qu'il méditait dans son âme musicale, entendait bien quelques mots à la dérobée, et ne les comprenait pas, tant il était loin de se flatter d'une vaine espérance. Quand il surprenait en passant quelque parole équivoque, quelque observation piquante, il levait la tête, regardait autour de lui, cherchait l'objet de ces satires, et, ne le trouvant pas, profondément indifférent aux propos de ce genre, il retombait dans ses contemplations.

Entre chaque acte de l'opéra, on donnait souvent un intermède bouffe, et ce jour-là on répéta l'*Impressario delle Canarie*, assemblage de petites scènes très-gaies et très-comiques de Métastase. La Corilla, en y remplissant le rôle d'une prima donna exigeante, impérieuse et fantasque, était d'une vérité parfaite, et le succès qu'elle avait ordinairement dans cette bluette la consolait un peu du sacrifice de son grand rôle de Zénobie. Pendant qu'on répétait la dernière partie de l'intermède, en attendant qu'on répétât le troisième acte, Consuelo, un peu oppressée par l'émotion de son rôle, alla derrière la toile de fond, entre l'*horrible vallée hérissée de montagnes et de précipices*, qui formait le premier décor, et ce bon fleuve Araxe, bordé d'*aménissimes montagnes*, qui devait apparaître à la troisième scène pour reposer agréablement les yeux du spectateur *sensible*. Elle marchait un peu vite, allant et revenant sur ses pas, lorsque Joseph lui apporta son éventail qu'elle avait laissé sur la niche du souffleur, et dont elle se servit avec beaucoup de plaisir. L'instinct du cœur et la volontaire préoccupation du Porpora poussaient machinalement Joseph à rejoindre son amie; l'habitude de la confiance et le besoin d'épanchement portaient Consuelo à l'accueillir toujours joyeusement. De ce double mouvement d'une sympathie dont les anges n'eussent pas rougi dans le ciel, la destinée avait résolu de faire le signal et la cause d'étranges infortunes... Nous savons très-bien que nos lectrices de romans, toujours pressées d'arriver à l'événement, ne nous demandent que plaie et bosse; nous les supplions d'avoir un peu de patience.

« Eh bien, mon amie, dit Joseph en souriant à Consuelo et en lui tendant la main, il me semble que tu n'es plus si mécontente du drame de notre illustre abbé, et que tu as trouvé dans ton air de la prière une fenêtre ouverte par laquelle le démon du génie qui te possède va prendre une bonne fois sa volée.

— Tu trouves donc que je l'ai bien chanté?

— Est-ce que tu ne vois pas que j'ai les yeux rouges?

— Ah! oui, tu as pleuré. C'est bon, tant mieux! je suis bien contente de t'avoir fait pleurer.

— Comme si c'était la première fois ! Mais tu deviens artiste comme le Porpora veut que tu le sois, ma bonne Consuelo ! La fièvre du succès s'est allumée en toi. Quand tu chantais dans les sentiers du Bœhmer-Wald, tu me voyais bien pleurer et tu pleurais toi-même, attendrie par la beauté de ton chant; maintenant c'est autre chose : tu ris de bonheur, et tu tressailles d'orgueil en voyant les larmes que tu fais couler. Allons, courage, ma Consuelo, te voilà *prima donna* dans toute la force du terme !

— Ne me dis pas cela, ami. Je ne serai jamais comme celle de là-bas. »

Et elle désignait du geste la Corilla, qui chantait de l'autre côté de la toile de fond, sur la scène.

« Ne le prends pas en mauvaise part, repartit Joseph ; je veux dire que le dieu de l'inspiration t'a vaincue. En vain ta raison froide, ton austère philosophie et le souvenir de Riesenburg ont lutté contre l'esprit de Python. Le voilà qui te remplit et te déborde. Avoue que tu étouffes de plaisir ; je sens ton bras trembler contre le mien ; ta figure est animée, et jamais je ne t'ai vu le regard que tu as dans ce moment-ci. Non, tu n'étais pas plus agitée, pas plus inspirée quand le comte Albert te lisait les tragiques grecs !

— Ah ! quel mal tu me fais ! s'écria Consuelo en pâlissant tout à coup et en retirant son bras de celui de Joseph. Pourquoi prononces-tu ce nom-là ici ? C'est un nom sacré qui ne devrait pas retentir dans ce temple de la folie. C'est un nom terrible qui, comme un coup de tonnerre, fait rentrer dans la nuit toutes les illusions et tous les fantômes des songes dorés !

— Eh bien, Consuelo, veux-tu que je te le dise ? reprit Haydn après un moment de silence : jamais tu ne pourras te décider à épouser cet homme-là.

— Tais-toi, tais-toi, je l'ai promis !...

— Eh bien, si tu tiens ta promesse, jamais tu ne seras heureuse avec lui. Quitter le théâtre, toi? renoncer à être artiste? Il est trop tard d'une heure. Tu viens de savourer une joie dont le souvenir ferait le tourment de toute ta vie.

— Tu me fais peur, Beppo! Pourquoi me dis-tu de pareilles choses aujourd'hui?

— Je ne sais, je te les dis comme malgré moi. Ta fièvre a passé dans mon cerveau, et il me semble que je vais, en rentrant chez nous, écrire quelque chose de sublime. Ce sera quelque platitude : n'importe, je me sens plein de génie pour le quart d'heure.

— Comme tu es gai, comme tu es tranquille, toi! moi! au milieu de cette fièvre d'orgueil et de joie dont tu parles, j'éprouve une atroce douleur, et j'ai à la fois envie de rire et de pleurer.

— Tu souffres, j'en suis certain; tu dois souffrir. Au moment où tu sens ta puissance éclater, une pensée lugubre te saisit et te glace...

— Oui, c'est vrai, qu'est-ce que cela veut dire?

— Cela veut dire que tu es artiste, et que tu t'es imposé comme un devoir l'obligation farouche, abominable à Dieu et à toi-même, de renoncer à l'art.

— Il me semblait hier que non, et aujourd'hui il me semble que oui. C'est que j'ai mal aux nerfs, c'est que ces agitations sont terribles et funestes, je le vois. J'avais toujours nié leur entraînement et leur puissance. J'avais toujours abordé la scène avec calme, avec une attention consciencieuse et modeste. Aujourd'hui je ne me possède plus, et s'il me fallait entrer en représentation en cet instant, il me semble que je ferais des folies sublimes ou des extravagances misérables. Les rênes de ma volonté m'échappent; j'espère que demain je ne serai pas ainsi, car cette émotion tient à la fois du délire et de l'agonie.

— Pauvre amie! je crains qu'il n'en soit toujours ainsi désormais, ou plutôt je l'espère ; car tu ne seras vraiment puissante que dans le feu de cette émotion. J'ai ouï dire à tous les musiciens, à tous les acteurs que j'ai abordés, que, sans ce délire ou sans ce trouble, ils ne pouvaient rien ; et qu'au lieu de se calmer avec l'âge et l'habitude, ils devenaient toujours plus impressionnables à chaque étreinte de leur démon.

— Ceci est un grand mystère, dit Consuelo en soupirant. Il ne me semble pas que la vanité, la jalousie des autres, le lâche besoin du triomphe, aient pu s'emparer de moi si soudainement et bouleverser mon être du jour au lendemain. Non! je t'assure qu'en chantant cette prière de Zénobie et ce duo avec Tiridate, où la passion et la vigueur de Caffariello m'emportaient comme un tourbillon d'orage, je ne songeais ni au public, ni à mes rivales, ni à moi-même. J'étais Zénobie ; je pensais aux dieux immortels de l'olympe avec une ardeur toute chrétienne, et je brûlais d'amour pour ce bon Caffariello, qu'après la ritournelle je ne puis pas regarder sans rire. Tout cela est étrange, et je commence à croire que, l'art dramatique étant un mensonge perpétuel, Dieu nous punit en nous frappant de la folie d'y croire nous-mêmes et de prendre au sérieux ce que nous faisons pour produire l'illusion chez les autres. Non! il n'est pas permis à l'homme d'abuser de toutes les passions et de toutes les émotions de la vie réelle pour s'en faire un jeu. Il veut que nous gardions notre âme saine et puissante pour des affections vraies, pour des actions utiles, et quand nous faussons ses vues, il nous châtie et nous rend insensés.

— Dieu! Dieu! la volonté de Dieu! voilà où gît le mystère, Consuelo! Qui peut pénétrer les desseins de

Dieu envers nous? Nous donnerait-il, dès le berceau, ces instincts, ces besoins d'un certain art, que nous ne pouvons jamais étouffer, s'il proscrivait l'usage que nous sommes appelés à en faire? Pourquoi, dès mon enfance, n'aimais-je pas les jeux de mes petits camarades? pourquoi, dès que j'ai été livré à moi-même, ai-je travaillé à la musique avec un acharnement dont rien ne pouvait me distraire, et une assiduité qui eût tué tout autre enfant de mon âge? Le repos me fatiguait, le travail me donnait la vie. Il en était ainsi de toi, Consuelo. Tu me l'as dit cent fois, et quand l'un de nous racontait sa vie à l'autre, celui-ci croyait entendre la sienne propre. Va, la main de Dieu est dans tout, et toute puissance, toute inclination est son ouvrage, quand même nous n'en comprenons pas le but. Tu es née artiste, donc il faut que tu le sois, et quiconque t'empêchera de l'être te donnera la mort ou une vie pire que la tombe.

— Ah! Beppo, s'écria Consuelo consternée et presque égarée, si tu étais véritablement mon ami, je sais bien ce que tu ferais.

— Eh! quoi donc, chère Consuelo? Ma vie ne t'appartient-elle pas?

— Tu me tuerais demain au moment où l'on baissera la toile, après que j'aurai été vraiment artiste, vraiment inspirée, pour la première et la dernière fois de ma vie.

— Ah! dit Joseph avec une gaîté triste, j'aimerais mieux tuer ton comte Albert ou moi-même. »

En ce moment, Consuelo leva les yeux vers la coulisse qui s'ouvrit vis-à-vis d'elle, et la mesura des yeux avec une préoccupation mélancolique. L'intérieur d'un grand théâtre, vu au jour, est quelque chose de si différent de ce qu'il nous apparaît de la salle, aux lumières, qu'il est impossible de s'en faire une idée quand on ne l'a pas contemplé ainsi. Rien de plus triste, de plus sombre et de plus effrayant que cette salle plongée dans l'obscurité, dans la solitude, dans le silence. Si quelque figure humaine venait à se montrer distinctement dans ces loges fermées comme des tombeaux, elle semblerait un spectre, et ferait reculer d'effroi le plus intrépide comédien. La lumière rare et terne qui tombe de plusieurs lucarnes situées dans les combles sur le fond de la scène, rampe en biais sur des échafaudages, sur des haillons grisâtres, sur des planches poudreuses. Sur la scène, l'œil, privé du prestige de la perspective, s'étonne de cette étroite enceinte où tant de personnes et de passions doivent agir, en simulant des mouvements majestueux, des masses imposantes, des élans indomptables, qui sembleront tels aux spectateurs, et qui sont étudiés, mesurés à une ligne près, pour ne point s'embarrasser et se confondre, ou se briser contre les décors. Mais si la scène se montre petite et mesquine, en revanche, la hauteur du vaisseau destiné à loger tant de décorations et à faire mouvoir tant de machines paraît immense, dégagé de toutes ces toiles festonnées en nuages, en corniches d'architecture ou en rameaux verdoyants qui la coupent dans une certaine proportion pour l'œil du spectateur. Dans sa disproportion réelle, cette élévation a quelque chose d'austère, et, si en regardant la scène, on se croit dans un cachot, en regardant les combles, on se croirait dans une église gothique, mais dans une église ruinée ou inachevée ; car tout ce qui est là est blafard, informe, fantasque, incohérent. Des échelles suspendues sans symétrie pour les besoins du machiniste, coupées comme au hasard et lancées sans motif apparent vers d'autres échelles qu'on ne distingue point dans la confusion de ces détails incolores ; des amas de planches bizarrement tailladées, décors vus à l'envers et dont le dessin n'offre aucun sens à l'esprit ;

des cordes entremêlées comme des hiéroglyphes; des débris sans nom, des poulies et des rouages qui semblent préparés pour des supplices inconnus, tout cela ressemble à ces rêves que nous faisons à l'approche du réveil, et où nous voyons des choses incompréhensibles, en faisant de vains efforts pour savoir où nous sommes. Tout est vague, tout flotte, tout semble prêt à se disloquer. On voit un homme qui travaille tranquillement sur ces solives, et qui semble porté par des toiles d'araignée; il peut vous paraître un marin grimpant aux cordages d'un vaisseau, aussi bien qu'un rat gigantesque sciant et rongeant les charpentes vermoulues. On entend des paroles qui viennent on ne sait d'où. Elles se prononcent à quatre-vingts pieds au-dessus de vous, et la sonorité bizarre des échos accroupis dans tous les coins du dôme fantastique vous les apporte à l'oreille, distinctes ou confuses, selon que vous faites un pas en avant ou de côté, qui change l'effet acoustique. Un bruit épouvantable ébranle les échafauds et se répète en sifflements prolongés. Est-ce donc la voûte qui s'écroule? Est-ce un de ces frêles balcons qui craque et tombe, entraînant de pauvres ouvriers sous ses ruines? Non, c'est un pompier qui éternue, ou c'est un chat qui s'élance à la poursuite de son gibier, à travers les précipices de ce labyrinthe suspendu. Avant que vous soyez habitué à tous ces objets et à tous ces bruits, vous avez peur; vous ne savez de quoi il s'agit, et contre quelles apparitions inouïes il faut vous armer de sang-froid. Vous ne comprenez rien, et ce que l'on ne distingue pas par la vue ou par la pensée, ce qui est incertain et inconnu alarme toujours la logique de la sensation. Tout ce qu'on peut se figurer de plus raisonnable, quand on pénètre pour la première fois dans un pareil chaos, c'est qu'on va assister à quelque sabbat insensé dans le laboratoire d'une mystérieuse alchimie [1].

Consuelo laissait donc errer ses yeux distraits sur cet édifice singulier, et la poésie de ce désordre se révélait à elle pour la première fois. A chaque extrémité du couloir formé par les deux toiles de fond s'ouvrait une coulisse noire et profonde où quelques figures passaient de temps en temps comme des ombres. Tout à coup elle vit une de ces figures s'arrêter comme pour l'attendre, et elle crut voir un geste qui l'appelait.

[1]. Et cependant, comme tout a sa beauté pour l'œil qui sait voir, ces limbes théâtrals ont une beauté bien plus émouvante pour l'imagination que tous les prétendus prestiges de la scène éclairée et ordonnée à l'heure du spectacle. Je me suis demandé souvent en quoi consistait cette beauté, et comment il me serait possible de la décrire, si je voulais en faire passer le secret dans l'âme d'un autre. Quoi! sans couleurs, sans formes, sans ordre et sans clarté, les objets extérieurs peuvent-ils, me dira-t-on, revêtir un aspect qui parle aux yeux et à l'esprit? Un peintre seul pourra me répondre : Oui, je le comprends. Il se rappellera le *Philosophe en méditation* de Rembrandt : cette grande chambre perdue dans l'ombre, ces escaliers sans fin, qui tournent on ne sait comment; ces lueurs vagues qui s'allument et s'éteignent, on ne sait pourquoi, sur les divers plans du tableau; toute cette scène indécise et nette en même temps, cette couleur puissante répandue sur un sujet qui, en somme, n'est peint qu'avec du brun clair et du brun sombre; cette magie du clair-obscur, ce jeu de la lumière ménagée sur les objets les plus insignifiants, sur une chaise, sur une cruche, sur un vase de cuivre; et voilà que ces objets, qui ne méritent pas d'être regardés, et encore moins d'être peints, deviennent si intéressants, si beaux à leur manière, que vous ne pouvez pas en détacher vos yeux. Ils ont reçu la vie, ils existent et sont dignes d'exister, parce que l'artiste les a touchés de sa baguette, parce qu'il y a fixé une parcelle du soleil, parce que entre eux et lui il a su étendre un voile transparent, mystérieux, l'air que nous voyons, que nous respirons, et dans lequel nous croyons entrer en nous enfonçant par l'imagination dans la profondeur de sa toile. Eh bien, si nous retrouvons dans la réalité un de ses tableaux, fût-il composé d'objets plus méprisables encore, d'ais brisés, de haillons flétris, de murailles enfumées; si une pâle lumière y jette son prestige avec précaution, si le clair-obscur y déploie cet art essentiel qui est dans l'effet, dans la rencontre, dans l'harmonie de toutes les choses existantes sans que l'homme ait besoin de l'y mettre, l'homme

« Est-ce le Porpora? demanda-t-elle à Joseph.

— Non; dit-il, mais c'est sans doute quelqu'un qui vient t'avertir qu'on va répéter le troisième acte. »

Consuelo doubla le pas, en se dirigeant vers ce personnage, dont elle ne pouvait distinguer les traits, parce qu'il avait reculé jusqu'à la muraille. Mais lorsqu'elle fut à trois pas de lui, et au moment de l'interroger, il glissa rapidement derrière les coulisses suivantes, et gagna le fond de la scène en passant derrière toutes les toiles.

sait l'y trouver, et il le goûte, il l'admire, il en jouit comme d'une conquête qu'il vient de faire.

Il est à peu près impossible d'expliquer avec des paroles ces mystères que le coup de pinceau d'un grand maître traduit intelligiblement à tous les yeux. En voyant les intérieurs de Rembrandt, de Teniers, de Gérard Dow, l'œil le plus vulgaire se rappellera la réalité qui pourtant ne l'avait jamais frappé poétiquement. Pour voir poétiquement cette réalité et en faire, par la pensée, un tableau de Rembrandt, il ne faut qu'être doué du sens pittoresque commun à beaucoup d'organisations. Mais pour décrire et faire passer ce tableau, par le discours, dans l'esprit d'autrui, il faudrait une puissance si ingénieuse, qu'en l'essayant, je déclare que je cède à une fantaisie sans aucun espoir de réussite. Le génie doué de cette puissance, et qui l'exprime en vers (chose bien plus prodigieuse à tenter!), n'a pas toujours réussi. Et cependant je doute que dans notre siècle aucun artiste littéraire puisse approcher des résultats qu'il a obtenus en ce genre. Relisez une pièce de vers qui s'appelle les *Puits de l'Inde*; ce sera un chef-d'œuvre, ou une orgie d'imagination, selon que vous aurez ou non des facultés sympathiques à celles du poëte. Quant à moi, j'avoue que j'en ai été horriblement choqué à la lecture. Je ne pouvais approuver ce désordre et cette débauche de description. Puis, quand j'eus fermé le livre, je ne pouvais plus voir autre chose dans mon cerveau que ces puits, ces souterrains, ces escaliers, ces gouffres par où le poëte m'avait fait passer. Je les voyais en rêve, je les voyais tout éveillé. Je n'en pouvais plus sortir, j'y étais enterré vivant. J'étais subjugué, et je ne voulus pas relire ce morceau, de crainte de trouver qu'un si grand peintre, comme un si grand poëte, n'était pas un écrivain sans défaut. Cependant je retins par cœur pendant longtemps les huit derniers vers, qui, dans tous les temps et pour tous les goûts, seront un trait profond, sublime, et sans reproche, qu'on l'entende avec le cœur, avec l'oreille ou l'esprit.

« Voilà quelqu'un qui avait l'air de nous épier, dit Joseph.

— Et qui a l'air de se sauver, ajouta Consuelo, frappée de l'empressement avec lequel il s'était dérobé à ses regards. Je ne sais pourquoi il m'a fait peur. »

Elle rentra sur la scène et répéta son dernier acte, vers la fin duquel elle ressentit encore les mouvements d'enthousiasme qui l'avaient transportée. Quand elle voulut remettre son mantelet pour se retirer, elle le chercha, éblouie par une clarté subite : on venait d'ouvrir une lucarne au-dessus de sa tête, et le rayon du soleil couchant tombait obliquement devant elle. Le contraste de cette brusque lumière avec l'obscurité des objets environnants égara un instant sa vue; et elle fit deux ou trois pas au hasard, lorsque tout à coup elle se trouva auprès du même personnage en manteau noir, qui l'avait inquiétée dans la coulisse. Elle le voyait confusément, et cependant il lui sembla le reconnaître. Elle fit un cri, et s'élança vers lui; mais il avait déjà disparu; et ce fut en vain qu'elle le chercha des yeux.

« Qu'as-tu? lui dit Joseph en lui présentant son mantelet; t'es-tu heurtée contre quelque décor? t'es-tu blessée?

— Non, dit-elle, mais j'ai vu le comte Albert.

— Le comte Albert ici? en es-tu sûre? est-ce possible!

— C'est possible, c'est certain, » dit Consuelo en l'entraînant.

Et elle se mit à parcourir les coulisses, en courant et en pénétrant dans tous les coins. Joseph l'aidait à cette recherche, persuadé cependant qu'elle s'était trompée, tandis que le Porpora l'appelait avec impatience pour la ramener au logis. Consuelo ne trouva personne qui lui rappelât le moindre trait d'Albert; et lorsque, forcée de sortir avec son maître, elle vit passer toutes les personnes qui avaient été sur la scène en même temps qu'elle, elle remarqua plusieurs manteaux assez semblables à celui qui l'avait frappée.

« C'est égal, dit-elle tout bas à Joseph, qui lui en faisait l'observation, je l'ai vu ; il était là !

— C'est une hallucination que tu as eue, reprit Joseph. Si c'eût été vraiment le comte Albert, il t'aurait parlé ; et tu dis que deux fois il a fui à ton approche.

— Je ne dis pas que ce soit lui réellement ; mais je l'ai vu, et comme tu le dis, Joseph, je crois maintenant que c'est une vision. Il faut qu'il lui soit arrivé quelque malheur. Oh ! j'ai envie de partir tout de suite, de m'enfuir en Bohême. Je suis sûre qu'il est en danger, qu'il m'appelle, qu'il m'attend.

— Je vois qu'il t'a, entre autres mauvais offices, communiqué sa folie, ma pauvre Consuelo. L'exaltation que tu as eue en chantant t'a disposée à ces rêveries. Reviens à toi, je t'en conjure, et sois certaine que si le comte Albert est à Vienne, tu le verras bien vivant accourir chez toi avant la fin de la journée. »

Cette espérance ranima Consuelo. Elle doubla le pas avec Beppo, laissant derrière elle le vieux Porpora, qui ne trouva pas mauvais cette fois qu'elle l'oubliât dans la chaleur de son entretien avec ce jeune homme. Mais Consuelo ne pensait pas plus à Joseph qu'au maestro. Elle courut, elle arriva tout essoufflée, monta à son appartement, et n'y trouva personne. Joseph s'informa auprès des domestiques si quelqu'un l'avait demandée pendant son absence. Personne n'était venu, personne ne vint. Consuelo attendit en vain toute la journée. Le soir et assez avant dans la nuit, elle regarda par la fenêtre tous les passants attardés qui traversaient la rue. Il lui semblait toujours voir quelqu'un se diriger vers sa porte et s'arrêter. Mais ce quelqu'un passait outre, l'un en chantant, l'autre en faisant entendre une toux de vieillard, et ils se perdaient dans les ténèbres. Consuelo, convaincue qu'elle avait fait un rêve, alla se coucher, et le lendemain matin, cette impression se trouvant dissipée, elle avoua à Joseph qu'elle n'avait réellement distingué aucun des traits du personnage en question. L'ensemble de sa taille, la coupe et la pose de son manteau, un teint pâle, quelque chose de noir au bas du visage, qui pouvait être une barbe ou l'ombrage du chapeau fortement dessinée par la lumière bizarre du théâtre, ces vagues ressemblances, rapidement saisies par son imagination, lui avaient suffi pour se persuader qu'elle voyait Albert.

« Si un homme tel que tu me l'as si souvent dépeint s'était trouvé sur le théâtre, lui dit Joseph, il y avait là assez de monde circulant de tous côtés pour que sa mise négligée, sa longue barbe et ses cheveux noirs eussent attiré les remarques. Or, j'ai interrogé de tous côtés, et, jusqu'aux portiers du théâtre, qui ne laissent pénétrer personne dans l'intérieur sans le reconnaître ou voir son autorisation, et qui qui que ce soit n'avait vu un homme étranger au théâtre ce jour-là.

— Allons, il est certain que je l'ai rêvé. J'étais émue, hors de moi. J'ai pensé à Albert, son image a passé dans mon esprit. Quelqu'un s'est trouvé là devant mes yeux, et j'en ai fait Albert. Ma tête est donc devenue bien faible? Il est certain que j'ai crié du fond du cœur, et qu'il s'est passé en moi quelque chose de bien extraordinaire et de bien absurde.

— N'y pense plus, dit Joseph; ne te fatigue pas avec des chimères. Repasse ton rôle, et songe à ce soir. »

XCVI.

Dans la journée, Consuelo vit de ses fenêtres une troupe fort étrange défiler vers la place. C'étaient des hommes trapus, robustes et hâlés, avec de longues moustaches, les jambes nues chaussées de courroies entre-croisées comme des cothurnes antiques, la tête couverte de bonnets pointus, la ceinture garnie de quatre pistolets, les bras, le cou découvert, la main armée d'une longue carabine albanaise, et le tout rehaussé d'un grand manteau rouge.

« Est-ce une mascarade? demanda Consuelo au chanoine, qui était venu lui rendre visite; nous ne sommes point en carnaval, que je sache.

— Regardez bien ces hommes-là, lui répondit le chanoine; car nous ne les reverrons pas de longtemps, s'il plaît à Dieu de maintenir le règne de Marie-Thérèse. Voyez comme le peuple les examine avec curiosité, quoique avec une sorte de dégoût et de frayeur! Vienne les a vus accourir dans ses jours d'angoisse et de détresse, et alors elle les a accueillis plus joyeusement qu'elle ne le fait aujourd'hui, honteuse et consternée qu'elle est de leur devoir son salut!

— Sont-ce là ces brigands esclavons dont on m'a tant parlé en Bohème et qui y ont fait tant de mal? reprit Consuelo.

— Oui, ce sont eux, répliqua le chanoine; ce sont les débris de ces hordes de serfs et de bandits croates que le fameux baron François de Trenck, cousin germain de votre ami le baron Frédéric de Trenck, avait affranchis ou asservis avec une hardiesse et une habileté incroyables, pour en faire presque des troupes régulières au service de Marie-Thérèse. Tenez, le voilà, ce héros effroyable, ce Trenck à la gueule brûlée, comme l'appellent nos soldats; ce partisan fameux, le plus rusé, le plus intrépide, le plus nécessaire des tristes et belliqueuses années qui viennent de s'écouler : le plus grand hâbleur et le plus grand pillard de son siècle, à coup sûr ; mais aussi l'homme le plus brave, le plus robuste, le plus actif, le plus fabuleusement téméraire des temps modernes. C'est lui; c'est Trenck le pandoure, avec ses loups affamés, meute sanguinaire dont il est le sauvage pasteur. »

François de Trenck était plus grand encore que son cousin de Prusse. Il avait près de six pieds. Son manteau écarlate, attaché à son cou par une agrafe de rubis, s'entr'ouvrait sur sa poitrine pour laisser voir tout un musée d'artillerie turque, chamarrée de pierreries, dont sa ceinture était l'arsenal. Pistolets, sabres recourbés et coutelas, rien ne manquait pour lui donner l'apparence du plus expéditif et du plus déterminé tueur d'hommes. En guise d'aigrette, il portait à son bonnet le simulacre d'une petite faux à quatre lames tranchantes, retombant sur son front. Son aspect était horrible. L'explosion d'un baril de poudre [1] en le défigurant, avait achevé de lui donner l'air diabolique. « On ne pouvait le regarder sans frémir, » disent tous les mémoires du temps.

« C'est donc là ce monstre, cet ennemi de l'humanité ! dit Consuelo en détournant les yeux avec horreur. La Bohême se rappellera longtemps son passage ; les villes

---

[1]. Étant descendu dans une cave au pillage d'une ville de la Bohême et dans l'espérance de découvrir le premier des tonnes d'or dont on lui avait signalé l'existence, il avait approché précipitamment une lumière d'un de ces tonneaux précieux; mais c'était de la poudre qu'il contenait. L'explosion avait fait crouler sur lui une partie de la voûte, et on l'avait retiré des décombres, mourant, le corps sillonné d'énormes brûlures, le visage couvert de plaies profondes et indélébiles.

brûlées, saccagées, les vieillards et les enfants mis en pièces, les femmes outragées, les campagnes épuisées de contributions, les moissons dévastées, les troupeaux détruits quand on ne pouvait les enlever, partout la ruine, la désolation, le meurtre et l'incendie. Pauvre Bohême! rendez-vous éternel de toutes les luttes, théâtre de toutes les tragédies!

— Oui, pauvre Bohême! victime de toutes les fureurs, arène de tous les combats, reprit le chanoine; François de Trenck y a renouvelé les farouches excès du temps de Jean Ziska. Comme lui invaincu, il n'a jamais fait quartier; et la terreur de son nom était si grande, que ses avant-gardes ont enlevé des villes d'assaut, lorsqu'il était encore à quatre milles de distance, aux prises avec d'autres ennemis. C'est de lui qu'on peut dire, comme d'Attila, que l'herbe ne repousse jamais là où son cheval a passé. C'est lui que les vaincus maudiront jusqu'à la quatrième génération. »

François de Trenck se perdit dans l'éloignement; mais pendant longtemps Consuelo et le chanoine virent défiler ses magnifiques chevaux richement caparaçonnés, que ses gigantesques hussards croates conduisaient en main.

« Ce que vous voyez n'est qu'un faible échantillon de ses richesses, dit le chanoine. Des mulets et des chariots chargés d'armes, de tableaux, de pierreries, de lingots d'or et d'argent, couvrent incessamment les routes qui conduisent à ses terres d'Esclavonie. C'est là qu'il enfouit des trésors qui pourraient fournir la rançon de trois rois. Il mange dans la vaisselle d'or qu'il a enlevée au roi de Prusse à Sorow, alors qu'il a failli enlever le roi de Prusse lui-même. Les uns disent qu'il l'a manqué d'un quart d'heure; les autres prétendent qu'il l'a tenu prisonnier dans ses mains et qu'il lui a chèrement vendu sa liberté. Patience! Trenck le pandoure ne jouira peut-être pas longtemps de tant de gloire et de richesses. On dit qu'un procès criminel le menace, que les plus épouvantables accusations pèsent sur sa tête, que l'impératrice en a grand'peur ; enfin que ceux de ses Croates qui n'ont pas pris, selon leur coutume, leur congé sous leur bonnet, vont être incorporés dans les troupes régulières et tenus en bride à la manière prussienne. Quant à lui... j'ai mauvaise idée des compliments et des récompenses qui l'attendent à la cour!

— Ils ont sauvé la couronne d'Autriche, à ce qu'on dit !

— Cela est certain. Depuis les frontières de la Turquie jusqu'à celles de la France, ils ont semé l'épouvante et emporté les places les mieux défendues, les batailles les plus désespérées. Toujours les premiers à l'attaque d'un front d'armée, à la tête d'un pont, à la brèche d'un fort; ils ont forcé nos plus grands généraux à l'admiration, et nos ennemis à la fuite. Les Français ont partout reculé devant eux, et le grand Frédéric a pâli, dit-on, comme un simple mortel, à leur cri de guerre. Il n'est point de fleuve rapide, de forêt inextricable, de marais vaseux, de roche escarpée, de grêle de balles et de torrents de flammes qu'ils n'aient franchis, à toutes les heures de la nuit, et dans les plus rigoureuses saisons. Oui, certes, ils ont sauvé la couronne de Marie-Thérèse plus que la vieille tactique militaire de tous nos généraux et toutes les ruses de nos diplomates.

— En ce cas, leurs crimes seront impunis et leurs vols sanctifiés !

— Peut-être qu'ils seront trop punis, au contraire.

— On ne se défait pas de gens qui ont rendu de pareils services !

— Pardon, dit le chanoine malignement : quand on n'a plus besoin d'eux...

—Mais ne leur a-t-on pas permis tous les excès qu'ils ont commis sur les terres de l'Empire et sur celles des alliés?

— Sans doute ; on leur a tout permis, puisqu'ils étaient nécessaires !

— Et maintenant?

— Et maintenant qu'ils ne le sont plus, on leur reproche tout ce qu'on leur avait permis.

— Et la grande âme de Marie-Thérèse?

— Ils ont profané des églises !

— J'entends. Trenck est perdu, monsieur le chanoine.

— Chut! cela se dit tout bas, reprit-il.

— As-tu vu les pandoures? s'écria Joseph en entrant tout essoufflé.

— Avec peu de plaisir, répondit Consuelo.

— Eh bien, ne les as-tu pas reconnus?

— C'est la première fois que je les vois.

— Non pas, Consuelo, ce n'est pas la première fois que ces figures-là frappent tes regards. Nous en avons rencontré dans le Bœhmer-Wald.

— Grâce à Dieu, aucun à ma souvenance.

— Tu as donc oublié un chalet où nous avons passé la nuit sur la fougère, et où nous nous sommes aperçus tout d'un coup que dix ou douze hommes dormaient là autour de nous? »

Consuelo se rappela l'aventure du chalet et la rencontre de ces farouches personnages qu'elle avait pris, ainsi que Joseph, pour des contrebandiers. D'autres émotions, qu'elle n'avait ni partagées ni devinées, gravaient dans la mémoire de Joseph toutes les circonstances de cette nuit orageuse.

« Eh bien, lui dit-il, ces prétendus contrebandiers qui ne s'aperçurent pas de notre présence à côté d'eux et qui sortirent du chalet avant le jour, portant des sacs et de lourds paquets, c'étaient des pandoures : c'étaient les

armes, les figures, les moustaches et les manteaux que
je viens de voir passer, et la Providence nous avait sous-
traits, à notre insu, à la plus funeste rencontre que nous
pussions faire en voyage.

— Sans aucun doute, dit le chanoine, à qui tous les
détails de ce voyage avaient été souvent racontés par
Joseph; ces honnêtes gens s'étaient licenciés de leur
propre gré, comme c'est leur coutume quand ils ont
les poches pleines, et ils gagnaient la frontière pour revenir dans leur pays par un long circuit, plutôt que de
passer avec leur butin sur les terres de l'Empire, où ils
craignent toujours d'avoir à rendre des comptes. Mais
soyez sûrs qu'ils n'y seront pas arrivés sans encombre.
Ils se volent et s'assassinent les uns les autres tout le long
du chemin, et c'est le plus fort qui regagne ses forêts et
ses cavernes, chargé de la part de ses compagnons.

L'heure de la représentation vint distraire Consuelo du
sombre souvenir des pandoures de Trenck, et elle se
rendit au théâtre. Elle n'y avait point de loge pour s'habiller; jusque-là madame Tesi lui avait prêté la sienne.
Mais, cette fois, madame Tesi fort courroucée de ses
succès, et déjà son ennemie jurée, avait emporté la
clef, et la prima donna de la soirée se trouva fort em-
barrassée de savoir où se réfugier. Ces petites perfidies
sont usitées au théâtre. Elles irritent et inquiètent la
rivale dont on veut paralyser les moyens. Elle perd du
temps à demander une loge, elle craint de n'en point
trouver. L'heure s'avance; ses camarades lui disent en
passant : « Eh quoi! pas encore habillée? on va commencer. » Enfin, après bien des demandes et bien des
pas, à force de colère et de menaces, elle réussit à se
faire ouvrir une loge où elle ne trouve rien de ce qui lui
est nécessaire. Pour peu que les tailleuses soient gagnées,
le costume n'est pas prêt ou va mal. Les habilleuses

sont aux ordres de toute autre que la victime dévouée à ce petit supplice. La cloche sonne, l'avertisseur (le *buttafuori*) crie de sa voix glapissante dans les corridors : *Signore e signori, si va cominciar!* mots terribles que la débutante n'entend pas sans un froid mortel; elle n'est pas prête ; elle se hâte, elle brise ses lacets, elle déchire ses manches; elle met son manteau de travers, et son diadème va tomber au premier pas qu'elle fera sur la scène. Palpitante, indignée, nerveuse, les yeux pleins de larmes, il faut paraître avec un sourire céleste sur le visage; il faut déployer une voix pure, fraîche et sûre d'elle-même, lorsque la gorge est serrée et le cœur prêt à se briser... Oh! toutes ces couronnes de fleurs qui pleuvent sur la scène au moment du triomphe ont, en dessous, des milliers d'épines.

Heureusement pour Consuelo, elle rencontra la Corilla, qui lui dit en lui prenant la main :

« Viens dans ma loge ; la Tesi s'est flattée de te jouer le même tour qu'elle me jouait dans les commencements. Mais je viendrai à ton secours, ne fût-ce que pour la faire enrager ! c'est à charge de revanche, au moins ! Au train dont tu y vas, Porporina, je risque bien de te voir passer avant moi, partout où j'aurai le malheur de te rencontrer. Tu oublieras sans doute alors la manière dont je me conduis ici avec toi : tu ne te rappelleras que le mal que je t'ai fait.

— Le mal que vous m'avez fait, Corilla? dit Consuelo en entrant dans la loge de sa rivale et en commençant sa toilette derrière un paravent, tandis que les habilleuses allemandes partageaient leurs soins entre les deux cantatrices, qui pouvaient s'entretenir en vénitien sans être entendues. Vraiment je ne sais quel mal vous m'avez fait ; je ne m'en souviens plus.

— La preuve que tu me gardes rancune, c'est que tu

me dis *vous*, comme si tu étais une duchesse et comme si tu me méprisais.

— Eh bien, je ne me souviens pas que tu m'aies fait du mal, reprit Consuelo surmontant la répugnance qu'elle éprouvait à traiter familièrement une femme à qui elle ressemblait si peu.

— Est-ce vrai ce que tu dis là? repartit l'autre. As-tu oublié à ce point le pauvre Zoto?

— J'étais libre et maîtresse de l'oublier, je l'ai fait, » reprit Consuelo en attachant son cothurne de reine avec ce courage et cette liberté d'esprit que donne l'entrain du métier à certains moments : et elle fit une brillante roulade pour ne pas oublier de se tenir en voix.

La Corilla riposta par une autre roulade pour faire de même, puis elle s'interrompit pour dire à sa soubrette :

« Et par le sang du diable, Mademoiselle, vous me serrez trop. Croyez-vous habiller une poupée de Nuremberg? Ces Allemandes, reprit-elle en dialecte, elles ne savent pas ce que c'est que des épaules. Elles nous rendraient carrées comme leurs douairières, si on se laissait faire. Porporina, ne te laisse pas empaqueter jusqu'aux oreilles comme la dernière fois : c'était absurde.

— Ah ! pour cela, ma chère, c'est la consigne impériale. Ces dames le savent, et je ne tiens pas à me révolter pour si peu de chose.

— Peu de chose! nos épaules, peu de chose.

— Je ne dis pas cela pour toi, qui as les plus belles formes de l'univers ; mais moi...

— Hypocrite! dit Corilla en soupirant; tu as dix ans de moins que moi, et mes épaules ne se soutiendront bientôt plus que par leur réputation.

— C'est toi qui es hypocrite, » reprit Consuelo, horriblement ennuyée de ce genre de conversation; et pour l'interrompre, elle se mit, tout en se coiffant, à faire des gammes et des traits.

« Tais-toi, lui dit tout à coup Corilla, qui l'écoutait malgré elle ; tu m'enfonces mille poignards dans le gosier... Ah ! je te céderais de bon cœur tous mes amants, je serais bien sûre d'en trouver d'autres ; mais ta voix et ta méthode, jamais je ne pourrai te les disputer. Tais-toi, car j'ai envie de t'étrangler. »

Consuelo, qui vit bien que la Corilla ne plaisantait qu'à demi, et que ces flatteries railleuses cachaient une souffrance réelle, se le tint pour dit ; mais au bout d'un instant, celle-ci reprit :

« Comment fais-tu ce trait-là ?

— Veux-tu le faire ? je te le cède, répondit Consuelo en riant, avec sa bonhomie admirable. Tiens, je vais te l'apprendre. Mets-le dès ce soir dans quelque endroit de ton rôle. Moi, j'en trouverai un autre.

— C'en sera un autre encore plus fort. Je n'y gagnerai rien.

— Eh bien, je ne le ferai pas du tout. Aussi bien le Porpora ne se soucie pas de ces choses-là, et ce sera un reproche de moins qu'il me fera ce soir. Tiens, voilà mon trait. »

Et tirant de sa poche une ligne de musique écrite sur un petit bout de papier plié, elle le passa par-dessus le paravent à Corilla, qui se mit à l'étudier aussitôt. Consuelo l'aida, le lui chanta plusieurs fois et finit par le lui apprendre. Les toilettes allaient toujours leur train.

Mais avant que Consuelo eût passé sa robe, la Corilla écarta impétueusement le paravent et vint l'embrasser pour la remercier du sacrifice de son trait. Ce n'était pas un mouvement de reconnaissance bien sincère qui la poussait à cette démonstration. Il s'y mêlait un perfide désir de voir la taille de sa rivale en corset, afin de pouvoir trahir le secret de quelque imperfection. Mais Consuelo n'avait pas de corset. Sa ceinture, déliée comme un roseau, et ses formes chastes et nobles, n'empruntaient pas les secours de l'art. Elle pénétra l'intention de Corilla et sourit.

« Tu peux examiner ma personne et pénétrer mon cœur, pensa-t-elle, tu n'y trouveras rien de faux.

— Zingarella, lui dit la Corilla en reprenant malgré elle son air hostile et sa voix âpre, tu n'aimes donc plus du tout Anzoleto?

— Plus du tout, répondit Consuelo en riant.

— Et lui, il t'a beaucoup aimée?

— Pas du tout, reprit Consuelo avec la même assurance et le même détachement bien senti et bien sincère.

— C'est bien ce qu'il me disait! » s'écria la Corilla en attachant sur elle ses yeux bleus, clairs et ardents, espérant surprendre un regret et réveiller une blessure dans le passé de sa rivale.

Consuelo ne se piquait pas de finesse, mais elle avait celle des âmes franches, si forte quand elle lutte contre des desseins astucieux. Elle sentit le coup et y résista tranquillement. Elle n'aimait plus Anzoleto, elle ne connaissait pas la souffrance de l'amour-propre : elle laissa donc ce triomphe à la vanité de Corilla.

« Il te disait la vérité, reprit-elle ; il ne m'aimait pas.

— Mais toi, tu ne l'as donc jamais aimé? » dit l'autre, plus étonnée que satisfaite de cette concession.

Consuelo sentit qu'elle ne devait pas être franche à demi. Corilla voulait l'emporter, il fallait la satisfaire.

« Moi, répondit-elle, je l'ai beaucoup aimé.

— Et tu l'avoues ainsi? tu n'as donc pas de fierté, pauvre fille?

— J'en ai eu assez pour me guérir.

— C'est à dire que tu as eu assez de philosophie pour

te consoler avec un autre. Dis-moi avec qui, Porporina. Ce ne peut être avec ce petit Haydn, qui n'a ni sou ni maille !

— Ce ne serait pas une raison. Mais je ne me suis consolée avec personne de la manière dont tu l'entends.

— Ah ! je sais ! j'oubliais que tu as la prétention... Ne dis donc pas de ces choses-là ici, ma chère ; tu te feras tourner en ridicule.

— Aussi je ne les dirai pas sans qu'on m'interroge, et je ne me laisserai pas interroger par tout le monde. C'est une liberté que je t'ai laissé prendre, Corilla ; c'est à toi de n'en pas abuser, si tu n'es pas mon ennemie.

— Vous êtes une masque ! s'écria la Corilla. Vous avez de l'esprit, quoique vous fassiez l'ingénue. Vous en avez tant que je suis sur le point de vous croire aussi pure que je l'étais à douze ans. Pourtant cela est impossible. Ah ! que tu es habile, Zingarella ! Tu feras croire aux hommes tout ce que tu voudras.

— Je ne leur ferai rien croire du tout, car je ne leur permettrai pas de s'intéresser assez à mes affaires pour m'interroger.

— Ce sera le plus sage : ils abusent toujours de nos confessions, et ne les ont pas plus tôt arrachées, qu'ils nous humilient de leurs reproches. Je vois que tu sais ton affaire. Tu feras bien de ne pas vouloir inspirer de passions : comme cela, tu n'auras pas d'embarras, pas d'orages ; tu agiras librement sans tromper personne. A visage découvert, on trouve plus d'amants et on fait plus vite fortune. Mais il faut pour cela plus de courage que je n'en ai ; il faut que personne ne te plaise et que tu ne te soucies d'être aimée de personne ; car on ne goûte ces dangereuses douceurs de l'amour qu'à force de précautions et de mensonges. Je t'admire, Zingarella ! oui, je me sens frappée de respect en te voyant, si jeune, triompher de l'amour; car la chose la plus funeste à notre repos, à notre voix, à la durée de notre beauté, à notre fortune, à nos succès, c'est bien l'amour, n'est-ce pas? Oh! oui, je le sais par expérience. Si j'avais pu m'en tenir toujours à la froide galanterie, je n'aurais pas tant souffert; je n'aurais pas perdu deux mille sequins, et deux notes dans le haut. Mais, vois-tu, je m'humilie devant toi; je suis une pauvre créature, je suis née malheureuse. Toujours, au milieu de mes plus belles affaires, j'ai fait quelque sottise qui a tout gâté, je me suis laissé prendre à quelque folle passion pour quelque pauvre diable, et adieu la fortune! J'aurais pu épouser Zustiniani dans un temps; oui, je l'aurais pu : il m'adorait et je ne pouvais pas le souffrir; j'étais maîtresse de son sort. Ce misérable Anzoleto m'a plu... j'ai perdu ma position. Allons, tu me donneras des conseils, tu seras mon amie, n'est-ce pas? Tu me préserveras des faiblesses de cœur et des coups de tête. Et, pour commencer... il faut que je t'avoue que j'ai une inclination depuis huit jours pour un homme dont la faveur baisse singulièrement, et qui, avant peu, pourra être plus dangereux qu'utile à la cour; un homme qui est riche à millions, mais qui pourrait bien se trouver ruiné dans un tour de main. Oui, je veux m'en détacher avant qu'il m'entraîne dans son précipice... Allons! le diable veut me démentir, car le voici qui vient; je l'entends, et je sens le feu de la jalousie me monter au visage. Ferme bien ton paravent, Porporina, et ne bouge pas : je ne veux pas qu'il te voie. »

Consuelo se hâta de tirer avec soin le paravent. Elle n'avait pas besoin de l'avis pour désirer de n'être pas examinée par les amants de la Corilla. Une voix d'homme assez vibrante et juste, quoique privée de fraîcheur, fredonnait dans les corridors. On frappa pour la forme, et on entra sans attendre la réponse...

« Horrible métier ! pensa Consuelo. Non, je ne me laisserai pas séduire par les enivrements de la scène ; l'intérieur de la coulisse est trop immonde. »

Et elle se cacha dans son coin, humiliée de se trouver en pareille compagnie, indignée et consternée de la manière dont la Corilla l'avait comprise, et plongeant pour la première fois dans cet abîme de corruption dont elle n'avait pas encore eu l'idée.

XCVII.

En achevant sa toilette à la hâte, dans la crainte d'une surprise, elle entendit le dialogue suivant en italien :

« Que venez-vous faire ici? Je vous ai défendu d'entrer dans ma loge. L'impératrice nous a interdit, sous les peines les plus sévères, d'y recevoir d'autres hommes que nos camarades, et encore faut-il qu'il y ait nécessité urgente pour les affaires du théâtre. Voyez à quoi vous m'exposez! Je ne conçois pas qu'on fasse si mal la police des loges.

— Il n'y a pas de police pour les gens qui paient bien, ma toute belle. Il n'y a que les pleutres qui rencontrent la résistance ou la délation sur leur chemin. Allons, recevez-moi un peu mieux, ou, par le corps du diable, je ne reviendrai plus.

— C'est le plus grand plaisir que vous puissiez me faire. Partez donc! Eh bien, vous ne partez pas?

— Tu as l'air de le désirer de si bonne foi, que je reste pour te faire enrager.

— Je vous avertis que je vais mander ici le régisseur, afin qu'il me débarrasse de vous.

— Qu'il vienne s'il est las de vivre ! j'y consens.

—Mais êtes-vous insensé? Je vous dis que vous me compromettez, que vous me faites manquer au règlement récemment introduit par ordre de Sa Majesté, que vous m'exposez à une forte amende, à un renvoi peut-être.

—L'amende, je me charge de la payer à ton directeur en coups de canne. Quant à ton renvoi, je ne demande pas mieux; je t'emmène dans mes terres, où nous mènerons joyeuse vie.

—Moi, suivre un brutal tel que vous? jamais! Allons, sortons ensemble d'ici, puisque vous vous obstinez à ne pas m'y laisser seule.

—Seule? seule, ma charmante? C'est ce dont je m'assurerai avant de vous quitter. Voilà un paravent qui tient bien de la place dans cette petite chambre. Il me semble que si je le repoussais contre la muraille d'un bon coup de pied, je vous rendrais service.

—Arrêtez! Monsieur, arrêtez! c'est une dame qui s'habille là. Voulez-vous tuer ou blesser une femme, brigand que vous êtes!

—Une femme! Ah! c'est bien différent; mais je veux voir si elle n'a pas une épée au côté. »

Le paravent commença à s'agiter. Consuelo, qui était habillée entièrement, jeta son manteau sur ses épaules, et tandis qu'on ouvrait la première feuille du paravent, elle essaya de pousser la dernière, afin de s'esquiver par la porte, qui n'en était qu'à deux pas. Mais la Corilla, qui vit son mouvement, l'arrêta en lui disant:

« Reste là, Porporina; s'il ne t'y trouvait pas, il serait capable de croire que c'est un homme qui s'enfuit, et il me tuerait. »

Consuelo, effrayée, prit le parti de se montrer; mais la Corilla qui s'était cramponnée au paravent entre elle et son amant, l'en empêcha encore. Peut-être espérait-elle qu'en excitant sa jalousie, elle allumerait en lui assez de passion pour qu'il ne prît pas garde à la grâce touchante de sa rivale.

« Si c'est une dame qui est là, dit-il en riant, qu'elle me réponde. Madame, êtes-vous habillée? peut-on vous présenter ses hommages?

— Monsieur, répondit Consuelo sur un signe de la Corilla, veuillez garder vos hommages pour une autre, et me dispenser de les recevoir. Je ne suis pas visible.

— C'est-à-dire que c'est le bon moment pour vous regarder, dit l'amant de Corilla en faisant mine de pousser le paravent.

— Prenez garde à ce que vous allez faire, dit Corilla avec un rire forcé; si, au lieu d'une bergère en déshabillé, vous alliez trouver une duègne respectable!

— Diable!.... Mais non! sa voix est trop fraîche pour n'être pas âgée de vingt ans tout au plus; et si elle n'était pas jolie, tu me l'aurais déjà montrée. »

Le paravent était très-élevé, et malgré sa grande taille, l'amant ne pouvait regarder par-dessus, à moins de jeter à bas tous les chiffons de Corilla qui encombraient les chaises; d'ailleurs depuis qu'il ne pensait plus à s'alarmer de la présence d'un homme, le jeu l'amusait.

« Madame, cria-t-il, si vous êtes vieille et laide, ne dites rien, et je respecte votre asile; mais parbleu, si vous êtes jeune et belle, ne vous laissez pas calomnier par la Corilla, et dites un mot pour que je force la consigne. »

Consuelo ne répondit rien.

« Ah! ma foi! s'écria le curieux après un moment d'attente, je n'en serai pas dupe! Si vous étiez vieille ou mal faite, vous ne vous rendriez pas justice si tranquillement; c'est parce que vous êtes un ange que vous vous moquez de mes doutes. Il faut, dans tous les cas, que je vous voie; car, ou vous êtes un prodige de beauté capable d'inspirer des craintes à la belle Corilla elle-même, ou vous êtes une personne assez spirituelle pour avouer votre laideur, et je serai bien aise de voir, pour la première fois de ma vie, une laide femme sans prétentions. »

Il prit le bras de Corilla avec deux doigts seulement, et le fit plier comme un brin de paille. Elle jeta un grand cri, prétendit qu'il l'avait meurtrie, blessée ; il n'en tint compte, et, ouvrant la feuille du paravent, il montra aux regards de Consuelo l'horrible figure du baron François de Trenck. Un habit de ville des plus riches et des plus galants avait remplacé son sauvage costume de guerre ; mais à sa taille gigantesque et aux larges taches d'un noir rougeâtre qui sillonnaient son visage basané, il était difficile de méconnaître un seul instant l'intrépide et impitoyable chef des pandoures.

Consuelo ne put retenir un cri d'effroi, et retomba sur sa chaise en pâlissant.

« N'ayez pas peur de moi, Madame, dit le baron en mettant un genou en terre, et pardonnez-moi une témérité dont il m'est impossible, en vous regardant, de me repentir comme je le devrais. Mais laissez-moi croire que c'était par pitié pour moi (sachant bien que je ne pourrais vous voir sans vous adorer) que vous refusiez de vous montrer. Ne me donnez pas ce chagrin de penser que je vous fais peur ; je suis assez laid, j'en conviens. Mais si la guerre a fait d'un assez joli garçon une espèce de monstre, soyez sûre qu'elle ne m'a pas rendu plus méchant pour cela.

— Plus méchant ? cela était sans doute impossible ! répondit Consuelo en lui tournant le dos.

— Oui-da, répondit le baron, vous êtes une enfant bien sauvage, et votre nourrice vous aura fait des contes de vampire sur moi, comme les vieilles femmes de ce pays-ci n'y manquent point. Mais les jeunes me rendent plus de justice ; elles savent que si je suis un peu rude dans mes façons avec les ennemis de la patrie, je suis très-facile à apprivoiser quand elles veulent s'en donner la peine. »

Et, se penchant vers le miroir où Consuelo feignait de se regarder, il attacha sur elle ce regard à la fois voluptueux et féroce dont la Corilla avait subi la brutale fascination. Consuelo vit qu'elle ne pouvait se débarrasser de lui qu'en l'irritant.

« Monsieur le baron, lui dit-elle, ce n'est pas de la peur que vous m'inspirez, c'est du dégoût et de l'aversion. Vous aimez à tuer ; et moi je ne crains pas la mort ; mais je hais les âmes sanguinaires, et je connais la vôtre. J'arrive de Bohême, et j'y ai trouvé la trace de vos pas. »

Le baron changea de visage, et dit en haussant les épaules et en se tournant vers la Corilla :

« Quelle diablesse est-ce là ? La baronne de Lestock, qui m'a tiré un coup de pistolet à bout portant dans une rencontre, n'était pas plus enragée contre moi ! Aurais-je écrasé son amant par mégarde en galopant sur quelque buisson ? Allons, ma belle, calmez-vous ; je voulais plaisanter avec vous. Si vous êtes d'humeur revêche, je vous salue ; aussi bien je mérite cela pour m'être laissé distraire un moment de ma divine Corilla.

— Votre divine Corilla, répondit cette dernière, se soucie fort peu de vos distractions, et vous prie de vous retirer ; car, dans un instant, le directeur va venir faire sa tournée, et à moins que vous ne vouliez faire un esclandre...

— Je m'en vais, dit le baron ; je ne veux pas t'affliger et priver le public de la fraîcheur de tes accents en te faisant verser quelques larmes. Je t'attendrai avec ma voiture à la sortie du théâtre après la représentation. C'est entendu ? »

Il l'embrassa bon gré mal gré devant Consuelo, et se retira.

Aussitôt la Corilla se jeta au cou de sa compagne pour la remercier d'avoir si bien repoussé les fadeurs du baron. Consuelo détourna la tête ; la belle Corilla, toute souillée du baiser de cet homme, lui causait presque le même dégoût que lui.

« Comment pouvez-vous être jalouse d'un être aussi repoussant ? lui dit-elle.

— Zingarella, tu ne t'y connais pas, répondit Corilla en souriant. Le baron plaît à des femmes plus haut placées et soi-disant plus vertueuses que nous. Sa taille est superbe, et son visage, bien que gâté par des cicatrices, a des agréments auxquels tu ne résisterais pas s'il se mettait en tête de te le faire trouver beau.

— Ah ! Corilla, ce n'est pas son visage qui me répugne le plus. Son âme est plus hideuse encore. Tu ne sais donc pas que son cœur est celui d'un tigre !

— Et voilà ce qui m'a tourné la tête ! répondit lestement la Corilla. Entendre les fadeurs de tous ces efféminés qui vous harcèlent, belle merveille en vérité ! Mais enchaîner un tigre, dominer un lion des forêts, le conduire en laisse ; faire soupirer, pleurer, rugir et trembler celui dont le regard met en fuite des armées entières, et dont un coup de sabre fait voler la tête d'un bœuf comme celle d'un pavot, c'est un plaisir plus âpre que tous ceux que j'ai connus. Anzoleto avait bien un peu de cela ; je l'aimais pour sa méchanceté, mais le baron est pire. L'autre était capable de battre sa maîtresse, celui-ci est capable de la tuer. Oh ! je l'aime davantage !

— Pauvre Corilla! dit Consuelo en laissant tomber sur elle le regard d'une profonde pitié.

— Tu me plains de cet amour, et tu as raison; mais tu aurais encore plus de raison si tu me l'enviais. J'aime mieux que tu m'en plaignes, après tout, que de me le disputer.

— Sois tranquille! dit Consuelo.

— *Signora, si va cominciar!* cria l'avertisseur à la porte.

— *Commencez!* cria une voix de stentor à l'étage supérieur occupé par les salles des choristes.

— *Commencez!* » répéta une autre voix lugubre et sourde au bas de l'escalier qui donnait sur le fond du théâtre; et les dernières syllabes, passant comme un écho affaibli de coulisse en coulisse, aboutirent en mourant jusqu'au souffleur, qui le traduisit au chef d'orchestre en frappant trois coups sur le plancher. Celui-ci frappa à son tour de son archet sur le pupitre, et, après cet instant de recueillement et de palpitation qui précède le début de l'ouverture, la symphonie prit son élan et imposa silence dans les loges comme au parterre.

Dès le premier acte de *Zénobie*, Consuelo produisit cet effet complet, irrésistible, que Haydn lui avait prédit la veille. Les plus grands talents n'ont pas tous les jours un triomphe infaillible sur la scène; même en supposant que leurs forces n'aient pas un instant de défaillance, tous les rôles, toutes les situations ne sont pas propres au développement de leurs facultés les plus brillantes. C'était la première fois que Consuelo rencontrait ce rôle et ces situations où elle pouvait être elle-même et se manifester dans sa candeur, dans sa force, dans sa tendresse et dans sa pureté, sans faire un travail d'art et d'attention pour s'identifier à un personnage inconnu. Elle put oublier ce travail terrible, s'abandonner à l'émotion du moment, s'inspirer tout à coup de mouvements pathétiques et profonds qu'elle n'avait pas eu le temps d'étudier et qui lui furent révélés par le magnétisme d'un auditoire sympathique. Elle y trouva un plaisir indicible; et, ainsi qu'elle l'avait éprouvé en moins à la répétition, ainsi qu'elle l'avait sincèrement exprimé à Joseph, ce ne fut pas le triomphe que lui décerna le public qui l'enivra de joie, mais bien le bonheur de réussir à se manifester, la certitude victorieuse d'avoir atteint dans son art un moment d'idéal. Jusque-là elle s'était toujours demandé avec inquiétude si elle n'eût pas pu tirer meilleur parti de ses moyens et de son rôle. Cette fois, elle sentit qu'elle avait révélé toute sa puissance, et, presque sourde aux clameurs de la foule, elle s'applaudit elle-même dans le secret de sa conscience.

Après le premier acte, elle resta dans la coulisse pour écouter l'intermède, où Corilla était charmante, et pour l'encourager par des éloges sincères. Mais, après le second acte, elle sentit le besoin de prendre un instant de repos et remonta dans la loge. Le Porpora, occupé ailleurs, ne l'y suivit pas, et Joseph, qui, par un secret effet de la protection impériale, avait été subitement admis à faire une partie de violon dans l'orchestre, resta à son poste comme on peut croire.

Consuelo entra donc seule dans la loge de Corilla, dont cette dernière venait de lui remettre la clef, y prit un verre d'eau, et se jeta pour un instant sur le sofa. Mais tout à coup le souvenir du pandoure Trenck lui causa une sorte de frayeur, et elle courut fermer la porte sur elle à double tour. Il n'y avait pourtant guère d'apparence qu'il vînt la tourmenter. Il avait été se mettre dans la salle au lever du rideau, et Consuelo l'avait distingué à un balcon, parmi ses plus fanatiques admirateurs. Il était passionné pour la musique; né et élevé en Italie, il en parlait la langue aussi harmonieusement qu'un Italien véritable, chantait agréablement, et « s'il ne fût né avec d'autres ressources, il eût pu faire fortune au théâtre, » à ce que prétendent ses biographes.

Mais quelle terreur s'empara de Consuelo, lorsqu'en retournant au sofa, elle vit le fatal paravent s'agiter et s'entr'ouvrir pour faire apparaître le maudit pandoure.

Elle s'élança vers la porte; mais Trenck y fut avant elle, et s'appuyant le dos contre la serrure :

« Un peu de calme, ma charmante, lui dit-il avec un affreux sourire. Puisque vous partagez cette loge avec la Corilla, il faut bien vous accoutumer à y rencontrer l'amant de cette belle, et vous ne pouviez pas ignorer qu'il avait une double clef dans sa poche. Vous êtes venue vous jeter dans la caverne du lion... Oh! ne songez pas à crier! Personne ne viendrait. On connaît la présence d'esprit de Trenck, la force de son poignet, et le peu de cas qu'il fait de la vie des sots. Si on le laisse pénétrer ici, en dépit de la consigne impériale, c'est qu'apparemment il n'y a pas, parmi tous vos baladins, un homme assez hardi pour le regarder en face. Voyons, qu'avez-vous à pâlir et à trembler? Êtes-vous donc si peu sûre de vous que vous ne puissiez écouter trois paroles sans perdre la tête? Ou bien croyez-vous que je sois homme à vous violenter et à vous faire outrage? Ce sont des contes de vieille femme qu'on vous a faits là, mon enfant. Trenck n'est pas si méchant qu'on le dit, et c'est pour vous en convaincre qu'il veut causer un instant avec vous.

— Monsieur, je ne vous écouterai point que vous n'ayez ouvert cette porte, répondit Consuelo en s'armant de résolution. A ce prix, je consentirai à vous laisser parler. Mais si vous persistez à me renfermer avec vous ici, je croirai que cet homme si brave et si fort doute de lui-même, et craint d'affronter mes camarades les baladins.

— Ah! vous avez raison, dit Trenck en ouvrant la porte toute grande; et, si vous ne craignez pas de vous enrhumer, j'aime mieux avoir de l'air que d'étouffer dans le musc dont la Corilla remplit cette petite chambre. Vous me rendez service. »

En parlant ainsi, il revint s'emparer des deux mains de Consuelo, la força de s'asseoir sur le sofa, et se mit à ses genoux sans quitter ses mains qu'elle ne pouvait lui disputer sans entamer une lutte puérile, funeste peut-être à son honneur; car le baron semblait attendre et provoquer la résistance qui réveillait ses instincts violents et lui faisait perdre tout scrupule et tout respect. Consuelo le comprit et se résigna à la honte d'une transaction douteuse. Mais une larme qu'elle ne put retenir tomba lentement sur sa joue pâle et morne. Le baron la vit, et, au lieu d'être attendri et désarmé, il laissa une joie ardente et cruelle jaillir de ses paupières sanglantes, éraillées et mises à vif par la brûlure.

« Vous êtes bien injuste pour moi, lui dit-il avec une voix dont la douceur caressante trahissait une satisfaction hypocrite. Vous me haïssez sans me connaître, et vous ne voulez pas écouter ma justification. Moi, je ne puis me résigner sottement à votre aversion. Il y a une heure, je ne m'en souciais pas; mais depuis que j'ai entendu la divine Porporina, depuis que je l'adore, je sens qu'il faut vivre pour elle, ou mourir de sa main.

— Épargnez-vous cette ridicule comédie... dit Consuelo indignée.

— Comédie? interrompit le baron; tenez, dit-il en tirant de sa poche un pistolet chargé qu'il arma lui-même et qu'il lui présenta : vous allez garder cette arme dans une de vos belles mains, et, si je vous offense malgré moi en vous parlant, si je continue à vous être odieux, tuez-moi si bon vous semble. Quant à cette autre main, je suis résolu à la retenir tant que vous ne m'aurez pas permis de la baiser. Mais je ne veux devoir cette faveur qu'à votre bonté, et vous me verrez la demander et l'attendre patiemment sous le canon de cette arme meurtrière que vous pouvez tourner vers moi quand mon obsession vous deviendra insupportable. »

En effet, Trenck mit le pistolet dans la main droite de Consuelo, et lui retint de force la main gauche, en demeurant à ses genoux avec une confiance de fatuité incomparable. Consuelo se sentit bien forte dès cet instant, et, plaçant le pistolet de manière à s'en servir au premier danger, elle lui dit en souriant :

« Vous pouvez parler, je vous écoute. »

Comme elle disait cela, il lui sembla entendre des pas dans le corridor et voir l'ombre d'une personne qui se dessinait déjà devant la porte. Mais cette ombre s'effaça aussitôt, soit que la personne eût retourné sur ses pas, soit que cette frayeur de Consuelo fût imaginaire. Dans la situation où elle se trouvait, et n'ayant plus à craindre qu'un scandale, l'approche de toute personne indifférente ou secourable lui faisait plus de peur que d'envie ; si elle gardait le silence, le baron, surpris à ses genoux, avec la porte ouverte, ne pouvait manquer de paraître effrontément en bonne fortune auprès d'elle ; si elle appelait, si elle criait au secours, le baron tuerait certainement le premier qui entrerait. Cinquante traits de ce genre ornaient le mémorial de sa vie privée, et les victimes de ses passions n'en passaient pas pour moins faibles ou moins souillées. Dans cette affreuse alternative, Consuelo ne pouvait que désirer une prompte explication, et espérer de son propre courage qu'elle mettrait Trenck à la raison sans qu'aucun témoin pût commenter et interpréter à son gré cette scène bizarre.

Il comprit une partie de sa pensée, et alla pousser la porte, mais sans la fermer entièrement.

« Vraiment, Madame, lui dit-il en revenant vers elle, ce serait folie de vous exposer à la méchanceté des passants, et il faut que cette querelle se termine entre nous deux seulement. Écoutez-moi ; je vois vos craintes, et je comprends les scrupules de votre amitié pour Corilla. Votre honneur, votre réputation de loyauté, me sont plus chers encore que les moments précieux où je vous contemple sans témoins. Je sais bien que cette panthère, dont j'étais épris encore il y a une heure, vous accuserait de trahison si elle me surprenait à vos pieds. Elle n'aura pas ce plaisir : les moments sont comptés. Elle en a encore pour dix minutes à divertir le public par ses minauderies. J'ai donc le temps de vous dire que si je l'ai aimée, je ne m'en souviens déjà pas plus que de la première pomme que j'ai cueillie ; ainsi ne craignez pas de lui enlever un cœur qui ne lui appartient plus, et d'où rien ne pourra effacer désormais votre image. Vous seule, Madame, régnez sur moi et pouvez disposer de ma vie. Pourquoi hésiteriez-vous ? Vous avez, dit-on, un amant ; je vous en débarrasserai avec une chiquenaude. Vous êtes gardée à vue par un vieux tuteur sombre et jaloux ; je vous enlèverai à sa barbe. Vous êtes traversée au théâtre par mille intrigues ; le public vous adore, il est vrai ; mais le public est un ingrat qui vous abandonnera au premier enrouement que vous aurez. Je suis immensément riche, et je puis faire de vous ne princesse, presque une reine, dans une contrée sauvage, mais où je puis vous bâtir, en un clin d'œil, des palais et des théâtres plus beaux et plus vastes que ceux de la cour de Vienne. S'il vous

faut un public, d'un coup de baguette j'en ferai sortir de
terre, un aussi dévoué, aussi soumis, aussi fidèle que
celui de Vienne l'est peu. Je ne suis pas beau, je le sais;
mais les cicatrices qui ornent mon visage sont plus respectables et plus glorieuses que le fard qui couvre les
joues blêmes de vos histrions. Je suis dur à mes esclaves
et implacable à mes ennemis; mais je suis doux pour
mes bons serviteurs, et ceux que j'aime nagent dans
la joie, dans la gloire et dans l'opulence. Enfin, je suis
parfois violent; on vous a dit vrai. On n'est pas brave
et fort comme je le suis, sans aimer à faire usage de sa
puissance, quand la vengeance et l'orgueil vous y conviennent. Mais une femme pure, timide, douce et charmante comme vous l'êtes, peut dompter ma force, enchaîner ma volonté, et me tenir sous ses pieds comme
un enfant. Essayez seulement; fiez-vous à moi dans le
mystère pendant quelque temps et, quand vous me
connaîtrez, vous verrez que vous pouvez me remettre le
soin de votre avenir et me suivre en Esclavonie. Vous
souriez! vous trouvez que ce nom ressemble à celui
d'esclavage. C'est moi, céleste Porporina, qui serai ton
esclave. Regarde-moi et accoutume-toi à cette laideur
que ton amour pourrait embellir. Dis un mot, et tu verras
que les yeux rouges de Trenck l'Autrichien peuvent
verser des larmes de tendresse et de joie, aussi bien que
les beaux yeux de Trenck le Prussien, ce cher cousin
que j'aime, quoique nous ayons combattu dans des
rangs ennemis, et qui ne t'a pas été indifférent, à ce
qu'on assure. Mais ce Trenck est un enfant; et celui
qui te parle, jeune encore (il n'a que trente-quatre
ans, quoique son visage sillonné de la foudre en accuse
le double), a passé l'âge des caprices, et t'assurera de
longues années de bonheur. Parle, parle, dis oui, et
tu verras que la passion peut me transfigurer et faire un

Jupiter rayonnant de Trenck à la gueule brûlée. Tu ne me réponds pas, une touchante pudeur te fait hésiter encore? Eh bien! ne dis rien, laisse-moi baiser ta main, et je m'éloigne plein de confiance et de bonheur. Vois si je suis un brutal et un tigre tel qu'on m'a dépeint! Je ne te demande qu'une innocente faveur, et je l'implore à genoux, moi qui, de mon souffle, pouvais te terrasser et connaître encore, malgré ta haine, un bonheur dont les dieux eussent été jaloux! »

Consuelo examinait avec surprise cet homme affreux qui séduisait tant de femmes. Elle étudiait cette fascination qui, en effet, eût été irrésistible en dépit de la laideur, si c'eût été la figure d'un homme de bien, animé de la passion d'un homme de cœur; mais ce n'était que la laideur d'un voluptueux effréné, et sa passion n'était que le don quichottisme d'une présomption impertinente.

« Avez-vous tout dit, monsieur le baron? » lui demanda-t-elle avec tranquillité.

Mais tout à coup elle rougit et pâlit en regardant une poignée de gros brillants, de perles énormes et de rubis d'un grand prix que le despote slave venait de jeter sur ses genoux. Elle se leva brusquement et fit rouler par terre toutes ces pierreries que la Corilla devait ramasser.

« Trenck, lui dit-elle avec la force du mépris et de l'indignation, tu es le dernier des lâches avec toute ta bravoure. Tu n'as jamais combattu que des agneaux et des biches, et tu les as égorgés sans pitié. Si un homme véritable s'était retourné contre toi, tu te serais enfui comme un loup féroce et poltron que tu es. Tes glorieuses cicatrices, je sais que tu les as reçues dans une cave, où tu cherchais l'or des vaincus au milieu des cadavres. Tes palais et ton petit royaume, c'est le sang d'un noble peuple auquel le despotisme impose un compatriote tel que toi, qui les a payés; c'est le denier arraché à la veuve et à l'orphelin ; c'est l'or de la trahison ; c'est le pillage des églises où tu feins de te prosterner et de réciter le chapelet (car tu es cagot, pour compléter toutes tes grandes qualités). Ton cousin, Trenck le Prussien, que tu chéris si tendrement, tu l'as trahi et tu as voulu le faire assassiner; ces femmes dont tu as fait la gloire et le bonheur, tu les avais violées après avoir égorgé leurs époux et leurs pères. Cette tendresse que tu viens d'improviser pour moi, c'est le caprice d'un libertin blasé. Cette soumission chevaleresque qui t'a fait remettre ta vie dans mes mains, c'est la vanité d'un sot qui se croit irrésistible ; et cette légère faveur que tu me demandes, ce serait une souillure dont je ne pourrais me laver que par le suicide. Voilà mon dernier mot, pandoure à la gueule brûlée! Ote-toi de devant mes yeux, fuis! car si tu ne laisses ma main, que depuis un quart d'heure tu glaces dans la tienne, je vais purger la terre d'un scélérat en te faisant sauter la tête.

—C'est là ton dernier mot, fille d'enfer? s'écria Trenck; eh bien, malheur à toi! le pistolet que je dédaigne de faire sauter de ta main tremblante n'est chargé que de poudre; une petite brûlure de plus ou de moins ne fait pas grand'peur à celui qui est à l'épreuve du feu. Tire ce pistolet, fais du bruit, c'est tout ce que je désire! Je serai content d'avoir des témoins de ma victoire; car maintenant rien ne peut te soustraire à mes embrassements, et tu as allumé en moi, par ta folie, des feux que tu eusses pu contenir avec un peu de prudence. »

En parlant ainsi, Trenck saisit Consuelo dans ses bras, mais au même instant la porte s'ouvrit; un homme dont la figure était entièrement masquée par un crêpe noir noué derrière la tête, étendit la main sur le pandoure, le fit plier et osciller comme un roseau battu par le vent, et le coucha rudement par terre. Ce fut l'affaire de quelques secondes. Trenck, étourdi d'abord, se releva, et, les yeux hagards, la bouche écumante, l'épée à la main, s'élança vers son ennemi qui gagnait la porte et semblait fuir. Consuelo s'élança aussi sur le seuil, croyant reconnaître, dans cet homme déguisé la taille élevée et le bras robuste du comte Albert. Elle le vit reculer jusqu'au bout du corridor, où un escalier tournant fort rapide descendait vers la rue. Là, il s'arrêta, attendit Trenck, se baissa rapidement pendant que l'épée du baron allait frapper la muraille, et le prenant à bras le corps, le précipita par-dessus ses épaules, la tête la première, dans l'escalier. Consuelo entendit rouler le géant, elle voulut courir vers son libérateur en l'appelant Albert; mais il avait disparu avant qu'elle eût eu la force de faire trois pas. Un affreux silence régnait sur l'escalier.

« *Signora, cinque-minuti!* [1] lui dit d'un air paterne l'avertisseur en débusquant par l'escalier du théâtre qui aboutissait au même palier. Comment cette porte se trouve-t-elle ouverte? ajouta-t-il en rgardant la porte de l'escalier où Trenck avait été précipité; vraiment Votre Seigneurie courait risque de s'enrhumer dans ce corridor! »

Il tira la porte, qu'il ferma à clef, suivant sa consigne, et Consuelo, plus morte que vive, rentra dans la loge, jeta par la fenêtre le pistolet qui était resté sous le sofa, repoussa du pied sous les meubles les pierreries de Trenck qui brillaient sur le tapis, et se rendit sur le théâtre où elle trouva Corilla encore toute rouge et toute essoufflée du triomphe qu'elle venait d'obtenir dans l'intermède.

1. On va commencer dans cinq minutes.

XCVIII.

Malgré l'agitation convulsive qui s'était emparée de Consuelo, elle se surpassa encore dans le troisième acte. Elle ne s'y attendait pas, elle n'y comptait plus ; elle entrait sur le théâtre avec la résolution désespérée d'échouer avec honneur, en se voyant tout à coup privée de sa voix et de ses moyens au milieu d'une lutte courageuse. Elle n'avait pas peur : mille sifflets n'eussent rien été au prix du danger et de la honte auxquels elle venait d'échapper par une sorte d'intervention miraculeuse. Un autre miracle suivit celui-là ; le bon génie de Consuelo semblait veiller sur elle : elle eut plus de voix qu'elle n'en avait jamais eu ; elle chanta avec plus de *maestria*, et joua avec plus d'énergie et de passion qu'il ne lui était encore arrivé. Tout son être était exalté à sa plus haute puissance ; il lui semblait bien, à chaque instant, qu'elle allait se briser comme une corde trop tendue ; mais cette excitation fébrile la transportait dans une sphère fantastique : elle agissait comme dans un rêve, et s'étonnait d'y trouver les forces de la réalité.

Et puis une pensée de bonheur la ranimait à chaque crainte de défaillance. Albert, sans aucun doute, était là. Il était à Vienne depuis la veille au moins. Il l'observait, il suivait tous ses mouvements, il veillait sur elle ; car à quel autre attribuer le secours imprévu qu'elle venait de recevoir, et la force presque surnaturelle dont il fallait qu'un homme fût doué pour terrasser François de Trenck, l'Hercule esclavon ? Et si, par une de ces bizarreries dont son caractère n'offrait que trop d'exemples, il refusait de lui parler, s'il semblait vouloir se dérober à ses regards, il n'en était pas moins évident qu'il l'aimait toujours ardemment, puisqu'il la protégeait avec tant de sollicitude, et la préservait avec tant d'énergie.

« Eh bien, pensa Consuelo, puisque Dieu permet que mes forces ne me trahissent pas, je veux qu'il me voie belle dans mon rôle, et que, du coin de la salle d'où sans doute il m'observe en cet instant, il jouisse d'un triomphe que je ne dois ni à la cabale ni au charlatanisme. »

Tout en se conservant à l'esprit de son rôle, elle le chercha des yeux, mais elle ne le put découvrir ; et lorsqu'elle rentrait dans les coulisses, elle l'y cherchait encore, avec aussi peu de succès. Où pouvait-il être ? où se cachait-il ? avait-il tué le pandoure sur le coup, en le jetant au bas de l'escalier ? Était-il forcé de se dérober aux poursuites ? allait-il venir lui demander asile auprès du Porpora ? le retrouverait-elle, cette fois, en rentrant à l'ambassade ? Ces perplexités disparaissaient dès qu'elle rentrait en scène : elle oubliait alors, comme par un effet magique, tous les détails de sa vie réelle, pour ne plus sentir qu'une vague attente, mêlée d'enthousiasme, de frayeur, de gratitude et d'espoir. Et tout cela était dans son rôle, et se manifestait en accents admirables de tendresse et de vérité.

Elle fut rappelée après la fin ; et l'impératrice lui jeta, la première, de sa loge, un bouquet où était attaché un présent assez estimable. La cour et la ville suivirent l'exemple de la souveraine en lui envoyant une pluie de fleurs. Au milieu de ces palmes embaumées, Consuelo vit tomber à ses pieds une branche verte, sur laquelle ses yeux s'attachèrent involontairement. Dès que le rideau fut baissé pour la dernière fois, elle la ramassa. C'était une branche de cyprès. Alors toutes les couronnes du triomphe disparurent de sa pensée, pour ne lui laisser à contempler et à commenter que cet emblème funèbre, un signe de douleur et d'épouvante, l'expression, peut-être, d'un dernier adieu. Un froid mortel succéda à la fièvre de l'émotion ; une terreur insurmontable fit passer un nuage devant ses yeux. Ses jambes se dérobèrent, et on l'emporta défaillante dans la voiture de l'ambassadeur de Venise, où le Porpora chercha en vain à lui arracher un mot. Ses lèvres étaient glacées ; et sa main pétrifiée tenait, sous son manteau, cette branche de cyprès, qui semblait avoir été jetée sur elle par le vent de la mort.

En descendant l'escalier du théâtre, elle n'avait pas vu des traces de sang ; et, dans la confusion de la sortie, peu de personnes les avaient remarquées. Mais tandis qu'elle regagnait l'ambassade, absorbée dans de sombres méditations, une scène assez triste se passait à huis clos dans le foyer des acteurs. Peu de temps avant la fin du spectacle, les employés du théâtre, en rouvrant toutes les portes, avaient trouvé le baron de Trenck évanoui au bas de l'escalier et baigné dans son sang. On l'avait porté dans une des salles réservées aux artistes ; et, pour ne pas faire d'éclat et de confusion, on avait averti, sous main, le directeur, le médecin du théâtre et les officiers de police, afin qu'ils vinssent constater le fait. Le public et la troupe évacuèrent donc la salle et le théâtre sans savoir l'événement, tandis que les gens de l'art, les fonctionnaires impériaux et quelques témoins compatissants s'efforçaient de secourir et d'interroger le pandoure. La Corilla, qui attendait la voiture de son amant, et qui avait envoyé plusieurs fois sa soubrette s'informer de lui, fut prise d'humeur et d'impatience, et se hasarda à descendre elle-même, au risque de s'en retourner à pied. Elle rencontra M. Holzbaüer, qui connaissait ses relations avec Trenck, et qui la conduisit au foyer où elle trouva son amant avec la tête fendue et le corps tellement endolori de contusions, qu'il ne pouvait faire un mouvement. Elle remplit l'air de ses gémissements et de ses plaintes. Holzbaüer fit sortir les témoins inutiles, et ferma les portes. La cantatrice, interrogée, ne put rien dire et rien présumer pour éclaircir l'affaire. Enfin Trenck, ayant un peu repris ses esprits, déclara qu'étant venu dans l'intérieur du théâtre sans permission, pour voir de près les danseuses, il avait voulu se hâter de sortir avant la fin; mais que, ne connaissant pas les détours du labyrinthe, le pied lui avait manqué sur la première marche de ce maudit escalier. Il était tombé brusquement et avait roulé jusqu'en bas. On se contenta de cette explication; et on le reporta chez lui, où la Corilla l'alla soigner avec un zèle qui lui fit perdre la faveur du prince Kaunitz, et par suite la bienveillance de Sa Majesté; mais elle en fit hardiment le sacrifice, et Trenck, dont le corps de fer avait résisté à des épreuves plus rudes, en fut quitte pour huit jours de courbature et une cicatrice de plus à la tête. Il ne se vanta à personne de sa mésaventure, et se promit seulement de la faire payer cher à Consuelo. Il l'eût fait cruellement sans doute, si un mandat d'arrêt ne l'eût arraché brusquement des bras de Corilla pour le jeter dans la prison militaire, à peine rétabli de sa chute et grelottant encore la fièvre [1]. Ce qu'une sourde rumeur publique avait annoncé au chanoine commençait à se réaliser. Les richesses du pandoure avaient allumé chez des hommes influents et d'habiles créatures, une soif ardente, inextinguible. Il en fut la victime mémorable. Accusé de tous les crimes qu'il avait commis et de tous ceux que lui prêtèrent les gens intéressés à sa perte, il commença à endurer les lenteurs, les vexations,

---

[1]. La vérité historique exige que nous disions aussi par quelles bravades Trenck provoqua ce traitement inhumain. Dès le premier jour de son arrivée à Vienne, il avait été mis aux arrêts à son domicile par ordre impérial. Il n'en avait pas moins été se montrer à l'Opéra le soir même, et dans un entr'acte il avait voulu jeter le comte Gossau dans le parterre.

les prévarications impudentes, les injustices raffinées d'un long et scandaleux procès. Avare, malgré son ostentation, et fier, malgré ses vices, il ne voulut pas payer le zèle de ses protecteurs ou acheter la conscience de ses juges. Nous le laisserons jusqu'à nouvel ordre dans la prison, où s'étant porté à quelque violence, il eut la douleur de se voir enchaîné par un pied. Honte et infamie! ce fut précisément le pied qui avait été brisé d'un éclat de bombe dans une de ses plus belles actions militaires. Il avait subi la scarification de l'os gangrené, et, à peine rétabli, il était remonté à cheval pour reprendre son service avec une fermeté héroïque. On scella un anneau de fer et une lourde chaîne sur cette affreuse cicatrice. La blessure se rouvrit, et il supporta de nouvelles tortures, non plus pour servir Marie-Thérèse, mais pour l'avoir trop bien servie. La grande reine, qui n'avait pas été fâchée de lui voir pressurer et déchirer cette malheureuse et dangereuse Bohême, rempart peu assuré contre l'ennemi, à cause de son antique haine nationale, *le roi* Marie-Thérèse, qui, n'ayant plus besoin des crimes de Trenck et des excès des pandoures pour s'affermir sur le trône, commençait à les trouver monstrueux et irrémissibles, fut censée ignorer ces barbares traitements; de même que le grand Frédéric fut censé ignorer les féroces recherches de cruauté, les tortures de l'inanition et les soixante-huit livres de fers dont fut martyrisé, un peu plus tard, l'autre baron de Trenck, son beau page, son brillant officier d'ordonnance, le sauveur et l'ami de notre Consuelo. Tous les flatteurs qui nous ont transmis légèrement le récit de ces abominables histoires en ont attribué l'odieux à des officiers subalternes, à des commis obscurs, pour en laver la mémoire des souverains; mais ces souverains, si mal instruits des abus de leurs geôles, savaient si bien, au contraire, ce qui s'y passait, que Frédéric-le-Grand donna en personne le dessin des fers que Trenck le Prussien porta neuf ans dans son sépulcre de Magdebourg; et si Marie-Thérèse n'ordonna pas précisément qu'on enchaînât Trenck l'Autrichien son valeureux pandoure par le pied mutilé, elle fut toujours sourde à ses plaintes, inaccessible à ses révélations. D'ailleurs, dans la honteuse orgie que ses gens firent des richesses du vaincu, elle sut fort bien prélever la part du lion et refuser justice à ses héritiers.

Revenons à Consuelo, car il est de notre devoir de romancier de passer rapidement sur les détails qui tiennent à l'histoire. Cependant nous ne savons pas le moyen d'isoler absolument les aventures de notre héroïne des faits qui se passèrent dans son temps et sous ses yeux. En apprenant l'infortune du pandoure, elle ne songea plus aux outrages dont il l'avait menacée, et, profondément révoltée de l'iniquité de son sort, elle aida Corilla à lui faire passer de l'argent, dans un moment où on lui refusait les moyens d'adoucir la rigueur de sa captivité. La Corilla, plus prompte encore à dépenser l'argent qu'à l'acquérir, se trouvait justement à sec le jour où un émissaire de son amant vint en secret lui réclamer la somme nécessaire. Consuelo fut la seule personne à laquelle cette fille, dominée par l'instinct de la confiance et de l'estime, osât recourir. Consuelo vendit aussitôt le cadeau que l'impératrice lui avait jeté sur la scène à la fin de *Zénobie*, et en remit le prix à sa camarade, en l'approuvant de ne point abandonner le malheureux Trenck dans sa détresse. Le zèle et le courage que mit la Corilla à servir son amant tant qu'il lui fut possible, jusqu'à s'entendre amiablement à cet égard avec une baronne qui était sa maîtresse en titre, et dont elle était mortellement jalouse, rendirent une sorte d'estime à Consuelo pour cette créature corrompue, mais non perverse, qui avait encore de bons mouvements de cœur et des élans de générosité désintéressée. « Prosternons-nous devant l'œuvre de Dieu, disait-elle à Joseph qui lui reprochait quelquefois d'avoir trop d'abandon avec cette Corilla. L'âme humaine conserve toujours dans ses égarements quelque chose de bon et de grand où l'on sent avec respect et où l'on retrouve avec joie cette empreinte sacrée qui est comme le sceau de la main divine. Là où il y a beaucoup à plaindre, il y a beaucoup à pardonner, et là où l'on trouve à pardonner, sois certain, bon Joseph, qu'il y a quelque chose à aimer. Cette pauvre Corilla, qui vit à la manière des bêtes, a encore parfois les traits d'un ange. Va, je sens qu'il faut que je m'habitue, si je reste artiste, à contempler sans effroi et sans colère ces turpitudes douloureuses où la vie des femmes perdues s'écoule entre le désir du bien et l'appétit du mal, entre l'ivresse et le remords. Et même, je te l'avoue, il me semble que le rôle de sœur de charité convient mieux à la santé de ma vertu qu'une vie plus épurée et plus douce, des relations plus glorieuses et plus agréables, le calme des êtres forts, heureux et respectés. Je sens que mon cœur est fait comme le paradis du tendre Jésus, où il y aura plus de joie et d'accueil pour un pêcheur converti que pour cent justes triomphants. Je le sens fait pour compatir, plaindre, secourir et consoler. Il me semble que le nom que ma mère m'a donné au baptême m'impose ce devoir et cette destinée. Je n'ai pas d'autre nom, Beppo! La société ne m'a pas imposé l'orgueil d'un nom de famille à soutenir; et si, au dire du monde, je m'avilis en cherchant quelques parcelles d'or pur au milieu de la fange des mauvaises mœurs d'autrui, je n'ai pas de compte à rendre au monde. J'y suis la Consuelo, rien de plus; et c'est assez pour la fille de la Rosmunda; car la Rosmunda était une pauvre femme dont on parlait plus mal encore que de la Corilla, et, telle qu'elle était, je devais et je pouvais l'aimer. Elle n'était pas respectée comme Marie-Thérèse, mais elle n'eût pas fait attacher Trenck par le pied pour le faire mourir dans les tortures et s'emparer de son argent. La Corilla ne l'eût pas fait non plus; et pourtant, au lieu de se battre pour elle, ce Trenck, qu'elle aide dans son malheur, l'a bien souvent battue. Joseph! Joseph! Dieu est un plus grand empereur que tous les nôtres; et peut-être bien, puisque Madeleine a chez lui un tabouret de duchesse à côté de la Vierge sans tache, la Corilla aura-t-elle le pas sur Marie-Thérèse pour entrer à cette cour-là. Quant à moi, dans ces jours que j'ai à passer sur la terre, je t'avoue que, s'il me fallait quitter les âmes coupables et malheureuses pour m'asseoir au banquet des justes dans la prospérité morale, je croirais n'être plus dans le chemin de mon salut. Oh! le noble Albert l'entendait bien comme moi, et ce ne serait pas lui qui me blâmerait d'être bonne pour Corilla. »

Lorsque Consuelo disait ces choses à son ami Beppo, quinze jours s'étaient écoulés depuis la soirée de *Zénobie* et l'aventure du baron de Trenck. Les six représentations pour lesquelles on l'avait engagée avaient eu lieu. Madame Tesi avait reparu au théâtre. L'impératrice travaillait le Porpora en dessous main par l'ambassadeur Corner, et faisait toujours du mariage de Consuelo avec Haydn la condition de l'engagement définitif de cette dernière au théâtre impérial, après l'expiration de celui de la Tesi. Joseph ignorait tout. Consuelo ne pressentait rien. Elle ne songeait qu'à Albert qui n'avait pas reparu, et dont elle ne recevait point de nouvelles. Elle roulait dans son esprit mille conjectures et mille décisions contraires. Ces perplexités et le choc de ces émotions l'avaient rendue un peu malade. Elle gardait la chambre depuis qu'elle en avait fini avec le théâtre, et contemplait sans cesse cette branche de cyprès qui lui semblait avoir été enlevée à quelque tombe dans la grotte du Schreckenstein.

Beppo, seul ami à qui elle pût ouvrir son cœur, avait d'abord voulu la dissuader de l'idée qu'Albert était venu à Vienne. Mais lorsqu'elle lui eut montré la branche de cyprès, il rêva profondément à tout ce mystère, et finit par croire à la part du jeune comte dans l'aventure de Trenck.

« Ecoute, lui dit-il, je crois avoir compris ce qui se passe. Albert est venu à Vienne effectivement. Il t'a vue, il t'a écoutée, il a observé toutes tes démarches, il a suivi tous tes pas. Le jour où nous causions sur la scène, le long du décor de l'Araxe, il a pu être de l'autre côté de cette toile et entendre les regrets que j'exprimais de te voir enlevée au théâtre au début de ta gloire. Toi-même tu as laissé échapper je ne sais quelles exclamations qui ont pu lui faire penser que tu préférais l'éclat de ta carrière à la tristesse solennelle de son amour. Le lendemain, il t'a vue entrer dans cette chambre de Corilla, où peut-être, puisqu'il était là toujours en observation, il avait vu entrer le pandoure quelques instants auparavant. Le temps qu'il a mis à te secourir prouverait presque qu'il te croyait là de ton plein gré ; et ce sera donc après avoir succombé à la tentation d'écouter à la porte, qu'il aura compris l'imminence de son intervention.

— Fort bien, dit Consuelo ; mais pourquoi agir avec mystère ? pourquoi se cacher la figure d'un crêpe ?

— Tu sais comme la police autrichienne est ombrageuse. Peut-être a-t-il été l'objet de méchants rapports à la cour ; peut-être avait-il des raisons de politique pour se cacher : peut-être son visage n'était-il pas inconnu à Trenck. Qui sait si, durant les dernières guerres, il ne l'a pas vu en Bohême, s'il ne l'a pas affronté, menacé? s'il ne lui a pas fait lâcher prise lorsqu'il avait la main sur quelque innocent? Le comte Albert a pu faire obscurément de grands actes de courage et d'humanité dans son pays, tandis qu'on le croyait endormi dans sa grotte du Schreckenstein : et s'il les a faits, il est certain qu'il n'aura pas songé à te les raconter, puisqu'il est, à ton dire, le plus humble et le plus modeste des hommes. Il a donc agi sagement en ne châtiant pas le pandoure à visage découvert ; car si l'impératrice punit le pandoure aujourd'hui pour avoir dévasté sa chère Bohême, sois sûre qu'elle n'en est pas plus disposée pour cela à laisser impunie dans le passé une résistance ouverte contre le pandoure de la part d'un Bohémien.

— Tout ce que tu dis est fort juste, Joseph, et me donne à penser. Mille inquiétudes s'élèvent en moi maintenant. Albert peut avoir été reconnu, arrêté, et cela peut avoir été aussi ignoré du public que la chute de Trenck dans l'escalier. Hélas! peut-être est-il, en cet instant, dans les prisons de l'arsenal, à côté du cachot de Trenck! Et c'est pour moi qu'il subit ce malheur!

— Rassure-toi, je ne crois pas cela. Le comte Albert aura quitté Vienne sur-le-champ, et tu recevras bientôt de lui une lettre datée de Riesenburg.

— En as-tu le pressentiment, Joseph?

— Oui, je l'ai. Mais si tu veux que je te dise toute ma pensée, je crois que cette lettre sera toute différente de celle que tu attends. Je suis convaincu que, loin de persister à obtenir d'une généreuse amitié le sacrifice que tu voulais lui faire de ta carrière d'artiste, il a renoncé déjà à ce mariage, et va bientôt te rendre ta liberté. S'il est intelligent, noble et juste, comme tu le dis, il doit se faire un scrupule de t'arracher au théâtre, que tu aimes passionnément... ne le nie pas ! Je l'ai bien vu, et il a dû le voir et le comprendre aussi bien que moi, en écoutant *Zénobie*. Il rejettera donc un sacrifice au-dessus de tes forces, et je l'estimerais peu s'il ne le faisait pas.

— Mais relis donc son dernier billet ! Tiens, le voilà, Joseph ! Ne me disait-il pas qu'il m'aimerait au théâtre aussi bien que dans le monde ou dans un couvent? Ne pouvait-il admettre l'idée de me laisser libre en m'épousant?

— Dire et faire, penser et être sont deux: Dans le rêve de la passion, tout semble possible; mais quand la réalité frappe tout à coup nos yeux, nous revenons avec effroi à nos anciennes idées. Jamais je ne croirai qu'un homme de qualité voie sans répugnance son épouse exposée aux caprices et aux outrages d'un parterre. En mettant le pied, pour la première fois de sa vie certainement, dans les coulisses, le comte a eu, dans la conduite de Trenck envers toi, un triste échantillon des malheurs et des dangers de ta vie de théâtre. Il se sera éloigné, désespéré, il est vrai, mais guéri de sa passion et revenu de ses chimères. Pardonne-moi si je te parle ainsi, ma sœur Consuelo. Je le dois; car c'est un bien pour toi que l'abandon du comte Albert. Tu le sentiras plus tard, quoique tes yeux se remplissent de larmes en ce moment. Sois juste envers ton fiancé, au lieu d'être humiliée de son changement. Quand il te disait que le théâtre ne lui répugnait point, il s'en faisait un idéal qui s'est écroulé au premier examen. Il a reconnu alors qu'il devait faire ton malheur en t'en arrachant, ou consommer le sien en t'y suivant.

— Tu as raison, Joseph. Je sens que tu es dans le vrai; mais laisse-moi pleurer. Ce n'est point l'humiliation d'être délaissée et dédaignée qui me serre le cœur : c'est le regret à un idéal que je m'étais fait de l'amour et de sa puissance, comme Albert s'était fait un idéal de ma vie de théâtre.. Il a reconnu maintenant que je ne pouvais me conserver digne de lui (du moins dans l'opinion des hommes) en suivant ce chemin-là. Et moi je suis forcée de reconnaître que l'amour n'est pas assez fort pour vaincre tous les obstacles et abjurer tous les préjugés.

— Sois équitable, Consuelo, et ne demande pas plus que tu n'as pu accorder. Tu n'aimais pas assez pour renoncer à ton art sans hésitation et sans déchirement : ne trouve pas mauvais que le comte Albert n'ait pas pu rompre avec le monde sans épouvante et sans consternation.

— Mais, quelle que fût ma secrète douleur (je puis bien l'avouer maintenant), j'étais résolue à lui sacrifier tout ; et lui, au contraire...

— Songe que la passion était en lui, non en toi. Il demandait avec ardeur ; tu consentais avec effort. Il voyait bien que tu allais t'immoler ; il a senti, non-seulement qu'il avait le droit de te débarrasser d'un amour que tu n'avais pas provoqué, et dont ton âme ne reconnaissait pas la nécessité, mais encore qu'il était obligé par sa conscience à le faire. »

Cette raisonnable conclusion convainquit Consuelo de la sagesse et de la générosité d'Albert. Elle craignait, en s'abandonnant à la douleur, de céder aux suggestions de l'orgueil blessé, et, en acceptant l'hypothèse de Joseph, elle se soumit et se calma ; mais, par une bizarrerie bien connue du cœur humain, elle ne se vit pas plus tôt libre de suivre son goût pour le théâtre, sans distraction et sans remords, qu'elle se sentit effrayée de son isolement au milieu de toute cette corruption, et consternée de l'avenir de fatigues et de luttes qui s'ouvrait devant elle. La scène est une arène brûlante ; quand on y est, on s'y exalte, et toutes les émotions de la vie paraissent froides et pâles en comparaison; mais quand on s'en éloigne brisé de lassitude, on s'effraie d'avoir subi cette épreuve du feu, et le désir qui vous y ramène est traversé par l'épouvante. Je m'imagine que l'acrobate est le type de cette vie pénible, ardente et périlleuse. Il doit éprouver un plaisir nerveux et terrible sur ces cordes et ces échelles où il accomplit des prodiges au-dessus des forces humaines; mais lorsqu'il en est descendu vainqueur, il doit se sentir défaillir à l'idée d'y remonter, et d'étreindre encore une fois la mort et le triomphe, spectre à deux faces qui plane incessamment sur sa tête.

Alors le château des Géants, et jusqu'à la pierre d'épouvante, ce cauchemar de toutes ses nuits, apparurent à Consuelo, à travers le voile d'un exil consommé, comme un paradis perdu, comme le séjour d'une paix et d'une candeur à jamais augustes et respectables dans son souvenir. Elle attacha la branche de cyprès, dernière image, dernier envoi de la grotte Hussitique, aux pieds du crucifix de sa mère, et, confondant ensemble ces deux emblèmes du catholicisme et de l'hérésie, elle éleva son cœur vers la notion de la religion unique, éternelle, absolue. Elle y puisa le sentiment de la résignation à ses maux personnels, et de la foi aux desseins providentiels de Dieu sur Albert, et sur tous les hommes, bons et mauvais, qu'il lui fallait désormais traverser seule et sans guide.

XCIX.

Un matin, le Porpora l'appela dans sa chambre plus tôt que de coutume. Il avait l'air rayonnant, et il tenait une grosse et grande lettre d'une main, ses lunettes de l'autre. Consuelo tressaillit et trembla de tout son corps, s'imaginant que c'était enfin la réponse de Riesenburg.

Mais elle fut bientôt détrompée : c'était une lettre d'Hubert, le Porporino. Ce chanteur célèbre annonçait à son maître que toutes les conditions proposées par lui pour l'engagement de Consuelo étaient acceptées, et il lui envoyait le contrat signé du baron de Poelnitz, directeur du théâtre royal de Berlin, et n'attendant plus que la signature de Consuelo et la sienne. A cet acte était jointe une lettre fort affectueuse et fort honorable du dit baron, qui engageait le Porpora à venir briguer la maîtrise de chapelle du roi de Prusse tout en faisant ses preuves par la production et l'exécution d'autant d'opéras et de fugues nouvelles qu'il lui plairait d'en apporter. Le Porporino se réjouissait d'avoir à chanter bientôt, selon son cœur, avec une *sœur en Porpora*, et invitait vivement le maître à quitter Vienne pour *Sans-Souci*, le délicieux séjour de Frédéric le Grand.

Cette lettre mettait le Porpora en grande joie, et cependant elle le remplissait d'incertitude. Il lui semblait que la fortune commençait à dérider pour lui sa face si longtemps rechignée, et que, de deux côtés, la faveur des monarques (alors si nécessaire au développement des artistes) lui offrait une heureuse perspective. Frédéric l'appelait à Berlin ; à Vienne, Marie-Thérèse lui faisait faire de belles promesess. Des deux parts, il fallait que Consuelo fût l'instrument de sa victoire; à Berlin, en faisant beaucoup valoir ses productions; à Vienne, en épousant Joseph Haydn.

Le moment était donc venu de remettre son sort entre les mains de sa fille adoptive. Il lui proposa le mariage ou le départ, à son choix; et, dans ces nouvelles circonstances, il mit beaucoup moins d'ardeur à lui offrir le cœur et la main de Beppo qu'il en eût mis la veille encore. Il était un peu las de Vienne, et la pensée de se voir apprécié et fêté chez l'ennemi lui souriait comme une petite vengeance dont il s'exagérait l'effet probable sur la cour d'Autriche. Enfin, à tout prendre, Consuelo ne lui parlant plus d'Albert depuis quelque temps et lui paraissant y avoir renoncé, il aimait mieux qu'elle ne se mariât pas du tout.

Consuelo eut bientôt mis fin à ses incertitudes en lui déclarant qu'elle n'épouserait jamais Joseph Haydn par beaucoup de raisons, et d'abord parce qu'il ne l'avait jamais recherchée en mariage, étant engagé avec la fille de son bienfaiteur, Anna Keller.

« En ce cas, dit le Porpora, il n'y a pas à balancer. Voici ton contrat d'engagement avec Berlin. Signe, et disposons-nous à partir; car il n'y a pas d'espoir pour nous ici, si tu ne te soumets à la *matrimoniomanie* de l'impératrice. Sa protection est à ce prix, et un refus décisif va nous rendre à ses yeux plus noirs que les diables.

— Mon cher maître, répondit Consuelo avec plus de fermeté qu'elle n'en avait encore montré au Porpora, je suis prête à vous obéir dès que ma conscience sera en repos sur un point capital. Certains engagements d'affection et d'estime sérieuse me liaient au seigneur de Rudolstadt. Je ne vous cacherai pas que, malgré votre incrédulité, vos reproches et vos railleries, j'ai persévéré, depuis trois mois que nous sommes ici, à me conserver libre de tout engagement contraire à ce mariage. Mais, après une lettre décisive que j'ai écrite il y a six semaines, et qui a passé par vos mains, il s'est passé des choses qui me font croire que la famille de Rudolstadt a renoncé à moi. Chaque jour qui s'écoule me confirme dans la pensée que ma parole m'est rendue et que je suis libre de vous consacrer entièrement mes soins et mon travail. Vous voyez que j'accepte cette destinée sans regret et sans hésitation. Cependant, d'après cette lettre que j'ai écrite, je ne pourrais pas être tranquille avec moi-même si je n'en recevais pas la réponse. Je l'attends tous les jours, elle ne peut plus tarder. Permettez-moi de ne signer l'engagement avec Berlin qu'après la réception de...

— Eh! ma pauvre enfant, dit le Porpora, qui, dès le premier mot de son élève, avait dressé ses batteries préparées à l'avance, tu attendrais longtemps! la réponse que tu demandes m'a été adressée depuis un mois...

— Et vous ne me l'avez pas montrée? s'écria Consuelo; et vous m'avez laissée dans une telle incertitude? Maître, tu es bien bizarre! Quelle confiance puis-je avoir en toi, si tu me trompes ainsi?

— En quoi t'ai-je trompée? La lettre m'était adressée, et il m'était enjoint de ne te la montrer que lorsque je te verrais guérie de ton fol amour, et disposée à écouter la raison et les bienséances.

— Sont-ce là les termes dont on s'est servi? dit Consuelo en rougissant. Il est impossible que le comte Christian ou le comte Albert aient qualifié ainsi une amitié aussi calme, aussi discrète, aussi fière que la mienne.

— Les termes n'y font rien, dit le Porpora, les gens du monde parlent toujours un beau langage, c'est à nous de le comprendre : tant il y a que le vieux comte ne se souciait nullement d'avoir une bru dans les coulisses ; et que, lorsqu'il a su que tu avais paru ici sur les planches, il a fait renoncer son fils à l'avilissement d'un tel mariage. Le bon Albert s'est fait une raison, et on te rend ta parole. Je vois avec plaisir que tu n'en es pas fâchée. Donc, tout est pour le mieux, et en route pour la Prusse!

— Maître, montrez-moi cette lettre, dit Consuelo, et je signerai le contrat aussitôt après.

— Cette lettre, cette lettre! pourquoi veux-tu la voir?

elle te fera de la peine. Il est de certaines folies du cerveau qu'il faut savoir pardonner aux autres et à soi-même. Oublie tout cela.

— On n'oublie pas par un seul acte de la volonté, reprit Consuelo; la réflexion nous aide, et les causes nous éclairent. Si je suis repoussée des Rudolstadt avec dédain, je serai bientôt consolée; si je suis rendue à la liberté avec estime et affection, je serai consolée autrement avec moins d'effort. Montrez-moi la lettre; que craignez-vous, puisque d'une manière ou de l'autre je vous obéirai?

— Eh bien! je vais te la montrer, » dit le malicieux professeur en ouvrant son secrétaire, et en feignant de chercher la lettre.

Il ouvrit tous ses tiroirs, remua toutes ses paperasses, et cette lettre, qui n'avait jamais existé, put bien ne pas s'y trouver. Il feignit de s'impatienter; Consuelo s'impatienta tout de bon. Elle mit elle-même la main à la recherche; il la laissa faire. Elle renversa tous les tiroirs, elle bouleversa tous les papiers. La lettre fut introuvable. Le Porpora essaya de se la rappeler, et improvisa une version polie et décisive. Consuelo ne pouvait pas soupçonner son maître d'une dissimulation si soutenue. Il faut croire, pour l'honneur du vieux professeur, qu'il ne s'en tira pas merveilleusement; mais il en fallait peu pour persuader un esprit aussi candide que celui de Consuelo. Elle finit par croire que la lettre avait servi à allumer la pipe du Porpora dans un moment de distraction; et, après être rentrée dans sa chambre pour faire sa prière, et jurer sur le cyprès une éternelle amitié au comte Albert *quand même*, elle revint tranquillement signer un engagement de deux mois avec le théâtre de Berlin, exécutable à la fin de celui où l'on venait d'entrer. C'était le temps plus que nécessaire pour les préparatifs du départ et pour le voyage. Quand Porpora vit l'encre fraîche sur le papier, il embrassa son élève, et la salua solennellement du titre d'artiste.

« Ceci est ton jour de confirmation, lui dit-il, et s'il était en mon pouvoir de te faire prononcer des vœux, je te dicterais celui de renoncer pour toujours à l'amour et au mariage; car te voilà prêtresse du dieu de l'harmonie; les Muses sont vierges, et celle qui se consacre à Apollon devrait faire le serment des vestales.

— Je ne dois pas faire le serment de ne pas me marier, répondit Consuelo, quoiqu'il me semble en ce moment-ci que rien ne me serait plus facile à promettre et à tenir. Mais je puis changer d'avis, et j'aurais à me repentir alors d'un engagement que je ne saurais pas rompre.

— Tu es donc esclave de ta parole, toi? Oui, il me semble que tu diffères en cela du reste de l'espèce humaine, et que si tu avais fait dans ta vie une promesse solennelle, tu l'aurais tenue.

— Maître, je crois avoir déjà fait mes preuves, car depuis que j'existe, j'ai toujours été sous l'empire de quelque vœu. Ma mère m'avait donné le précepte et l'exemple de cette sorte de religion qu'elle poussait jusqu'au fanatisme. Quand nous voyagions ensemble, elle avait coutume de me dire, aux approches des grandes villes : Consuelita, si je fais ici de bonnes affaires, je te prends à témoin que je fais vœu d'aller pieds nus prier pendant deux heures à la chapelle le plus en réputation de sainteté dans le pays. Et quand elle avait fait ce qu'elle appelait de bonnes affaires, la pauvre âme! c'est-à-dire quand elle avait gagné quelques écus avec ses chansons, nous ne manquions jamais d'accomplir notre pèlerinage, quelque temps qu'il fît, et à quelque distance que fût la chapelle en vogue. Ce n'était pas de la dévotion bien éclairée ni bien sublime; mais enfin, je regardais ces vœux comme sacrés; et quand ma mère, à son lit de mort, me fit jurer de n'appartenir jamais à Anzoleto qu'en légitime mariage, elle savait bien qu'elle pouvait mourir tranquille sur la foi de mon serment. Plus tard, j'avais fait aussi, au comte Albert, la promesse de ne point songer à un autre qu'à lui, et d'employer toutes les forces de mon cœur à l'aimer comme il le voulait. Je n'ai pas manqué à ma parole, et s'il ne m'en dégageait lui-même aujourd'hui, j'aurais bien pu lui rester fidèle toute ma vie.

— Laisse là ton comte Albert, auquel tu ne dois plus songer; et puisqu'il faut que tu sois sous l'empire de quelque vœu, dis-moi par lequel tu vas t'engager envers moi.

— Oh! maître, fie-toi à ma raison, à mes bonnes mœurs et à mon dévouement pour toi! ne me demande pas de serments; car c'est un joug effrayant qu'on s'impose. La peur d'y manquer ôte le plaisir qu'on a à bien penser et à bien agir.

— Je ne me paie pas de ces défaites-là, moi! reprit le Porpora d'un air moitié sévère, moitié enjoué : je vois que tu as fait des serments à tout le monde, excepté à moi. Passe pour celui que ta mère avait exigé. Il t'a porté bonheur, ma pauvre enfant! sans lui, tu serais peut-être tombée dans les piéges de cet infâme Anzoleto. Mais, puisque ensuite tu as pu faire, sans amour et par pure bonté d'âme, des promesses si graves à ce Rudolstadt qui n'était pour toi qu'un étranger, je trouverais bien méchant que dans un jour comme celui-ci, jour heureux et mémorable où tu es rendue à la liberté et fiancée au dieu de l'art, tu n'eusses pas le plus petit vœu à faire pour ton vieux professeur, pour ton meilleur ami.

— Oh oui, mon meilleur ami; mon bienfaiteur, mon

appui et mon père! s'écria Consuelo en se jetant avec effusion dans les bras du Porpora, qui était si avare de tendres paroles que deux ou trois fois dans sa vie seulement il lui avait montré à cœur ouvert son amour paternel. Je puis bien faire, sans terreur et sans hésitation, le vœu de me dévouer à votre bonheur et à votre gloire, tant que j'aurai un souffle de vie.

— Mon bonheur, c'est la gloire, Consuelo, tu le sais, dit le Porpora en la pressant sur son cœur. Je n'en conçois pas d'autre. Je ne suis pas de ces vieux bourgeois allemands qui ne rêvent d'autre félicité que d'avoir leur petite fille auprès d'eux pour charger leur pipe ou pétrir leur gâteau. Je n'ai besoin ni de pantoufles, ni de tisane, Dieu merci; et quand je n'aurai plus besoin que de cela, je ne consentirai pas à ce que tu me consacres tes jours comme tu le fais déjà avec trop de zèle maintenant. Non, ce n'est pas là le dévouement que je te demande, tu le sais bien; celui que j'exige, c'est que tu sois franchement artiste, une grande artiste! Me promets-tu de l'être? de combattre cette langueur, cette irrésolution, cette sorte de dégoût que tu avais ici dans les commencements, de repousser les fleurettes de ces beaux seigneurs qui recherchent les femmes de théâtre, ceux-ci parce qu'ils se flattent d'en faire de bonnes ménagères, et qui les plantent là dès qu'ils voient en elles une vocation contraire; ceux-là parce qu'ils sont ruinés et que le plaisir de retrouver un carrosse et une bonne table aux frais de leurs lucratives moitiés les font passer pardessus le déshonneur attaché dans leur caste à ces sortes d'alliances? Voyons! me promets-tu encore de ne point te laisser tourner la tête par quelque petit ténor à voix grasse et à cheveux bouclés, comme ce drôle d'Anzoleto qui n'aura jamais de mérite que dans ses mollets, et de succès que par son impudence?

— Je vous promets, je vous jure tout cela solennellement, répondit Consuelo en riant avec bonhomie des exhortations du Porpora, toujours un peu piquantes en dépit de lui-même, mais auxquelles elle était parfaitement habituée. Et je fais plus, ajouta-t-elle en reprenant son sérieux : je jure que vous n'aurez jamais à vous plaindre d'un jour d'ingratitude dans ma vie.

— Ah cela ! je n'en demande pas tant ! répondit-il d'un ton amer : c'est plus que l'humaine nature ne comporte. Quand tu seras une cantatrice renommée chez toutes les nations de l'Europe, tu auras des besoins de vanité, des ambitions, des vices de cœur dont aucun grand artiste n'a jamais pu se défendre. Tu voudras du succès à tout prix. Tu ne te résigneras pas à le conquérir patiemment, ou à le risquer pour rester fidèle, soit à l'amitié, soit au culte du vrai beau. Tu céderas au joug de la mode comme ils font tous ; dans chaque ville tu chanteras la musique en faveur, sans tenir compte du mauvais goût du public ou de la cour. Enfin tu feras ton chemin et tu seras grande malgré cela, puisqu'il n'y a pas moyen de l'être autrement aux yeux du grand nombre. Pourvu que tu n'oublies pas de bien choisir et de bien chanter quand tu auras à subir le jugement d'un petit comité de vieilles têtes comme moi, et que devant le grand Hændel ou le vieux Bach, tu fasses honneur à la méthode du Porpora et à toi-même, c'est tout ce que je demande, tout ce que j'espère ! Tu vois que je ne suis pas un père égoïste, comme quelques-uns de tes flatteurs m'accusent sans doute de l'être. Je ne te demande rien qui ne soit pour ton succès et pour ta gloire.

— Et moi, je ne me soucie de rien de ce qui est pour mon avantage personnel, répondit Consuelo attendrie et affligée. Je puis me laisser emporter au milieu d'un succès par une ivresse involontaire ; mais je ne puis pas songer de sang-froid à édifier toute une vie de triomphe pour m'y couronner de mes propres mains. Je veux avoir de la gloire pour vous, mon maître; en dépit de votre incrédulité, je veux vous montrer que c'est pour vous seul que Consuelo travaille et voyage; et pour vous prouver tout de suite que vous l'avez calomniée, puisque vous croyez à ses serments, je vous fais celui de prouver ce que j'avance.

— Et sur quoi jures-tu cela? dit le Porpora avec un sourire de tendresse où la méfiance perçait encore.

— Sur les cheveux blancs, sur la tête sacrée du Porpora, » répondit Consuelo en prenant cette tête blanche dans ses deux mains, et la baisant au front avec ferveur.

Ils furent interrompus par le comte Hoditz, qu'un grand heiduque vint annoncer. Ce laquais, en demandant pour son maître la permission de présenter ses respects au Porpora et à sa pupille, regarda cette dernière d'un air d'attention, d'incertitude et d'embarras qui surprit Consuelo, sans qu'elle se souvînt pourtant où elle avait vu cette bonne figure un peu bizarre. Le comte fut admis, et il présenta sa requête dans les termes les plus courtois. Il partait pour sa seigneurie de Roswald, en Moravie, et, voulant rendre ce séjour agréable à la margrave son épouse, il préparait, pour la surprendre à son arrivée, une fête magnifique. En conséquence, il proposait à Consuelo d'aller chanter pendant trois soirées consécutives à Roswald, et il désirait même que le Porpora voulût bien l'accompagner pour l'aider à diriger les concerts, spectacles et sérénades dont il comptait régaler madame la margrave.

Le Porpora allégua l'engagement qu'on venait de signer et l'obligation de se trouver à Berlin à jour fixe. Le comte voulut voir l'engagement, et comme le Porpora avait toujours eu à se louer de ses bons procédés, il lui procura le petit plaisir d'être mis dans la confidence de cette affaire, de commenter l'acte, de faire l'entendu, de donner des conseils : après quoi Hoditz insista sur sa demande, représentant qu'on avait plus de temps qu'il n'en fallait pour y satisfaire sans manquer au terme assigné.

« Vous pouvez achever vos préparatifs en trois jours, dit-il, et aller à Berlin par la Moravie. »

Ce n'était pas tout à fait le chemin ; mais, au lieu de faire lentement la route par la Bohême, dans un pays mal servi et récemment dévasté par la guerre, le Porpora et son élève se rendraient très-promptement et très-commodément à Roswald dans une bonne voiture que le comte mettait à leur disposition ainsi que les relais, c'est-à-dire qu'il se chargeait des embarras et des dépenses. Il se chargeait encore de les faire conduire de même de Roswald à Pardubitz, s'ils voulaient descendre l'Elbe jusqu'à Dresde, ou à Chrudim s'ils voulaient passer par Prague. Les commodités qu'il leur offrait jusque-là abrégeaient effectivement la durée de leur voyage, et la somme assez ronde qu'il y ajoutait donnait les moyens de faire le reste plus agréablement. Porpora accepta, malgré la petite mine que lui faisait Consuelo pour l'en dissuader. Le marché fut conclu, et le départ fixé au dernier jour de la semaine.

Lorsque après lui avoir respectueusement baisé la main Hoditz eut laissé Consuelo seule avec son maître, elle reprocha à celui-ci de s'être laissé gagner si facilement. Quoiqu'elle n'eût plus rien à redouter des impertinences du comte, elle lui en gardait un peu de ressentiment, et n'allait pas chez lui avec plaisir. Elle ne voulait pas raconter au Porpora l'aventure de Passaw, mais elle lui rappela les plaisanteries que lui-même avait faites sur les inventions musicales du comte Hoditz.

« Ne voyez-vous pas, lui dit-elle, que je vais être condamnée à chanter sa musique, et que vous, vous serez forcé de diriger sérieusement des cantates et peut-être même des opéras de sa façon? Est-ce ainsi que vous me faites tenir mon vœu de rester fidèle au culte du beau?

— Bast! répondit le Porpora en riant, je ne ferai pas cela si gravement que tu penses; je compte, au contraire, m'en divertir copieusement, sans que le patricien maestro s'en aperçoive le moins du monde. Faire ces choses-là sérieusement et devant un public respectable, sera en effet un blasphème et une honte; mais il est permis de s'amuser, et l'artiste serait bien malheureux si, en gagnant sa vie, il n'avait pas le droit de rire dans sa barbe de ceux qui la lui font gagner. D'ailleurs, tu verras là ta princesse de Culmbach, que tu aimes et qui est charmante. Elle rira avec nous, quoiqu'elle ne rie guère, de la musique de son beau-père. »

Il fallut céder, faire les paquets, les emplettes nécessaires et les adieux. Joseph était au désespoir. Cependant une bonne fortune, une grande joie d'artiste venait de lui arriver et faisait un peu compensation, ou tout au moins diversion forcée à la douleur de cette séparation. En jouant sa sérénade sous la fenêtre de l'excellent mime Bernadone, l'arlequin renommé du théâtre de la porte de Carinthie, il avait frappé d'étonnement et de sympathie cet artiste aimable et intelligent. On l'avait fait monter, on lui avait demandé de qui était ce trio agréable et original. On s'était émerveillé de sa jeunesse et de son talent. Enfin on lui avait confié, séance tenante, le poëme d'un ballet intitulé *le Diable Boiteux*, dont il commençait à écrire la musique. Il travaillait à cette tempête qui lui coûta tant de soins, et dont le souvenir faisait rire encore le bonhomme Haydn à quatre-vingts ans. Consuelo chercha à le distraire de sa tristesse, en lui parlant toujours de sa tempête, que Bernadone voulait terrible, et que Beppo, n'ayant jamais vu la mer, ne pouvait réussir à se peindre. Consuelo lui décrivait l'Adriatique en fureur et lui chantait la plainte des vagues, non sans rire avec lui de ces effets d'harmonie imitative, aidés de celui des toiles bleues qu'on secoue d'une coulisse à l'autre à force de bras.

« Écoute, lui dit le Porpora pour le tirer de peine, tu travaillerais cent ans avec les plus beaux instruments du du monde et les plus exactes connaissances des bruits de l'onde et du vent, que tu ne rendrais pas l'harmonie sublime de la nature. Ceci n'est pas le fait de la musique. Elle s'égare puérilement quand elle court après les tours de force et les effets de sonorité. Elle est plus grande que cela; elle a l'émotion pour domaine. Son but est de l'inspirer, comme sa cause est d'être inspirée par elle. Songe donc aux impressions de l'homme livré à la tourmente; figure-toi un spectacle affreux, magnifique, terrible, un danger imminent : place-toi, musicien, c'est-à-dire voix humaine, plainte humaine, âme vivante et vibrante, au milieu de cette détresse, de ce désordre, de cet abandon et de ces épouvantes; rends tes angoisses, et l'auditoire, intelligent ou non, les partagera. Il s'imaginera voir la mer, entendre les craquements du navire, les cris des matelots, le désespoir des passagers. Que dirais-tu d'un poëte, qui, pour peindre une bataille, te dirait en vers que le canon faisait *boum, boum,* et le tambour *plan, plan?* Ce serait pourtant de l'harmonie imitative plus exacte que de grandes images; mais ce ne serait pas de la poésie. La peinture elle-même, cet art de description par excellence, n'est pas un art d'imitation servile. L'artiste retracerait en vain le vert sombre de la mer, le ciel noir de l'orage, la carcasse brisée du navire. S'il n'a le sentiment pour rendre la terreur et la poésie de l'ensemble, son tableau sera sans couleur, fût-il aussi éclatant qu'une enseigne à bière. Ainsi, jeune homme, émeus-toi à l'idée d'un grand désastre, c'est ainsi que tu le rendras émouvant pour les autres. »

Il lui répétait encore paternellement ces exhortations, tandis que la voiture, attelée dans la cour de l'ambassade, recevait les paquets de voyage. Joseph écoutait attentivement ses leçons, les buvant à la source, pour ainsi dire: mais lorsque Consuelo, en mantelet et en bonnet fourré, vint se jeter à son cou, il pâlit, étouffa un cri, et ne pouvant se résoudre à la voir monter en voiture, il s'enfuit et alla cacher ses sanglots au fond de l'arrière-boutique de Keller. Métastase le prit en amitié, le perfectionna dans l'italien, et le dédommagea un peu par de bons conseils et de généreux services de l'absence du Porpora; mais Joseph fut bien longtemps triste et malheureux, avant de s'habituer à celle de Consuelo.

Celle-ci, quoique triste aussi, et regrettant un si fidèle et si aimable ami, sentit revenir son courage, son ardeur et la poésie de ses impressions à mesure qu'elle s'enfonça dans les montagnes de la Moravie. Un nouveau soleil se levait sur sa vie. Dégagée de tout lien et de toute domination étrangère à son art, il lui semblait qu'elle s'y devait tout entière. Le Porpora, rendu à l'espérance et à l'enjouement de sa jeunesse, l'exaltait par d'éloquentes déclamations; et la noble fille, sans cesser d'aimer Albert et Joseph comme deux frères qu'elle devait retrouver dans le sein de Dieu, se sentait légère, comme l'alouette qui monte en chantant dans le ciel, au matin d'un beau jour.

C.

Dès le second relais, Consuelo avait reconnu dans le domestique qui l'accompagnait, et qui, placé sur le siége de la voiture, payait les guides et gourmandait la lenteur des postillons, ce même heiduque qui avait annoncé le comte Hoditz, le jour où il était venu lui proposer la partie de plaisir de Roswald. Ce grand et fort garçon, qui la regardait toujours comme à la dérobée, et qui semblait partagé entre le désir et la crainte de lui parler, finit par fixer son attention ; et, un matin qu'elle déjeunait dans une auberge isolée, au pied des montagnes, le Porpora ayant été faire un tour de promenade à la chasse de quelque motif musical, en attendant que les chevaux eussent rafraîchi, elle se tourna vers ce valet, au moment où il lui présentait son café, et le regarda en face d'un air un peu sévère et irrité. Mais il fit alors une si piteuse mine, qu'elle ne put retenir un grand éclat de rire. Le soleil d'avril brillait sur la neige qui couronnait encore les monts ; et notre jeune voyageuse se sentait en belle humeur.

« Hélas ! lui dit enfin le mystérieux heiduque, votre seigneurie ne daigne donc pas me reconnaître ? Moi, je l'aurais toujours reconnue, fût-elle déguisée en Turc ou en caporal prussien ; et pourtant je ne l'avais vue qu'un instant, mais quel instant dans ma vie ! »

En parlant ainsi, il posa sur la table le plateau qu'il apportait ; et, s'approchant de Consuelo, il fit gravement un grand signe de croix, mit un genou en terre, et baisa le plancher devant elle.

« Ah ! s'écria Consuelo, Karl le déserteur, n'est-ce pas ?

— Oui, signora, répondit Karl en baisant la main

qu'elle lui tendait ; du moins on m'a dit qu'il fallait vous appeler ainsi, quoique je n'aie jamais bien compris si vous étiez un monsieur ou une dame.

— En vérité? Et d'où vient ton incertitude?

— C'est que je vous ai vue garçon, et que depuis, quoique je vous aie bien reconnue, vous étiez devenue aussi semblable à une jeune fille que vous étiez auparavant semblable à un petit garçon. Mais cela ne fait rien : soyez ce que vous voudrez, vous m'avez rendu des services que je n'oublierai jamais; et vous pourriez me commander de me jeter du sommet de ce pic qui est là-haut, si cela vous faisait plaisir, je ne vous le refuserais pas.

— Je ne te demande rien, mon brave Karl, que d'être heureux et de jouir de ta liberté; car te voilà libre, et je pense que tu aimes la vie maintenant?

— Libre, oui! dit Karl en secouant la tête; mais heureux... J'ai perdu ma pauvre femme! »

Les yeux de Consuelo se remplirent de larmes, par un mouvement sympathique, en voyant les joues carrées du pauvre Karl se couvrir d'un ruisseau de pleurs.

« Ah! dit-il en secouant sa moustache rousse, d'où les larmes dégouttaient comme la pluie d'un buisson, elle avait trop souffert, la pauvre âme! Le chagrin de me voir enlever une seconde fois par les Prussiens, un long voyage à pied, lorsqu'elle était déjà bien malade; ensuite la joie de me revoir, tout cela lui a causé une révolution ; et elle est morte huit jours après être arrivée à Vienne, où je la cherchais, et où, grâce à un billet de vous, elle m'avait retrouvé, avec l'aide du comte Hoditz. Ce généreux seigneur lui avait envoyé son médecin et des secours ; mais rien n'y a fait : elle était fatiguée de vivre, voyez-vous, et elle a été se reposer dans le ciel du bon Dieu.

— Et ta fille? dit Consuelo, qui songeait à le ramener à une idée consolante.

— Ma fille? dit-il d'un air sombre et un peu égaré, le roi de Prusse me l'a tuée aussi.

— Comment tuée? que dis-tu?

— N'est-ce pas le roi de Prusse qui a tué la mère en lui causant tout ce mal? Eh bien, l'enfant a suivi la mère. Depuis le soir où, m'ayant vu frapper au sang, garrotter et emporter par les recruteurs, toutes deux étaient restées, couchées et comme mortes, en travers du chemin, la petite avait toujours tremblé d'une grosse fièvre; la fatigue et la misère de la route les ont achevées. Quand vous les avez rencontrées sur un pont, à l'entrée de je ne sais plus quel village d'Autriche, il y avait deux jours qu'elles n'avaient rien mangé. Vous leur avez donné de l'argent, vous leur avez appris que j'étais sauvé, vous avez tout fait pour les consoler et les guérir; elles m'ont dit tout cela: mais il était trop tard. Elles n'ont fait qu'empirer depuis notre réunion, et au moment où nous pouvions être heureux, elles se sont en allées dans le cimetière. La terre n'était pas encore foulée sur le corps de ma femme, quand il a fallu recreuser le même endroit pour y mettre mon enfant; et à présent, grâce au roi de Prusse, Karl est seul au monde!

— Non, mon pauvre Karl, tu n'es pas abandonné; il te reste des amis qui s'intéresseront toujours à tes infortunes et à ton bon cœur.

— Je le sais. Oui, il y a de braves gens, et vous en êtes. Mais de quoi ai-je besoin maintenant que je n'ai plus ni femme, ni enfant, ni pays! car je ne serai jamais en sûreté dans le mien; ma montagne est trop bien connue de ces brigands qui sont venus m'y chercher deux fois. Aussitôt que je me suis vu seul, j'ai demandé si nous étions en guerre ou si nous y serions bientôt. Je n'avais qu'une idée : c'était de servir contre la Prusse, afin de tuer le plus de Prussiens que je pourrais. Ah ! saint Wenceslas, le patron de la Bohême, aurait conduit mon bras ; et je suis bien sûr qu'il n'y aurait pas eu une seule balle perdue, sortie de mon fusil ; et je me disais : Peut-être la Providence permettra-t-elle que je rencontre le roi de Prusse dans quelque défilé ; et alors... fût-il cuirassé comme l'archange Michel... dussé-je le suivre comme un chien suit un loup à la piste... Mais j'ai appris que la paix était assurée pour longtemps ; et alors, ne me sentant plus de goût à rien, j'ai été trouver monseigneur le comte Hoditz pour le remercier, et le prier de ne point me présenter à l'impératrice, comme il en avait eu l'intention. Je voulais me tuer ; mais il a été si bon pour moi, et la princesse de Culmbach, sa belle-fille, à qui il avait raconté en secret toute mon histoire, m'a dit de si belles paroles sur les devoirs du chrétien, que j'ai consenti à vivre et à entrer à leur service, où je suis, en vérité, trop bien nourri et trop bien traité pour le peu d'ouvrage que j'ai à faire.

— Maintenant dis-moi, mon cher Karl, reprit Consuelo en s'essuyant les yeux, comment tu as pu me reconnaître.

— N'êtes-vous pas venue, un soir, chanter chez ma nouvelle maîtresse, madame la margrave ? Je vous vis passer tout habillée de blanc, et je vous reconnus tout de suite, bien que vous fussiez devenue une demoiselle. C'est que, voyez-vous, je ne me souviens pas beaucoup des endroits où j'ai passé, ni des noms des personnes que j'ai rencontrées ; mais pour ce qui est des figures, je ne les oublie jamais. Je commençais à faire le signe de la croix quand je vis un jeune garçon qui vous suivait, et que je reconnus pour Joseph ; et au lieu d'être votre maître, comme je l'avais vu au moment de ma délivrance (car u

était mieux habillé que vous dans ce temps-là), il était devenu votre domestique; et il resta dans l'antichambre. Il ne me reconnut pas; et comme monsieur le comte m'avait défendu de dire un seul mot à qui que ce soit de ce qui m'était arrivé (je n'ai jamais su ni demandé pourquoi), je ne parlai pas à ce bon Joseph; quoique j'eusse bien envie de lui sauter au cou. Il s'en alla presque tout de suite dans une autre pièce. J'avais ordre de ne point quitter celle où je me trouvais; un bon serviteur ne connaît que sa consigne. Mais quand tout le monde fut parti, le valet de chambre de monseigneur, qui a toute sa confiance, me dit : « Karl, tu n'as pas parlé à ce petit laquais du Porpora, quoique tu l'aies reconnu; et tu as bien fait. Monsieur le comte sera content de toi. Quant à la demoiselle qui a chanté ce soir...—Oh! je l'ai reconnue aussi, m'écriai-je, et je n'ai rien dit. — Eh bien, ajouta-t-il, tu as encore bien fait. Monsieur le comte ne veut pas qu'on sache qu'elle a voyagé avec lui jusqu'à Passaw.—Cela ne me regarde point, repris-je ; mais puis-je te demander, à toi, comment elle m'a délivré des mains des Prussiens? » Henri me raconta alors comment la chose s'était passée (car il était là), comment vous aviez couru après la voiture de monsieur le comte, et comment, lorsque vous n'aviez plus rien à craindre pour vous-même, vous aviez voulu absolument qu'il vînt me délivrer. Vous en aviez dit quelque chose à ma pauvre femme; et elle me l'avait raconté aussi; car elle est morte en vous recommandant au bon Dieu, et en me disant : « Ce sont de pauvres enfants, qui ont l'air presque aussi malheureux que nous; et cependant ils m'ont donné tout ce qu'ils avaient, et ils pleuraient comme si nous eussions été de leur famille. »
Aussi, quand j'ai vu M. Joseph à votre service, ayant été chargé de lui porter quelque argent de la part de monseigneur chez qui il avait joué du violon un autre soir,

j'ai mis dans le papier quelques ducats, les premiers que j'eusse gagnés dans cette maison. Il ne l'a pas su, et il ne m'a pas reconnu, lui ; mais si nous retournons à Vienne, je m'arrangerai pour qu'il ne soit jamais dans l'embarras tant que je pourrai gagner ma vie.

— Joseph n'est plus à mon service, bon Karl, il est mon ami. Il n'est plus dans l'embarras, il est musicien, et gagnera sa vie aisément. Ne te dépouille donc pas pour lui.

— Quant à vous, signora, dit Karl, je ne puis pas grand' chose pour vous, puisque vous êtes une grande actrice, à ce qu'on dit ; mais voyez-vous, si jamais vous vous trouvez dans la position d'avoir besoin d'un serviteur, et de ne pouvoir le payer, adressez-vous à Karl, et comptez sur lui. Il vous servira pour rien et sera bien heureux de travailler pour vous.

— Je suis assez payée par ta reconnaissance, mon ami. Je ne veux rien de ton dévouement.

— Voici maître Porpora qui revient. Souvenez-vous, signora, que je n'ai pas l'honneur de vous connaître autrement que comme un domestique mis à vos ordres par mon maître. »

Le lendemain, nos voyageurs s'étant levés de grand matin, arrivèrent, non sans peine, vers midi, au château de Roswald. Il était situé dans une région élevée, au versant des plus belles montagnes de la Moravie, et si bien abrité des vents froids, que le printemps s'y faisait déjà sentir, lorsqu'à une demi-lieue aux alentours, l'hiver régnait encore. Quoique la saison fût prématurément belle, les chemins étaient encore fort peu praticables. Mais le comte Hoditz, qui ne doutait de rien, et pour qui l'impossible était une plaisanterie, était déjà arrivé, et déjà faisait travailler une centaine de pionniers à aplanir la route sur laquelle devait rouler le lendemain l'équipage majestueux de sa noble épouse. Il eût été peut-être plus conjugal et plus secourable de voyager avec elle; mais il ne s'agissait pas tant de l'empêcher de se casser bras et jambes en chemin, que de lui donner une fête; et, morte ou vive, il fallait qu'elle eût un splendide divertissement en prenant possession du palais de Roswald.

Le comte permit à peine à nos voyageurs de changer de toilette, et leur fit servir un fort beau dîner dans une grotte mousseuse et rocailleuse, qu'un vaste poêle, habilement masqué par de fausses roches, chauffait agréablement. Au premier coup d'œil, cet endroit parut enchanteur à Consuelo. Le site qu'on découvrait de l'ouverture de la grotte était réellement magnifique. La nature avait tout fait pour Roswald. Des mouvements de terrains escarpés et pittoresques, des forêts d'arbres verts, des sources abondantes, d'admirables perspectives, des prairies immenses, il semble qu'avec une habitation confortable, c'en était bien assez pour faire un lieu de plaisance accompli. Mais Consuelo s'aperçut bientôt des bizarres recherches par lesquelles le comte avait réussi à gâter cette sublime nature. La grotte eût été charmante sans le vitrage, qui en faisait une salle à manger intempestive. Comme les chèvrefeuilles et les liserons ne faisaient encore que bourgeonner, on avait masqué les châssis des portes et des croisées avec des feuillages et des fleurs artificielles, qui faisaient là une prétentieuse grimace. Les coquillages et les stalactites, un peu endommagés par l'hiver, laissaient voir le plâtre et le mastic qui les attachaient aux parois du roc, et la chaleur du poêle, fondant un reste d'humidité amassée à la voûte, faisait tomber sur la tête des convives une pluie noirâtre et malsaine, que le comte ne voulait pas du tout apercevoir. Le Porpora en prit de l'humeur, et deux ou trois fois mit la main à son chapeau sans oser cependant l'enfoncer sur son chef, comme il en mourait d'envie. Il craignait surtout que Consuelo ne s'enrhumât, et il mangeait à la hâte, prétextant une vive impatience de voir la musique qu'il aurait à faire exécuter le lendemain.

« De quoi vous inquiétez-vous là, cher maestro? disait le comte, qui était grand mangeur, et qui aimait à raconter longuement l'histoire de l'acquisition ou de la confection dirigée par lui de toutes les pièces riches et curieuses de son service de table; des musiciens habiles et consommés comme vous n'ont besoin que d'une petite heure pour se mettre au fait. Ma musique est simple et naturelle. Je ne suis pas de ces compositeurs pédants qui cherchent à étonner par de savantes et bizarres combinaisons harmoniques. A la campagne, il faut de la musique simple, pastorale; moi, je n'aime que les chants purs et faciles : c'est aussi le goût de madame la margrave. Vous verrez que tout ira bien. D'ailleurs, nous ne perdons pas de temps. Pendant que nous déjeunons ici, mon majordome prépare tout suivant mes ordres, et nous allons trouver les chœurs disposés dans leurs différentes stations et tous les musiciens à leur poste. »

Comme il disait cela, on vint avertir monseigneur que deux officiers étrangers, en tournée dans le pays, demandaient la permission d'entrer et de saluer le comte, pour visiter, avec son agrément, les palais et les jardins de Roswald.

Le comte était habitué à ces sortes de visites, et rien ne lui faisait plus de plaisir que d'être lui-même le *cicerone* des curieux, à travers les délices de sa résidence.

« Qu'ils entrent, qu'ils soient les bienvenus! s'écriat-il, qu'on mette leurs couverts et qu'on les amène ici. »

Peu d'instants après, les deux officiers furent introduits. Ils avaient l'uniforme prussien. Celui qui marchait le premier, et derrière lequel son compagnon semblait décidé à s'effacer entièrement, était petit, et d'une figure assez maussade. Son nez, long, lourd et sans noblesse, faisait paraître plus choquants encore le ravalement de sa bouche et la fuite ou plutôt l'absence de son menton. Sa taille un peu voûtée, donnait je ne sais quel air vieillot à sa personne engoncée dans le disgracieux habit inventé par Frédéric. Cet homme avait cependant une quarantaine d'années tout au plus; sa démarche était assurée, et lorsqu'il eut ôté le vilain chapeau qui lui coupait la face jusqu'à la naissance du nez, il montra ce qu'il y avait de beau dans sa tête, un front ferme, intelligent et méditatif, des sourcils mobiles et des yeux d'une clarté et d'une animation extraordinaires. Son regard le transformait comme ces rayons du soleil qui colorent et embellissent tout à coup les sites les plus mornes et les moins poétiques. Il semblait grandir de toute la tête lorsque ses yeux brillaient sur son visage blême, chétif et inquiet.

Le comte Hoditz les reçut avec une hospitalité plus cordiale que cérémonieuse, et, sans perdre le temps à de longs compliments, il leur fit mettre deux couverts et leur servit des meilleurs plats avec une véritable bonhomie patriarcale; car Hoditz était le meilleur des hommes, et sa vanité, loin de corrompre son cœur, l'aidait à se répandre avec confiance et générosité. L'esclavage régnait encore dans ses domaines, et toutes les merveilles de Roswald avaient été édifiées à peu de frais par la gent taillable et corvéable; mais il couvrait de fleurs et de gourmandises le joug de ses sujets. Il leur faisait oublier le nécessaire en leur prodiguant le superflu, et, convaincu que le plaisir est le bonheur, il les faisait tant amuser qu'ils ne songeaient point à être libres.

L'officier prussien (car vraiment il n'y en avait qu'un, l'autre semblait n'être que son ombre), parut d'abord un peu étonné, peut-être même un peu choqué du sans-façon de M. le comte; et il affectait une politesse réservée, lorsque le comte lui dit :

« Monsieur le capitaine, je vous prie de vous mettre à l'aise et de faire ici comme chez vous. Je sais que vous devez être habitué à la régularité austère des armées du grand Frédéric; je trouve cela admirable en son lieu; mais ici, vous êtes à la campagne, et si l'on ne s'amuse à la campagne, qu'y vient-on faire? Je vois que vous êtes des personnes bien élevées et de bonnes manières. Vous n'êtes certainement pas officiers du roi de Prusse, sans avoir fait vos preuves de science militaire et de bravoure accomplie. Je vous tiens donc pour des hôtes dont la présence honore ma maison; veuillez en disposer sans retenue, et y rester tant que le séjour vous en sera agréable. »

L'officier prit aussitôt son parti en homme d'esprit, et, après avoir remercié son hôte sur le même ton, il se mit à sabler le champagne, qui ne lui fit pourtant pas perdre une ligne de son sang-froid, et à creuser un excellent pâté sur lequel il fit des remarques et des questions gastronomiques qui ne donnèrent pas grande idée de lui à la très-sobre Consuelo. Elle était cependant frappée du feu de son regard; mais ce feu même l'étonnait sans la charmer. Elle y trouvait je ne sais quoi de hautain, de scrutateur et de méfiant qui n'allait point à son cœur.

Tout en mangeant, l'officier apprit au comte qu'il s'appelait le baron de Kreutz, qu'il était originaire de Silésie, où il venait d'être envoyé en remonte pour la cavalerie; que, se trouvant à Neïsse, il n'avait pu résister au désir de voir le palais et les jardins tant vantés de Roswald; qu'en conséquence, il avait passé le matin la frontière avec son lieutenant, non sans mettre le temps et l'occasion à profit pour faire sur sa route quelques achats de chevaux. Il offrit même au comte de visiter ses écuries, s'il avait quelques bêtes à vendre. Il voyageait à cheval, et s'en retournait le soir même.

« Je ne le souffrirai pas, dit le comte. Je n'ai pas de chevaux à vous vendre dans ce moment. Je n'en ai pas même assez pour les nouveaux embellissements que je veux faire à mes jardins. Mais je veux faire une meilleure affaire en jouissant de votre société le plus longtemps qu'il me sera possible.

— Mais nous avons appris, en arrivant ici, que vous attendiez d'heure en heure madame la comtesse Hoditz; et, ne voulant point être à charge, nous nous retirerons aussitôt que nous l'entendrons arriver.

— Je n'attends madame la comtesse margrave que demain, répondit le comte ; elle arrivera ici avec sa fille, madame la princesse de Culmbach. Car vous n'ignorez peut-être pas, Messsieurs, que j'ai eu l'honneur de faire une noble alliance...

— Avec la margrave douairière de Bareith, repartit assez brusquement le baron de Kreutz, qui ne parut pas aussi ébloui de ce titre que le comte s'y attendait.

— C'est la tante du roi de Prusse! reprit-il avec un peu d'emphase.

— Oui, oui, je le sais ! répliqua l'officier prussien en prenant une large prise de tabac.

— Et comme c'est une dame admirablement gracieuse et affable, continua le comte, je ne doute pas qu'elle n'ait un plaisir infini à recevoir et à traiter de braves serviteurs du roi son illustre neveu.

— Nous serions bien sensibles à un si grand honneur, dit le baron en souriant; mais nous n'aurons pas le loisir d'en profiter. Nos devoirs nous rappellent impérieusement à notre poste, et nous prendrons congé de Votre Excellence ce soir même. En attendant, nous serions bien heureux d'admirer cette belle résidence : le roi notre maître n'en a pas une qu'on puisse comparer à celle-ci. »

Ce compliment rendit au Prussien toute la bienveillance du seigneur morave. On se leva de table. Le Porpora, qui se souciait moins de la promenade que de la répétition, voulut s'en dispenser.

« Non pas, dit le comte ; promenade et répétition, tout cela se fera en même temps ; vous allez voir, mon maître.

Il offrit son bras à Consuelo, et passant le premier :

« Pardonnez, Messieurs, dit-il, si je m'empare de la seule dame que nous ayons ici dans ce moment : c'est le droit du seigneur. Ayez la bonté de me suivre : je serai votre guide.

— Oserai-je vous demander, Monsieur, dit le baron de Kreutz, adressant pour la première fois la parole au Porpora, quelle est cette aimable dame ?

— Monsieur, répondit le Porpora qui était de mauvaise humeur, je suis Italien, j'entends assez mal l'allemand, et le français encore moins. »

Le baron, qui jusque-là avait toujours parlé français avec le comte, selon l'usage de ce temps-là entre les gens du bel air, répéta sa demande en italien.

« Cette aimable dame, qui n'a pas encore dit un mot devant vous, répondit sèchement le Porpora, n'est ni margrave, ni douairière, ni princesse, ni baronne, ni comtesse : c'est une chanteuse italienne qui ne manque pas d'un certain talent.

— Je m'intéresse d'autant plus à la connaître et à savoir son nom, reprit le baron en souriant de la brusquerie du maestro.

— C'est la Porporina, mon élève, répondit le Porpora.

— C'est une personne fort habile, dit-on, reprit l'autre, et qui est attendue avec impatience à Berlin. Puisqu'elle est votre élève, je vois que c'est à l'illustre maître Porpora que j'ai l'honneur de parler.

— Pour vous servir, » répliqua le Porpora d'un ton bref, en renfonçant sur sa tête son chapeau qu'il venait de soulever, en réponse au profond salut du baron de Kreutz.

Celui-ci, le voyant si peu communicatif, le laissa avancer et se tint en arrière avec son lieutenant. Le Porpora, qui avait des yeux jusque derrière la tête, vit qu'ils riaient ensemble en le regardant et en parlant de lui dans leur langue. Il en fut d'autant plus mal disposé pour eux, et ne leur adressa pas même un regard durant toute la promenade.

CI.

On descendit une petite pente assez rapide au bas de laquelle on trouva une rivière en miniature, qui avait été un joli torrent limpide et agité; mais comme il fallait le rendre navigable, on avait égalisé son lit, adouci sa pente, taillé proprement ses rives et troublé ses belles ondes par de récents travaux. Les ouvriers étaient encore occupés à le débarrasser de quelques roches que l'hiver y avait précipitées, et qui lui donnaient un reste de physionomie : on s'empressait de la faire disparaître. Une gondole attendait là les promeneurs, une vraie gondole que le comte avait fait venir de Venise, et qui fit battre le cœur de Consuelo en lui rappelant mille souvenirs gracieux et amers. On s'embarqua ; les gondoliers étaient aussi de vrais Vénitiens parlant leur dialecte ; on les avait fait venir avec la barque, comme de nos jours les nègres avec la girafe. Le comte Hoditz, qui avait beaucoup voyagé, s'imaginait parler toutes les langues : mais, quoiqu'il y mît beaucoup d'aplomb, et que, d'une voix haute, d'un ton accentué, il donnât ses ordres aux gondoliers, ceux-ci l'eussent compris avec peine, si Consuelo ne lui eût servi de truchement. Il leur fut enjoint de chanter des vers du Tasse : mais ces pauvres diables, enroués par les glaces du Nord, dépaysés et déroutés dans leurs souvenirs, donnèrent aux Prussiens un fort triste échantillon de leur savoir-faire. Il fallut que Consuelo leur soufflât chaque strophe, et promît de leur faire faire une répétition des fragments qu'ils devaient chanter le lendemain à madame la margrave.

Quand on eut navigué un quart d'heure dans un espace qu'on eût pu traverser en trois minutes, mais où l'on avait ménagé au pauvre ruisseau contrarié dans sa course mille détours insidieux, on arriva à la pleine mer. C'était un assez vaste bassin où l'on débouqua à travers des massifs de cyprès et de sapins, et dont le coup d'œil inattendu était vraiment agréable. Mais on n'eut pas le loisir de l'admirer. Il fallut s'embarquer sur un navire de poche, où rien ne manquait ; mâts, voiles, cordages, c'était un modèle accompli de bâtiment avec tous ses agrès, et que le trop grand nombre de matelots et de passagers faillit faire sombrer. Le Porpora y eut froid. Les tapis étaient fort humides, et je crois bien que, malgré l'exacte revue que M. le comte, arrivé de la veille, avait faite déjà de toutes les pièces, l'embarcation faisait eau. Personne ne s'y sentait à l'aise, excepté le comte, qui, par grâce d'état, ne se souciait jamais des petits désagréments attachés à ses plaisirs, et Consuelo, qui commençait à s'amuser beaucoup de la folie de son hôte. Une flotte proportionnée à ce vaisseau de commandement vint se placer sous ses ordres, exécuta des manœuvres que le comte lui-même, armé d'un porte-voix, et debout sur la poupe, dirigea fort sérieusement, se fâchant fort quand les choses n'allaient point à son gré, et faisant recommencer la répétition. Ensuite on voyagea de conserve aux sons d'une musique de cuivre abominablement fausse, qui acheva d'exaspérer le Porpora.

« Passe pour nous faire geler et enrhumer, disait-il entre ses dents ; mais nous écorcher les oreilles à ce point, c'est trop fort !

— Voile pour le Péloponèse ! » s'écria le comte ; et on cingla vers une rive couronnée de menues fabriques imitant des temples grecs et d'antiques tombeaux.

On se dirigeait sur une petite anse masquée par des rochers, et, lorsqu'on en fut à dix pas, on fut accueilli par une décharge de coups de fusil. Deux hommes tombèrent morts sur le tillac, et un jeune mousse fort léger, qui se tenait dans les cordages, jeta un grand cri, descendit, ou plutôt se laissa glisser adroitement, et vint se rouler au beau milieu de la société, en hurlant qu'il était blessé et en cachant dans ses mains sa tête, soi-disant fracassée d'une balle.

« Ici, dit le comte à Consuelo, j'ai besoin de vous pour une petite répétition que je fais faire à mon équipage. Ayez la bonté de représenter pour un instant le personnage de madame la margrave ; et de commander à cet enfant mourant ainsi qu'à ces deux morts, qui, par parenthèse sont fort bêtement tombés, de se relever, d'être guéris à l'instant même, de prendre leurs armes, et de défendre Son Altesse contre les insolents pirates retranchés dans cette embuscade. »

Consuelo se hâta de se prêter au rôle de margrave, et le joua avec beaucoup plus de noblesse et de grâce naturelle que ne l'eût fait madame Hoditz. Les morts et les mourants se relevèrent sur leurs genoux et lui baisèrent la main. Là, il leur fut enjoint par le comte de ne point toucher tout de bon de leurs bouches vassales la noble main de Son Altesse, mais de baiser leur propre main en feignant d'approcher leurs lèvres de la sienne. Puis morts et mourants coururent aux armes en faisant de grandes démonstrations d'enthousiasme; le petit saltimbanque, qui faisait le rôle de mousse, regrimpa comme un chat sur son mât et déchargea une légère carabine sur la baie des pirates. La flotte se serra autour de la nouvelle Cléopâtre, et les petits canons firent un vacarme épouvantable.

Consuelo, avertie par le comte, qui ne voulait pas lui causer une frayeur sérieuse, n'avait point été dupe du début un peu bizarre de cette comédie. Mais les deux officiers prussiens, envers lesquels il n'avait pas jugé nécessaire de pratiquer la même galanterie, voyant tomber deux hommes au premier feu, s'étaient serrés l'un contre l'autre en pâlissant. Celui qui ne disait rien avait paru effrayé pour son capitaine, et le trouble de ce dernier n'avait pas échappé au regard tranquillement observateur de Consuelo. Ce n'était pourtant pas la peur qui s'était peinte sur sa physionomie; mais, au contraire, une sorte d'indignation, de colère même, comme si la plaisanterie l'eût offensé personnellement et lui eût semblé un outrage à sa dignité de Prussien et de militaire. Hoditz n'y prit pas garde, et lorsque le combat fut engagé, le capitaine et son lieutenant riaient aux éclats et acceptaient au mieux le badinage. Ils mirent même l'épée à la main et s'escrimèrent en l'air pour prendre part à la scène.

Les pirates, montés sur des barques légères, vêtus à la grecque et armés de tromblons et de pistolets chargés à poudre, étaient sortis de leurs jolis petits récifs, et se battaient comme des lions. On les laissa venir à l'abordage, où l'on en fit grande déconfiture, afin que la bonne margrave eût le plaisir de les ressusciter. La seule cruauté commise fut d'en faire tomber quelques-uns à la mer. L'eau du bassin était bien froide, et Consuelo les plaignait, lorsqu'elle vit qu'ils y prenaient plaisir, et mettaient de la vanité à montrer à leurs compagnons montagnards qu'ils étaient bons nageurs.

Quand la flotte de Cléopâtre (car le navire que devait monter la margrave portait réellement ce titre pompeux) eut été victorieuse, comme de raison, elle emmena prisonnière la flottille des pirates à sa suite, et s'en alla au son d'une musique triomphale (à porter le diable en terre, au dire du Porpora) explorer les rivages de la Grèce. On approcha ensuite d'une île inconnue d'où l'on voyait s'élever des huttes de terre et des arbres exotiques fort bien acclimatés ou fort bien imités; car on ne savait jamais à quoi s'en tenir à cet égard, le faux et le vrai étant confondus partout. Aux marges de cette île étaient amarrées des pirogues. Les naturels du pays s'y jetèrent avec des cris très-sauvages et vinrent à la rencontre de la flotte, apportant des fleurs et des fruits étrangers récemment coupés dans les serres chaudes de la résidence. Ces sauvages étaient hérissés, tatoués, crépus, et plus semblables à des diables qu'à des hommes. Les costumes n'étaient pas trop bien assortis. Les uns étaient couronnés de plumes, comme des Péruviens, les autres empaquetés de fourrures, comme des Esquimaux; mais on n'y regardait pas de si près; pourvu qu'ils fussent bien laids et bien ébouriffés, on les tenait pour anthropophages tout au moins.

Ces bonnes gens firent beaucoup de grimaces, et leur chef, qui était une espèce de géant, ayant une fausse barbe qui lui tombait jusqu'à la ceinture, vint faire un discours que le comte Hoditz avait pris la peine de composer lui-même en langue sauvage. C'était un assemblage de syllabes ronflantes et croquantes, arrangées au hasard pour figurer un patois grotesque et barbare. Le comte, lui ayant fait réciter sa tirade sans faute, se chargea de traduire cette belle harangue à Consuelo, qui faisait toujours le rôle de margrave en attendant la véritable.

« Ce discours signifie, Madame, lui dit-il en imitant les salamalecs du roi sauvage, que cette peuplade de cannibales dont l'usage est de dévorer tous les étrangers qui abordent dans leur île, subitement touchée et apprivoisée par l'effet magique de vos charmes, vient déposer à vos pieds l'hommage de sa férocité, et vous offrir la royauté de ces terres inconnues. Daignez y descendre sans crainte, et quoiqu'elles soient stériles et incultes, les merveilles de la civilisation vont y éclore sous vos pas. »

On aborda dans l'île au milieu des chants et des danses des jeunes sauvagesses. Des animaux étranges et prétendus féroces, mannequins empaillés qui, au moyen d'un ressort, s'agenouillèrent subitement, saluèrent Consuelo sur le rivage. Puis, à l'aide de cordes, les arbres et les buissons fraîchement plantés s'abattirent, les rochers de carton s'écroulèrent, et l'on vit des maisonnettes décorées de fleurs et de feuillages. Des bergères conduisant de vrais troupeaux (Hoditz n'en manquait pas), des villageois habillés à la dernière mode de l'Opéra, quoiqu'un peu malpropres vus de près, enfin jusqu'à des chevreuils et des biches apprivoisées vinrent prêter foi et hommage à la nouvelle souveraine.

« C'est ici, dit alors le comte à Consuelo, que vous aurez à jouer un rôle demain, devant Son Altesse. On vous procurera le costume d'une divinité sauvage toute couverte de fleurs et de rubans, et vous vous tiendrez dans la grotte que voici : la margrave y entrera, et vous chanterez la cantate que j'ai dans ma poche, pour lui céder vos droits à la divinité, vu qu'il ne peut y avoir qu'une déesse, là où elle daigne apparaître.

« — Voyons la cantate, » dit Consuelo en recevant le manuscrit dont Hoditz était l'auteur.

Il ne lui fallut pas beaucoup de peine pour lire et chanter à la première vue ce pont-neuf ingénu : paroles et musique, tout était à l'avenant. Il ne s'agissait que de l'apprendre par cœur. Deux violons, une harpe et une flûte cachés dans les profondeurs de l'antre l'accompagnaient tout de travers. Le Porpora fit recommencer. Au bout d'un quart-d'heure, tout alla bien. Ce n'était pas le seul rôle que Consuelo eût à faire dans la fête, ni la seule cantate que le comte Hoditz eût dans sa poche : elles étaient courtes, heureusement ; il ne fallait pas fatiguer Son Altesse par trop de musique.

A l'île sauvage, on remit à la voile et on alla prendre terre sur un rivage chinois : tours imitant la porcelaine, kiosques, jardins rabougris, petits ponts, jonques et plantations de thé, rien n'y manquait. Les lettrés et les mandarins, assez bien costumés, vinrent faire un discours chinois à la margrave ; et Consuelo qui, dans le trajet, devait changer de costume dans la cale d'un des bâtiments et s'affubler en mandarine, dut essayer des couplets en langue et musique chinoise, toujours de la façon du comte Hoditz :

> Ping, pang, tiong,
> Hi, han, hong,

Tel était le refrain, qui était censé signifier, grâce à la puissance d'abréviation que possédait cette langue merveilleuse :

« Belle margrave, grande princesse, idole de tous les cœurs, régnez à jamais sur votre heureux époux et sur votre joyeux empire de Roswald en Moravie. »

En quittant la Chine, on monta dans des palanquins très-riches, et on gravit, sur les épaules des pauvres serfs chinois et sauvages, une petite montagne au sommet de laquelle on trouva la ville de Lilliput. Maisons, forêts, lacs, montagnes, le tout vous venait aux genoux ou à la cheville, et il fallait se baisser pour voir, dans l'intérieur des habitations, les meubles et les ustensiles de ménage, qui étaient dans des proportions relatives à tout le reste. Des marionnettes dansèrent sur la place publique au son des mirlitons, des guimbardes et des tambours de basque. Les personnes qui les faisaient agir et qui produisaient cette musique lilliputienne, étaient cachées sous terre et dans des caveaux ménagés exprès.

En redescendant la montagne des Lilliputiens, on trouva un désert d'une centaine de pas, tout encombré de rochers énormes et d'arbres vigoureux livrés à leur croissance naturelle. C'était le seul endroit que le comte n'eût pas gâté et mutilé. Il s'était contenté de le laisser tel qu'il l'avait trouvé.

« L'usage de cette gorge escarpée m'a bien longtemps embarrassé, dit-il à ses hôtes. Je ne savais comment me délivrer de ces masses de rochers, ni quelle tournure donner à ces arbres superbes, mais désordonnés; tout à coup l'idée m'est venue de baptiser ce lieu le désert, le chaos : et j'ai pensé que le contraste n'en serait pas désagréable, surtout lorsqu'au sortir de ces horreurs de la nature, on rentrerait dans des parterres admirablement soignés et parés. Pour compléter l'illusion, vous allez voir quelle heureuse invention j'y ai placée. »

En parlant ainsi, le comte tourna un gros rocher qui encombrait le sentier (car il avait bien fallu fourrer un sentier uni et sablé dans l'horrible désert), et Consuelo se trouva à l'entrée d'un ermitage creusé dans le roc et surmonté d'une grossière croix de bois. L'anachorète de la Thébaïde en sortit; c'était un bon paysan dont la longue barbe blanche postiche contrastait avec un visage

frais et paré des couleurs de la jeunesse. Il fit un beau
sermon, dont son maître corrigea les barbarismes,
donna sa bénédiction, et offrit des racines et du lait à
Consuelo dans une écuelle de bois.

« Je trouve l'ermite un peu jeune, dit le baron de
Kreutz : vous eussiez pu mettre ici un vieillard véritable.

— Cela n'eût point plu à la margrave, répondit
ingénument le comte Hoditz. Elle dit avec raison que la
vieillesse n'est point égayante, et que dans une fête il
ne faut voir que de jeunes acteurs. »

Je fais grâce au lecteur du reste de la promenade. Ce
serait à n'en pas finir si je voulais lui décrire les diverses
contrées, les autels druidiques, les pagodes indiennes,
les chemins et canaux couverts, les forêts vierges, les
souterrains où l'on voyait les mystères de la passion
taillés dans le roc, les mines artificielles avec salles de
bal, les Champs-Elysées, les tombeaux, enfin les cascades, les naïades, les sérénades et les *six mille* jets
d'eau que le Porpora prétendait, par la suite, avoir été
forcé d'*avaler*. Il y avait bien mille autres gentillesses
dont les mémoires du temps nous ont transmis le détail
avec admiration : une grotte à demi obscure où l'on s'enfonçait en courant, et au fond de laquelle une glace, en
vous renvoyant votre propre image, dans un jour incertain,
devait infailliblement vous causer une grande frayeur;
un couvent où l'on vous forçait, sous peine de perdre à
jamais la liberté, de prononcer des vœux dont la formule
était un hommage d'éternelle soumission et adoration à la
margrave; un arbre à pluie qui, au moyen d'une pompe
cachée dans les branches, vous inondait d'encre, de
sang ou d'eau de rose, suivant qu'on voulait vous fêter
ou vous mystifier; enfin mille secrets charmants, ingénieux, incompréhensibles, dispendieux surtout, que le
Porpora eut la brutalité de trouver insupportables, stu-

pides et scandaleux. La nuit seule mit un terme à cette promenade autour du monde, dans laquelle, tantôt à cheval, tantôt en litière, à âne, en voiture ou en bateau, on avait bien fait trois lieues.

Aguerris contre le froid et la fatigue, les deux officiers prussiens, tout en riant de ce qu'il y avait de trop puéril dans les amusements et les *surprises* de Roswald, n'avaient pas été aussi frappés que Consuelo du ridicule de cette merveilleuse résidence. Elle était l'enfant de la nature; née en plein champ, accoutumée, dès qu'elle avait eu les yeux ouverts, à regarder les œuvres de Dieu sans rideau de gaze et sans lorgnon : mais le baron de Kreutz, quoiqu'il ne fût pas tout à fait le premier-venu dans cette aristocratie habituée aux draperies et aux enjolivements de la mode, était l'homme de son monde et de son temps. Il ne haïssait point les grottes, les ermitages et les symboles. En somme, il s'amusa avec bonhomie, montra beaucoup d'esprit dans la conversation, et dit à son acolyte qui, en entrant dans la salle à manger, le plaignait respectueusement de l'ennui d'une aussi rude corvée:

« De l'ennui? moi? pas du tout. J'ai fait de l'exercice, j'ai gagné de l'appétit, j'ai vu mille folies, je me suis reposé l'esprit de choses sérieuses : je n'ai pas perdu mon temps et ma peine. »

On fut surpris de ne trouver dans la salle à manger qu'un cercle de chaises autour d'une place vide. Le comte, ayant prié les convives de s'asseoir, ordonna à ses valets de servir.

« Hélas! Monseigneur, répondit celui qui était chargé de lui donner la réplique, nous n'avions rien qui fût digne d'être offert à une si honorable compagnie, et nous n'avons pas même mis la table.

—Voilà qui est plaisant! » s'écria l'amphitryon avec

une fureur simulée; et quand ce jeu eut duré quelques instants : « Eh bien! dit-il, puisque les hommes nous refusent un souper, j'évoque l'enfer, et je somme Pluton de m'en envoyer un qui soit digne de mes hôtes. »

En parlant ainsi, il frappa le plancher trois fois, et, le plancher glissant aussitôt dans une coulisse, on vit s'exhaler des flammes odorantes; puis, au son d'une musique joyeuse et bizarre, une table magnifiquement servie vint se placer sous les coudes des convives.

« Ce n'est pas mal, dit le comte en soulevant la nappe, et en parlant sous la table. Seulement je suis fort étonné, puisque messire Pluton sait fort bien qu'il n'y a même pas dans ma maison de l'eau à boire, qu'on ne m'en ait pas envoyé une seule carafe.

— Comte Hoditz, répondit, des profondeurs de l'abîme, une voix rauque digne du Tartare, l'eau est fort rare dans les enfers; car presque tous nos fleuves sont à sec depuis que les yeux de Son Altesse margrave ont embrasé jusqu'aux entrailles de la terre; cependant, si vous l'exigez, nous allons envoyer une Danaïde au bord du Styx pour voir si elle en pourra trouver.

— Qu'elle se dépêche, répondit le comte, et surtout donnez-lui un tonneau qui ne soit pas percé. »

Au même instant, d'une belle cuvette de jaspe qui était au milieu de la table, s'élança un jet d'eau de roche qui pendant tout le souper retomba sur lui-même en gerbe de diamants au reflet des nombreuses bougies. Le *surtout* était un chef-d'œuvre de richesse et de mauvais goût, et l'eau du Styx, le souper infernal, furent pour le comte matière à mille jeux de mots, allusions et coq-à-l'âne qui ne valaient guère mieux, mais que la naïveté de son enfantillage lui fit pardonner. Le repas succulent, et servi par de jeunes sylvains et des nymphes plus ou moins charmantes, égaya beaucoup le baron de Kreutz.

Il ne fit pourtant qu'une médiocre attention aux belles esclaves de l'amphitryon : ces pauvres paysannes étaient à la fois les servantes, les maîtresses, les choristes et les actrices de leur seigneur. Il était leur professeur de grâces, de danse, de chant et de déclamation. Consuelo avait eu à Passaw un échantillon de sa manière de procéder avec elles ; et, en songeant au sort glorieux que ce seigneur lui avait offert alors, elle admirait le sang-froid respectueux avec lequel il la traitait maintenant, sans paraître ni surpris ni confus de sa méprise. Elle savait bien que le lendemain les choses changeraient d'aspect à l'arrivée de la margrave ; qu'elle dînerait dans sa chambre avec son maître, et qu'elle n'aurait pas l'honneur d'être admise à la table de Son Altesse. Elle ne s'en embarrassait guère, quoiqu'elle ignorât une circonstance qui l'eût divertie beaucoup en cet instant : à savoir qu'elle soupait avec un personnage infiniment plus illustre, lequel ne voulait pour rien au monde souper le lendemain avec la margrave.

Le baron de Kreutz, souriant donc d'un air assez froid à l'aspect des nymphes du logis, accorda un peu plus d'attention à Consuelo, lorsque après l'avoir provoquée à rompre le silence, il l'eut amenée à parler sur la musique. Il était amateur éclairé et quasi passionné de cet art divin : du moins il en parla lui-même avec une supériorité qui adoucit, non moins que le repas, les bons mets et la chaleur des appartements, l'humeur revêche du Porpora.

« Il serait à souhaiter, dit-il enfin au baron, qui venait de louer délicatement sa manière sans le nommer, que le souverain que nous allons essayer de divertir fût aussi bon juge que vous !

— On assure, répondit le baron, que mon souverain

est assez éclairé sur cette matière, et qu'il aime véritablement les beaux-arts.

— En êtes-vous bien certain, monsieur le baron? reprit le maestro, qui ne pouvait causer sans contredire tout le monde sur toutes choses. Moi, je ne m'en flatte guère: Les rois sont toujours les premiers en tout, au dire de leurs sujets; mais il arrive souvent que leurs sujets en savent beaucoup plus long qu'eux.

— En fait de guerre, comme en fait de science et de génie, le roi de Prusse en sait plus long qu'aucun de nous, répondit le lieutenant avec zèle; et quant à la musique, il est très-certain...

— Que vous n'en savez rien ni moi non plus, interrompit sèchement le capitaine Kreutz; maître Porpora ne peut s'en rapporter qu'à lui seul à ce dernier égard.

— Quant à moi, reprit le maestro, la dignité royale ne m'en a jamais imposé en fait de musique; et quand j'avais l'honneur de donner des leçons à la princesse électorale de Saxe, je ne lui passais pas plus de fausses notes qu'à un autre.

— Eh quoi! dit le baron en regardant son compagnon avec une intention ironique, les têtes couronnées font-elles jamais des fausses notes?

— Tout comme les simples mortels, Monsieur! répondit le Porpora. Cependant je dois dire que la princesse électorale n'en fit pas longtemps avec moi, et qu'elle avait une rare intelligence pour me seconder.

— Ainsi vous pardonneriez bien quelques fausses notes à notre Fritz, s'il avait l'impertinence d'en faire en votre présence?

— A condition qu'il s'en corrigerait.

— Mais vous ne lui laveriez pas la tête? dit à son tour le comte Hoditz en riant.

— Je le ferais, dût-il couper la mienne ! » répondit le vieux professeur, qu'un peu de champagne rendait expansif et fanfaron.

Consuelo avait été bien et dûment avertie par le chanoine que la Prusse était une grande préfecture de police, où les moindres paroles, prononcées bien bas à la frontière, arrivaient en peu d'instants, par une suite d'échos mystérieux et fidèles, au cabinet de Frédéric, et qu'il ne fallait jamais dire à un Prussien, surtout à un militaire, à un employé quelconque : « Comment vous portez-vous ? » sans peser chaque syllabe, et tourner, comme on dit aux petits enfants, sa langue sept fois dans sa bouche. Elle ne vit donc pas avec plaisir son maître s'abandonner à son humeur narquoise, et elle s'efforça de réparer ses imprudences par un peu de politique.

« Quand même le roi de Prusse ne serait pas le premier musicien de son siècle, dit-elle, il lui serait permis de dédaigner un art certainement bien futile au prix de tout ce qu'il sait d'ailleurs. »

Mais elle ignorait que Frédéric ne mettait pas moins d'amour-propre à être un grand flûtiste qu'à être un grand capitaine et un grand philosophe. Le baron de Kreutz déclara que si Sa Majesté avait jugé la musique un art digne d'être étudié, elle y avait consacré très-probablement une attention et un travail sérieux.

« Bah ! dit le Porpora, qui s'animait de plus en plus, l'attention et le travail ne révèlent rien, en fait d'art, à ceux que le ciel n'a pas doués d'un talent inné. Le génie de la musique n'est pas à la portée de toutes les fortunes ; et il est plus facile de gagner des batailles et de pensionner des gens de lettres que de dérober aux muses le feu sacré. Le baron Frédéric de Trenck nous a fort bien dit que Sa Majesté prussienne, lorsqu'elle manquait à la mesure, s'en prenait à ses courtisans; mais les choses n'iront pas ainsi avec moi!

— Le baron Frédéric de Trenck a dit cela? répliqua le baron de Kreutz, dont les yeux s'animèrent d'une colère subite et impétueuse. Eh bien! reprit-il en se calmant tout à coup par un effort de sa volonté, et en parlant d'un ton d'indifférence, le pauvre diable doit avoir perdu l'envie de plaisanter; car il est enfermé à la citadelle de Glatz pour le reste de ses jours.

— En vérité! s'écria le Porpora : et qu'a-t-il donc fait?

— C'est le secret de l'Etat, répondit le baron : mais tout porte à croire qu'il a trahi la confiance de son maître.

— Oui! ajouta le lieutenant; en vendant à l'Autriche le plan des fortifications de la Prusse, sa patrie.

— Oh! c'est impossible! dit Consuelo qui avait pâli, et qui, de plus en plus attentive à sa contenance et à ses paroles, ne put cependant retenir cette exclamation douloureuse.

— C'est impossible, et c'est faux! s'écria le Porpora indigné; ceux qui ont fait croire cela au roi de Prusse en ont menti par la gorge!

— Je présume que ce n'est pas un démenti indirect que vous pensez nous donner? dit le lieutenant en pâlissant à son tour.

— Il faudrait avoir une susceptibilité bien maladroite pour le prendre ainsi, reprit le baron de Kreutz en lançant un regard dur et impérieux à son compagnon. En quoi cela nous regarde-t-il? et que nous importe que maître Porpora mette de la chaleur dans son amitié pour ce jeune homme?

— Oui, j'en mettrais, même en présence du roi lui-même, dit le Porpora. Je dirais au roi qu'on l'a trompé; que c'est fort mal à lui de l'avoir cru; que Frédéric de

Trenck est un digne, un noble jeune homme, incapable d'une infamie !

— Je crois, mon maître, interrompit Consuelo que la physionomie du capitaine inquiétait de plus en plus, que vous serez bien à jeun quand vous aurez l'honneur d'approcher le roi de Prusse ; et je vous connais trop pour n'être pas certaine que vous ne lui parlerez de rien d'étranger à la musique.

— Mademoiselle me paraît fort prudente, reprit le baron. Il paraît cependant qu'elle a été fort liée à Vienne avec ce jeune baron de Trenck ?

— Moi, monsieur ? répondit Consuelo avec une indifférence fort bien jouée ; je le connais à peine.

— Mais, reprit le baron avec une physionomie pénétrante, si le roi lui-même vous demandait, par je ne sais quel hasard imprévu, ce que vous pensez de la trahison de ce Trenck ?...

— Monsieur le baron, dit Consuelo en affrontant son regard inquisitorial avec beaucoup de calme et de modestie, je lui répondrais que je ne crois à la trahison de personne, ne pouvant pas comprendre ce que c'est que de trahir.

— Voilà une belle parole, signora ! dit le baron dont la figure s'éclaircit tout à coup ; et vous l'avez dite avec l'accent d'une belle âme. »

Il parla d'autre chose ; et charma les convives par la grâce et la force de son esprit. Durant tout le reste du souper, il eut, en s'adressant à Consuelo, une expression de bonté et de confiance qu'elle ne lui avait pas encore vue.

CII.

A la fin du dessert, une ombre toute drapée de blanc et voilée vint chercher les convives en leur disant : *Suivez-moi !* Consuelo, condamnée encore au rôle de margrave pour la répétition de cette nouvelle scène, se leva la première, et, suivie des autres convives, monta le grand escalier du château, dont la porte s'ouvrait au fond de la salle. L'ombre qui les conduisait poussa, au haut de cet escalier, une autre grande porte, et l'on se trouva dans l'obscurité d'une profonde galerie antique, au bout de laquelle on apercevait simplement une faible lueur. Il fallut se diriger de ce côté au son d'une musique lente, solennelle et mystérieuse, qui était censée exécutée par les habitants du monde invisible.

« Tudieu ! dit ironiquement le Porpora d'un ton d'enthousiasme, monsieur le comte ne nous refuse rien ! Nous avons entendu aujourd'hui de la musique turque, de la musique nautique, de la musique sauvage, de la musique chinoise, de la musique lilliputienne et toutes sortes de musiques extraordinaires ; mais en voici une qui les surpasse toutes, et l'on peut bien dire que c'est véritablement de la musique de l'autre monde.

— Et vous n'êtes pas au bout ! répondit le comte enchanté de cet éloge.

— Il faut s'attendre à tout de la part de Votre Excellence, dit le baron de Kreutz avec la même ironie que le professeur ; quoique après ceci, je ne sache, en vérité, ce que nous pouvons espérer de plus fort. »

Au bout de la galerie, l'ombre frappa sur une espèce de tamtam qui rendit un son lugubre, et un vaste rideau s'écartant, laissa voir la salle de spectacle décorée et illuminée comme elle devait l'être le lendemain. Je n'en ferai point la description ; quoique ce fût bien le cas de dire :

Ce n'était que festons, ce n'était qu'astragales.

La toile du théâtre se leva ; la scène représentait l'Olympe ni plus ni moins. Les déesses s'y disputaient le cœur du berger Pâris, et le concours des trois divinités principales faisait les frais de la pièce. Elle était écrite en italien, ce qui fit dire tout bas au Porpora, en s'adressant à Consuelo :

« Le sauvage, le chinois et le lilliputien n'étaient rien ; voilà enfin de l'iroquois. »

Vers et musique, tout était de la fabrique du comte. Les acteurs et les actrices valaient bien leurs rôles. Après une demi-heure de métaphores et de concetti sur l'absence d'une divinité plus charmante et plus puissante que toutes les autres, qui dédaignait de concourir pour le prix de la beauté, Pâris s'étant décidé à faire triompher Vénus, cette dernière prenait la pomme, et, descendant du théâtre par un gradin, venait la déposer au pied de la margrave, en se déclarant indigne de la conserver, et s'excusant d'avoir osé la briguer devant elle. C'était Consuelo qui devait faire ce rôle de Vénus ; et comme c'était le plus important, ayant à chanter à la fin une cavatine à grand effet, le comte Hoditz, n'ayant pu en confier la répétition à aucune de ses coryphées, prit le parti de le remplir lui-même ; tant pour faire marcher cette répétition que pour faire sentir à Consuelo l'esprit, les intentions, les finesses et les beautés du rôle. Il fut si bouffon en faisant sérieusement Vénus, et en chantant avec emphase les platitudes pillées à tous les méchants opéras à la mode et mal cousues dont il prétendait avoir fait une partition, que personne ne put garder son sérieux. Il était trop animé par le soin de gourmander sa troupe et trop enflammé par l'expression divine qu'il donnait à son jeu et à son chant, pour s'apercevoir de la gaieté de l'auditoire. On l'applaudit à tout rompre, et le Porpora, qui s'était mis à la tête de l'orchestre en se bouchant les oreilles de temps en temps à la dérobée, déclara que tout était sublime, poëme, partition, voix, instruments, et la Vénus provisoire par-dessus tout.

Il fut convenu que Consuelo et lui liraient ensemble attentivement ce chef-d'œuvre le soir même et le lendemain matin. Ce n'était ni long ni difficile à apprendre, et ils se firent fort d'être le lendemain soir à la hauteur de la pièce et de la troupe. On visita ensuite la salle de bal qui n'était pas encore prête, parce que les danses ne devaient avoir lieu que le surlendemain, la fête ayant à durer deux jours pleins et à offrir une suite ininterrompue de divertissements variés.

Il était dix heures du soir. Le temps était clair et la lune magnifique. Les deux officiers prussiens avaient persisté à repasser la frontière le soir même, alléguant une consigne supérieure qui leur défendait de passer la nuit en pays étranger. Le comte dut donc céder, et ayant donné l'ordre qu'on préparât leurs chevaux, il les emmena boire le coup de l'étrier, c'est-à-dire déguster du café et d'exellentes liqueurs dans un élégant boudoir, où Consuelo ne jugea pas à propos de les suivre. Elle prit donc congé d'eux, et après avoir recommandé tout bas au Porpora de se tenir un peu mieux sur ses gardes qu'il n'avait fait durant le souper, elle se dirigea vers sa chambre, qui était dans une autre aile du château.

Mais elle s'égara bientôt dans les détours de ce vaste labyrinthe, et se trouva dans une sorte de cloître où un courant d'air éteignit sa bougie. Craignant de s'égarer de plus en plus et de tomber dans quelqu'une des trappes à surprise dont ce manoir était rempli, elle prit le parti de revenir sur ses pas à tâtons jusqu'à ce qu'elle eût retrouvé la partie éclairée des bâtiments. Dans la confusion de tant de préparatifs pour des choses insensées, le confortable de cette riche habitation était entièrement négligé. On y trouvait des sauvages, des ombres, des dieux, des ermites, des nymphes, des ris et des jeux, mais pas un domestique pour avoir un flambeau, pas un être dans son bon sens auprès de qui l'on pût se renseigner.

Cependant elle entendit venir à elle une personne qui semblait marcher avec précaution et se glisser dans les ténèbres à dessein, ce qui ne lui inspira pas la confiance d'appeler et de se nommer, d'autant plus que c'était le pas lourd et la respiration forte d'un homme. Elle s'avançait un peu émue et en se serrant contre la muraille; lorsqu'elle entendit ouvrir une porte non loin d'elle, et la clarté de la lune, en pénétrant par cette ouverture, tomba sur la haute taille et le brillant costume de Karl.

Elle se hâta de l'appeler.

« Est-ce vous, signora? lui dit-il d'une voix altérée. Ah! je cherche depuis bien des heures un instant pour vous parler, et je le trouve trop tard, peut-être!

— Qu'as-tu donc à me dire, bon Karl, et d'où vient l'émotion où je te vois?

— Sortez de ce corridor, signora, je vais vous parler dans un endroit tout à fait isolé et où j'espère que personne ne pourra nous entendre.

Consuelo suivit Karl, et se trouva en plein air avec lui sur la terrasse que formait la tourelle accolée au flanc de l'édifice.

« Signora, dit le déserteur en parlant avec précaution (arrivé le matin pour la première fois à Roswald, il ne connaissait guère mieux les êtres que Consuelo); n'avez-vous rien dit aujourd'hui qui puisse vous exposer au mécontentement ou à la méfiance du roi de Prusse, et dont vous auriez à vous repentir à Berlin, si le roi en était exactement informé?

— Non, Karl, je n'ai rien dit de semblable. Je savais que tout Prussien qu'on ne connaît pas est un interlocuteur dangereux, et j'ai observé, quant à moi, toutes mes paroles.

— Ah! vous me faites du bien de me dire cela; j'étais bien inquiet! je me suis approché de vous deux ou trois fois dans le navire, lorsque vous vous promeniez sur la pièce d'eau. J'étais un des pirates qui ont fait semblant de monter à l'abordage; mais j'étais déguisé, vous ne m'avez pas reconnu. J'ai eu beau vous regarder, vous faire signe, vous n'avez pris garde à rien, et je n'ai pu vous glisser un seul mot. Cet officier était toujours à côté de vous. Tant que vous avez navigué sur le bassin, il ne vous a pas quittée d'un pas. On eût dit qu'il devinait que vous étiez son scapulaire, et qu'il se cachait derrière vous, dans le cas où une balle se serait glissée dans quelqu'un de nos innocents fusils.

— Que veux-tu dire, Karl? Je ne puis te comprendre. Quel est cet officier? Je ne le connais pas.

— Je n'ai pas besoin de vous le dire; vous le connaîtrez bientôt puisque vous allez à Berlin.

— Pourquoi m'en faire un secret maintenant?

— C'est que c'est un terrible secret, et que j'ai besoin de le garder encore une heure.

— Tu as l'air singulièrement agité, Karl; que se passe-t-il en toi?

— Oh! de grandes choses! l'enfer brûle dans mon cœur!

— L'enfer? On dirait que tu as de mauvais desseins.

— Peut-être!

— En ce cas, je veux que tu parles; tu n'as pas le droit de te taire avec moi, Karl. Tu m'as promis un dévouement, une soumission à toute épreuve.

— Ah! signora, que me dites-vous là? c'est la vérité, je vous dois plus que la vie, car vous avez fait ce qu'il fallait pour me conserver ma femme et ma fille; mais elles étaient condamnées, elles ont péri... et il faut bien que leur mort soit vengée!

— Karl, au nom de ta femme et de ton enfant qui prient pour toi dans le ciel, je t'ordonne de parler. Tu médites je ne sais quel acte de folie; tu veux te venger? La vue de ces Prussiens te met hors de toi?

— Elle me rend fou, elle me rend furieux... Mais non, je suis calme, je suis un saint. Voyez-vous, signora, c'est Dieu et non l'enfer qui me pousse. Allons! l'heure approche. Adieu, signora; il est probable que je ne vous reverrai plus, et je vous demande, puisque vous passez par Prague, de payer une messe pour moi à la chapelle de Saint-Jean-Népomuck, un des plus grands patrons de la Bohême.

— Karl, vous parlerez, vous confesserez les idées criminelles qui vous tourmentent, ou je ne prierai jamais pour vous, et j'appellerai sur vous, au contraire, la malédiction de votre femme et de votre fille, qui sont des anges dans le sein de Jésus le Miséricordieux. Mais comment voulez-vous être pardonné dans le ciel, si vous ne pardonnez pas sur la terre? Je vois bien que vous avez une carabine sous votre manteau, Karl, et que d'ici vous guettez ces Prussiens au passage.

— Non, pas d'ici, dit Karl ébranlé et tremblant; je ne veux pas verser le sang dans la maison de mon maître, ni sous vos yeux, ma bonne sainte fille; mais là-bas; voyez-vous, il y a dans la montagne un chemin creux que je connais bien déjà; car j'y étais ce matin quand ils sont arrivés par là... Mais j'y étais par hasard, je n'étais pas armé, et d'ailleurs je ne l'ai pas reconnu tout de suite, lui!... Mais tout à l'heure, il va repasser par là, et j'y serai, moi! J'y serai bientôt par le sentier du parc, et je le devancerai, quoiqu'il soit bien monté... Et comme vous le dites, signora, j'ai une carabine, une bonne carabine, et il y a dedans une bonne balle pour son cœur. Elle y est depuis tantôt; car je ne plaisantais pas quand je faisais le guet accoutré en faux pirate. Je trouvais l'occasion assez belle, et je l'ai visé plus de dix fois; mais vous étiez là, toujours là, et je n'ai pas tiré... Mais tout à l'heure, vous n'y serez pas, il ne pourra pas se cacher derrière vous comme un poltron... car il est poltron, je le sais bien, moi. Je l'ai vu pâlir, et tourner le dos à la guerre, un jour qu'il nous faisait avancer avec rage contre mes compatriotes, contre mes frères les Bohémiens. Ah! quelle horreur! car je suis Bohémien, moi, par le sang, par le cœur, et cela ne pardonne pas. Mais si je suis un pauvre paysan de Bohême, n'ayant appris dans ma forêt qu'à manier la cognée, il a fait de moi un soldat prussien, et, grâce à ses caporaux, je sais viser juste avec un fusil.

— Karl, Karl, taisez-vous, vous êtes dans le délire! vous ne connaissez pas cet homme, j'en suis sûre. Il s'appelle le baron de Kreutz; je parie que vous ne saviez pas son nom et que vous le prenez pour un autre. Ce n'est pas un recruteur, il ne vous a pas fait de mal.

— Ce n'est pas le baron de Kreutz, non, signora, et je le connais bien. Je l'ai vu plus de cent fois à la parade : c'est le grand recruteur, c'est le grand maître des voleurs d'hommes et des destructeurs de familles; c'est le grand fléau de la Bohême, c'est mon ennemi, à moi. C'est l'ennemi de notre Église, de notre religion et de tous nos saints; c'est lui qui a profané, par ses rires impies, la statue de saint Jean-Népomuck, sur le pont de Prague. C'est lui qui a volé, dans le château de Prague, le tambour fait avec la peau de Jean Zyska, celui qui fut un grand guerrier dans son temps, et dont la peau était la sauvegarde, le porte-respect, l'honneur du pays! Oh non! je ne me trompe pas, et je connais bien l'homme! D'ailleurs, saint Wenceslas m'est apparu tout à l'heure comme je faisais ma prière dans la chapelle; je l'ai vu comme je vous vois, signora; et il m'a dit : « C'est lui, frappe-le au cœur. » Je l'avais juré à la Sainte-Vierge sur la tombe de ma femme, et il faut que je tienne mon serment... Ah! voyez, signora! voilà son cheval qui arrive devant le perron; c'est ce que j'attendais. Je vais à mon poste; priez pour moi; car je paierai cela de ma vie tôt ou tard; mais peu importe, pourvu que Dieu sauve mon âme!

— Karl! s'écria Consuelo animée d'une force extraordinaire, je te croyais un cœur généreux, sensible et pieux; mais je vois bien que tu es un impie, un lâche et un scélérat. Quel que soit cet homme que tu veux assassiner, je te défends de le suivre et de lui faire aucun mal. C'est le diable qui a pris la figure d'un saint pour égarer ta raison; et Dieu a permis qu'il te fît tomber dans ce piége pour te punir d'avoir fait un serment sacrilége sur la tombe de ta femme. Tu es un lâche et un ingrat, te dis-je; car tu ne songes pas que ton maître, le comte Hoditz, qui t'a comblé de bienfaits, sera accusé de ton crime, et qu'il le paiera de sa tête; lui, si honnête, si bon et si doux envers toi! Va te cacher au fond d'une cave; car tu n'es pas digne de voir le jour, Karl. Fais pénitence, pour avoir eu une telle pensée. Tiens! je vois, en cet instant, ta femme qui pleure à côté de toi, et qui essaie de retenir ton bon ange, prêt à t'abandonner à l'esprit du mal.

— Ma femme! ma femme! s'écria Karl, égaré et vaincu;

je ne la vois pas. Ma femme, si tu es là parle-moi, fais que je te revoie encore une fois et que je meure.

— Tu ne peux pas la voir : le crime est dans ton cœur, et la nuit sur tes yeux. Mets-toi à genoux, Karl ; tu peux encore te racheter. Donne-moi ce fusil qui souille tes mains, et fais ta prière. »

En parlant ainsi, Consuelo prit la carabine, qui ne lui fut pas disputée, et se hâta de l'éloigner des yeux de Karl, tandis qu'il tombait à genoux et fondait en larmes. Elle quitta la terrasse pour cacher cette arme dans quelque autre endroit, à la hâte. Elle était brisée de l'effort qu'elle venait de faire pour s'emparer de l'imagination du fanatique en évoquant les chimères qui le gouvernaient. Le temps pressait ; et ce n'était pas le moment de lui faire un cours de philosophie plus humaine et plus éclairée. Elle venait de dire ce qui lui était venu à l'esprit, inspirée peut-être par quelque chose de sympathique dans l'exaltation de ce malhereux, qu'elle voulait à tout prix sauver d'un acte de démence, et qu'elle accablait même d'une feinte indignation, tout en le plaignant d'un égarement dont il n'était pas le maître.

Elle se pressait d'écarter l'arme fatale, afin de le rejoindre ensuite et de le retenir sur la terrasse jusqu'à ce que les Prussiens fussent bien loin, lorsqu'en rouvrant cette petite porte qui ramenait de la terrasse au corridor, elle se trouva face à face avec le baron de Kreutz. Il venait de chercher son manteau et ses pistolets dans sa chambre. Consuelo n'eut que le temps de laisser tomber la carabine derrière elle, dans l'angle que formait la porte, et de se jeter dans le corridor, en refermant cette porte entre elle et Karl. Elle craignait que la vue de l'ennemi ne rendît à ce dernier toute sa fureur s'il l'apercevait.

La précipitation de ce mouvement, et l'émotion qui la força de s'appuyer contre la porte, comme si elle eût craint de s'évanouir, n'échappèrent point à l'œil clairvoyant du baron de Kreutz. Il portait un flambeau, et s'arrêta devant elle en souriant. Sa figure était parfaitement calme; cependant Consuelo crut voir que sa main tremblait et faisait vaciller très-sensiblement la flamme de la bougie. Le lieutenant était derrière lui, pâle comme la mort, et tenant son épée nue. Ces circonstances, ainsi que la certitude qu'elle acquit un peu plus tard qu'une fenêtre de cet appartement, où le baron avait déposé et repris ses effets, donnait sur la terrasse de la tourelle, firent penser ensuite à Consuelo que les deux Prussiens n'avaient pas perdu un mot de son entretien avec Karl. Cependant le baron la salua d'un air courtois et tranquille; et comme la crainte d'une pareille situation lui faisait oublier de rendre le salut et lui ôtait la force de dire un mot, Kreutz l'ayant examinée un instant avec des yeux qui exprimaient plus d'intérêt que de surprise, il lui dit d'une voix douce en lui prenant la main :

« Allons, mon enfant, remettez-vous. Vous semblez bien agitée. Nous vous avons fait peur en passant brusquement devant cette porte au moment où vous l'ouvriez; mais nous sommes vos serviteurs et vos amis. J'espère que nous vous reverrons à Berlin, et peut-être pourrons-nous vous y être bon à quelque chose. »

Le baron attira un peu vers lui la main de Consuelo comme si, dans un premier mouvement, il eût songé à la porter à ses lèvres. Mais il se contenta de la presser légèrement, salua de nouveau, et s'éloigna, suivi de son lieutenant[1], qui ne sembla pas même voir Consuelo, tant il était troublé et hors de lui. Cette contenance confirma la jeune fille dans l'opinion qu'il était instruit du danger dont son maître venait d'être menacé.

1. On disait alors *bas officier.* Nous avons, dans notre récit, modernisé un titre qui donnait lieu à équivoque.

Mais quel était donc cet homme dont la responsabilité pesait si fortement sur la tête d'un autre, et dont la destruction avait semblé à Karl une vengeance si complète et si enivrante? Consuelo revint sur la terrasse pour lui arracher son secret, tout en continuant à le surveiller ; mais elle le trouva évanoui, et, ne pouvant aider ce colosse à se relever, elle descendit et appela d'autres domestiques pour aller à son secours.

« Ah! ce n'est rien, dirent-ils en se dirigeant vers le lieu qu'elle leur indiquait : il a bu ce soir un peu trop d'hydromel, et nous allons le porter dans son lit. »

Consuelo eût voulu remonter avec eux ; elle craignait que Karl ne se trahît en revenant à lui-même, mais elle en fut empêchée par le comte Hoditz, qui passait par là, et qui lui prit le bras, se réjouissant de ce qu'elle n'était pas encore couchée, et de ce qu'il pouvait lui donner un nouveau spectacle. Il fallut le suivre sur le perron, et de là elle vit en l'air, sur une des collines du parc, précisément du côté que Karl lui avait désigné comme le but de son expédition, un grand arc de lumière, sur lequel on distinguait confusément des caractères en verres de couleur.

« Voilà une très-belle illumination, dit-elle d'un air distrait.

— C'est une délicatesse, un adieu discret et respectueux à l'hôte qui nous quitte, lui répondit-il. Il va passer dans un quart d'heure au pied de cette colline, par un chemin creux que nous ne voyons pas d'ici, et où il trouvera cet arc de triomphe élevé comme par enchantement au-dessus de sa tête.

— Monsieur le comte, s'écria Consuelo en sortant de sa rêverie, quel est donc ce personnage qui vient de nous quitter?

— Vous le saurez plus tard, mon enfant.

— Si je ne dois pas le demander, je me tais, monsieur le comte ; cependant j'ai quelque soupçon qu'il ne s'apelle pas réellement le baron de Kreutz.

— Je n'en ai pas été dupe un seul instant, répartit Hoditz, qui à cet égard se vantait un peu. Cependant j'ai respecté religieusement son incognito. Je sais que c'est sa fantaisie et qu'on l'offense quand on n'a pas l'air de le prendre pour ce qu'il se donne. Vous avez vu que je l'ai traité comme un simple officier, et pourtant... »

Le comte mourait d'envie de parler ; mais les convenances lui défendaient d'articuler un nom apparemment si sacré. Il prit un terme moyen, et présentant sa lorgnette à Consuelo :

« Regardez, lui dit-il, comme cet arc improvisé a bien réussi. Il y a d'ici près d'un demi-mille, et je parie qu'avec ma lorgnette, qui est excellente, vous allez lire ce qui est écrit dessus. Les lettres ont vingt pieds de haut, quoiqu'elles vous paraissent imperceptibles. Cependant, regardez bien !... »

Consuelo regarda et déchiffra aisément cette inscription, qui lui révéla le secret de la comédie :

Vive Frédéric le Grand.

« Ah ! monsieur le comte, s'écria-t-elle vivement préoccupée, il y a du danger pour un tel personnage à voyager ainsi, et il y en a plus encore à le recevoir.

— Je ne vous comprends pas, dit le comte ; nous sommes en paix ; personne ne songerait maintenant, sur les terres de l'empire, à lui faire un mauvais parti, et personne ne peut plus trouver contraire au patriotisme d'héberger honorablement un hôte tel que lui. »

Consuelo était plongée dans ses rêveries. Hoditz l'en tira en lui disant qu'il avait une humble supplique à lui présenter ; qu'il craignait d'abuser de son obligeance, mais que la chose était si importante, qu'il était forcé de l'importuner. Après bien des circonlocutions :.

« Il s'agirait, lui dit-il d'un air mystérieux et grave, de vouloir bien vous charger du rôle de l'ombre.

— Quelle ombre? demanda Consuelo, qui ne songeait plus qu'à Frédéric et aux événements de la soirée.

— L'ombre qui vient au dessert chercher madame la margrave et ses convives pour leur faire traverser la galerie du Tartare, où j'ai placé le champ des morts, et les faire entrer dans la salle du théâtre, où l'Olympe doit les recevoir. Vénus n'entre pas en scène tout d'abord, et vous auriez le temps de dépouiller, dans la coulisse, le linceul de l'ombre sous lequel vous aurez le brillant costume de la mère des amours tout ajusté, satin couleur de rose, avec nœuds d'argent chenillés d'or, paniers très-petits, cheveux sans poudre, avec des perles et des plumes, des roses, une toilette très-décente et d'une galanterie sans égale, vous verrez! Allons, vous consentez à faire l'ombre; car il faut marcher avec beaucoup de dignité, et pas une de mes petites actrices n'oserait dire à Son Altesse, d'un ton à la fois impérieux et respectueux : *Suivez-moi*. C'est un mot bien difficile à dire, et j'ai pensé qu'une personne de génie pouvait en tirer un grand parti. Qu'en pensez-vous?

— Le mot est admirable, et je ferai l'ombre de tout mon cœur, répondit Consuelo en riant.

— Ah! vous êtes un ange, un ange, en vérité! s'écria le comte en lui baisant la main. »

Mais hélas! cette fête, cette brillante fête, ce rêve que le comte avait caressé pendant tout un hiver, et qui lui avait fait faire plus de trois voyages en Moravie pour en préparer la réalisation; ce jour tant attendu devait s'en aller en fumée, tout aussi bien que la sérieuse et sombre vengeance de Karl. Le lendemain, vers le milieu du jour, tout était prêt. Le peuple de Roswald était sous les armes ; les nymphes, les génies, les sauvages, les nains, les géants, les mandarins et les ombres attendaient, en grelottant à leurs postes, le moment de commencer leurs évolutions ; la route escarpée était déblayée de ses neiges et jonchée de mousse et de violettes ; les nombreux convives, accourus des châteaux environnants, et même de villes assez éloignées, formaient un cortége respectable à l'amphitryon, lorsque hélas ! un coup de foudre vint tout renverser. Un courrier, arrivé à toute bride, annonça que le carrosse de la margrave avait versé dans un fossé ; que Son Altesse s'était enfoncé deux côtes, et qu'elle était forcée de séjourner à Olmütz, où le comte était prié d'aller la rejoindre. La foule se dispersa. Le comte, suivi de Karl, qui avait retrouvé sa raison, monta sur le meilleur de ses chevaux et partit à la hâte, après avoir dit quelques mots à son majordome.

Les Plaisirs, les Ruisseaux, les Heures et les Fleuves allèrent reprendre leurs bottes fourrées et leurs casaquins de laine, et s'en retournèrent à leur travail des champs, pêle-mêle avec les Chinois, les pirates, les druides et les anthropophages. Les convives remontèrent dans leurs équipages, et la berline qui avait amené le Porpora et son élève fut mise de nouveau à leur disposition. Le majordome, conformément aux ordres qu'il avait reçus, leur apporta la somme convenue, et les força de l'accepter bien qu'ils ne l'eussent qu'à demi gagnée. Ils prirent, le jour même, la route de Prague ; le professeur enchanté d'être débarrassé de la musique cosmopolite et des cantades polyglottes de son hôte ; Consuelo regardant du côté de la Silésie et s'affligeant de tourner le dos au captif de Glatz, sans espérance de pouvoir l'arracher à son malheureux sort.

Ce même jour, le baron de Kreutz, qui avait passé la nuit

dans un village, non loin de la frontière morave, et qui en était réparti le matin dans un grand carrosse de voyage, escorté de ses pages à cheval, et de sa berline de suite qui portait son commis et sa *chatouille*[1], disait à son lieutenant, ou plutôt à son aide de camp, le baron de Buddenbrock, aux approches de la ville de Neïsse, et il faut noter que mécontent de sa maladresse la veille, il lui adressait la parole pour la première fois depuis son départ de Roswald :

« Qu'était-ce donc que cette illumination que j'ai aperçue de loin, sur la colline au pied de laquelle nous devions passer, en côtoyant le parc de ce comte Hoditz?

— Sire, répondit en tremblant Buddenbrock, je n'ai pas aperçu d'illumination.

— Et vous avez eu tort. Un homme qui m'accompagne doit tout voir.

— Votre Majesté devait pardonner au trouble affreux dans lequel m'avait plongé la résolution d'un scélérat...

— Vous ne savez ce que vous dites! cet homme était un fanatique, un malheureux dévot catholique, exaspéré par les sermons que les curés de la Bohême ont fait contre moi durant la guerre; il était poussé à bout d'ailleurs par quelque malheur personnel. Il faut que ce soit quelque paysan enlevé pour mes armées, un de ces déserteurs que nous reprenons quelquefois malgré leurs belles précautions...

— Votre Majesté peut compter que demain celui-là sera repris et amené devant elle.

— Vous avez donné des ordres pour qu'on l'enlevât au comte Hoditz?

— Pas encore, Sire; mais sitôt que je serai arrivé à

---

1. Son trésor de voyage.

Neïsse, je lui dépêcherai quatre hommes très-habiles et très-déterminés...

— Je vous le défends : vous prendrez au contraire des informations sur le compte de cet homme; et si sa famille a été victime de la guerre, comme il semblait l'indiquer dans ses paroles décousues, vous veillerez à ce qu'il lui soit compté une somme de mille reichsthalers, et vous le ferez désigner aux recruteurs de la Silésie, pour qu'on le laisse à jamais tranquille. Vous m'entendez? Il s'appelle Karl; il est très-grand, il est Bohémien, il est au service du comte Hoditz : c'en est assez pour qu'il soit facile de le retrouver, et de s'informer de son nom de famille et de sa position.

— Votre Majesté sera obéie.

— Je l'espère bien! Que pensez-vous de ce professeur de musique?

— Maître Porpora? Il m'a semblé sot, suffisant et d'une humeur très-fâcheuse.

— Et moi je vous dis que c'est un homme supérieur dans son art, rempli d'esprit et d'une ironie fort divertissante. Quand il sera rendu avec son élève à la frontière de Prusse, vous enverrez au-devant de lui une bonne voiture.

— Oui, Sire.

— Et on l'y fera monter seul : *seul*, entendez-vous? avec beaucoup d'égards.

— Oui, Sire.

— Et ensuite?

— Ensuite, Votre Majesté entend qu'on l'amène à Berlin?

— Vous n'avez pas le sens commun aujourd'hui. J'entends qu'on le reconduise à Dresde, et de là à Prague, s'il le désire; et de là même à Vienne, si telle est son intention : le tout à mes frais. Puisque j'ai dérangé un homme si honorable de ses occupations, je dois le remettre où je l'ai pris sans qu'il lui en coûte rien. Mais je ne veux pas qu'il pose le pied dans mes États. Il a trop d'esprit pour nous.

— Qu'ordonne Votre Majesté à l'égard de la cantatrice ?

— On la conduira sous escorte, bon gré mal gré, à Sans-Souci, et on lui donnera un appartement dans le château.

— Dans le château, Sire ?

— Eh bien ! êtes-vous devenu sourd ? L'appartement de la Barberini !

— Et la Barberini, Sire, qu'en ferons-nous ?

— La Barberini n'est plus à Berlin. Elle est partie. Vous ne le saviez pas ?

— Non, Sire.

— Que savez-vous donc ? Et dès que cette fille sera arrivée, on m'avertira, à quelque heure que ce soit du jour ou de la nuit. Vous m'avez entendu ? Ce sont là les premiers ordres que vous allez faire inscrire sur le registre numéro 4 du commis de ma chatouille : le dédommagement à Karl ; le renvoi du Porpora ; la succession des honneurs et des profits de la Barberini à la Porporina. Nous voici aux portes de la ville. Reprends ta bonne humeur, Buddenbrock, et tâche d'être un peu moins bête quand il me prendra fantaisie de voyager incognito avec toi. »

CIII.

Le Porpora et Consuelo arrivèrent à Prague par un froid assez piquant, à la première heure de la nuit. La lune éclairait cette vieille cité, qui avait conservé dans son aspect le caractère religieux et guerrier de son histoire.

Nos voyageurs y entrèrent par la porte appelée Rosthor, et, traversant la partie qui est sur la rive droite de la Moldaw, ils arrivèrent sans encombre jusqu'à la moitié du pont. Mais là, une forte secousse fut imprimée à la voiture, qui s'arrêta court.

« Jésus Dieu! cria le postillon, mon cheval qui s'abat devant la statue! mauvais présage! que saint Jean Népomuck nous assiste!

Consuelo, voyant que le cheval de brancard était embarrassé dans les traits, et que le postillon en aurait pour quelque temps à le relever et à rajuster son harnais, dont plusieurs courroies s'étaient rompues dans la chute, proposa à son maître de mettre pied à terre, afin de se réchauffer par un peu de mouvement. Le maestro y ayant consenti, Consuelo s'approcha du parapet pour examiner le lieu où elle se trouvait. De cet endroit, les deux villes distinctes qui composent Prague, l'une appelée *la nouvelle*, qui fut bâtie par l'empereur Charles IV, en 1348; l'autre, qui remonte à la plus haute antiquité, toutes deux construites en amphithéâtre, semblaient deux noires montagnes de pierres d'où s'élançaient çà et là, sur les points culminants, les flèches élancées des antiques édifices et les sombres dentelures des fortifications. La Moldaw s'engouffrait obscure et rapide sous ce pont d'un style si sévère, théâtre de tant d'événements tragiques dans l'histoire de la Bohême; et le reflet de la lune, en y traçant de pâles éclairs, blanchissait la tête de la statue révérée. Consuelo regarda cette figure du saint docteur, qui semblait contempler mélancoliquement les flots. La légende de saint Népomuck est belle, et son nom vénérable à quiconque estime l'indépendance et la loyauté. Confesseur de l'impératrice Jeanne, il refusa de trahir le secret de sa confession, et l'ivrogne Wenceslas, qui voulait savoir les pensées de sa femme, n'ayant pu rien arracher à l'illustre docteur, le fit noyer sous le pont de Prague. La tradition rapporte qu'au moment où il disparut sous les ondes, cinq étoiles brillèrent sur le gouffre à peine refermé, comme si le martyr eût laissé un instant flotter sa couronne sur les eaux. En mémoire de ce miracle, cinq étoiles de métal ont été incrustées sur la pierre de la balustrade, à l'endroit même où Népomuck fut précipité.

La Rosmunda, qui était fort dévote, avait gardé un tendre souvenir à la légende de Jean Népomuck; et, dans l'énumération des saints que chaque soir elle faisait invoquer par la bouche pure de son enfant, elle n'avait jamais oublié celui-là, le patron spécial des voyageurs, des gens en péril, et, par-dessus tout, *le garant de la bonne renommée.* Ainsi qu'on voit les pauvres rêver la richesse, la Zingara se faisait, sur ses vieux jours, un idéal de ce trésor qu'elle n'avait guère songé à amasser dans ses jeunes années. Par suite de cette réaction, Consuelo avait été élevée dans des idées d'une exquise pureté. Consuelo se rappela donc en cet instant la prière qu'elle adressait autrefois à l'apôtre de la sincérité; et, saisie par le spectacle des lieux témoins de sa fin tragique, elle s'agenouilla instinctivement parmi les dévots qui, à cette époque, faisaient encore, à chaque heure du jour et de la nuit, une cour assidue à l'image du saint. C'étaient de pauvres femmes, des pèlerins, de vieux mendiants, peut-être aussi quelques zingaris, enfants de la mandoline et propriétaires du grand chemin. Leur piété ne les absorbait pas au point qu'ils ne songeassent à lui tendre la main. Elle leur fit largement l'aumône, heureuse de se rappeler le temps où elle n'était ni mieux chaussée, ni plus fière que ces gens-là. Sa générosité les toucha tellement qu'ils se consultèrent à voix basse et chargèrent un d'entre eux de lui dire qu'ils allaient chanter un des anciens hymnes de l'office du bienheureux Népomuck, afin que le saint détournât le mauvais présage par suite duquel elle se trouvait arrêtée sur le pont. La musique et les paroles étaient, selon eux, du temps même de Wenceslas l'ivrogne :

> Suscipe quas dedimus, Johannes beate,
> Tibi preces supplices, noster advocate:
> Fieri, dum vivimus, ne sinas infames
> Et nostros post obitum cœlis infer manes.

Le Porpora, qui prit plaisir à les écouter, jugea que leur hymne n'avait guère plus d'un siècle de date; mais il en entendit un second qui lui sembla une malédiction adressée à Wenceslas par ses contemporains, et qui commençait ainsi :

> Sævus, piger imperator,
> Malorum clarus patrator, etc.

Quoique les crimes de Wenceslas ne fussent pas un événement de circonstance, il semblait que les pauvres Bohémiens prissent un éternel plaisir à maudire, dans la personne de ce tyran, ce titre abhorré d'*imperator*, qui était devenu pour eux synonyme d'étranger. Une sentinelle autrichienne gardait chacune des portes placées à l'extrémité du pont. Leur consigne les forçait à marcher sans cesse de chaque porte à la moitié de l'édifice; là elles se rencontraient devant la statue, se tournaient le dos et reprenaient leur impassible promenade. Elles entendaient les cantiques ; mais comme elles n'étaient pas aussi versées dans le latin d'église que les dévots pragois, elles s'imaginaient sans doute écouter un cantique à la louange de François de Lorraine, l'époux de Marie-Thérèse.

En recueillant ces chants naïfs au clair de la lune, dans un des sites les plus poétiques du monde, Consuelo se sentit pénétrée de mélancolie. Son voyage avait été heureux et enjoué jusque là ; et, par une réaction assez naturelle, elle tomba tout d'un coup dans la tristesse. Le postillon, qui rajustait son équipage avec une lenteur germanique, ne cessait de répéter à chaque exclamation de mécontentement : « Voilà un mauvais présage ! » si bien que l'imagination de Consuelo finit par s'en ressentir. Toute émotion pénible, toute rêverie prolongée ramenait en elle le souvenir d'Albert. Elle se rappela en cet instant qu'Albert, entendant un soir la chanoinesse invoquer tout haut, dans sa prière, saint Népomuck le gardien de la bonne réputation, lui avait dit : « C'est fort bien pour vous, ma tante, qui avez pris la précaution d'assurer la vôtre par une vie exemplaire ; mais j'ai vu souvent des âmes souillées de vices appeler à leur aide les miracles de ce saint, afin de pouvoir mieux cacher aux hommes leurs secrètes iniquités. C'est ainsi que vos pratiques dévotes servent aussi souvent de manteau à l'hypocrisie grossière que de secours à l'innocence. » En cet instant, Consuelo s'imagina entendre la voix d'Albert résonner à son oreille dans la brise du soir et dans l'onde sinistre de la Moldaw. Elle se demanda ce qu'il penserait d'elle, lui qui la croyait déjà pervertie peut-être, s'il la voyait prosternée devant cette image catholique ; et elle se relevait comme effrayée, lorsque le Porpora lui dit :

« Allons, remontons en voiture, tout est réparé.

Elle le suivit et s'apprêtait à entrer dans la voiture, lorsqu'un cavalier, lourdement monté sur un cheval plus lourd encore, s'arrêta court, mit pied à terre et s'approcha d'elle pour la regarder avec une curiosité tranquille qui lui parut fort impertinente.

« Que faites-vous là, Monsieur ? dit le Porpora en le repoussant ; on ne regarde pas les dames de si près. Ce peut être l'usage à Prague, mais je ne suis pas disposé à m'y soumettre. »

Le gros homme sortit le menton de ses fourrures; et, tenant toujours son cheval par la bride, il répondit au Porpora en bohémien, sans s'apercevoir que celui-ci ne le comprenait pas du tout; mais Consuelo, frappée de la voix de ce personnage, et se penchant pour regarder ses traits au clair de la lune, s'écria, en passant entre lui et le Porpora : « Est-ce donc vous, monsieur le baron de Rudolstadt?

— Oui, c'est moi, Signora! répondit le baron Frédéric; c'est moi, le frère de Christian, l'oncle d'Albert; oh! c'est bien moi. Et c'est bien vous aussi! » ajouta-t-il en poussant un profond soupir.

Consuelo fut frappée de son air triste et de la froideur de son accueil. Lui qui s'était toujours piqué avec elle d'une galanterie chevaleresque, il ne lui baisa pas la main, il ne songea même pas à toucher son bonnet fourré pour la saluer; il se contenta de répéter en la regardant d'un air consterné, pour ne pas dire hébété : « C'est bien vous! en vérité, c'est vous! »

— Donnez-moi des nouvelles de Riesenburg, dit Consuelo avec agitation.

— Je vous en donnerai, Signora! Il me tarde de vous en donner.

— Eh bien! monsieur le baron, dites; parlez-moi du comte Christian, de madame la chanoinesse et de...

— Oh oui! je vous en parlerai, répondit Frédéric, qui était de plus en plus stupéfait et comme abruti.

— Et le comte Albert? reprit Consuelo, effrayée de sa contenance et de sa physionomie.

— Oui, oui! Albert, hélas! oui! répondit le baron, je veux vous en parler. »

Mais il n'en parla point; et à travers toutes les questions de la jeune fille, il resta presque aussi muet et immobile que la statue de Népomuck.

Le Porpora commençait à s'impatienter : il avait froid ; il lui tardait d'arriver à un bon gîte. En outre, cette rencontre, qui pouvait faire une grande impression sur Consuelo, le contrariait passablement.

— Monsieur le baron, lui dit-il, nous aurons l'honneur d'aller demain vous présenter nos devoirs ; mais souffrez que maintenant nous allions souper et nous réchauffer... Nous avons plus besoin de cela que de compliments, ajouta-t-il entre ses dents, en sautant dans la voiture, où il venait de pousser Consuelo, bon gré mal gré.

— Mais, mon ami, dit celle-ci avec anxiété, laissez-moi m'informer...

— Laissez-moi tranquille, répondit-il brusquement. Cet homme est idiot, s'il n'est pas ivre-mort ; et nous passerions bien la nuit sur le pont sans qu'il pût accoucher d'une parole de bon sens. »

Consuelo était en proie à une affreuse inquiétude :

« Vous êtes impitoyable, lui dit-elle tandis que la voiture franchissait le pont et entrait dans l'ancienne ville. Un instant de plus, et j'allais apprendre ce qui m'intéresse plus que tout au monde...

— Ouais ! en sommes-nous encore là ? dit le maestro avec humeur. Cet Albert te trottera-t-il éternellement dans la cervelle ? Tu aurais eu là une jolie famille, bien enjouée, bien élevée, à en juger par ce gros butor, qui a son bonnet cacheté sur sa tête, apparemment ! car il ne t'a pas fait la grâce de le soulever en te voyant.

— C'est une famille dont vous pensiez naguère tant de bien, que vous m'y avez jetée comme dans un port de salut, en me recommandant d'être tout respect, tout amour pour ceux qui la composent.

— Quant au dernier point, tu m'as trop bien obéi, à ce que je vois. »

Consuelo allait répliquer ; mais elle se calma en voyant le baron à cheval, déterminé, en apparence, à suivre la voiture ; et lorsqu'elle en descendit, elle trouva le vieux seigneur à la portière, lui offrant la main, et lui faisant avec politesse les honneurs de sa maison ; car c'était chez lui et non à l'auberge qu'il avait donné ordre au postillon de la conduire. Le Porpora voulut en vain refuser son hospitalité : il insista, et Consuelo, qui brûlait d'éclaircir ses tristes appréhensions, se hâta d'accepter et d'entrer avec lui dans la salle, où un grand feu et un bon souper les attendaient.

« Vous voyez, Signora, dit le baron en lui faisant remarquer trois couverts, je comptais sur vous.

— Cela m'étonne beaucoup, répondit Consuelo ; nous n'avons annoncé ici notre arrivée à personne, et nous comptions même, il y a deux jours, n'y arriver qu'après-demain.

— Tout cela ne vous étonne pas plus que moi, dit le baron d'un air abattu.

— Mais la baronne Amélie ? demanda Consuelo, honteuse de n'avoir pas encore songé à son ancienne élève. »

Un nuage couvrit le front du baron de Rudolstadt : son teint vermeil, violacé par le froid, devint tout à coup si blême, que Consuelo en fut épouvantée ; mais il répondit avec une sorte de calme :

« Ma fille est en Saxe, chez une de nos parentes. Elle aura bien du regret de ne pas vous avoir vue.

— Et les autres personnes de votre famille, monsieur le baron, reprit Consuelo, ne puis-je savoir....

— Oui, vous saurez tout, répondit Frédéric, vous saurez tout. Mangez, signora ; vous devez en avoir besoin.

— Je ne puis manger si vous ne me tirez d'inquiétude. Monsieur le baron, au nom du ciel, n'avez-vous pas à déplorer la perte d'aucun des vôtres ?

— Personne n'est mort, » répondit le baron d'un ton aussi lugubre que s'il eût annoncé l'extinction de sa famille entière.

Et il se mit à découper les viandes avec une lenteur aussi solennelle qu'il le faisait à Riesenburg. Consuelo n'eut plus le courage de le questionner. Le souper lui parut mortellement long. Le Porpora, qui était moins inquiet qu'affamé, s'efforça de causer avec son hôte. Celui-ci s'efforça, de son côté, de lui répondre obligeamment, et même de l'interroger sur ses affaires et ses projets ; mais cette liberté d'esprit était évidemment au-dessus de ses forces. Il ne répondait jamais à propos, ou il renouvelait ses questions un instant après en avoir reçu la réponse. Il se taillait toujours de larges portions, et faisait remplir copieusement son assiette et son verre ; mais c'était un effet de l'habitude : il ne mangeait ni ne buvait ; et, laissant tomber sa fourchette par terre et ses regards sur la nappe, il succombait à un affaissement déplorable. Consuelo l'examinait, et voyait bien qu'il n'était pas ivre. Elle se demandait si cette décadence subite était l'ouvrage du malheur, de la maladie ou de la vieillesse. Enfin, après deux heures de ce supplice, le baron, voyant le repas terminé, fit signe à ses gens de se retirer ; et, après avoir longtemps cherché dans ses poches d'un air égaré, il en sortit une lettre ouverte, qu'il présenta à Consuelo. Elle était de la chanoinesse, et contenait ce qui suit :

« Nous sommes perdus ; plus d'espoir, mon frère ! Le docteur Supperville est enfin arrivé de Bareith ; et, après nous avoir ménagés pendant quelques jours, il m'a déclaré qu'il fallait mettre ordre aux affaires de la famille, parce que, dans huit jours peut-être, Albert n'existerait plus. Christian, à qui je n'ai pas la force de prononcer cet arrêt, se flatte encore, mais faiblement ; car son abattement m'épouvante, et je ne sais pas si la perte de mon neveu est le seul coup qui me menace. Frédéric, nous sommes perdus ! survivrons-nous tous deux à de tels désastres ? Pour moi, je n'en sais rien. Que la volonté de Dieu soit faite ! Voilà tout ce que je puis dire ; mais je ne sens pas en moi la force de n'y pas succomber. Venez à nous, mon frère, et tâchez de nous apporter du courage, s'il a pu vous en rester après votre propre malheur, malheur qui est aussi le nôtre, et qui met le comble aux infortunes d'une famille qu'on dirait maudite ! Quels crimes avons-nous donc commis pour mériter de telles expiations ? Que Dieu me préserve de manquer de foi et de soumission ; mais, en vérité, il y a des instants où je me dis que c'en est trop.

« Venez, mon frère, nous vous attendons, nous avons besoin de vous ; et cependant ne quittez pas Prague avant le 11. J'ai à vous charger d'une étrange commission ; je crois devenir folle en m'y prêtant ; mais je ne comprends plus rien à notre existence, et je me conforme aveuglément aux volontés d'Albert. Le 11 courant, à sept heures du soir, trouvez-vous sur le pont de Prague, au pied de la statue. La première voiture qui passera, vous l'arrêterez ; la première personne que vous y verrez, vous l'emmènerez chez vous ; et si elle peut partir pour Riesenburg le soir même, Albert sera peut-être sauvé. Du moins il dit qu'il se rattachera à la vie éternelle, et j'ignore ce qu'il entend par là. Mais les révélations qu'il a eues, depuis huit jours, des événements les plus imprévus pour nous tous, ont été réalisées d'une façon si incompréhensible, qu'il ne m'est plus permis d'en douter : il a le don de prophétie ou le sens de la vue des choses cachées. Il m'a appelée ce soir auprès de son lit, et de cette voix éteinte qu'il a maintenant, et qu'il faut deviner plus qu'on ne peut l'entendre, il m'a dit de vous transmettre les paroles que je vous ai fidèlement rapportées. Soyez donc à sept heures, le 11, au pied de la statue, et, quelle que soit la personne qui s'y trouvera en voiture, amenez-la ici en toute hâte. »

En achevant cette lettre, Consuelo, devenue aussi pâle que le baron, se leva brusquement ; puis elle retomba sur sa chaise, et resta quelques instants les bras raidis et les dents serrées. Mais elle reprit aussitôt ses forces, se leva de nouveau, et dit au baron qui était retombé dans sa stupeur :

« Eh bien ! monsieur le baron, votre voiture est-elle prête ? Je le suis, moi ; partons. »

Le baron se leva machinalement et sortit. Il avait eu la force de songer à tout d'avance ; la voiture était préparée, les chevaux attendaient dans la cour ; mais il n'obéissait plus que comme un automate à la pression d'un ressort, et, sans Consuelo, il n'aurait plus pensé au départ.

A peine fut-il hors de la chambre, que le Porpora saisit la lettre et la parcourut rapidement. A son tour il devint pâle, ne put articuler un mot, et se promena devant le poêle en proie à un affreux malaise. Le maestro avait à se reprocher ce qui arrivait. Il ne l'avait pas prévu, mais il se disait maintenant qu'il eût-dû le prévoir : et en proie au remords, à l'épouvante, sentant sa raison confondue d'ailleurs par la singulière puissance de divination qui avait révélé au malade le moyen de revoir Consuelo, il croyait faire un rêve affreux et bizarre.

Cependant, comme aucune organisation n'était plus positive que la sienne à certains égards, et aucune volonté plus tenace, il pensa bientôt à la possibilité et aux suites de cette brusque résolution que Consuelo venait de prendre. Il s'agita beaucoup, frappa son front avec ses mains et le plancher avec ses talons, fit craquer toutes ses phalanges, compta sur ses doigts, supputa, rêva, s'arma de courage, et, bravant l'explosion, dit à Consuelo en la secouant pour la ranimer :

« Tu veux aller là-bas, j'y consens.; mais je te suis. Tu veux voir Albert, tu vas peut-être lui donner le coup de grâce ; mais il n'y a pas moyen de reculer, nous partons. Nous pouvons disposer de deux jours. Nous devions les passer à Dresde ; nous ne nous y reposerons point. Si nous ne sommes pas à la frontière de Prusse le 18, nous manquons à nos engagements. Le théâtre ouvre le 25 ; si tu n'es pas prête, je suis condamné à payer un dédit considérable. Je ne possède pas la moitié de la somme nécessaire, et, en Prusse, qui ne paie pas va en prison. Une fois en prison, on vous oublie ; on vous laisse dix ans, vingt ans ; vous y mourrez de chagrin ou de vieillesse, à volonté. Voilà le sort qui m'attend si tu oublies qu'il faut quitter Riesenburg le 14 à cinq heures du matin au plus tard.

— Soyez tranquille, mon maître, répondit Consuelo avec l'énergie de la résolution ; j'avais déjà songé à tout cela. Ne me faites pas souffrir à Riesenburg, voilà tout ce que je vous demande. Nous en partirons le 14 à cinq heures du matin.

— Il faut le jurer.

— Je le jure ! répondit-elle en haussant les épaules d'impatience. Quand il s'agit de votre liberté et de votre vie, je ne conçois pas que vous ayez besoin d'un serment de ma part. »

Le baron rentra en cet instant, suivi d'un vieux domestique dévoué et intelligent, qui l'enveloppa comme un enfant de sa pelisse fourrée, et le traîna dans sa voiture.

On gagna rapidement Beraum et on atteignit Pilsen au lever du jour.

CIV.

De Pilsen à Tauss, quoiqu'on marchât aussi vite que possible, il fallut perdre beaucoup de temps dans des chemins affreux, à travers des forêts presque impraticables et assez mal fréquentées, dont le passage n'était pas sans danger de plus d'une sorte. Enfin, après avoir fait un peu plus d'une lieue par heure, on arriva vers minuit au château des Géants. Jamais Consuelo ne fit de voyage plus fatigant et plus lugubre. Le baron de Rudolstadt semblait près de tomber en paralysie, tant il était devenu indolent et podagre. Il n'y avait pas un an que Consuelo l'avait vu robuste comme un athlète; mais ce corps de fer n'était point animé d'une forte volonté. Il n'avait jamais obéi qu'à des instincts, et au premier coup d'un malheur inattendu il était brisé. La pitié qu'il inspirait à Consuelo augmentait ses inquiétudes. « Est-ce donc ainsi que je vais retrouver tous les hôtes de Riesenburg? » pensait-elle.

Le pont était baissé, les grilles ouvertes, les serviteurs attendaient dans la cour avec des flambeaux. Aucun des trois voyageurs ne songea à en faire la remarque; aucun ne se sentit la force d'adresser une question aux domestiques. Le Porpora, voyant que le baron se traînait avec peine, le prit par le bras pour l'aider à marcher, tandis que Consuelo s'élançait vers le perron et en franchissait rapidement les degrés.

Elle y trouva la chanoinesse, qui, sans perdre de temps à lui faire accueil, lui saisit le bras en lui disant :

« Venez, le temps presse; Albert s'impatiente. Il a

compté les heures et les minutes exactement; il a annoncé que vous entriez dans la cour, et une seconde après nous avons entendu le roulement de votre voiture. Il ne doutait pas de votre arrivée, mais il a dit que si quelque accident vous retardait, il ne serait plus temps. Venez, Signora, et, au nom du ciel, ne résistez à aucune de ses idées, ne contrariez aucun de ses sentiments. Promettez-lui tout ce qu'il vous demandera, feignez de l'aimer. Mentez, hélas! s'il le faut. Albert est condamné! il touche à sa dernière heure. Tâchez d'adoucir son agonie; c'est tout ce que nous vous demandons. »

En parlant ainsi, Wenceslawa entraînait Consuelo vers le grand salon.

« Il est donc levé? Il ne garde donc pas la chambre? demanda Consuelo à la hâte.

— Il ne se lève plus, car il ne se couche plus, répondit la chanoinesse. Depuis trente jours, il est assis sur un fauteuil, dans le salon, et il ne veut pas qu'on le dérange pour le transporter ailleurs. Le médecin déclare qu'il ne faut pas le contrarier à cet égard, parce qu'on le ferait mourir en le remuant. Signora, prenez courage; car vous allez voir un effrayant spectacle! »

La chanoinesse ouvrit la porte du salon, en ajoutant :

« Courez à lui, ne craignez pas de le surprendre. Il vous attend, il vous a vue venir de plus de deux lieues. »

Consuelo s'élança vers son pâle fiancé, qui était effectivement assis dans un grand fauteuil, auprès de la cheminée. Ce n'était plus un homme, c'était un spectre. Sa figure, toujours belle malgré les ravages de la maladie, avait contracté l'immobilité d'un visage de marbre. Il n'y eut pas un sourire sur ses lèvres, pas un éclair de joie dans ses yeux. Le médecin, qui tenait son bras et consultait son pouls, comme dans la scène de Stratonice, le laissa retomber doucement, et regarda la chanoinesse d'un air qui signifiait : « Il est trop tard. ». Consuelo était à genoux près d'Albert, qui la regardait fixement et ne disait rien. Enfin, il réussit à faire, avec le doigt, un signe à la chanoinesse, qui avait appris à deviner toutes ses intentions. Elle prit ses deux bras, qu'il n'avait plus la force de soulever, et les posa sur les épaules de Consuelo ; puis elle pencha la tête de cette dernière sur le sein d'Albert ; et comme la voix du moribond était entièrement éteinte, il lui prononça ce peu de mots à l'oreille :

« Je suis heureux. »

Il tint pendant deux minutes la tête de sa bien-aimée contre sa poitrine et sa bouche collée sur ses cheveux noirs. Puis il regarda sa tante, et, par d'imperceptibles mouvements, il lui fit comprendre qu'il désirait qu'elle et son père donnassent le même baiser à sa fiancée.

« Oh! de toute mon âme! » dit la chanoinesse en la pressant dans ses bras avec effusion.

Puis elle la releva pour la conduire au comte Christian, que Consuelo n'avait pas encore remarqué.

Assis dans un autre fauteuil vis-à-vis de son fils, à l'autre angle de la cheminée, le vieux comte semblait presque aussi affaibli et aussi détruit. Il se levait encore pourtant et faisait quelques pas dans le salon ; mais il fallait chaque soir le porter à son lit, qu'il avait fait dresser dans une pièce voisine. Il tenait en cet instant la main de son frère dans une des siennes, et celle du Porpora dans l'autre. Il les quitta pour embrasser Consuelo avec ferveur à plusieurs reprises. L'aumônier du château vint à son tour la saluer pour faire plaisir à Albert. C'était un spectre aussi, malgré son embonpoint qui ne faisait qu'augmenter ; mais sa pâleur était livide. La mollesse d'une vie nonchalante l'avait trop énervé pour qu'il pût supporter la douleur des autres. La chanoinesse conservait de l'énergie pour tous. Sa figure était couperosée, ses yeux brillaient d'un éclat fébrile; Albert seul paraissait calme. Il avait la sérénité d'une belle mort sur le front, sa prostration physique n'avait rien qui ressemblât à l'abrutissement des facultés morales. Il était grave et non accablé comme son père et son oncle.

Au milieu de toutes ces organisations ravagées par la maladie ou la douleur, le calme et la santé du médecin faisaient contraste. Supperville était un Français autrefois attaché à Frédéric, lorsque celui-ci n'était que prince royal. Pressentant un des premiers le caractère despotique et ombrageux qu'il voyait couver dans le prince, il était venu se fixer à Bareith et s'y vouer au service de la margrave Sophie Wilhelmine de Prusse, sœur de Frédéric. Ambitieux et jaloux, Supperville avait toutes les qualités du courtisan; médecin assez médiocre, malgré la réputation qu'il avait acquise dans cette petite cour, il était homme du monde, observateur pénétrant et juge assez intelligent des causes morales de la maladie. Il avait beaucoup exhorté la chanoinesse à satisfaire tous les désirs de son neveu, et il avait espéré quelque chose du retour de celle pour qui Albert mourait. Mais il avait beau interroger son pouls et sa physionomie, depuis que Consuelo était arrivée, il se répétait qu'il n'était plus temps, et il songeait à s'en aller pour n'être pas témoin des scènes de désespoir qu'il n'était plus en son pouvoir de conjurer.

Il résolut pourtant de se mêler aux affaires positives de la famille, pour satisfaire, soit quelque prévision intéressée, soit son goût naturel pour l'intrigue; et, voyant que, dans cette famille consternée, personne ne songeait à mettre les moments à profit, il attira Consuelo dans l'embrasure d'une fenêtre pour lui parler tout bas, en français, ainsi qu'il suit :

« Mademoiselle, un médecin est un confesseur. J'ai donc appris bien vite ici le secret de la passion qui conduit ce jeune homme au tombeau. Comme médecin, habitué à approfondir les choses et à ne pas croire facilement aux perturbations des lois du monde physique, je vous déclare que je ne puis croire aux étranges visions et aux révélations extatiques du jeune comte. En ce qui vous concerne, du moins, je trouve fort simple de les attribuer à de secrètes communications qu'il a eues avec vous touchant votre voyage à Prague et votre prochaine arrivée ici. »

Et comme Consuelo faisait un geste négatif, il poursuivit : « Je ne vous interroge pas, Mademoiselle, et mes suppositions n'ont rien qui doive vous offenser. Vous devez bien plutôt m'accorder votre confiance, et me regarder comme entièrement dévoué à vos intérêts.

— Je ne vous comprends pas, Monsieur, répondit Consuelo avec une candeur qui ne convainquit point le médecin de cour.

— Vous allez me comprendre, Mademoiselle, reprit-il avec sang-froid. Les parents du jeune comte se sont opposés à votre mariage avec lui, de toutes leurs forces jusqu'à ce jour. Mais enfin, leur résistance est à bout. Albert va mourir, et sa volonté étant de vous laisser sa fortune, ils ne s'opposeront point à ce qu'une cérémonie religieuse vous l'assure à tout jamais.

— Eh ! que m'importe la fortune d'Albert ? dit Consuelo stupéfaite : qu'a cela de commun avec l'état où je le trouve ? Je ne viens pas ici pour m'occuper d'affaires, Monsieur ; je viens essayer de le sauver. Ne puis-je donc en conserver aucune espérance ?

— Aucune ! Cette maladie, toute mentale, est de

celles qui déjouent tous nos plans et résistent à tous les efforts de la science. Il y a un mois que le jeune comte, après une disparition de quinze jours, que personne ici n'a pu m'expliquer, est rentré dans sa famille atteint d'un mal subit et incurable. Toutes les fonctions de la vie étaient déjà suspendues. Depuis trente jours, il n'a pu avaler aucune espèce d'aliments; et c'est un de ces phénomènes dont l'organisation exceptionnelle des aliénés offre seule des exemples, de voir qu'il ait pu se soutenir jusqu'ici avec quelques gouttes d'eau par jour et quelques minutes de sommeil par nuit. Vous le voyez, toutes les forces vitales sont épuisées en lui. Encore deux jours, tout au plus, et il aura cessé de souffrir. Armez-vous donc de courage : ne perdez pas la tête. Je suis là pour vous seconder et pour frapper les grands coups.

Consuelo regardait toujours le docteur avec étonnement, lorsque la chanoinesse, avertie par un signe du malade, vint interrompre ce dernier pour l'amener auprès d'Albert.

Albert, l'ayant fait approcher, lui parla dans l'oreille plus longtemps que son état de faiblesse ne semblait pouvoir le permettre. Supperville rougit et pâlit; la chanoinesse, qui les observait avec anxiété, brûlait d'apprendre quel désir Albert lui exprimait.

« Docteur, disait Albert, tout ce que vous venez de dire à cette jeune fille, je l'ai entendu. (Supperville, qui avait parlé au bout du grand salon, aussi bas que son malade lui parlait en cet instant, se troubla, et ses idées positives sur l'impossibilité des facultés extatiques furent tellement bouleversées qu'il crut devenir fou.) Docteur, continua le moribond, vous ne comprenez rien à cette âme-là, et vous nuisez à mon dessein en alarmant sa délicatesse. Elle n'entend rien à vos idées sur l'argent. Elle n'a jamais voulu de mon titre ni de ma fortune; elle n'avait pas d'amour pour moi. Elle ne cédera qu'à la pitié. Parlez à son cœur. Je suis plus près de ma fin que vous ne croyez. Ne perdez pas de temps. Je ne puis pas revivre heureux si je n'emporte dans la nuit du repos le titre de son époux.

— Mais qu'entendez-vous par ces dernières paroles? dit Supperville, occupé en cet instant à analyser la folie de son malade.

— Vous ne pouvez pas les comprendre, reprit Albert avec effort, mais elle les comprendra. Bornez-vous à les lui redire fidèlement.

— Tenez, monsieur le comte, dit Supperville en élevant un peu la voix, je vois que je ne puis être un interprète lucide de vos pensées; vous avez la force de parler maintenant plus que vous ne l'avez fait depuis huit jours, et j'en conçois un favorable augure. Parlez vous-même à mademoiselle; un mot de vous la convaincra mieux que tous mes discours. La voici près de vous; qu'elle prenne ma place, et vous entende. »

Supperville ne comprenant plus rien, en effet, à ce qu'il avait cru comprendre, et pensant d'ailleurs qu'il en avait dit assez à Consuelo pour s'assurer de sa reconnaissance au cas où elle viserait à la fortune, se retira après qu'Albert lui eut dit encore :

« Songez à ce que vous m'avez promis; le moment est venu : parlez à mes parents. Faites qu'ils consentent et qu'ils n'hésitent pas. Je vous dis que le temps presse. »

Albert était si fatigué de l'effort qu'il venait de faire qu'il appuya son front sur celui de Consuelo lorsqu'elle s'approcha de lui, et s'y reposa quelques instants comme près d'expirer. Ses lèvres blanches devinrent bleuâtres, et le Porpora, effrayé, crut qu'il venait de rendre le dernier soupir. Pendant ce temps, Supperville avait réuni le comte Christian, le baron, la chanoinesse et le chapelain à l'autre bout de la cheminée, et il leur parlait avec feu. Le chapelain fit seul une objection timide en apparence, mais qui résumait toute la persistance du prêtre.

« Si Vos Seigneuries l'exigent, dit-il, je prêterai mon ministère à ce mariage; mais le comte Albert n'étant pas en état de grâce, il faudrait premièrement que, par la confession et l'extrême-onction, il fît sa paix avec l'Église.

— L'extrême-onction! dit la chanoinesse avec un gémissement étouffé : en sommes-nous là, grand Dieu?

— Nous en sommes là, en effet, répondit Supperville qui, homme du monde et philosophe voltairien, détestait la figure et les objections de l'aumônier : oui, nous en sommes là sans rémission, si monsieur le chapelain insiste sur ce point, et s'obstine à tourmenter le malade par l'appareil sinistre de la dernière cérémonie.

— Et croyez-vous, dit le comte Christian, partagé entre sa dévotion et sa tendresse paternelle, que l'appareil d'une cérémonie plus riante, plus conforme aux vœux de son esprit, puisse lui rendre la vie?

— Je ne réponds de rien, reprit Supperville, mais j'ose dire que j'en espère beaucoup. Votre Seigneurie avait consenti à ce mariage en d'autres temps...

— J'y ai toujours consenti, je ne m'y suis jamais opposé, dit le comte en élevant la voix à dessein; c'est maître Porpora, tuteur de cette jeune fille, qui m'a écrit de sa part qu'il n'y consentirait point, et qu'elle-même y avait déjà renoncé. Hélas! ç'a été le coup de la mort pour mon fils! ajouta-t-il en baissant la voix.

— Vous entendez ce que dit mon père? murmura Albert à l'oreille de Consuelo; mais n'ayez point de remords. J'ai cru à votre abandon, et je me suis laissé frapper par le désespoir; mais depuis huit jours j'ai recouvré ma raison, qu'ils appellent ma folie; j'ai lu dans les cœurs éloignés comme les autres lisent dans les lettres ouvertes. J'ai vu à la fois le passé, le présent et l'avenir. J'ai su enfin que tu avais été fidèle à ton serment, Consuelo; que tu avais fait ton possible pour m'aimer; que tu m'avais aimé véritablement durant quelques heures. Mais on nous a trompés tous deux. Pardonne à ton maître comme je lui pardonne! »

Consuelo regarda le Porpora, qui ne pouvait entendre les paroles d'Albert, mais qui, à celles du comte Christian, s'était troublé et marchait le long de la cheminée avec agitation. Elle le regarda d'un air de solennel reproche, et le maestro la comprit si bien qu'il se frappa la tête du poing avec une muette véhémence. Albert fit signe à Consuelo de l'attirer près de lui, et de l'aider lui-même à lui tendre la main. Le Porpora porta cette main glacée à ses lèvres et fondit en larmes. Sa conscience lui murmurait le reproche d'homicide; mais son repentir l'absolvait de son imprudence.

Albert fit encore signe qu'il voulait écouter ce que ses parents répondaient à Supperville, et il l'entendit, quoiqu'ils parlassent si bas que le Porpora et Consuelo, agenouillés près de lui, ne pouvaient en saisir un mot.

Le chapelain se débattait contre l'ironie amère du médecin; la chanoinesse cherchait par un mélange de superstition et de tolérance, de charité chrétienne et d'amour maternel, à concilier des idées inconciliables dans la doctrine catholique. Le débat ne roulait que sur une question de forme; à savoir que le chapelain ne croyait pas devoir administrer le sacrement du mariage à un hérétique, à moins qu'il ne promît tout au moins de faire acte de foi catholique aussitôt après. Supperville ne se gênait pas pour mentir et pour affirmer que le comte Albert lui avait promis de croire et de professer tout ce qu'on voudrait après la cérémonie. Le chapelain n'en était pas dupe. Enfin, le comte Christian, retrouvant un de ces moments de fermeté tranquille et de logique simple et humaine avec lesquelles, après bien des irrésolutions et des faiblesses, il avait toujours tranché toutes les contestations domestiques, termina le différend.

« Monsieur le chapelain, dit-il, il n'y a point de loi ecclésiastique qui vous défende expressément de marier une catholique à un schismatique. L'Église tolère ces mariages. Prenez donc Consuelo pour orthodoxe et mon fils pour hérétique, et mariez-les sur l'heure. La confession et les fiançailles ne sont que de précepte, vous le savez, et certains cas d'urgence peuvent en dispenser. Il peut résulter de ce mariage une révolution favorable dans l'état d'Albert, et quand il sera guéri nous songerons à le convertir. »

Le chapelain n'avait jamais résisté à la volonté du vieux Christian ; c'était pour lui, dans les cas de conscience, un arbitre supérieur au pape. Il ne restait plus qu'à convaincre Consuelo. Albert seul y songea, et l'attirant près de lui, il réussit, sans le secours de personne, à enlacer de ses bras desséchés, devenus légers comme des roseaux, le cou de sa bien-aimée.

« Consuelo, lui dit-il, je lis dans ton âme, à cette heure ; tu voudrais donner ta vie pour ranimer la mienne : cela n'est plus possible ; mais tu peux, par un simple acte de ta volonté, sauver ma vie éternelle. Je vais te quitter pour un peu de temps, et puis je reviendrai sur la terre, par la manifestation d'une nouvelle naissance. J'y reviendrai maudit et désespéré, si tu m'abandonnes maintenant, à ma dernière heure. Tu sais, les crimes de Jean Ziska ne sont point assez expiés ; et toi seule, toi ma sœur Wanda, peux accomplir l'acte de ma purification en cette phase de ma vie. Nous sommes frères : pour devenir amants, il faut que la mort passe encore une fois entre. Mais nous devons être époux par le serment ; pour que je renaisse calme, fort et délivré, comme les autres hommes, de la mémoire de mes existences passées, qui fait mon supplice et mon châtiment depuis tant de siècles, consens à prononcer ce serment ; il ne te liera pas à moi en cette vie, que je vais quitter dans une heure, mais il nous réunira dans l'éternité. Ce sera un sceau qui nous aidera à nous reconnaître, quand les ombres de la mort auront effacé la clarté de nos souvenirs. Consens ! C'est une cérémonie catholique qui va s'accomplir, et que j'accepte, puisque c'est la seule qui puisse légitimer, dans l'esprit des hommes, la possession que nous prenons l'un de l'autre. Il me faut emporter cette sanction dans la tombe. Le mariage sans l'assentiment de la famille n'est point un mariage complet à mes yeux. La forme du serment m'importe peu d'ailleurs. Le nôtre sera indissoluble dans nos cœurs, comme il est sacré dans nos intentions. Consens !

— Je consens ! » s'écria Consuelo en pressant de ses lèvres le front morne et froid de son époux.

Cette parole fut entendue de tous. « Eh bien ! dit Supperville, hâtons-nous ! » et il poussa résolument le chanoine, qui appela les domestiques et se pressa de tout préparer pour la cérémonie. Le comte, un peu ranimé, vint s'asseoir à côté de son fils et de Consuelo. La bonne chanoinesse vint remercier cette dernière de sa condescendance, au point de se mettre à genoux devant elle et de lui baiser les mains. Le baron Frédéric pleurait silencieusement sans paraître comprendre ce qui se passait. En un clin d'œil, un autel fut dressé devant la cheminée du grand salon. Les domestiques furent congédiés ; ils crurent qu'il s'agissait seulement d'extrême-onction, et que l'état du malade exigeait qu'il y eût peu de bruit et de miasmes dans l'appartement. Le Porpora servit de témoin avec Supperville. Albert retrouva tout à coup assez de force pour prononcer le *oui* décisif et toutes les formules de l'engagement d'une voix claire et sonore. La famille conçut une vive espérance de guérison. A peine le chapelain eut-il récité sur la tête des nouveaux époux la dernière prière, qu'Albert se leva, s'élança dans les bras de son père, embrassa de même avec une précipitation et une force extraordinaire sa tante, son oncle et le Porpora; puis il se rassit sur son fauteuil, et pressa Consuelo contre sa poitrine, en s'écriant :

« Je suis sauvé! »

— C'est le dernier effort de la vie, c'est une convulsion finale, dit au Porpora Supperville, qui avait encore consulté plusieurs fois les traits et l'artère du malade, pendant la célébration du mariage.

En effet, les bras d'Albert s'entr'ouvrirent, se jetèrent en avant, et retombèrent sur ses genoux. Le vieux Cynabre, qui n'avait pas cessé de dormir à ses pieds durant toute sa maladie, releva la tête et fit entendre par trois fois un hurlement lamentable. Le regard d'Albert était fixé sur Consuelo ; sa bouche restait entr'ouverte comme pour lui parler ; une légère coloration avait animé ses joues : puis cette teinte particulière, cette ombre indéfinissable, indescriptible, qui passe lentement du front aux lèvres, s'étendit sur lui comme un voile blanc. Pendant une minute, sa face prit diverses expressions, toujours plus sérieuses de recueillement et de résignation, jusqu'à ce qu'elle se raffermit dans une expression définitive de calme auguste et de sévère placidité.

Le silence de terreur qui planait sur la famille attentive et palpitante fut interrompu par la voix du médecin,

qui prononça avec sa lugubre solennité ce mot sans
appel : « C'est la mort! »

CV.

Le comte Christian tomba comme foudroyé sur son
fauteuil; la chanoinesse, en proie à des sanglots convul-
sifs, se jeta sur Albert comme si elle eût espéré le
ranimer encore une fois par ses caresses; le baron Frédéric prononça quelques mots sans suite ni sens qui
avaient le caractère d'un égarement tranquille. Supperville s'approcha de Consuelo, dont l'énergique immobilité l'effrayait plus que la crise des autres :

« Ne vous occupez pas de moi, Monsieur, lui dit-elle,
ni vous non plus, mon ami, répondit-elle au Porpora,
qui portait sur elle toute sa sollicitude dans le premier
moment. Emmenez ces malheureux parents. Soignez-les,
ne songez qu'à eux; moi, je resterai ici. Les morts n'ont
besoin que de respect et de prières. »

Le comte et le baron se laissèrent emmener sans
résistance. La chanoinesse, roide et froide comme un
cadavre, fut emportée dans son appartement, où Supperville la suivit pour la secourir. Le Porpora, ne sachant
plus lui-même où il en était, sortit et se promena dans
les jardins comme un fou. Il étouffait. Sa sensibilité était
comme emprisonnée sous une cuirasse de sécheresse
plus apparente que réelle, mais dont il avait pris l'habitude physique. Les scènes de deuil et de terreur exal-
taient son imagination impressionnable, et il courut
longtemps au clair de la lune, poursuivi par des voix
sinistres qui lui chantaient aux oreilles un *Dies iræ*
effrayant.

Consuelo resta donc seule auprès d'Albert; car à peine
le chapelain eut-il commencé à réciter les prières de

l'office des morts, qu'il tomba en défaillance, et il fallut l'emporter à son tour. Le pauvre homme s'était obstiné à veiller Albert avec la chanoinesse durant toute sa maladie, et il était au bout de ses forces. La comtesse de Rudolstadt, agenouillée près du corps de son époux, tenant ses mains glacées dans les siennes, et la tête appuyée contre ce cœur qui ne battait plus, tomba dans un profond recueillement. Ce que Consuelo éprouva en cet instant suprême ne fut point précisément de la douleur. Du moins ce ne fut pas cette douleur de regret et de déchirement qui accompagne la perte des êtres nécessaires à notre bonheur de tous les instants. Son affection pour Albert n'avait pas eu ce caractère d'intimité, et sa mort ne creusait pas un vide apparent dans son existence. Le désespoir de perdre ce qu'on aime tient souvent à des causes secrètes d'amour de soi-même et de lâcheté en face des nouveaux devoirs que leur absence nous crée. Une partie de cette douleur est légitime, l'autre ne l'est pas et doit être combattue, quoiqu'elle soit aussi naturelle. Rien de tout cela ne pouvait se mêler à la tristesse solennelle de Consuelo. L'existence d'Albert était étrangère à la sienne en tous points, hormis un seul, le besoin d'admiration, de respect et de sympathie qu'il avait satisfait en elle. Elle avait accepté la vie sans lui, elle avait même renoncé à tout témoignage d'une affection que deux jours auparavant elle croyait encore avoir perdue. Il ne lui était resté que le besoin et le désir de rester fidèle à un souvenir sacré. Albert avait été déjà mort pour elle; il ne l'était guère plus maintenant, et peut-être l'était-il moins à certains égards; car enfin Consuelo, longtemps exaltée par le commerce de cette âme supérieure, en était venue depuis, dans ses méditations rêveuses, à adopter la croyance poétique d'Albert sur la transmission des âmes. Cette croyance avait trouvé une forte base dans sa haine instinctive pour l'idée des vengeances infernales de Dieu envers l'homme après la mort, et dans sa foi chrétienne à l'éternité de la vie de l'âme. Albert vivant, mais prévenu contre elle par les apparences, infidèle à l'amour ou rongé par le soupçon, lui était apparu comme enveloppé d'un voile et transporté dans une nouvelle existence, incomplète au prix de celle qu'il avait voulu consacrer à l'amour sublime et à l'inébranlable confiance. Albert, ramené à cette foi, à cet enthousiasme, et exhalant le dernier soupir sur son sein, était-il donc anéanti pour elle? Ne vivait-il pas de toute la plénitude de la vie en passant sous cet arc de triomphe d'une belle mort, qui conduit soit à un mystérieux repos temporaire, soit à un réveil immédiat dans un milieu plus pur et plus propice? Mourir en combattant sa propre faiblesse, et renaître doué de la force; mourir en pardonnant aux méchants, et renaître sous l'influence et l'égide des cœurs généreux; mourir déchiré de sincères remords, et renaître absous et purifié avec les innéités de la vertu, ne sont-ce point là d'assez divines récompenses? Consuelo, initiée par les enseignements d'Albert à ces doctrines qui avaient leur source dans le hussitisme de la vieille Bohême et dans les mystérieuses sectes des âges antérieurs (lesquelles se rattachaient à de sérieuses interprétations de la pensée même du Christ et à celle de ses devanciers); Consuelo, doucement, sinon savamment convaincue que l'âme de son époux ne s'était pas brusquement détachée de la sienne pour aller l'oublier dans les régions inaccessibles d'un empyrée fantastique, mêlait à cette notion nouvelle quelque chose des souvenirs superstitieux de son adolescence. Elle avait cru aux revenants comme y croient les enfants du peuple; elle avait vu plus d'une fois en rêve le spectre de sa mère s'approchant d'elle pour la protéger et la préserver.

C'était une manière de croire déjà à l'éternel hyménée des âmes des morts avec le monde des vivants; car cette superstition des peuples naïfs semble être restée de tout temps comme une protestation contre le départ absolu de l'essence humaine pour le ciel ou l'enfer des législateurs religieux.

Consuelo, attachée au sein de ce cadavre, ne s'imaginait donc pas qu'il était mort, et ne comprenait rien à l'horreur de ce mot, de ce spectacle et de cette idée. Il ne lui semblait pas que la vie intellectuelle pût s'évanouir si vite, et que ce cerveau, ce cœur à jamais privé de la puissance de se manifester, fût déjà éteint complétement.

« Non, pensait-elle, l'étincelle divine hésite peut-être encore à se perdre dans le sein de Dieu, qui va la reprendre pour la renvoyer à la vie universelle sous une nouvelle forme humaine. Il y a encore peut-être une sorte de vie mystérieuse, inconnue, dans ce sein à peine refroidi; et d'ailleurs, où que soit l'âme d'Albert, elle voit, elle comprend, elle sait ce qui se passe ici autour de sa dépouille. Elle cherche peut-être dans mon amour un aliment pour sa nouvelle activité, dans ma foi une force d'impulsion pour aller chercher en Dieu l'élan de la résurrection. »

Et, pénétrée de ces vagues pensées, elle continuait à aimer Albert, à lui ouvrir son âme, à lui donner son dévouement, à lui renouveler le serment de fidélité qu'elle venait de lui faire au nom de Dieu et de sa famille; enfin à le traiter dans ses idées et dans ses sentiments, non comme un mort qu'on pleure parce qu'on va s'en détacher, mais comme un vivant dont on respecte le repos en attendant qu'on lui sourie à son réveil.

Lorsque le Porpora retrouva sa raison, il se souvint avec effroi de la situation où il avait laissé sa pupille, et se hâta de la rejoindre. Il fut surpris de la trouver aussi calme que si elle eût veillé au chevet d'un ami. Il voulut lui parler et l'exhorter à aller prendre du repos.

« Ne dites pas de paroles inutiles devant cet ange endormi, lui répondit-elle. Allez vous reposer, mon bon maître; moi, je me repose ici.

— Tu veux donc te tuer? dit le Porpora avec une sorte de désespoir.

— Non, mon ami, je vivrai, répondit Consuelo; je remplirai tous mes devoirs envers *lui* et envers vous; mais je ne l'abandonnerai pas d'un instant cette nuit. »

Comme rien ne se faisait dans la maison sans l'ordre de la chanoinesse et qu'une frayeur superstitieuse régnait à propos d'Albert dans l'esprit de tous les domestiques, personne n'osa, durant toute cette nuit, approcher du salon où Consuelo resta seule avec Albert. Le Porpora et le médecin allaient et venaient de la chambre du comte à celle de la chanoinesse et à celle du chapelain. De temps en temps, ils revenaient informer Consuelo de l'état de ces infortunés et s'assurer du sien propre. Ils ne comprenaient rien à tant de courage.

Enfin aux approches du matin, tout fut tranquille. Un sommeil accablant vainquit toutes les forces de la douleur. Le médecin, écrasé de fatigue, alla se coucher; le Porpora s'assoupit sur une chaise, la tête appuyée sur le bord du lit du comte Christian. Consuelo seule n'éprouva pas le besoin d'oublier sa situation. Perdue dans ses pensées, tour à tour priant avec ferveur ou rêvant avec enthousiasme, elle n'eut pour compagnon assidu de sa veillée silencieuse que le triste Cynabre, qui, de temps en temps, regardait son maître, lui léchait la main, balayait avec sa queue la cendre de l'âtre, et, habitué à ne plus recevoir les caresses de sa main débile, se recouchait avec résignation, la tête allongée sur ses pieds inertes.

Quand le soleil, se levant derrière les arbres du jardin, vint jeter une clarté de pourpre sur le front d'Albert, Consuelo fut tirée de sa méditation par la chanoinesse. Le comte ne put sortir de son lit, mais le baron Frédéric vint machinalement prier, avec sa sœur et le chapelain, autour de l'autel, puis on parla de procéder à l'ensevelissement; et la chanoinesse, retrouvant des forces pour ces soins matériels, fit appeler ses femmes et le vieux Hanz. Ce fut alors que le médecin et le Porpora exigèrent que Consuelo allât prendre du repos, et elle s'y résigna, après avoir passé auprès du lit du comte Christian, qui la regarda sans paraître la voir. On ne pouvait dire s'il veillait ou s'il dormait; ses yeux étaient ouverts, sa respiration calme, sa figure sans expression.

Lorsque Consuelo se réveilla au bout de quelques heures, elle descendit au salon, et son cœur se serra affreusement en le trouvant désert. Albert avait été déposé sur un brancard de parade et porté dans la chapelle. Son fauteuil était vide à la même place où Consuelo l'avait vu la veille. C'était tout ce qui restait de lui en ce lieu qui avait été le centre de la vie de toute la famille pendant tant de jours amers. Son chien même n'était plus là; le soleil printanier ravivait ces tristes lambris, et les merles sifflaient dans le jardin avec une insolente gaieté.

Consuelo passa doucement dans la pièce voisine, dont la porte restait entr'ouverte. Le comte Christian était toujours couché, toujours insensible, en apparence, à la perte qu'il venait de faire. Sa sœur, reportant sur lui toute la sollicitude qu'elle avait eue pour Albert, le soignait avec vigilance. Le baron regardait brûler les bûches dans la cheminée d'un air hébété; seulement des larmes, qui tombaient silencieusement sur ses joues sans qu'il songeât à les essuyer, montraient qu'il n'avait pas eu le bonheur de perdre la mémoire.

Consuelo s'approcha de la chanoinesse pour lui baiser la main; mais cette main se retira d'elle avec une insurmontable aversion. La pauvre Wenceslawa voyait dans cette jeune fille le fléau et la destruction de son neveu. Elle avait eu horreur du projet de leur mariage dans les premiers temps, et s'y était opposée de tout son pouvoir; et puis, quand elle avait vu que, malgré l'absence, il était impossible d'y faire renoncer Albert, que sa santé, sa raison et sa vie en dépendaient, elle l'avait souhaité et hâté avec autant d'ardeur qu'elle y avait porté d'abord d'effroi et de répulsion. Le refus du Porpora, la passion exclusive qu'il n'avait pas craint d'attribuer à Consuelo pour le théâtre, enfin tous les officieux et funestes mensonges dont il avait rempli plusieurs lettres au comte Christian, sans jamais faire mention de celles que Consuelo avait écrites et qu'il avait supprimées, avaient causé au vieillard la plus vive douleur, à la chanoinesse la plus amère indignation. Elle avait pris Consuelo en haine et en mépris, lui pouvant pardonner, disait-elle, d'avoir égaré la raison d'Albert par ce fatal amour, mais ne pouvant l'absoudre de l'avoir impudemment trahi. Elle ignorait que le véritable meurtrier d'Albert était le Porpora. Consuelo, qui comprenait bien sa pensée, eût pu se justifier; mais elle aima mieux assumer sur elle tous les reproches, que d'accuser son maître et de lui faire perdre l'estime et l'affection de la famille. D'ailleurs, elle devinait de reste que si, la veille, Wenceslawa avait pu abjurer toutes ses répugnances et tous ses ressentiments par un effort d'amour maternel, elle devait les retrouver, maintenant que le sacrifice avait été inutilement accompli. Chaque regard de cette pauvre tante semblait lui dire : « Tu as fait périr notre enfant; tu n'as pas su lui rendre la vie; et maintenant, il ne nous reste que la honte de ton alliance. »

Cette muette déclaration de guerre hâta la résolution qu'elle avait déjà prise de consoler, autant que possible, la chanoinesse de ce dernier malheur.

« Puis-je implorer de Votre Seigneurie, lui dit-elle avec soumission, de me fixer l'heure d'un entretien particulier? Je dois partir demain avant le jour, et je ne puis m'éloigner d'ici sans vous faire connaître mes respectueuses intentions.

— Vos intentions! je les devine de reste, répondit la chanoinesse avec aigreur. Soyez tranquille, Mademoiselle; tout sera en règle, et les droits que la loi vous donne seront scrupuleusement respectés.

— Je vois qu'au contraire vous ne me comprenez nullement, Madame, reprit Consuelo; il me tarde donc beaucoup...

— Eh bien, puisqu'il faut que je boive encore ce calice, dit la chanoinesse en se levant, que ce soit donc tout de suite, pendant que je m'en sens encore le courage. Suivez-moi, Signora. Mon frère aîné paraît sommeiller en ce moment. M. Supperville, de qui j'ai obtenu encore une journée de soins pour lui, voudra bien me remplacer pour une demi-heure. »

Elle sonna, et fit demander le docteur; puis, se tournant vers le baron :

« Mon frère, lui dit-elle, vos soins sont inutiles, puisque Christian n'a pas encore recouvré le sentiment de ses infortunes. Peut-être cela n'arrivera-t-il point, heureusement pour lui, malheureusement pour nous! Peut-être cet accablement est-il le commencement de la mort. Je n'ai plus que vous au monde, mon frère; soignez votre santé, qui n'est que trop altérée par cette morne inaction où vous voilà tombé. Vous étiez habitué au grand air et à l'exercice : allez faire un tour de promenade, prenez un fusil : le veneur vous suivra avec ses chiens. Je sais bien que cela ne vous distraira pas de votre douleur; mais, au moins, vous en ressentirez un bien physique, j'en suis certaine. Faites-le pour moi, Frédéric : c'est l'ordre du médecin, c'est la prière de votre sœur; ne me refusez pas. C'est la plus grande consolation que vous puissiez me donner en ce moment, puisque la dernière espérance de ma triste vieillesse repose sur vous. »

Le baron hésita, et finit par céder. Ses domestiques l'emmenèrent, et il se laissa conduire dehors comme un enfant. Le docteur examina le comte Christian, qui ne donnait aucun signe de sensibilité, bien qu'il répondît à ses questions et parût reconnaître tout le monde d'un air de douceur et d'indifférence.

« La fièvre n'est pas très-forte, dit Supperville bas à la chanoinesse; si elle n'augmente pas ce soir, ce ne sera peut-être rien. »

Wenceslawa, un peu rassurée, lui confia la garde de son frère, et emmena Consuelo dans un vaste appartement, richement décoré à l'ancienne mode, où cette dernière n'était jamais entrée. Il y avait un grand lit de parade, dont les rideaux n'avaient pas été remués depuis plus de vingt ans. C'était celui où Wanda de Prachatitz, la mère du comte Albert, avait rendu le dernier soupir; et cette chambre était la sienne.

« C'est ici, dit la chanoinesse d'un air solennel, après avoir fermé la porte, que nous avons retrouvé Albert, il y a aujourd'hui trente-deux jours, après une disparition qui en avait duré quinze. Depuis ce moment-là, il n'y est plus entré; il n'a plus quitté le fauteuil où il est mort hier au soir. »

Les sèches paroles de ce bulletin nécrologique furent articulées d'un ton amer qui enfonça autant d'aiguilles dans le cœur de la pauvre Consuelo. La chanoinesse prit ensuite à sa ceinture son inséparable trousseau de clefs; marcha vers une grande crédence de chêne sculpté, et en ouvrit les deux battants. Consuelo y vit une montagne de joyaux ternis par le temps, d'une forme bizzarre, antiques pour la plupart, et enrichis de diamants et de pierres précieuses d'un prix considérable.

« Voilà, lui dit la chanoinesse, les bijoux de famille que possédait ma belle-sœur, femme du comte Christian, avant son mariage; voici, plus loin, ceux de ma grand'-mère, dont mes frères et moi lui avons fait présent; voici, enfin, ceux que son époux lui avait achetés. Tout ceci appartenait à son fils Albert, et vous appartient désormais, comme à sa veuve. Emportez-les, et ne craignez pas que personne ici vous dispute ces richesses, auxquelles nous ne tenons point, et dont nous n'avons plus que faire. Quant aux titres de propriété de l'héritage maternel de mon neveu, ils seront remis entre vos mains dans une heure. Tout est en règle, comme je vous l'ai dit, et quant à ceux de son héritage paternel, vous n'aurez peut-être pas, hélas, longtemps à les attendre. Telles étaient les dernières volontés d'Albert. Ma parole lui a semblé valoir un testament.

— Madame, répondit Consuelo en refermant la crédence avec un mouvement de dégoût, j'aurais déchiré le testament, et je vous prie de reprendre votre parole. Je n'ai pas plus besoin que vous de toutes ces richesses. Il me semble que ma vie serait à jamais souillée par leur possession. Si Albert me les a léguées, c'est sans doute avec la pensée que, conformément à ses sentiments et à ses habitudes, je les distribuerais aux pauvres. Je serais un mauvais dispensateur de ces nobles aumônes ; je n'ai ni l'esprit d'administration ni la science nécessaire pour en faire une répartition vraiment utile. C'est à vous, Madame, qui joignez à ces qualités une âme chrétienne aussi généreuse que celle d'Albert, qu'il appartient de faire servir cette succession aux œuvres de charité. Je vous cède tous mes droits, s'il est vrai que j'en aie, ce que j'ignore et veux toujours ignorer. Je ne réclame de votre bonté qu'une grâce : celle de ne jamais faire à ma fierté l'outrage de renouveler de pareilles offres. »

La chanoinesse changea de visage. Forcée à l'estime, mais ne pouvant se résoudre à l'admiration, elle essaya d'insister.

« Que voulez-vous donc faire ? dit-elle en regardant fixement Consuelo ; vous n'avez pas de fortune ?

— Je vous demande pardon, Madame, je suis assez riche. J'ai des goûts simples et l'amour du travail.

— Ainsi, vous comptez reprendre... ce que vous appelez votre travail ?

— J'y suis forcée, Madame, et par des raisons où ma conscience n'a point à balancer, malgré l'abattement où je me sens plongée.

— Et vous ne voulez pas soutenir autrement votre nouveau rang dans le monde ?

— Quel rang, Madame ?

— Celui qui convient à la veuve d'Albert.

— Je n'oublierai jamais, Madame, que je suis la veuve du noble Albert, et ma conduite sera digne de l'époux que j'ai perdu.

— Et cependant la comtesse de Rudolstadt va remonter sur les tréteaux !

— Il n'y a point d'autre comtesse de Rudolstadt que vous, madame la chanoinesse, et il n'y en aura jamais d'autre après vous, que la baronne Amélie, votre nièce.

— Est-ce par dérision que vous me parlez d'elle, Signora? s'écria la chanoinesse, sur qui le nom d'Amélie parut faire l'effet d'une brûlure.

— Pourquoi cette demande, Madame? reprit Consuelo avec un étonnement dont la candeur ne pouvait laisser de doute dans l'esprit de Wenceslawa; au nom du ciel, dites-moi pourquoi je n'ai pas vu ici la jeune baronne! Serait-elle morte aussi, mon Dieu?

— Non, dit la chanoinesse avec amertume. Plût au ciel qu'elle le fût! Ne parlons point d'elle; il n'en est pas question.

— Je suis forcée pourtant, Madame, de vous rappeler ce à quoi je n'avais pas encore songé. C'est qu'elle est l'héritière unique et légitime des biens et des titres de votre famille. Voilà ce qui doit mettre votre conscience en repos sur le dépôt qu'Albert vous a confié, puisque les lois ne vous permettent pas d'en disposer en ma faveur.

— Rien ne peut vous ôter vos droits à un douaire et à un titre que la dernière volonté d'Albert ont mis à votre disposition.

— Rien ne peut donc m'empêcher d'y renoncer, et j'y renonce. Albert savait bien que je ne voulais être ni riche, ni comtesse.

— Mais le monde ne vous autorise pas à y renoncer.

— Le monde, Madame! eh bien, voilà justement ce dont je voulais vous parler. Le monde ne comprendrait pas l'affection d'Albert ni la condescendance de sa famille pour une pauvre fille comme moi. Il en ferait un reproche à sa mémoire et une tache à votre vie. Il m'en ferait à moi un ridicule et peut-être une honte; car, je le répète, le monde ne comprendrait rien à ce qui s'est passé ici entre nous. Le monde doit donc à jamais l'ignorer, Madame, comme vos domestiques l'ignorent; car mon maître et M. le docteur, seuls confidents, seuls témoins étrangers de ce mariage secret, ne sont pas encore divulgué et ne le divulgueront pas. Je vous réponds du premier, vous pouvez et vous devez vous assurer de la discrétion de l'autre. Vivez donc en repos sur ce point, Madame. Il ne tiendra qu'à vous d'emporter ce secret dans la tombe, et jamais, par mon fait, la baronne Amélie ne soupçonnera que j'ai l'honneur d'être sa cousine. Oubliez donc la dernière heure du comte Albert; c'est à moi de m'en souvenir pour le bénir et pour me taire. Vous avez assez de larmes à répandre sans que j'y ajoute le chagrin et la mortification de vous rappeler jamais mon existence, en tant que veuve de votre admirable enfant!

— Consuelo! ma fille! s'écria la chanoinesse en sanglotant, restez avec nous! Vous avez une grande âme et un grand esprit! Ne nous quittez plus.

— Ce serait le vœu de ce cœur qui vous est tout dévoué, répondit Consuelo en recevant ses caresses avec effusion; mais je ne le pourrais pas sans que notre secret fût trahi ou deviné, ce qui revient au même, et je sais que l'honneur de la famille vous est plus cher que la vie. Laissez-moi, en m'arrachant de vos bras sans retard et sans hésitation, vous rendre le seul service qui soit en mon pouvoir. »

Les larmes que versa la chanoinesse à la fin de cette scène la soulagèrent du poids affreux qui l'oppressait. C'étaient les premières qu'elle eût pu verser depuis la mort de son neveu. Elle accepta les sacrifices de Consuelo, et la confiance qu'elle accorda à ses résolutions prouva qu'elle appréciait enfin ce noble caractère. Elle la quitta pour aller en faire part au chapelain et pour s'entendre avec Supperville et le Porpora sur la nécessité de garder à jamais le silence.

CONCLUSION.

Consuelo, se voyant libre, passa la journée à parcourir le château, le jardin et les environs, afin de revoir tous les lieux qui lui rappelaient l'amour d'Albert. Elle se laissa même emporter par sa pieuse ferveur jusqu'au Schreckenstein, et s'assit sur la pierre, dans ce désert affreux qu'Albert avait rempli si longtemps de sa mortelle douleur. Elle s'en éloigna bientôt, sentant son courage défaillir, son imagination se troubler, et croyant entendre un sourd gémissement partir des entrailles du rocher. Elle n'osa pas se dire qu'elle l'entendait même distinctement : Albert ni Zdenko n'étaient plus. Cette illusion ne pouvait donc être que maladive et funeste. Consuelo se hâta de s'y soustraire.

En se rapprochant du château, à la nuit tombante, elle vit le baron Frédéric qui, peu à peu, s'était raffermi sur ses jambes et se ranimait en exerçant sa passion dominante. Les chasseurs qui l'accompagnaient faisaient lever le gibier pour provoquer en lui le désir de l'abattre. Il visait encore juste, et ramassait sa proie en soupirant.

« Celui-ci vivra et se consolera, » pensa la jeune veuve.

La chanoinesse soupa, ou feignit de souper, dans la chambre de son frère. Le chapelain, qui s'était levé pour aller prier dans la chapelle auprès du défunt, essaya de se mettre à table. Mais il avait la fièvre, et, dès les premières bouchées, il se trouva mal. Le docteur en eut un peu de dépit. Il avait faim, et, forcé de laisser refroidir sa soupe pour le conduire à sa chambre, il ne put retenir cette exclamation : « Voilà des gens sans force et sans courage! Il n'y a ici que deux hommes : c'est la chanoinesse et la Signora! »

Il revint bientôt, résolu à ne pas se tourmenter beaucoup de l'indisposition du pauvre prêtre, et fit, ainsi que le baron, assez bon accueil au souper. Le Porpora, vivement affecté, quoiqu'il ne le montrât pas, ne put desserrer les dents ni pour parler ni pour manger. Consuelo ne songea qu'au dernier repas qu'elle avait fait à cette table entre Albert et Anzoleto.

Elle fit ensuite avec son maître les apprêts de son départ. Les chevaux étaient demandés pour quatre heures du matin. Le Porpora ne voulait pas se coucher; mais il céda aux remontrances et aux prières de sa fille adoptive, qui craignait de le voir tomber malade à son tour, et qui, pour le convaincre, lui fit croire qu'elle allait dormir aussi.

Avant de se séparer, on se rendit auprès du comte Christian. Il dormait paisiblement, et Supperville, qui brûlait de quitter cette triste demeure, assura qu'il n'avait plus de fièvre.

« Cela est-il bien certain, Monsieur? lui demanda en particulier Consuelo, effrayée de sa précipitation.

— Je vous le jure, répondit-il. Il est sauvé pour cette fois; mais je dois vous avertir qu'il n'en a pas pour bien longtemps. A cet âge, on ne sent pas le chagrin bien vivement dans le moment de la crise; mais l'ennui de l'isolement vous achève un peu plus tard; c'est reculer pour mieux sauter. Ainsi, tenez-vous sur vos gardes; car ce n'est pas sérieusement, j'imagine, que vous avez renoncé à vos droits.

— C'est très-sérieusement, je vous assure, Monsieur, dit Consuelo; et je suis étonnée que vous ne puissiez croire à une chose aussi simple.

— Vous me permettrez d'en douter jusqu'à la mort de votre beau-père, Madame. En attendant, vous avez fait une grande faute de ne pas vous munir des pierreries et des titres. N'importe, vous avez vos raisons, que je ne pénètre pas, et je pense qu'une personne aussi calme que vous n'agit pas à la légère. J'ai donné ma parole d'honneur de garder le secret de la famille, et je vais attendre que vous m'en dégagiez. Mon témoignage vous sera utile en temps et lieu ; vous pouvez y compter. Vous me retrouverez toujours à Bareith, si Dieu me prête vie, et, dans cette espérance, je vous baise les mains, madame la comtesse. »

Supperville prit congé de la chanoinesse, répondit de la vie du malade, écrivit une dernière ordonnance, reçut une grosse somme qui lui sembla légère au prix de ce qu'il avait espéré tirer de Consuelo pour avoir servi ses intérêts, et quitta le château à dix heures du soir, laissant cette dernière stupéfaite et indignée de son matérialisme.

Le baron alla se coucher beaucoup mieux portant que la veille, et la chanoinesse se fit dresser un lit auprès de Christian. Deux femmes veillèrent dans cette chambre, deux hommes dans celle du chapelain, et le vieux Hanz auprès du baron.

« Heureusement, pensa Consuelo, la misère n'ajoute pas les privations et l'isolement à leur infortune. Mais qui donc veille Albert, durant cette nuit lugubre qu'il passe sous les voûtes de la chapelle ? Ce sera moi, puisque voilà ma seconde et dernière nuit de noces ! »

Elle attendit que tout fût silencieux et désert dans le château ; après quoi, quand minuit eut sonné, elle alluma une petite lampe et se rendit à la chapelle.

Elle trouva au bout du cloître qui y conduisait deux serviteurs de la maison, que son approche effraya d'abord, et qui ensuite lui avouèrent pourquoi ils étaient là. On les avait chargés de veiller leur quart de nuit auprès du corps de monsieur le comte ; mais la peur les avait empêchés d'y rester, et ils préféraient veiller et prier à la porte.

« Quelle peur? demanda Consuelo, blessée de voir qu'un maître si généreux n'inspirait déjà plus d'autres sentiments à ses serviteurs.

— Que voulez-vous, Signora? répondit un de ces hommes qui étaient loin de voir en elle la veuve du comte Albert; notre jeune seigneur avait des pratiques et des connaissances singulières dans le monde des esprits. Il conversait avec les morts, il découvrait les choses cachées; il n'allait jamais à l'église, il mangeait avec les zingaris; enfin on ne sait ce qui peut arriver à ceux qui passeront cette nuit dans la chapelle. Il y irait de la vie que nous n'y resterions pas. Voyez Cynabre! on ne le laisse pas entrer dans le saint lieu, et il a passé toute la journée couché en travers de la porte, sans manger, sans remuer, sans pleurer. Il sait bien que son maître est là, et qu'il est mort. Aussi ne l'a-t-il pas appelé une seule fois. Mais depuis que minuit a sonné, le voilà qui s'agite, qui flaire, qui gratte à la porte, et qui gémit comme s'il sentait que son maître n'est plus seul et tranquille là dedans.

— Vous êtes de pauvres fous! répondit Consuelo avec indignation. Si vous aviez le cœur un peu plus chaud, vous n'auriez pas l'esprit si faible. »

Et elle entra dans la chapelle, à la grande surprise et à la grande consternation des timides gardiens.

Elle n'avait pas voulu revoir Albert dans la journée. Elle le savait entouré de tout l'appareil catholique, et elle eût craint, en se joignant extérieurement à ces pratiques, qu'il avait toujours repoussées, d'irriter son âme toujours vivante dans la sienne. Elle avait attendu ce moment; et, préparée à l'aspect lugubre dont le culte l'avait entouré, elle approcha de son catafalque et le contempla sans terreur. Elle eût cru outrager cette dépouille chère et sacrée par un sentiment qui serait si cruel aux morts s'ils le voyaient. Et qui nous assure que leur esprit, détaché de leur cadavre, ne le voie pas et n'en ressente pas une amère douleur? La peur des morts est une abominable faiblesse ; c'est la plus commune et la plus barbare des profanations. Les mères ne la connaissent pas.

Albert était couché sur un lit de brocart, écussonné par les quatre coins aux armes de la famille. Sa tête reposait sur un coussin de velours noir semé de larmes d'argent, et un linceul pareil était drapé autour de lui en guise de rideaux. Une triple rangée de cierges éclairait son pâle visage, qui était resté si calme, si pur et si mâle qu'on eût dit qu'il dormait paisiblement. On avait revêtu le dernier des Rudolstadt, suivant un usage en vigueur dans cette famille, de l'antique costume de ses pères. Il avait la couronne de comte sur la tête, l'épée au flanc, l'écu sous les pieds, et le crucifix sur la poitrine. Avec ses longs cheveux et sa barbe noire, il était tout semblable aux anciens preux dont les statues étendues sur leurs tombes gisaient autour de lui. Le pavé était semé de fleurs, et des parfums brûlaient lentement dans des cassolettes de vermeil, aux quatre angles de sa couche mortuaire.

Pendant trois heures Consuelo pria pour son époux et le contempla dans son sublime repos. La mort, en répandant une teinte plus morne sur ses traits, les avait si peu altérés, que plusieurs fois elle oublia, en admirant sa beauté, qu'il avait cessé de vivre. Elle s'imagina même entendre le bruit de sa respiration, et lorsqu'elle s'en éloignait un instant pour entretenir le parfum des réchauds et la flamme des cierges, il lui semblait qu'elle entendait de faibles frôlements et qu'elle apercevait de légères ondulations dans les rideaux et dans les draperies. Elle se rapprochait de lui aussitôt, et interrogeant sa bouche glacée, son cœur éteint, elle renonçait à des espérances fugitives, insensées.

Quand l'horloge sonna trois heures, Consuelo se leva et déposa sur les lèvres de son époux son premier, son dernier baiser d'amour.

« Adieu, Albert, lui dit-elle à voix haute, emportée par une religieuse exaltation : tu lis maintenant sans incertitude dans mon cœur. Il n'y a plus de nuages entre nous, et tu sais combien je t'aime. Tu sais que si j'abandonne ta dépouille sacrée aux soins d'une famille qui demain reviendra te contempler sans faiblesse, je n'abandonne pas pour cela ton immortel souvenir et la pensée de ton indestructible amour. Tu sais que ce n'est pas une veuve oublieuse, mais une épouse fidèle qui s'éloigne de ta demeure, et qu'elle t'emporte à jamais dans son âme. Adieu, Albert ! tu l'as dit, la mort passe entre nous, et ne nous sépare en apparence que pour nous réunir dans l'éternité. Fidèle à la foi que tu m'as enseignée, certaine que tu as mérité l'amour et la bénédiction de ton Dieu, je ne te pleure pas, et rien ne te présentera à ma pensée sous l'image fausse et impie de la mort. Il n'y a pas de mort, Albert, tu avais raison ; je le sens dans mon cœur, puisque je t'aime plus que jamais. »

Comme Consuelo achevait ces paroles, les rideaux qui retombaient fermés derrière le catafalque s'agitèrent sensiblement, et s'entr'ouvrant tout à coup, offrirent à ses regards, la figure pâle de Zdenko. Elle en fut effrayée d'abord, habituée qu'elle était à le regarder comme son plus mortel ennemi. Mais il avait une expression de douceur dans les yeux, et, lui tendant par-dessus le lit mortuaire une main rude, qu'elle n'hésita pas à serrer dans la sienne :

« Faisons la paix sur son lit de repos, ma pauvre fille, lui dit-il en souriant. Tu es une bonne fille de Dieu, et Albert est content de toi. Va, il est heureux dans ce moment-ci, il dort si bien, le bon Albert! Je lui ai pardonné, tu le vois ! Je suis revenu le voir quand j'ai appris qu'il dormait ; à présent je ne le quitterai plus. Je l'emmènerai demain dans la grotte, et nous parlerons encore de Consuelo, *Consuelo de mi alma!* Va te reposer, ma fille ; Albert n'est pas seul. Zdenko est là, toujours là. Il n'a besoin de rien. Il est si bien avec son ami ! Le malheur est conjuré, le mal est détruit ; la mort est vaincue. Le jour trois fois heureux s'est levé. *Que celui à qui on a fait tort te salue !*

Consuelo ne put supporter davantage la joie enfantine de ce pauvre fou. Elle lui fit de tendres adieux ; et quand elle rouvrit la porte de la chapelle, elle laissa Cynabre se précipiter vers son ancien ami, qu'il n'avait pas cessé de flairer et d'appeler.

« Pauvre Cynabre ! viens ; je te cacherai là sous le lit de ton maître, dit Zdenko en le caressant avec la même tendresse qui si c'eût été son enfant. Viens, viens, mon Cynabre ! nous voilà réunis tous les trois, nous ne nous quitterons plus ! »

Consuelo alla réveiller le Porpora. Elle entra ensuite sur la pointe du pied dans la chambre de Christian, et passa entre son lit et celui de la chanoinesse.

« C'est vous? ma fille, dit le vieillard sans montrer aucune surprise : je suis bien heureux de vous voir. Ne réveillez pas ma sœur, qui dort bien, grâce à Dieu ! et allez en faire autant ; je suis tout à fait tranquille. Mon fils est sauvé, et je serai bientôt guéri. »

Consuelo baisa ses cheveux blancs, ses mains ridées, et lui cacha des larmes qui eussent peut-être ébranlé son illusion. Elle n'osa embrasser la chanoinesse, qui reposait enfin pour la première fois depuis trente nuits. « Dieu a mis un terme dans la douleur, pensa-t-elle; c'est son excès même. Puissent ces infortunés rester longtemps sous le poids salutaire de la fatigue ! »

Une demi-heure après, Consuelo, dont le cœur s'était brisé en quittant ces nobles vieillards, franchit avec le Porpora la herse du château des Géants, sans se rappeler que ce manoir formidable, où tant de fossés et de grilles enfermaient tant de richesses et de souffrances, était devenu la propriété de la comtesse de Rudolstadt.

FIN DE CONSUELO.

Nota. Ceux de nos lecteurs qui se sont par trop fatigués à suivre Consuelo parmi tant de périls et d'aventures, peuvent maintenant se reposer. Ceux, moins nombreux sans doute, qui se sentent encore quelque courage, apprendront dans un prochain roman, la suite de ses pérégrinations, et ce qui advint du comte Albert après sa mort.

www.ingramcontent.com/pod-product-compliance
Lightning Source LLC
Chambersburg PA
CBHW052129230426
43671CB00009B/1176